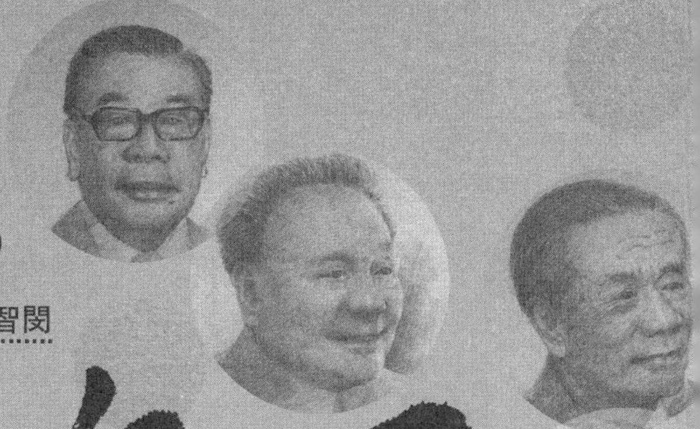

總策劃兼總編輯 鄭貞銘

特別助理 丁士軒 汪士倫(雨)
助理 李克定 刁洪智 刁健原
刁健冉 孟濤 郭毅 安劍奇 楊智閔

百年風雲

汪士倫雨

百年風雲　二之一

「新聞教父」鄭貞銘教授說:

與大師邂逅，是一場偉大心靈的精采對撞。大師如望文山，如瞻大河，讓我們瞻仰偉大，汲取智慧，渴望超越。一個人缺乏大師精神的滋養，靈魂是貧瘠的。唯有真理才能直指人心，唯有經典才能觸動靈魂。

第一部　叱吒風雲

黨政人物篇

・總策劃兼總編輯：鄭貞銘
・主編：陳先元（上海交通大學教授）

孫中山
（1866-1925）

蔣介石
（1887-1975）

毛澤東
（1893-1976）

蔣經國
（1910-1988）

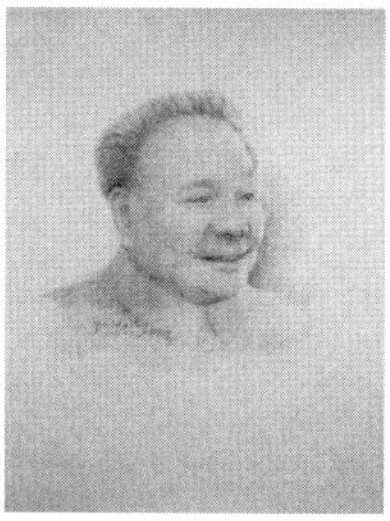
鄧小平
（1904-1997）

陳　誠
（1898-1965）

周恩來
（1898-1976）

林　森
（1868-1943）

袁世凱
（1859-1916）

蔡　鍔
（1882-1916）

嚴家淦
（1905-1993）

孫運璿
（1913-2006）

劉少奇
（1898-1969）

謝東閔
（1908-2001）

朱　德
（1886-1976）

李宗仁
（1891-1969）

張學良
（1901-2001）

閻錫山
（1883-1960）

吳國楨
（1903-1984）

李　煥
（1917-2010）

李登輝
（1923-今）

林洋港
（1927-2013）

林　彪
（1907-1971）

連　戰
（1936-今）

吳伯雄
（1939-今）

馬英九
（1950-今）

吳敦義
（1948-今）

關　中
（1940-今）

宋楚瑜
（1942-今）

汪精衛
（1883-1944）

陳水扁
（1950-今）

第二部　馳騁沙場

國防軍事人物篇

- 總策劃兼總編輯：鄭貞銘
- 主編：方鵬程（國防大學副教授，前新聞系主任）

何應欽
（1890-1987）

俞大維
（1897-1993）

郝柏村
（1919-今）

白崇禧
（1893-1966）

胡宗南
（1896-1962）

孫立人
（1900-1990）

高志航
（1907-1937）

張靈甫
（1903-1947）

謝晉元
（1905-1941）

張自忠
（1891-1940）

戴　笠
（1897-1946）

湯恩伯
（1899-1954）

胡　璉
（1907-1977）

王　昇
（1915-2006）

黎玉璽
（1914-2003）

賴名湯
（1911-1984）

第三部　經世陶朱

財經、金融、企業人物篇

- 總策劃兼總編輯：鄭貞銘
- 主編：虞煥榮（中央通訊社事業部前副總監、資深媒體人、尊品文化執行長）

俞鴻鈞（1898-1960）

俞國華（1914-2000）

李國鼎（1910-2001）

尹仲容（1903-1963）

王永慶（1917-2008）

辜振甫（1917-2005）

張榮發（1927-2016）

張忠謀（1931-今）

郭台銘（1950-今）

趙耀東（1916-2008）

彭淮南（1939-今）

吴舜文（1913-2008）

施振榮
（1944-今）

李嘉誠
（1928-今）

劉長樂
（1951-今）

何鴻燊
（1921-今）

馬　雲
（1964-今）

任正非
（1944-今）

張士平
（1946-今）

王　石
（1951-今）

王建林
（1954-今）

雷　軍
（1969-今）

張汝京
（1948-今）

第四部　縱橫國際

外交人物篇

- 總策劃兼總編輯：鄭貞銘
- 主編：潘家鑫（中國文化大學助理教授）

董顯光
（1887-1971）

沈昌煥
（1913-1998）

錢　復
（1935-今）

蔣廷黻
（1895-1965）

葉公超
（1904-1981）

周書楷
（1913-1992）

陳之邁
（1908-1978）

薛毓麒
（1917-2001）

楊西崑
（1910-2000）

芮正皐
（1919-2015）

何鳳山
（1901-1997）

沈劍虹
（1908-2007）

喬冠華
（1913-1983）

錢其琛
（1928-2017）

第五部　穿引中外

國際人物篇

- 總策劃兼總編輯：鄭貞銘
- 主編：黃群仁（捷達威數位科技公司執行長，數位時代、UDN專欄作家）

李約瑟
（1900-1995）

司徒雷登
（1876-1962）

陳納德
（1893-1958）

亨利·魯斯
（1898-1967）

賽珍珠
（1892-1973）

鮑羅廷
（1884-1951）

史迪威
（1883-1946）

費正清
（1907-1991）

錫質平
（1917-1985）

季辛吉
（1923-今）

哈雷特·阿班
（1884-1955）

愛德加·史諾
（1905-1972）

鳥居龍藏
（1870-1953）

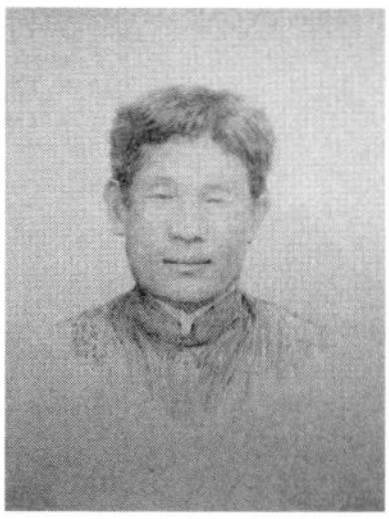
八田與一
（1886-1942）

陳香梅
（1925-今）

趙小蘭
（1953-今）

百年風雲·二之1

【目錄】全書總頁數616頁

百年風雲·二之2

第1部　叱吒風雲

第4部　縱橫國際

編著者序之一／鄭貞銘（中國文化大學名譽文學博士、銘軒工作室創辦人）

歷史的賦魅

「時間吞噬一切」，兩千三百多年前，古希臘哲人亞里斯多德反覆咀嚼著這句古老的諺語；「逝者如斯夫，不舍晝夜」，一百多年後，東方聖人孔子也發出如此的慨歎。

時間如流水般無情，讓美人遲暮，令英雄白頭，湮沒了多少的人和事，埋葬了無盡的世代，仍舊毅然決然地、不可抗拒地奔騰向前，永不回頭。

每念及此，難免令人頗感自身的卑微與渺小，繼而垂頭喪氣、灰心失意了。然而，總有一些不甘心的人，不顧這籠罩周身的必然的絕望，匆匆地記錄下所聽、所看、所想的，趕在一切成為廢墟之前，固執地存留一份生命的底稿。

斗轉星移，滄海桑田，當後人小心翼翼地打開它們時，消逝的聲音瞬間鮮活，死去的身影重獲生機，記憶開始浮現，對話由此產生。歷史，超越了無情的時間之水，延續著人類的生命記憶，搭建起我們共同的心靈家園。

新聞與歷史皆以記錄為職責，皆須透過探索與追求才能有較為真實的歷史面貌與公正的評論，然後成一家之言。最重要的，新聞記者與歷史學家須有同樣的修養，劉知幾所主張的「才」、「學」、「識」與章學誠所主張的「德」，才能真正達到「富貴不能淫，貧賤不能移，威武不能屈」的理想境界。

鑑於此，我讀世界名人傳記，輒生嚮往；讀史學家之求真、求實，尤為欽敬；而對我國著名的歷史學家司馬遷作《史記》，司馬光作《資治通鑑》，尤深欽慕，研究其平生事蹟，更多啟示。

兩千一百多年前，已是不惑之年的西漢太史公司馬遷想到了死。因替李陵仗義執言，被漢武帝賜了腐刑，這對於他，無異於奇恥大辱。在生死的痛苦選擇之間，他想起了年輕時遊歷各地，搜集史料的場景——在汨羅江畔，高聲朗誦著屈原的《離騷》，痛哭流涕；在曲阜的孔子墓前，與儒生們一起攬衣挽袖，一步一揖，他也念起了父親司馬談彌留時，扯著他的衣袖，鄭重交代：「余為太史而弗論載，廢天下之史文，余甚懼焉，汝其念哉！」

「人固有一死，或重於泰山，或輕於鴻毛」，一個人若僅以一死來抗爭痛苦，豈不是「若九牛亡一毛，與螻蟻無異！」最終，司馬遷從沉痛中奮起，堅強地活下來，決心以最大的毅力，去完成要寫部史書的夙願。他繼承聖賢們的遺教，以其精深而完備的思想體系，「窺始察源，見盛觀衰」，把古今變化之勢理，王業的興衰，個人的遭際，通貫歷史發展的脈絡，終「成一家之言」。

司馬遷忍辱含垢所作紀傳體史書《史記》，氣勢宏大，文字優美，為後人治史開創偉大的先例，也為後世的各類史家治史樹立了光輝的典範，被魯迅譽為「史家之絕唱，無韻之離騷」。

九百多年前，經過一場激烈的爭論後，北宋大學士司馬光有些意興闌珊了。他無力阻止宰相王安石大刀闊斧的改革，又不願妥協了事，上疏請求外任，自此居洛陽十五年，不問政事。無疑，司馬光的仕途不順遂，他卻由此立志走一條不一樣的路。但見他繼承司馬遷以來的史官風範，證明一個人對國家社會的貢獻不是只有一條軌道，有時殊途同歸，其貢獻更超越為官，其風範更勝於一時宦途的耀武揚威，他的影響是千秋萬世的。

在劉恕、劉攽、范祖禹等著名學者兼親密師友的協助下，經過長達十九年漫長艱辛的工作，近四百萬字的編年體史書《資治通鑒》終於編撰成功。年屆六十五歲的司馬光上表道：「臣今筋骨臒瘁，目視昏近，齒牙無幾，神識衰耗，目前所謂，旋踵而忘。臣之精力，盡於此書。」兩年後，他溘然長逝，為了此書他耗盡了畢生心血。

「鑒於往事，有資於治道」，《資治通鑒》以政治、軍事的史實為主，藉以展示歷代君臣治亂、成敗、安危之跡，作為歷史的借鑒，體例嚴謹，脈絡清晰，與司馬遷的《史記》並列為中國史學的不朽巨著，所謂「史學兩司馬」。

一九一九年，馬克斯・韋伯（Max Weber）為慕尼克的青年學子做了一場題為《以學術為業》的演講，指出了一個持續不已的事實：「從原則上說，再也沒有什麼神秘莫測、無法計算的力量在起作用，人們可以通過計算掌握一切，而這就意味著為世界除魅（Entzauberung）。」

這是人類不斷走向理性化和理智化的時代必然，且經過近一百年的發酵，科技在飛躍，歷史感卻在消亡，如今的世界進一步被除魅，那些終極的、最高貴的價值，漸漸從公共生活中銷聲匿跡，理想主義愈加稀薄，文化品質進一步衰落。

回望這百年來的滄桑歲月，生逢亂世，無數人飽經戰亂流離之苦，身不由己地背井離鄉，直至跨過「巨流河」，走向「大江大海」。再後來，我們又經歷了台灣經濟建設的興起，重塑「自由中國」，再造「美麗島」，於是我們見證了台灣民主浪潮的興起。再後來就是政黨的輪番興替，反對者變為執政者，執政者又變為階下囚，然後又是跑馬燈式的你方唱罷我登場。

其間，台灣的民間社會快速興起、言論自由充分勃發，但不容忽視的是，我們的歷史感是錯亂陳雜的，歷史給予的智慧乏善可陳，它的魅力更是無從談起。這是當下時代的命運，卻也難免不令人懷念那些歷史感充沛的年代，特別是對這百年來曾經絢爛多彩的人與事心生嚮往。

這便是我們編撰「百年系列」的初衷之一。爬梳百年來的歷史，你會發現，那些時勢下的「英雄」們，人生軌跡中無不透露著「求是的真，忘我的善，生命的美」。他們超越了單純的實踐和技術層面，在時間的無盡流逝中創造出永恆的價值，為世界加冕，為歷史賦魅，成全了自己，也成全了時代。

時間永不止歇，歷史還將繼續……

史學鼻祖司馬遷

編者序之二／丁士軒（銘軒工作室發起人）

良知與勇氣——建構「大師工程」的理念

「在自己的身上，克服這個時代。」一百多年前，弗里德里希．威廉．尼采（Friedrich Wilhelm Nietzsche）對當代人的無謂匆忙深惡痛疾，也感慨學者一再地墮落，於是發出了這樣的抗爭口號。時過境遷，尼采的這句話依然閃爍著光輝。

人在時代中，無疑深受它的浸染與裹挾。回溯歷史的滄桑歲月，我們一邊欽慕著「造時勢」的英雄們，一邊又不得不感慨「造英雄」的時代如此威力生猛。孔子周遊列國十四載，厄於荒野，如喪家之犬；阮籍倡狂至極，路遇窮途，仍不免慟哭而返；魯迅橫眉冷對，但也曾灰心喪氣，閑抄古碑以待斃……幾乎人人最終不得不成為時代的人質與俘虜，身不由己，深陷其中，直至湮沒消失。

「克服時代」，談何容易!?

然而，時間的潮汐之間，仍然還有殘破的足跡留存，歷史的煙霧深處，時常會有微弱的光亮傳來。春秋戰國的混戰廝殺，消滅不了諸子百家的異采紛呈；魏晉南北朝的血腥紛爭，掩蓋不了竹林七賢的恣意酣暢；近現代的那座黑暗沉悶的「鐵屋子」裡，仍然走出了蔡元培、陳獨秀、胡適、魯迅、周作人、傅斯年、張其昀等成批的傑出人物……他們掙脫了時代的泥淖，衝破種種艱難險阻，紛遝而至，成為我們今天的記憶與心靈。

這是一種前仆後繼、賡續不斷的良知的傳承。「士志於道」，傳統的士大夫歷來是「致良知」的主角，曾參「仁以為己任」，范仲淹「先天下之憂而憂」，明末東林黨「家事、國事、天下事，事事關心」，他們無不以良知為明燈，穿越歷史的迷霧，照見光明的未來。誠如北宋大儒張載所言，「為天地立心，為生民立命，為往聖繼絕學，為萬世開太平」，一句話道盡多少士子的心聲。

這是一場淒風冷雨、寂寞相隨的勇氣的踐行。「莫謂書生空議論，頭顱擲處血斑斑」，屈原自沉於汨羅江，蘇軾放逐在海南島，王守仁在瘴氣瀰漫的龍場悟道，他們無不以勇氣為枴杖，踏破千山萬水，撐起高潔的信念。誠如太史公司馬遷受盡凌辱，卻矢志於「究天人之際，通古今之變，成一家之言」，終鑄就時間的偉業，恆久流傳。

良知與勇氣，是先人們留給我們的精神圖騰和文化基因，經過歷代士大夫的傳承與踐行，時至今日，成為當下知識人追尋「獨立之精神，自由之思想」的注腳和座標。特別是回溯百年來的歷史，中國經歷了「三千年未有之大變局」的動盪與屈辱，一邊是腐朽的清政府苟延殘喘，一邊是歐風美雨吹灑進古老的土地，無數的仁人志士在迅猛的時代潮流中，甘願放棄隨波逐流的舒適安逸，主動去走阻力最大的路，為時代洪流搭建起溝通的橋樑，探尋著新的出路。

這是一段苦難記憶，也是諸子爭鳴、大師迭出的輝煌時刻。從器物到制度，從革命到啟蒙，再到「救亡壓倒一切」，直至兩岸分治後，各自的抗爭與努力，時代如潮水般無情地吞噬著脆弱的生命，沿途卻開滿了鮮花，芳香瀰漫。那是拒絕被時代挾持的知識人，一路播種，也一路收穫，終成為傳唱百年的風雲變幻、風華絕代、風骨傲然……他們已經證明，當獨立精神與自由思想成為常識時，人們便可獲得知識人應有的良知與勇氣，克服時代，抵抗荒蕪。

「這是個最好的時代，這是個最壞的時代」，如今，有誰能夠確定，我們已經完全地擺脫了這個時代的奴役與桎梏？更何況，在當今資訊氾濫、眾聲喧嘩的網路時代，知識愈發缺乏，智慧更是稀有。面對這樣的時代，我們的確多少找到了些「克服」的方法，那就是嘲笑與調侃，或者索性漠視與逃離，如今多少年輕人過著屬於自己的「小確幸」的舒適生活，自願在時代的潮流裡浮沉。

莎士比亞曾感慨：「這是很老的故事，卻也是天天發生的故事。」歷史是過去，是未來，更是現在的每一個瞬間。今天，站在共同走過的時間渡口，重新凝視中國的過去與未來，我們會發現，那百年的風雲、風華與風骨，不是他者的敘事，而是我們的生命，我們自己。痛苦的現實仍在那裡，嚴峻的未來還會到來，良知與勇氣，屬於當下知識人與生俱來的使命，也是如今年輕人們義不容辭的責任。

一九六三年，二十九歲的林毓生順利通過博士資格考試，卻陷入了萬分焦慮之中——他沒法決定自己究竟應該做什麼研究。此時，導師弗里德里希．哈耶克（Friedrich August Hayek）告訴他：「我所有的研究，都與我的個人關懷有關。」一句話點醒了這位年輕人，從那時起，林毓生真正有了自己的學術方向，那就是搞清楚「為什麼自由主義在中國會失敗」，他一輩子圍繞這個核心問題，矢志不渝，著作等身，譽滿中外。

親愛的朋友，你是否找到了你個人的生命關懷？是否獲得了克服這個時代的良知與勇氣？電影《一代宗師》中有台詞道：「練一口氣，點一盞燈。念念不忘，必有迴響。」循著百年來的探索足跡，我真誠地希望當下的年輕人，都能在鄭貞銘老師建構大師工程的艱辛中，獲得某種啟迪，相互鼓勵，彼此溫暖，共同克服這個時代，締造出一個新的百年。

丁士軒

二〇一七年九月四日於北京

編者序之三／葛永光（台大政治系暨國家發展研究所教授，前監察委員，現為救國團主任）

學統與政統的競合

美國富蘭克林說：「空無一物的袋子，是難以挺立站直的」我國一代大哲方東美也說：「思想上的空袋子永遠站不直」。我們擔心的是，如果一個國家的國民，尤其是年輕人，都是「思想上的空袋子」，那這個國家就很難培養出站的頂天立地的大國民。蘇格蘭歷史學家卡萊爾提到：「在書裡，躺臥著過去一切靈魂。」鄭貞銘老師在出版《百年大師》獲得好評後，又要出版一系列的《百年風雲》、《百年風骨》、《百年風華》等書，書中記載了百年來對兩岸中國影響深遠的中外人物，可以做為兩岸年輕人「見賢思齊」的典範，也可填補我國國民思想上的蒼白。

德國黑格爾曾說：「偉大人物是世界精神的代理人，他們不是從自己出發，而是從歷史必然性的要求出發，由此創造歷史。」德國叔本華也說：「偉人的使命，是引導人類度過錯誤的大海，到達真理的天堂。」書中收集的人物，也許不是每個人都是偉人，也不是每個人都具有道德的高度，但都是曾經在某些領域對當代發生過影響的人物，他們的功過都像一面鏡子，讓後代的人可以看清邁向真理的道路。

人類的歷史主要由兩類人所創造，一是知識份子或讀書人，二是由政治人物，有時候這兩種人也會交集而成。中國自古以來也有學統和政統之分，牟宗三先生曾說，學統即中國之「德性之學」。中國「德性之學」之傳統即名曰「道統」（西方道統在基督教）。學統，一切學術文化，從文化生命發展方面說，都是心靈的表現，心靈之創造。學統之成是心靈之智用轉為知性形態以成系統的知識所發展成。知識份子或讀書人是傳承學統最重要的一群人。

至於政統，牟宗三先生說，意指「政治形態」或政體發展之統稱。中國自堯舜三代起直至秦漢、以迄宋、元、明、清，君主專制體制屹立數千年，此一君主體制逐漸發展出其獨有的政治傳統。

中國「德性之學」由孔子集其大成並發揚光大。孔孟時期仁德之學——「己欲立而立人，己欲達而達人」，「親親仁民，仁民愛物」——是感於心而能修己安人的內聖外王之學。儒學中所稱之「君子」，對後世之讀書人的德性的薰陶影響甚大。儒家認為君子應不單指貴族或士大夫，而是「聖人之下，富有禮義規範的人」，具有高道德標準的人，君子成為儒家思想中的一個重要的概念，君子是儒家倡導人們塑造自己人格理想的對象，人生的終極目標。君子有所為，有所不為；捨身取義；士不可不弘毅；君子愛財，取之有道，君子不黨，「君子喻於義，小人喻於利」，「君子病無能焉，不病人之不己知也」，「君子有九思：視思明，聽思聰，色思溫，貌思恭，言思忠，事思敬，疑思問，忿思難，見得思義。」等等，都是儒家認為君子應有的品格，這些也是中國知識份子立身行事所持之準則。

至於政統，中國的君主專制制度以君王為中心，建立了一套類似家父長的權威制度。君王擁有絕對的權威，其他人都是臣子，必須絕對的服從。因此，這個政統的特色，是上位者對下位者有絕對的權威，上位者有命令指揮的權力，下位者則有忠誠服從的義務。在君主體制中，君王和大多數官員，都是以追逐權力和利益為主，因此，上下交征利成為政治常態。但在此君主專制的體制中，由於科舉制度的建立，也引進了許多讀書人進入官僚體系做官，稱為「士大夫」，此時，學統和政統就交會在一起。「士大夫無恥，是謂國恥」，「居天下之廣居，立天下之正位，行天下之大道；得志與民由之，不得志獨行其道；富貴不能淫，貧賤不能移，威武不能屈：此之謂大丈夫。」例如魏徵，屢屢直諫唐太宗，不因帝王發怒而卑躬屈膝；又如明朝大臣海瑞「直言敢諫」，因為不畏權貴，平反冤獄、退還民田而被罷官下獄。到了近代，也有許多知識份子從政都能維持獨立的人格，而不與政客同流合污，如台大前校長傅斯年，前中研院院長、駐美大使胡適等，都有「說大人，則藐之」的氣魄。

當然，歷史上不少知識份子從政後就放棄了自己的理想，與政客同流合污，甚至巴結逢迎，卑躬屈膝，或是為虎作倀、助紂為虐。但是受到學統的影響，許多知識份子仍然認為學統與政統是各自獨立的，即使基於改革政治的理想，進入政治為官，仍應秉持知識份子的理想與格調，以行道天下、造福民眾為己任。張載所說：「為天地立心，為生民立命，為往聖繼絕學，為萬世開太平。」不正是古往今來知識份子的共同理想，即使不能在政治事業上立功，如能立德、立言，作為後世的表率，也是人生最大的意義。

如今進入民主政治體制後，學統和政統的區別更加明顯。知識份子為了民主、人權和國家前途，可以拋頭顱、灑熱血，犧牲生命而在所不惜。如孫中山、許多革命先賢，以及黃花崗七十二烈士中許多年輕留學生，為了建立民主共和的中華民國而捐軀。到了台灣，民主初立，有些知識份子投入國家建設和改革而犧牲奉獻，有所為而有所不為，成為政治家的典範，如孫運璿、李國鼎等人；但也有些知識份子為了自我利益而趨附權貴，同流合污，成為政客。因此，知識份子是君子還是小人，是士大夫還是政客，其差別就在於能否知行合一，堅持學統，能否既在紅塵中，又能卓然獨立，不同流合污追逐利益，而又能堅持理想，推動改革大業。

法國哲學家班達（Julien Benda）曾說：「知識份子是極少數的菁英，是構成人類良心的哲君（philosopher-kings）」。德國尼采也說：「學者成為政治家之後，他們必須成為國家決策時的良知。」儒家一再強調，國家的根基要以「德」為本，而政治上的標準要以「仁」為主，孔子在《論語》中，一再提倡的就是這種「德治」，這與柏拉圖所提倡的「哲君」統治，實有異曲同工之理。中國知識份子多存有出仕的心態，「格物、致知、修身、齊家」是為了「治國、平天下」，因此，能行道，則融合學統與政統以行道天下。如不能行道，則堅持學統，立德、立言，作為後世之典範。鄭老師的「百年系列」書籍，讓後人看到許多將學統和政統融合，又成功地得以行道天下的知識份子；同時，也讓我們看到許多堅持學統，不與「不行仁政」的政統同流合污的知識份子的風骨。法國著名科學家巴斯卡曾說「唯有思想使我們永恆，提高思想，日有所進，這就是人類道德的原則。」從「百年系列」書籍中，讀者一定可以提升自己的思想，國家也可因為國民提高自己的思想而偉大。基於此，願強力推薦「百年系列」的書籍。

推薦序之一／吳伯雄（中國國民黨前主席）

宏觀遠見與歷史啟發

欣聞鄭貞銘教授策畫的《百年風雲》出版，這是他嘔心瀝血，殫精竭慮為兩岸百年信史的系列之一，相信此一系列出版，可為當代年輕人提供人生指引方向，可喜可賀。

伯雄有緣認識貞銘博士已經超過半個世紀之久，記得他是預官第九期，也是三民主義巡迴教官第一期，我則是預官十一期，三民主義巡迴教官第三期，他是先期學長。退伍後一起參加三民主義巡迴教官的聯誼組織，他就擔當領導角色，忠黨愛國，思路清晰，辯才無礙，是不可多得的三民主義思想播種者、傳播者的角色。

貞銘教授一生獻身給新聞教育，培養兩岸新聞人才無數，可說是桃李滿天下，無論是報紙、雜誌、廣播、電視、廣告到新媒體，都有他的得意弟子門生，這也應該是他最感欣慰之處。尤其他專心教學外，不忘吸收國外新知，認真研究，因此其新聞學的專著，更是受到國內外新聞學院的重視，或倚為教材。晚近兩岸開放交流，他也常受邀到大陸各大學府演講，轟動一時，把在台灣教育的光與熱也散發到中國大陸。

他愛護年輕人，提拔年輕人的熱誠，更是有目共睹。因此他在中國文化大學退休時，學校特別授予文學榮譽博士學位，可謂是實至名歸。他始終信奉良師興國，因此主持文大新聞系期間，延攬名師，在教學態度上真正做到有教無類，誨人不倦，也可說是真正實踐了孔子教育的學風。據我所知，近幾年他在文大服務期間，每年的迎新活動，他都會親自帶領師生到台北市大龍峒的孔廟祭拜，意義深遠，對同學的期許尤深。

貞銘教授為人謙恭有禮，真誠待人，過去我在政府與黨部等不同崗位服務期間，他也會不時來信聯繫鼓勵，而且言之有物，對我啟發甚多，而他關心國事，關切兩岸情勢，在信中都是溢於言表，令我敬佩。

過去一世紀，從清末到民初，從抗戰到台灣光復，從國家統一到兩岸分治，這片土地所發生的重要事件，各個領域的重要人才，他們的奉獻、他們的心血、他們的人格典範，的確值得加以完整記錄整理，影響後進。這個不容易卻十分有意義的構想，鄭貞銘教授發了心願，開始有計畫地推動寫作出版計畫，從二〇〇〇年開始，他費了很大的心血，也下了工夫，結合兩岸專業人才，勤於採訪、紀錄、蒐集史料，編撰《百年報人》、《百年大師》系列，緊接著還有《百年風雲》、《百年風華》、《百年風骨》、《百年追夢》等「百年系列」叢書接續要完成出版，這真是有宏觀遠見且具歷史深度與高度的出版計畫，相信這系列的完成，對啟迪下一代，見賢思齊，是重要的思想與知識寶庫，值得走入學校、走入家庭、走入社會，我也預祝叢書出版洛陽紙貴，因為閱讀這個系列的正面影響，在中華大地能為國家社會栽培出更多優秀的接棒人才。

推薦序之二／吳敦義（中國國民黨現任主席）

大師不朽，大作亦不朽

吳敦義

立德、立功、立言是謂三不朽。

大師之所以不朽，他們立德、立功、立言當然是必要條件。然而他們之所以能夠不朽，還要有一個充分條件：後人的記述與傳頌。而記述不朽人物的大作，乃隨大師不朽而不朽。

貞銘先生編著《百年風雲》正是這一類型的大作。以人為鑑可以知得失，以史為鑑可以知興替，《百年風雲》正是兼具以人為鑑、以史為鑑的一本大作。

錢穆先生說：「人類文明貴在有將來，但非有過去，又何得有將來？而將來之可知，即在過去中。」這是他闡述讀史價值的金言。

面對今天這個波濤洶湧的巨變時代，傳統價值觀乃至倫理觀都在進行改變，青年人因此茫然而掙扎。這樣情景下，卻是風雲人物走過的顛簸道路，在掙扎中迷失，又在失意後感悟，也為後世的我們，提供了一種生命的思量與前行的座標。

鄭教授這宏遠的寫作與出版計畫，是繼三年前出版轟動海峽兩岸的《百年大師》後又一系列的力作。他結合兩岸有志青年共同推動，用心多年，其必將在出版界轟動並成為歷史巨構，可以預見。

也就是說，這是一本百年難得一逢的大作，同時也是引領我們度過價值混淆時代的良伴。

祝「百年系列」出版計畫的成功。

推薦序之三／錢復（前監察院長、駐美大使、外交部長）

以時代需求為己任

鄭貞銘博士是一位值得世人尊敬的人，原因如下：

一、他是一位終生新聞教育工作者，超越半世紀從未中斷，造就了許多我國新聞界的菁英。他對於學生不僅是一位授業解惑的良師，也是對同學們照顧關懷無微不至的益友。鄭博士的學生遍布全球各地，他要去任何地方只要有一張機票，到了目的地，食、住、行和日程都有學生們爭先恐後地去服務。

二、他是一位事親至孝的人。鄭博士的尊翁英年早逝，他是母親一手撫育長大，受了很好的教育。在他服務社會以後就全力回饋親恩。他一直是親自奉侍慈母以報春暉。友儕都知道鄭博士恪遵慈母在不遠遊，乃至平日夜晚都盡早回家以陪伴慈母。至孝天生是很少人能確實做到的。

三、鄭博士在教學孝親之餘，仍鍥而不捨地從事著作。他的著品有新聞與傳播類、新聞採訪與編輯類、新聞傳播史類、新聞教育類和文學類等五大類共五十三部計六十冊，可說是著作等身。

以上所述是鄭博士值得世人尊敬的原因，而他年逾八旬仍筆耕不輟：二〇一四年出版《百年大師》兩冊，不到二個月就銷售一空，立即二刷至八、九刷。現在又將出版《百年風雲》，而正在計畫寫作中的還有《百年風骨》、《百年追夢》、《百年風華》等書，真是老而彌堅，令人羨慕不已。

《百年風雲》一書中以近百年我國黨政、軍事、外交、金融、財經、企業與國際人士五類人物為主，共計一百人，其中多數已逝世，仍健在約十餘人，其選擇均由鄭博士請教各領域專家而決定，其標準為能予後世青年之人生有價值導向與惕勵。

近年來科技發展迅速，平面及電子媒體，似有逐漸為網路媒體取代的趨勢。網路媒體是由未受完整新聞教育的個人以一時的感觸（多數是負面的），書寫為文，po於網路，再由有志一同者紛紛呼應，遂而形成一股風氣，其中若干又轉為平面或電子媒體採用，成為輿論。這種以網路為媒介的新型傳播，據學者分析大致半真半假，由於假新聞大量增加，迺使論者認為今日社會已處於「後真相時代」（posttruth），由於假新聞的普遍，使民粹主義者加以運用，成立網軍製造假新聞，此所以英國脫歐公投能通過，川普能當選總統。

鄭博士有鑒於此，雖屆高齡仍孜孜不倦勤於寫作，其目的無他，就是為莘莘學子提供最完整最具可讀性的參考資料。本書的出版相信一定和《百年大師》一樣能洛陽紙貴。我期盼鄭博士松柏長青能早日完成本系列的另外三本書。

推薦序之四／謝孟雄（實踐大學董事長、美國賓州大學醫學博士）

厚德載物・風範華采

謝孟雄

鄭貞銘教授有《百年大師》（上、下冊）、《傳播大師》、《新聞採訪與寫作》、《鄭貞銘學思錄系列》、《新聞編輯與採訪》、《百年報人系列》、《新聞與傳播》、《守望媒介》、《新聞採訪的理論與實際》、《大眾傳播學理》、《美國大眾傳播》、《新聞採訪與編輯》、《新聞學與大眾傳播學》、《中外新聞傳播教育》著作等身。鄭貞銘教授秉於「今日之新聞是明天的歷史」，以宏遠的鑑識、堅定的毅力、豐富的人脈，繼《百年大師》之後，又致力於我國「百年系列」之撰述，使青史中的英雄豪傑得以傳述及發揚。從政治、經濟、金融、軍事、外交、藝術、教育、傳媒、宗教、法律、社會等領域，建構百年來各領域代表性人物傳記，含：《百年報人》、《百年大師》、《百年風雲》、《百年風華》、《百年風骨》、《百年追夢》（鄭貞銘之自傳）六大部，對各該領域有傑出貢獻者為歷史存紀錄；透過網路、資料庫和深度訪談、探索，獲得真實、公正、客觀的報導，究天人之際，通古今文化、成一家之言，展現百年歷史發展的脈絡。

鄭教授之出發點乃是「無愛不成師」。「愛」是他任教大學半個多世紀的原動力；有鑑於青年學子沉迷電腦、手機遊戲，豐富的資訊並非全是知識，為幫助青年朋友的成長，鄭教授鑑於任何時代皆有叱吒風雲的大英雄，以堅強的意志及堅定的信念，邀請多位賢達學人，著手探究百年系列大師的人生精華，閱讀每位大師的著作和相關報導，再以四千字言簡意賅描繪大師的風範。

司馬遷有云：「泰山不讓土壤，故能成其大；河海不擇細流，故能就其深；王者不卻眾庶，故能明其德。」鄭教授之編撰團隊致力於大愛、大德、大仁、大智、大勇的傳承與發揚，使資料轉成資訊、使資訊化為知識、使知識集成智慧、使智慧衍生文化內涵，提供青年立身處世的參考；感於鄭教授戮力為我國百年系列鉅著呈現厚德載物、風範華采、傲然風骨，匯聚時代心聲，成就長遠影響之弘志，故樂為之序。

推薦序之五／胡為真（前總統府資政）

不容青史盡成灰

望重士林，著作等身的名學者鄭貞銘教授為了要為許多在中華民國百年來做過重大貢獻的人士留下信史，分別在二〇〇〇年和二〇一三年出版了《百年報人》和《百年大師》，現在又於二〇一七年出版《百年風雲》，顯示鄭教授不但是新聞教育界的名師，是我政大的前期學長，更是一位注重歷史傳承，令人敬佩的有心人。

其實從鄭教授自己的學思錄，七十自述：《無愛不成師》一書中，就可體會到他的人生觀和他為社會服務的特色，完全是以「愛」、「報恩主義」、「飲水思源」和「傳承」為宗旨，記錄了許許多多他的恩師、學生、親人和友人的簡介，尤其是各人的長處和貢獻，不讓他四周各個有緣人的史蹟留白。當然我作為數十年的中國國民黨黨員和國家公務員，最感佩的是作者多年來不論在黨政單位服務期間，或全時間從事教職時，都是用愛與智慧培育青年，與青年們深度交往，而且到世界各地宣揚中華文化以及我國的立國精神，至於近年來奔走兩岸四地，增進各方瞭解與互信，更是恰合了當前時代的需要。

鄭教授服務最久的地方就是中國文化大學：五十多年前，當張其昀先生在陽明山華岡創辦中國文化學院時，鄭教授便被他的恩師謝然之先生邀請去協助籌辦新聞系，爾後又創立廣告系，而先母葉霞翟教授也是在那個時代被張創辦人請去文化擔任訓導長、家政研究所所長，以至副院長，所以鄭教授也是我母親當年的年輕同事。母親當年正是以愛的教育來培育青年，要學生們喊她葉阿姨，甚至拿自己的家用來支助學生社團，還為了學校的建設捐了部分父親逝世後的撫恤金。所以半個多世紀以來，文化大學能夠培育出千千萬萬的人才，能夠達到今日的規模，實在是許許多多人士努力的結果。

本書也把我父親胡宗南上將收錄為《百年風雲》人物之一，對此，我家親友覺得很不敢當。事實上，父親從黃埔一期畢業後，雖然是極少數歷經東征、北伐、平亂、勦共、抗日、戡亂、保台各個戰役無役不與的國軍將領，他最為人懷念的卻是他以生命活出了黃埔軍魂和軍人武德，以致澎湖有他的銅像，東引有他的紀念館，陸軍官校校史館設有專櫃，他的部屬學生每年集會紀念他五十餘年不輟，而文化大學成立後更設有「宗南堂」直到如今。

從本書所收錄各行業風雲人物的簡傳中，讀者可以更加瞭解前人的努力和我國多年來各項建設的艱辛；創業維艱，守成不易，更重要的卻在發揚。實在盼望海內外的華人社會都能體會鄭教授「不容青史盡成灰」的苦心，而風起雲湧地共同努力，為後代留下我民族真實的歷史；

另一方面，也期待繼這一本《百年風雲》之後，我們能再看到鄭教授以他優美的文筆，豐沛的知識和人脈，在「百年系列」或其他領域中，再為海內外人士造福！

推薦序之六／翟宗泉（前監察委員，現任團結自強協會理事長）

「百年風雲」，將「風雲百年」

民國初年流行一句話：我的朋友胡適之。現在我套用「我的朋友鄭貞銘」。我在中華民國團結自強協會認識鄭貞銘教授，我們同為協會理事，一同開會、一同討論、一同辯論。深知我的朋友鄭貞銘好讀書、學識淵博、文句優美、文筆快捷、著作等身，名滿兩岸。他的著作《百年大師》已為中華文化奉獻者留下不可磨滅一頁。

他在文化大學教書培育新聞人才桃李滿天下，有新聞教父之美譽。他教書秉持的基本原則，是要學生向第一流人物看齊。向第一流人物看齊必先知道誰是第一流人物。繼《百年大師》之後，貞銘兄這一本著作《百年風雲》正是精準地、深刻地、生動地，介紹了海峽兩岸百年來特殊人物，包羅萬象。有推翻千年帝制建立民主共和之孫中山、有北伐統一中國抗日八年之蔣介石、有抗拒列強使中國站起來之毛澤東、有摸著石頭過河使中國富起來之鄧小平、有在台灣搞十大建設，使台灣成為東亞四小龍之首的蔣經國、有八年修憲六次的李登輝、有為愛國捐軀之張自忠、有叛國貪腐之陳水扁、有扶弱鋤強之陳納德、有揚威緬印之孫立人。百年風雲果然有溫暖的薰風彩雲、也有凜冽的狂風烏雲。鄭教授這本著作客觀公正，介紹百年來之風雲人物，讓後人以史為鑑知所更替。

我相信《百年風雲》之出版，必將使這本著作「風雲百年」。

叱吒風雲

第一部
叱吒風雲

〈黨政人物篇〉

孫中山・蔣介石・毛澤東・蔣經國
鄧小平・陳　誠・周恩來・林　森
袁世凱・蔡　鍔・嚴家淦・孫運璿
劉少奇・謝東閔・朱　德・李宗仁
張學良・閻錫山・吳國楨・李　煥
李登輝・林洋港・林　彪・連　戰
吳伯雄・馬英九・吳敦義・關　中
宋楚瑜・汪精衛・陳水扁

主編的話／陳先元（上海交通大學教授）

天有不測風雲，而人對於風雲也無法掌控，只能適應。況且能夠好風憑藉力，送我上青天者，畢竟少之又少；更多的則可能是狂風橫掃深秋葉，黑雲壓城城欲摧。自然風雲如此，中國社會的百年風雲又何嘗不是如此呢？一般平民百姓在社會風雲變幻中猶如落葉一樣，凋零、飄蕩、流離、淪落，聽憑風雲任意摧殘。

我家命運正是如此。我家世居上海近郊一個叫長橋的小鎮。當年站在我家門前，透過坦坦蕩蕩的江南田野，可以望見市區徐家匯天主教堂的高聳尖頂，以及十三層大樓畢卡第公寓的樓頂。我的母親從未上學，但她會背千字文裡「天地玄黃、宇宙洪荒」一類的語句。我母親告訴我，當年我還在她肚子裡的時候，大上海的高樓上還飄揚著青天白日旗，那是大陸民國紀元的最後一年。那年春天，紛紛傳說北方大兵馬上就要打過來了，整個上海灘上兵荒馬亂，人心惶惶，我母親只能挺著大肚子，懷著尚未出生的我，外出逃難。其實，說是逃難，也逃不到哪兒去，世界上的窮人哪有避難之處呢？只是四處流浪罷了。那年幾經波折，幾經磨難，我母親又挺著更大的肚子回到自己家裡，生下了我，我就是中國社會苦難的兒子啊。這時，大上海高樓上的青天白日旗已經像風捲殘雲一樣被捲走了，一股強烈的北風吹來了斧頭加鐮刀的共產黨紅旗，而我正是在國民黨時代孕育，共產黨時代出生的。我經歷過中國大陸的大躍進運動、三年困難時期、文化大革命，以及後來的改革開放，經歷過中國大陸幾乎所有的政治運動。因此，我也算百年風雲一段歷史的見證者吧。

百年來的台灣亦是如此，先是割據給日本，異族統治，台灣同胞反抗日本統治的也史不絕書。台灣光復後又有戒嚴，社會一樣困窘，所幸有蔣經國一段勵精圖治，造成一段榮景，出現一些可敬的政黨人物，但在民主外衣下，台灣如今又陷入「去中」桎梏，兩岸情勢緊張，台灣的未來將如何？只有歷史能給答案。

但是，我如同昨天的親身經歷，對於年輕學子來說，已經成為遙遠遙遠的歷史。今天的中國，已經與三十多年前的中國不一樣了，與六十多年前的中國更是不可同日而語。與我們相比，我們的下一代無疑生活在幸福之中，他們沒有像我們這一代的經歷，但我們希望他們不要忘記我們這一代兩岸的經歷。因為這不僅是一代人的經歷，更是中華民族文明史上的一個截面。主持人要我編寫《百年風雲》一書中有關兩岸重要黨政人物的部分，我欣然受命。對書中提到有關黨政人物的場景、事件，我雖希望以歷史與新聞角度，並以客觀公正的態度書寫，但畢竟由於視野所限，也限於人所共知的客觀原因，拙稿未能盡如人意，也很可能謬誤多多，只有請各位讀者不吝指教了。

上海交通大學媒體與設計學院教授　陳先元　謹識

二〇一六年三月於上海朗香郡寓所

孫中山（1866-1925）

孫中山：亞洲第一共和國的催產醫生

孫中山（一八六六—一九二五年），名文，字載之，號日新，又號逸仙，幼名帝象，化名中山樵，常以中山為名，廣東省香山縣（今中山市）翠亨村人。中國民主革命的先行者，中華民國和中國國民黨締造者，三民主義理論的創始人，徹底反封建的偉大旗手，「起共和而終二千年帝制」，為中華民族開創了一個新時代。

一九一一年十月中旬的一天，一位餐館侍者模樣的中年東方人在美國科羅拉多州丹佛市的街頭隨手買了一份報紙，看到報紙上報導遠在中國的武昌成功地舉行了一次武裝起義，他略有驚喜，隨即便恢復了平靜，又回到了一家中餐館打工。幾天以後，當他在丹佛的這家中餐館忙忙碌碌，為客人端菜上茶時，忽然有一同事向他大叫一聲說：「嗨，你的電報。」說著就把一份電報扔到他的托盤裡。這位侍者暫且放下托盤，拆閱來電。這一次他不禁喜出望外：原來這份電報裡告訴他，武昌起義成功，革命形勢迅速發展，中華民國馬上就要成立，請他立即回國。

這位侍者就是偉大的革命家孫中山。

孫中山那時四十六歲，正在北美「致公總堂」支援之下，組織「籌餉局」，到處巡迴講演革命，籌募軍餉。他於一九一一年十月十日來到丹佛，入住布朗宮酒店，準備在此演講，宣傳革命，以取得華僑支援，籌集資金。一九一一年十月十四日的《丹佛日報》曾經刊登孫中山的大幅照片，以及與他有關的兩條消息，一是朝廷懸賞十萬美元購買孫中山人頭，一是把他稱之為中國未來的統治者到訪丹佛，並將發表演說，宣傳革命主張，呼籲當地僑胞捐款。他此時不顧朝廷的追捕，置自己的生死安危於度外，仍然四處奔走，積極呼籲，為革命籌募軍餉。雖然他在海外籌集了一定錢款，但他自己的經濟境況卻十分拮据，連日常生活都難以維持，所以只好到丹佛一家盧姓老闆開設的中餐館打工。他在當地報紙上看到武昌起義的消息時，一開始還不感到特別驚喜，因為類似的起義他已經在國內領導過十次了，均沒有成功，而且這次武昌起義的發動與他沒有直接關係，起義的具體情況無法瞭解。但當他接到來自黃興的電報，又從當地報紙上得知，武昌起義已經成功，革命軍打退了從北方南下增援的清軍，牢牢控制了局勢，而且各省紛紛回應，革命形勢發展很快，心裡便感到十分高興。黃興要他馬上回國，因為孫中山當時已經是公認的革命領袖。在這一中國社會的激變時刻，需要一個具有崇高威望的人物來指引方向，統御局面，孫中山就是這一歷史轉捩點上中國革命的不二人選。

一九一一年十一月二十四日，在國內一再致電催促的情況下，孫中山從法國馬賽乘船回國，十二月二十五日抵達上海。一九一二年一月一日，孫中山在南京被十七省代表以每省一票的方式，十六票贊成一票反對的結果，選舉為中華民國臨時大總統。

要立志做大事

孫中山，中國兩千年封建專制制度的終結者，中國近代革命的先行者，中國民主共和社會的設計者，原名孫文，字德明，號日新，後改逸仙；在日本從事革命活動時曾化名中山樵，因此以中山為名為世人所熟知。

據考查，孫中山先祖常德公，曾居粵北南雄。在元朝末期受到張士誠、朱元璋等民族革命思想的影響，與當時的東莞大將何真交往頗深，所以由粵北南雄遷至珠江三角洲的東莞上沙村定居，到了第五世房禮贊公即搬遷至香山。孫中山於一八六六年十一月十二日（清同治五年十月初六日）誕生於香山（今中山市）翠亨村。父親孫達成早年生活艱難，到澳門的一家葡萄牙人開設的鞋店打工謀生，回鄉結婚後依靠種田為生，家庭經濟經常入不敷出。後來長兄孫眉赴夏威夷的茂宜島墾荒、經營牧場和商店後，家境有所好轉。

據「國父年譜」所載，孫中山七歲至九歲，就讀於村裡私塾，學習《三字經》，《千字文》，《幼學瓊林》等書。十歲入鄉塾讀四書五經，至十三歲讀畢四書五經，自此打下堅實的國學基礎。

孫中山在童年時代一方面接受了傳統教育，另一方面也對中國傳統文化的某些方面進行了激烈的抨擊。他曾經全盤否定佛教、道教等中國傳統宗教，更否定民間的原始宗教，否定神靈存在。他的家鄉有一座供奉玄天上帝的北帝廟，孫中山早年曾到廟裡折斷玄天上帝神像的手臂，並說：「若果有靈，能即禍我！木偶由人而作，豈能操人禍福哉？」這一件小事，雖然行為有點極端，但也足以證明他從小有一種大無畏的反叛精神。

孫中山在少年時代赴海外求學，這一經歷給他後來的思想產生重大影響。一八七九年，十三歲的孫中山隨著母親遠赴檀香山，和長兄孫眉一起生活。孫眉資助他在檀香山接受西式近代教育，使他拓展了視野，不僅從中國的角度看待中國問題，更從世界的角度看待中國問題。後來又到香港、廣州等開放較早、西化較大的地方進行了系統的學習，除了醫學專業學有所成之外，還親身體驗了近代西方的社會生活，認識了近代西方的社會制度，學習了西方近代的社會知識。在嚴酷客觀的現實面前，年輕的孫中山萌發了改造中國改造社會的思想，用他自己的話來說：「要立志做大事」。

一八九一年，二十五歲的孫中山從英國人創辦的香港西醫院所學校畢業，這所學校的名譽贊助人是北洋大臣李鴻章，香港總督授予他畢業證書。由於這所學校具有一定的政治背景，孫中山在經過五年學習後，對於醫學專業並不感興趣，畢業後決定改做社會醫生，改醫人為醫國。他想進入政界發展，以實現自己改造中國改造社會的政治理想，他甚至請香港總督給英國駐華公使寫了一封信，把自己推薦給朝廷重臣李鴻章，看看能不能在政府謀一個職位。

吾志所向，一往無前

一八九四年春天，孫中山獨自一人躲到了廣東鄉下，關起門來，奮筆疾書，寫了一封長信，提出了自己的強國富民政策，希望借助自己的人脈關係呈給朝廷重臣李鴻章。而且李鴻章不僅是孫中山就學時那所香港醫學院的資助人，還因為當時李鴻章的胞兄李瀚章任職兩廣總督，而孫中山因為曾經為富商劉學詢治病而兩人相識，劉學詢又與李瀚章關係密切。有了這些關係，所以孫中山決定上書李鴻章。

孫中山在上書中提出了強國富民的四大綱領，即「人盡其才，地盡其利，物盡其用，貨暢其流」。孫中山認為，這四個方面是現代西方各國富強之大經，治國之根本，是中國賴以學習的基本經驗，也是改造中國改造社會的主要目的。

孫中山的此一希望並沒有成功，他改造中國社會的理想連續受到打擊，但官場失利沒有消磨孫中山的精神，反而使他更堅定了自己改造中國改造社會的志向，於是請鄭觀應透過江海關弄到一張護照，隻身前往檀香山。

百折不撓，越挫越奮

孫中山重新回到檀香山的時候，檀香山正好剛剛廢除了君主專制制度，成立了共和國；國內貪官污吏的驕奢淫逸、暮氣沉沉與普通百姓的生活艱難、積怨抱恨，充分印證了滿清王朝政治的卑鄙骯髒，大清帝國已經日薄西山，氣息奄奄。所有這些，甲午戰爭的不利戰況，夏威夷共和國的成立，國內官僚的貪污腐敗，再加上自己屢次投身仕途的挫折，在在使孫中山認識到，不從根本上改造中國的社會體制，不推翻滿清王朝的異族專制統治，中國問題就不可能得到解決。

於是，孫中山開始了新一輪尋求改造中國改造社會的道路。據近幾年歷史學家們考證，中國近代著名的啟蒙思想家、孫中山的香山同鄉、《盛世危言》的作者鄭觀應，於一八九二年在澳門成立近代中國最早的民主革命組織 Young China Party，而 Young China Party 據考證就是最早的興中會。孫中山得知澳門有這一組織，旋即於一八九三年夏秋之交到澳門與鄭觀應會面，並在澳門加入了興中會。澳門的興中會後來幾經上海、香港等地的變遷，鄭觀應逐漸淡出，社會影響不大。

一八九四秋天孫中山到了檀香山之後，在其長兄孫眉與其他華僑華裔的支持下，積極開展活動，籌備建立近代的革命團體，由此開始把他改造中國改造社會的革命思想付諸實踐。

一八九四年十一月二十四日，在孫中山的領導下，在檀香山組成立了中國近代第一個革命團體，孫中山親自確定為「興中會」，即「挽救危局、振興中華」之意。參加成立會的有二十多名華僑，他們分別代表著第一批會員約一百三十人，通過了孫中山起草的興中會章程。

興中會章程概略分析了中國的當時形勢，以為中國積貧積弱絕非一日，而是由來已久。如若指望中國只是引進鐵路、電報等洋器，不進行社會革命而會成為強國，那是荒唐之舉。因為只有共和政府才能代表全中國人民，專制政府絕不能代表全中國人民，因此滿清政府必須推翻，必須打倒，無法進行改良。興中會的核心訴求為：「夫以四百兆蒼生之眾，數萬里土地之饒，固可發奮為雄，無敵於天下。」綱領就是進行革命，推翻滿清政府，具體表述為「驅逐韃虜，恢復中華，創立合眾政府」這一口號。

興中會成立以後，一八九五年二月，孫中山在香港聯合當地愛國知識份子的組織輔仁文社，建立了香港興中會。一八九五年十月，興中會準備在廣州起義，但由於走露了風聲，被當局殘酷鎮壓，起義失敗。孫中山被迫亡命海外。一八九六年十月，孫中山在英國倫敦曾被清公使館誘捕，後經英國友人康得黎等營救脫險。此後，孫中山在歐美各國居住了一年左右的時間。他一方面深入考察歐美各國的經濟、政治、文化、教育等社會狀況，另一方面接觸了不少歐美精英人士，和他們進行了深入交流，而且還在當地研究了多種流派的政治思想學說，這使孫中山的思想得到了進一步昇華，基本形成了非常具有中國特色的三民主義理論。

一八九七年，孫中山從歐美遠赴日本，結交了不少日本的朝野人士，其中包括日本黑龍會領袖內田良平等等，並在日本華僑中宣傳革命思想，鼓吹社會革命。一九〇〇年十月，孫中山發動廣東惠州起義，因軍需設備匱乏而失敗。一九〇四年與一九〇五年間，孫中山在日本、檀香山、越南、泰國、美國、比利時、德國、法國等地的留學生中宣傳革命，建立革命團體。

一九〇五年七月，孫中山再次回到日本。在內田良平的輔助下，積極聯絡其他革命團體，籌備更強有力的組織。八月二十日，在東京赤阪區的一幢民宅中，廣東的興中會、湖南的華興會、江浙的光復會合併成立了中國同盟會，孫中山被推舉為同盟會總理，並通過了孫中山起草的《同盟會宣言》、《同盟會對外宣言》以及由黃興等起草的會章，確認了其政綱為孫中山提出的「驅除韃虜，恢復中華，創立民國，平均地權」十六字綱領。

同盟會成立以後，反清革命便成了燎原之勢。主要起義有：一九〇六年十月，湖南萍瀏醴起義爆發；一九〇七年五月，湖北黃岡起義爆發；六月，廣東七女湖起義爆發；九月，廣西欽廉防城起義爆發；十二月，廣西鎮南關起義爆發；一九〇八年三月，廣西欽廉上思起義爆發；四月，雲南河口起義爆發；一九一〇年二月，廣州新軍起義爆發；一九一一年四月二十七日，廣州黃花崗起義爆發。其中一九〇六年萍瀏醴起義是同盟會成立後發動的第一次大規模武裝起義，犧牲義軍將士及其親屬逾萬人；黃花崗起義中同盟會戰士們那種浴血奮戰、一往無前的精神，被後人稱為驚天地、泣鬼神。孫中山領導了其中的十次起義，可惜這些起義都未成功。直至一九一一年的武昌起義，孫中山數十年的努力奮鬥終於成功，中國歷史上也是亞洲歷史上的第一個共和國，終於在黃河長江的奔騰呼嘯聲中誕生。

革命尚未成功，同志仍須努力

一九一二年一月一日，中華民國臨時政府成立，孫中山就任中華民國臨時大總統，並組成了臨時參議院，公布了《中華民國臨時約法》，結束了中國長達兩百七十六年的滿清異族統治，同時也結束了中國長達兩千多年多封建專制統治。

作為臨時大總統，孫中山隨後主持制定並公布了一系列改革和進步的法令，其中包括具有現代國家憲法性質的《中華民國臨時約法》，為中國未來發展的方向奠定了基礎。但是，由於當時同盟會的政治勢力僅限於長江以南，長江以北的半個中國基本上被袁世凱勢力所控制。而袁世凱執掌著滿清政府的軍政大權，在中國當時的社會中有一定的威望。他派遣的北方軍隊南下對抗武昌起義的新軍，並打了好幾次勝仗，基本上攻陷了武漢三鎮。

袁世凱一方面採用軍事手段抗衡同盟會領導的起義新軍，另一方面又率領北洋將領通電全國擁護共和，並在一九一二年二月十二日軟硬兼施、威逼清廷，隆裕太后在無奈之下替宣統皇帝愛新覺羅．溥儀頒布了詔書，一是宣布清帝退位，一是敕令袁世凱自己組建中華民國。袁世凱老謀深算、工於心計，他的這些政治手腕收到了較好的效果，在一定程度上獲得了社會的肯定，連一些革命黨人也一度認為袁世凱是可以領導中國的政治領袖。在當時南北政局相當對立的情況下，孫中山以「天下為公」自律，胸懷坦蕩，毫無私心，認為既然袁世凱廢除帝制，贊同共和，把中華民國臨時大總統一職讓位於他也無不可，故於一九一二年二月十三日辭去臨時大總統一職，四月一日正式解職。

二十世紀初是國社會發展的劇變時期，政壇光怪陸離、雲譎波詭。袁世凱作為滿清重臣，雖然迫於民主潮流浩浩蕩蕩的世界大勢，也有過一些自由主義的言論，但他在本質上仍是一個舊派人物，與孫中山所宣導的民主共和格格不入。一九一三年三月二十日，國民黨代理理事長宋教仁在上海滬寧車站遇刺，兩天後去世。兇手在上海公共租界被捕，當時種種證據表明袁世凱是此次案件的背後策劃者，孫中山遂發動二次革命。

七月十二日，孫中山指示下，江西正式宣布獨立，成立討袁軍總司令部，發表電告討袁。隨後江蘇、安徽、上海、湖南、福建、四川、浙江、雲南、廣東等省紛紛宣布討袁獨立。但在訓練有素、實力強大的擁袁軍隊全面攻擊下，前後還不到兩個月的二次革命失敗。十月六日，北京國會選出袁世凱為第一任正式大總統。十一月四日，袁世凱以「叛亂」罪名下令解散國民黨，並驅逐國會內國民黨籍議員。孫中山等被通緝，只能逃亡日本。

二次革命的失敗是國民黨的一次重大挫折。孫中山認為，二次革命的原因「非袁氏兵力之強，乃同黨人心渙散」，於是決心整頓黨務，拯救革命。一九一三年九月二十七日，孫中山親自擬定入黨誓約，規定入黨者須絕對服從其領導。一九一四年七月八日，在東京舉行大會，正式宣告中華革命黨成立，以討袁革命為己任，要求徹底剷除帝制，維護約法，恢復國會，重建共和。中華革命黨把武裝討袁放在首位，曾在湖南、江蘇、廣東、江西、上海等省市先後發動大小武裝起義四十多次。一九一五年十二月在北京袁世凱稱帝，爆發了全國性的護國戰爭。孫中山領導中華革命黨全面展開軍事討袁活動，在全國範圍內有效牽制了袁世凱的軍事力量。

袁世凱死後，中國並沒有走上民主與共和的道路，北洋軍閥甚至變本加厲，反攻倒算，辛亥革命的成果所剩無多。孫中山為了維護革命成果，又進行兩次護法戰爭。一九一六年六月袁世凱死後，段祺瑞出任北京政府國務總理，掌握北京政府大權，廢除了《臨時約法》，解散國會。為此，孫中山又一次掀起了轟轟烈烈的護法運動。孫中山聯合桂軍和滇軍的首領陸榮廷與唐繼堯，八、九月間在廣州召開國會非常會議，通過《中華民國軍政府組織大綱》，決議成立中華民國軍政府，孫中山擔任軍政府海陸軍大元帥。護法軍政府的軍隊十月在湖南與北洋軍交戰，先後攻占長沙、岳陽等城市，一度獲得大勝。但是桂軍與滇軍出於派系私利，暗中勾結北洋軍隊，於一九一八年五月迫使孫中山辭去大元帥職務，篡奪了護法軍政府實際權力，第一次護法戰爭宣告失敗。

一九二〇年八月，孫中山聯合粵軍首領陳炯明，宣布重建軍政府。一九二一年四月，國會非常會議通過《中華民國政府組織大綱》，選舉孫中山為非常大總統。一九二一年六月，孫中山命令粵、贛、黔、滇各軍進攻廣西，兩廣得到統一，成為革命中心與北伐基地。一九二二年夏季，孫中山發動了討伐直系軍閥的戰爭。當時陳炯明任陸軍總長兼廣東省長，認為當時的北洋政府中「非法大總統」徐世昌已經下野，曹錕宣布恢復孫中山於一九一二年制定的《臨時約法》，國家似乎走上了正軌，因此不必北伐，這就和孫中山的主張產生了矛盾。六月十六日陳炯明的部下砲轟總統府，孫中山與陳炯明徹底分裂，第二次護法戰爭又告失敗。

一九二三年二月，由於陳炯明的離開，孫中山從上海回到廣州重建陸海軍大本營，以大元帥名義統率各軍。與此同時，逐步加緊改組中國國民黨的準備工作。一九二四年一月在廣州召開了中國國民黨第一次全國代表大會，通過黨綱、黨章，重新解釋了三民主義，同時創辦黃埔軍官學校，訓練革命武裝幹部，為日後國民革命的成功奠定了堅實基礎。

一九二四年十月，曹錕政府被推翻以後，馮玉祥、段祺瑞、張作霖先後電邀孫中山北上共商國是。十一月，孫中山離開廣州北上，先抵上海，再繞道日本赴天津，十二月底到達北京，這時他已經罹患肝疾，而且日益嚴重。一九二五年三月十二日在北京逝世，終年五十九歲。孫中山在逝世前夕簽署《國事遺囑》中說：「致力國民革命凡四十年，其目的在求中國之自由平等。積四十年之經驗，深知欲達到此目的，必須喚起民眾及聯合世界上以平等待我之民族，共同奮鬥。現在革命尚未成功，凡我同志，務須依照余所著《建國方略》、《建國大綱》、《三民主義》及《第一次全國代表大會宣言》，繼續努力，以求貫徹。最近主張開國民會議及廢除不平等條約，尤須於最短期間促其實現。是所至囑」

孫中山已經離去，但他所言「革命尚未成功，同志仍須努力」，現在已經成為中國人最為熟知的孫中山語錄了。（**陳先元**）

蔣介石（1887-1975）

蔣介石：一個人與一個國家的命運

蔣介石（一八八七－一九七五年），名中正，字介石。祖籍江蘇宜興，生於浙江奉化，是繼孫中山之後中國國民黨最主要的領導人。蔣介石是近代中國最重要的政治家、理論家與軍事家之一，中華民國的國家元首與政府首腦，《中國之命運》一書的作者，北伐戰爭中的國民革命軍總司令，抗日戰爭時期以及第二次世界大戰時期的同盟國中國戰區最高統帥。蔣介石在中國近代史上無疑具有不容忽視的重要地位。

上海的衡山路是一條充滿歐式風情的優雅馬路，兩邊高大法國梧桐的茂密枝葉在上空隨意靠攏，馬路似乎成了一條綠色隧道。陽光穿越枝葉間的空隙，灑在路面上，斑駁陸離，光影交錯，顯得非常幽靜。衡山路兩旁坐落著美國式的洋樓、歐洲式的教堂，還有一座座異國風情的別墅。在衡山路東平路口，有一幢並不起眼的三層小樓，圍牆環繞，綠樹掩蓋，灰色的牆壁上似乎積上了歲月的塵埃，紅色屋頂上似乎還透出一絲絲昔日的光彩。木製的門楣與窗架上的油漆似乎還留存著當年的亮色，彷彿在向後人訴說著過去的故事。

近九十年前，時任中國國民北伐軍總司令的蔣介石與年輕貌美的宋美齡新婚燕爾，在此共度蜜月。如果說中國近代史上，有一些人的命運與一個國家的命運無法割裂的話，蔣介石肯定是其中之一。

投身革命與率師北伐

蔣介石於一八八七年十月三十一日生於浙江省奉化縣的一個鹽商家庭，自幼喪父，由母親撫養成人。一八九五年甲午戰爭中國戰敗，簽訂喪權辱國的馬關條約，激起了國人的極大憤慨，幼年的蔣介石在家鄉耳有所聞。他曾在故鄉親眼目睹不法官僚橫行鄉里，以勢壓人，而且自己家裡也因無靠山，屢遭欺凌，故而使他萌發了反抗意識。

蔣介石雖然家境一般，還是接受了比較正規的傳統文化教育。他被家人送到奉化鎮上一個名叫顧清廉的人開設的私塾讀書，九歲就讀完了「四書」，十六歲就讀完了「五經」，後來又讀完了《孫子兵法》，漸漸成為一個儒家思想的信仰者。在顧氏開設的私塾中，蔣介石第一次聽到了孫中山的名字，也第一次知道了孫中山的革命活動情況。

後人回憶，蔣介石自幼起嚴以律己，勤於思考。據說他每天清晨即起床，雙唇緊閉，雙腳微張，雙臂合抱前胸，身子筆直，在陽台上一站就是半個小時。有人猜測蔣介石利用太陽剛剛升起，萬物甦醒，空氣新鮮的時機，正在認真思考個人的未來與國家的命運。

一九〇五年，蔣介石決意東渡日本留學，但那時正值日俄戰爭，局勢多變，安危莫測，家人鄉親紛紛勸阻。但是蔣介石不為所動，拿起剪刀一把剪去後腦勺上的辮子，乘上去日本的輪船。但到了日本之後因故無法入學讀書，家人又多次催促回國，所以年底就回到了家鄉。

一九〇六年，蔣介石以優異成績考入保定軍官學校，當時浙江省報考該校的有一千多人，只錄取了三十餘人，差不多是百裡挑一。一九〇八年春天，蔣介石再度前往日本，進入東京振武學堂學習軍事。在該校期間，蔣介石對於日本教員肆意侮辱中國學員非常不滿，多次向日本教員提出抗議，表現出一種民族氣節與個人的倔強性格。一九〇九年，蔣介石從日本振武學堂畢業後，到位於高田的日本陸軍第十三師團開始他的軍旅生涯，考察日本軍隊的訓練方法。他每天天亮之前三小時就起床，然後餵馬、上操、進行軍事訓練，專幹苦活重活累活髒活，以這種方法，培養自己的忍苦精神，鍛鍊自己的堅毅性格。

蔣介石在日本結識了孫中山的密友陳其美，由陳其美介紹加入了孫中山領導的同盟會，開始追隨孫中山，參加反清革命活動。一九一一年武昌起義後，蔣介石從日本回國，率領一支一百多人的先鋒隊趕到杭州，參加光復浙江之役。蔣介石在此一戰役中表現出的勇敢堅毅精神，曾在社會上造成了較大影響。

一九一三年夏天，蔣介石在上海積極參加「二次革命」，十月，蔣介石加入籌建中的中華革命黨。一九一八年五月，任中華革命軍東北軍參謀長。一九一八年三月，他南下廣東粵軍總司令部任職。一九二二年六月，由於陳炯明背叛國民革命，以致國民革命處於危機階段，蔣介石在珠江上的永豐艦上盡責盡守地護衛孫中山長達四十餘日，深得孫中山的信任與器重，第二年被任命為大元帥府大本營參謀長。

一九二三年九月二十二日，蔣介石在孫中山的授意下，率領「孫逸仙博士」到蘇聯考察黨務、政務、軍務以及其他領域的問題。十二月十五日回國，共計三個多月。在蘇聯期間，蔣介石會見了蘇聯領導人加米涅夫、季諾維耶夫、托洛斯基等人，與托洛斯基進行了兩次較長時間的會談。因為當時列寧的健康狀況惡化，故未能與列寧會面。

蔣介石非常敏銳地覺察到蘇聯實行專政的本質，覺察到蘇共高層內部的矛盾與鬥爭，再加上蘇聯對於蒙古問題的態度，因此他對於蘇聯沒有好感。蔣介石寫道：「我很快就察覺到蘇聯社會各部門，以及蘇聯共產黨間，存在著公開或秘密的激烈的鬥爭。我比以往任何時候都確信蘇共政治體制是獨裁和恐怖主義的統治工具。它與以三民主義為基礎的政治體制完全不同，這是我出訪蘇聯所得出的結論。」

一九二四年六月十六日，孫中山宣布黃埔軍校成立，蔣介石被任命為校長。黃埔軍校是在孫中山「聯俄容共」的方針指導下所建立，因此有不少共產黨員如周恩來等均參加了軍校的校務工作，又聘請了蘇聯原西伯利亞軍區司令加倫將軍為軍事顧問。蔣介石作為黃埔軍校的校長，每天五時起身，巡視全校，喚醒學員進行操練。

一九二六年七月九日，國民革命軍舉行誓師大會，宣布為了建立一個以三民主義為原則的新國家，為了保護人民利益，決定北上討伐軍閥。蔣介石任北伐軍總司令，親率三路大軍出征北伐。第一路軍出征湖南湖北，第二路軍出征江西，第三路軍出征福建浙江。北伐軍士氣高昂、紀律嚴明、英勇奮戰、克敵制勝。一九二七年二月二十七日攻佔杭州，三月二十二日攻佔上海，三月二十四日攻佔南京，一九二八年四月戰勝奉系軍閥張作霖，六月和平接收北京、天津兩大北方重鎮。至此，中國終於結束了自一九一一年以來各地軍閥武裝割據、互相混戰的歷史，形成了盼望已久的國家統一局面。由於北伐戰爭的成功，蔣介石也出任中華民國國民政府主席兼任陸海空三軍總司令。

國共對立與中日對抗

一九二七年四月國共合作破裂以後，被清除出國民黨的共產黨員紛紛武裝起義，樹起了反蔣大旗，與國民黨政府形成了對立之勢。毛澤東、朱德等人於江西井岡山成功地實行了武裝割據，建立了橫跨江西、福建兩省的紅色革命根據地，成為蔣介石的心腹大患。一九三一年「九一八」事變爆發，日本侵華的勢頭越來越猛，步步緊逼；中華民族處於逆境，危在旦夕。

蔣介石認為，攘外必先安內。內患不除，何以禦敵？因此，他多次發動了對於紅軍的圍剿，共派出一百萬的兵力，先後進行了四次圍剿，但共產黨仍未被打敗。一九三三年十月，蔣介石一共發動步兵九十餘萬、飛機四百餘架次的兵力，大舉圍剿紅色革命根據地。一九三四年十月十六日，紅軍主力八萬餘人開始被迫撤離江西，突圍北上。

作為國民政府主席，蔣介石在緊張繁忙處理各類軍事活動以維護國家穩定的同時，也關注民生問題。他勸喻國民改變固有生活方式，宣導新的生活方式。一九三四年二月十九日，在江西南昌舉行的有五十萬人參加的群眾大會上，蔣介石正式提出了要在全國開展「新生活運動」，他認為為了民族復興，必須要提倡新的生活原則，要學習德國人與日本人那種尊重國法，遵守秩序，認真工作，嚴謹行事的精神，要以禮義廉恥規範自己的意識，要講究禮貌，公平公正，待人誠信，具有自尊，並且制訂了「新生活運動」的八項原則和九十五條標準。蔣介石召集了數百名學生對他們進行訓練，然後派他們到全國各地去宣講這些新生活運動的規範與原則，並且發行大量的印刷品進行宣傳。這一活動，在當時對於中國社會產生了一定的正面影響。

一九三六年十二月十二日，發生西安事變，蔣介石被東北軍首領張學良、西北軍首領楊虎城兩人扣留若干天。在國民黨、共產黨等各方面的調停下，張楊兩人釋放了蔣介石，西安事變得到和平解決，國共合作一致抗戰的局面基本形成。

一九三七年七月七日，盧溝橋事變爆發，抗日戰爭全面爆發。七月十七日，蔣介石在江西廬山舉行大會，發表抗日宣言，決心「抗戰到底」。一九三七年八月十三日晨九時十五分，日艦重砲向上海閘北地區轟擊。「八一三」淞滬抗戰由此開始。蔣介石與張治中、馮玉祥、陳誠等親自指揮淞滬戰役，據說他每天晚上只睡四五個小時，隨時與前線指揮員保持聯繫，掌控戰況。

一九三七年十二月七日，在中華民族生死存亡的關鍵時刻，蔣介石懷著極其沉重的心情來到南京中山陵拜謁，對著國父陵寢發誓要堅持抗戰，要為三民主義奮鬥到底，隨即離開南京上湖武漢。兩天以後，中華民國首都南京陷落於日寇之手。一九三八年三月二十九日，國民黨在武漢召開臨時全國代表大會，蔣介石當選為國民黨總裁，汪精衛當選為副總裁。

這一時期被歷史學家稱為國民黨的黃金時期，最為輝煌。因為強敵當前，全國軍民萬眾一心，士氣高昂，堅決抵抗，挽救危亡，達到了空前的團結與統一。蔣介石一方面積極開展外交活動，尋求國際支持；另一方面，運籌帷幄，調兵遣將，指揮軍隊制止日軍進一步侵犯，同時又領導國家經濟重心的轉移工作。在此前的二十世紀二〇、三〇年代的十年中，中國經濟有了較快的發展，上海與東南沿海的其他城市相繼建立了一批工業基地，就是這批工業基地支援著整個國家的經濟。

一九三八年十月二十一日，華南重鎮廣州陷落；十月二十五日，武漢陷落，蔣介石以及國民政府隨之遷往重慶，重慶成為中國戰時陪都。在此期間，日本多次透過外交管道放出風聲，只要蔣介石接受日本提出的與偽滿洲國一起參加大東亞共榮圈的條件，日本即可停止軍事行動，恢復和平。但蔣介石認為此種條件絕不接受，堅持抗戰絕不動搖。但是，這時作為國民黨副總裁的汪精衛卻逃離了重慶，投入了日本人的懷抱，成為中國最大的漢奸。

一九四三年三月十日，蔣介石所著的《中國之命運》一書在重慶出版，這本書闡明了蔣介石的基本政治思想，即在中國傳統文化的基礎上，融合現代西方價值觀念，在此基礎上建立現代中國的國家精神與國家意識。這本書在國民黨內被認為是繼孫中山《三民主義》出版之後最重要的一本著作，是中國國民黨人的政治教科書。

蔣介石領導的艱苦卓絕的抗日戰爭，贏得了全世界的肯定與尊重，中國的國際地位因此有了很大提升，可以和美、蘇、英、法等國一起，列為世界大國。一九四三年十一月，蔣介石以中華民國總統的名義參加了在埃及開羅舉行的中美英三國元首會議，與美國總統羅斯福、英國首相邱吉爾一起商討了聯合對日作戰問題，會後發表了《開羅宣言》。

《開羅宣言》確認日本必須把佔據的中國領土如東北三省以及台灣等交還中國，並且堅持日本必須無條件投降。一九四五年六月，蔣介石派宋子文赴蘇與史達林談判，八月，中蘇雙方簽訂友好同盟條約。八月十五日，日本天皇宣布日本無條件投降，歷時八年的中國抗日戰爭終於取得勝利。

退居台灣固守理念

抗日戰爭勝利後，重慶國民政府派出官員前往上海、南京、北京、天津等地接收敵偽資產，重新建立各級地方政權。其中不少官員認為抗戰有功，居功自傲，就乘機中飽私囊，貪污腐化，引起民眾的強烈不滿，也使國民黨聲譽掃地。蔣介石作為國民政府的最高領導，未能及時制止這種現象，應該引咎自責。

與此同時，共產黨開動了它所掌握的一切宣傳工具，大力提倡民主、自由、公平、正義的價值觀念，並對蔣介石在《中國之命運》一書中「一個主義、一個黨、一個領袖」的說法展開了猛烈抨擊，認為這是法西斯主義的獨裁統治。共產黨的這一套做法，不但獲得了廣大民眾的擁護，也使美國在戰後國共相爭中的態度有了一些改變。抗日戰爭之後的所有這些因素，使蔣介石在與毛澤東的對決中逐漸處於下風地位。

一九四五年八月，蔣介石邀請毛澤東來重慶，兩黨就成立聯合政府問題舉行談判。蔣介石要求共產黨的軍隊編入國軍，作為參加聯合政府的一個條件；毛澤東同意共產黨軍隊編入國軍，但不願意放棄原有編制及原有指揮人員。儘管如此，國共兩黨還是在一九四五年十月十日簽訂了雙十協定。但僅僅過了半年左右，國共兩黨再一次分道揚鑣，各奔東西。而且由於雙方磨擦不斷，對立逐漸升級，最終還是爆發了全面內戰。

一九四八年冬天，經過遼西、平津與淮海三大戰役，國民黨的主力部隊被共產黨大致消滅。一九四九年四月二十三日，共產黨部隊攻克南京，南京總統府上飄起了共產黨的紅旗。十月一日，中華人民共和國成立。此後蔣介石往來於廣州、重慶等地，準備布置戰略反攻，但大勢已定，國民黨政府只能撤離大陸，退居台灣。

一九五〇年十月朝鮮戰爭爆發，毛澤東與史達林商量後，派出中國人民志願軍出國作戰，抗擊以美國為首的聯合國部隊。由於朝鮮戰爭爆發，美國第七艦隊進駐台灣海峽，阻嚇共產黨軍隊渡海作戰進攻台灣。一九四九年十月二十四日，共產黨軍隊九千餘人渡海進攻金門，發起金門戰役，因缺乏渡海經驗，後援不至，在島上激戰三天三夜，結果全軍覆沒，造成共產黨軍隊歷史上最大失敗之一，也使中共作了深刻檢討，採取了暫時按兵不動的策略。於是就形成了台灣海峽兩岸的對峙局面，直至今天。

蔣介石退居台灣以後，準備以台灣為據點，念念不忘實行反攻，光復大陸。但是歷史潮流難以逆轉，至今也仍然無法實現他的這一目標。為了確保台灣安全，蔣介石後來採取了戒嚴。但種種限制人民言論自由與人權保障的措施，引發人民不滿。一九四八年台灣發生的「二二八」事變，迄今仍是台灣未來發展的不穩定因素。

蔣介石對於在大陸遭到的慘敗進行了深刻反思，於是在台灣採取了一系列措施，希望以此來糾正以往的錯誤，重振旗鼓，捲土重來。他對國民黨進行了改組，取消了原有的中央執行委員會與中央檢查委員會，設立了中央改革委員會與中央顧問委員會。對軍隊進行整頓，削減機構，清退冗員，走精兵強國之路。蔣介石還指示陳誠進行了土地改革；制定《公用土地出賣條例》，迫使地主把土地賣給國家，然後國家再把土地賣給佃農。

蔣介石在台灣所做的這些政治與經濟等領域的改革，為台灣的經濟起飛掃清了道路。上世紀六〇至七〇年代，台灣創造了經濟奇蹟，從經濟落後的農業社會蛻變為新興工業化社會，成為亞洲四小龍之一。一九七三年，台灣的經濟增長率達到一二．七%。一九七五年，台灣的人均收入達到六九七美元，在亞洲地區僅次於日本。

雖然台灣的經濟取得了驕人成就，但蔣介石最終也沒有看到國家的統一。美國傳記作家、《蔣介石傳》的作者克洛澤（B. Crozier）寫道：「這是一個冒險故事的悲慘結局，是命運的珍貴捉弄，是一場終未實現的夢。」一九七五年四月五日，蔣介石帶著此一「終未實現的夢」，在台北溘然長逝，留下遺囑：「自余束髮以來，即追隨總理革命，無時不以耶穌基督與總理信徒自居，無日不為掃除三民主義之障礙，建設民主憲政之國家，堅苦奮鬥。」（陳先元）

毛澤東（1893-1976）

毛澤東：世紀人物

毛澤東（一八九三—一九七六年），字潤之，湖南湘潭人，中國共產黨創始人之一，中國人民解放軍及中華人民共和國的主要領導者，人稱「毛主席」。其崇尚馬克思主義，為馬克思主義中國化的先驅者之一，並將馬克思列寧主義、史達林主義運用於中國的革命與建設，其總結之成果稱「毛澤東思想」。因主導大躍進及文化大革命等政治運動，給中國人民帶來巨大的社會文化浩劫而遭致批評。

我是自信而又有些不自信。我少年時曾經說過：自信人生二百年，會當水擊三千里。可見神氣十足了。但又不很自信，覺得山中無老虎，猴子稱大王，我就變成這樣的大王了。但也不是折中主義，我身上有些虎氣，是為主，也有些猴氣，是為次。

中國如果發生反共的右派政變，我斷定他們也是不得安寧的，很可能是短命的，……那時右派可能利用我的話得勢於一時，左派則一定會利用我的另一些話組織起來，將右派打倒。這次文化大革命，就是一次認真的演習。

——一九六六年七月八日毛澤東從武漢致江青信

毛澤東一八九三年出生於湖南湘潭韶山沖。幼時，父親毛順生以生計艱難，農轉兵，再由兵轉農、商，成中農之家。稍長讀私塾時，毛澤東即顯現出高出同儕甚多的悟性和表達能勢，廣涉經史子集、古典小說且多能成誦，常能走出書齋，走進農村瞭解民生和底層社會結構。在性格上則偏於好鬥和抗爭，喜歡造反的故事。

十六歲就學湖南湘鄉東山書院改制的湘鄉縣東山高等小學堂，一年後考入長沙駐省湘鄉中學，湘軍平定太平天國的事蹟讓他一生「獨服曾文正」。辛亥革命爆發，毛澤東投軍，主要工作是挑水，南北議和後以榜首考上省立第一中學。一年後退學自修，半年後，考入湖南省立第一師範。在校內以文章長於敘事和論議，知名於師生之間，深獲教授「修身」課的楊昌濟賞識，視為奇才。

一九一七年，毛澤東的作文〈心之力〉，楊昌濟評為滿分，此時的毛澤高度看重人要立志以及個人的主觀能動性：

夫聞「三軍可奪其帥，匹夫不可奪其志」。志者，心力者也。天之力莫大於日，地之力莫大於電，人之力莫大於心。陽氣發處，金石亦透，精神一到，何事不成？改朝換代，為民謀福，懲治貪墨漢奸，又有何難！

同年四月一日《新青年》第三卷二號上刊出毛澤東投稿的〈體育之研究〉，這是毛澤東在當時最具影響力的刊物上發表的第一篇論文。而毛澤東還是未見過大都會世面的高中生而已。

當期《新青年》的編者按語說：

> 五四以來，新思潮洶湧澎湃，勢不可擋，毛君此文即基於此，從歷史、現實、人自身、功業等多重視角出發，全面深入剖析論證體育之重要，並身體力行，以為示範。展現了其新一代青年的朝霞氣象。

與此同時，毛澤東在手稿《〈倫理學原理〉批注》（原書 *A System of Ethics*，德國包爾森爾〔Friedrich Paulsen〕著，蔡元培譯）中，以強烈的道德感闡述了以我為主的個人主義，以及和傳統倫理徹底割裂的觀點：

> 個人有無上之價值，百般之價值依個人而存，使無個人（或個體）則無宇宙，故謂個人之價值大於宇宙之價值可也。故凡有壓抑個人、違背個性者，罪莫大焉。故吾國之三綱在所必去，而教會、資本家、君主、國家四者，同為天下之惡魔也。
>
> 吾於倫理學上有二主張。一曰個人主義。一切之生活動作所以成全個人，一切之道德所以成全個人，表同情於他人，為他人謀幸福，非以為人，乃以為己。

如以君子小人來解說，毛澤東早年心理即以為：君子就是我，我就是英雄、豪傑，我就是天命。

一九一八年四月十四日，毛澤東在長沙創立新民學會，取意「大學之道在新民」，其中成員有不少後來加入中國共產黨運動，並為此犧牲。一九一八年，毛澤東從湖南一師畢業。毛澤東和蔡和森等新民學會成員從已任教北大的楊昌濟老師處得知半工半讀的留法勤工儉學運動，皆認為是一條出路；組織同學北上參加，同行的毛澤東雖奔走其中，本人則無意出國。

北大圖書館助理員

毛澤東無緣北大就學，其後得楊昌濟介紹，進入北大圖書館任助理員，工餘參加哲學研究會、新聞研究會，等同半工半讀。在北大工作期間，毛澤東回憶，心情不是很愉快，想要和當時名流攀談並不容易。毛澤東說，這些人沒有把他放在眼裡，沒有空理他。毛澤東對知識份子自居菁英所表現的自我優越感，觸發他強烈的階級意識和鬥爭傾向，非要和高不可攀的大知識份子一較高下。

毛澤東不是很想念北大，晚年就「教育革命」發言：「真正的本事不是在學校裡學的，孔夫子沒有上過大學，還有秦始皇、劉邦、漢武帝、曹操、朱元璋，都沒上過什麼大學。可不要迷信哪個大學。」

在北大期間，讓毛澤東心情愉快的，應是有機會重逢楊昌濟老師的女兒楊開慧，旋即熱戀。兩人都是初戀。

一九一九年三月，毛澤東離開北大回鄉探視重病的母親，順道走訪山東曲阜謁孔，再往上海為參加勤工儉學的同學蔡和森等人送行，四月回到長沙。五四運動在北京爆發，毛澤東組織學生成立湖南學生聯合會，發動罷課。七月，毛澤東主編的《湘江評論》創刊，出版到第五期便遭北洋皖系軍閥湖南督軍張敬堯查封。在已出四期中，重要文章皆出自毛澤東手筆。由胡適輪值主編的《每週評論》評論毛澤東《民眾的大聯合》是「一篇大文章，眼光很遠大，議論也很痛快，確是現今的重要文字」。

從《湘江評論》的文章可以看到此時的毛澤東所思所想，他認為，「世界上什麼問題最大？吃飯問題最大」、「社會制度之大端為經濟制度」，強權「所賴以維持自己的特殊利益，剝削多數平民的公共利益者」，不外乎「知識」、「金錢」和「武力」，贊揚俄共革命「打倒貴族，驅逐富人，勞農兩界合立了委辦政府，紅旗軍東馳西突，掃蕩了多少敵人，全世界為之震動」。而這正是毛澤東的嚮往。

為了對抗軍閥張敬堯治湘酷政，毛澤東繼發動罷課和《湘江評論》後，再發起驅張運動。十二月二日，毛澤東發起焚毀日貨示威大會，並在長沙各校總罷課的同時，另組織驅張代表團，分赴北京、衡陽、常德、郴州、廣州、上海等處請願聯絡，北京團由毛澤東率領。

十二月十八日，第二次到北京，毛澤東參加了少年中國學會，既對無政府主義有興趣，也從李大釗處進一步接觸到共產主義。

一九二〇年五月初，毛澤東到了上海會合由彭璜率領的驅張代表團，兼為第二批赴法勤工儉學的會員也是老朋友蕭三等人送行。在上海，毛澤東和彭璜、張文亮幾個人租了幾間房子，實驗互助工讀團的生活。同時，毛澤東和正在籌組上海共產主義小組的陳獨秀會面，毛澤東後來回憶：「對我的影響也許超過其他任何人。」

其實在北京時，毛澤東即自稱讀了很多關於蘇聯的事情，有三本深印腦海的書，分別是馬克思的《共產主義宣言》、考茨基的《階級鬥爭》和柯卡普的《社會主義史》，並接受書中對歷史的解釋，再也沒有動搖。

與楊開慧結為連理

這年七月，毛澤東從上海回到湖南長沙任教第一師範附屬小學的主事（校長）。不久，又被聘為第一師範的國文教員兼一個班的級任（班主任）。年底和戀人楊開慧結婚。兩人育有三子毛岸英、岸青、岸龍。

此時，毛澤東和易禮容等創辦文化書社，又和方維夏、彭璜、何叔衡等籌組了湖南俄羅斯研究會，此外，毛澤東還從事湖南自治運動，訴求先建立湖南共和國再求全國統一。這些主張很快即淪於空想，毛澤東也從依違於現實改革，更轉向於馬克思主義。

透過新民學會成員，留法勤工儉學的蔡和森與蕭子升之間激進抑或溫和的爭論，對照現實的挫折，對毛澤東更有觸媒的作用。一九二一年初，新民學會在長沙聚會，相持三天的討論，最後表決如同毛澤東所言：「激烈方法的共產主義，即所謂勞農主義，用階級專政的方法，是可以預計效果的。故最宜採用。」

此一改變還可見諸於毛澤東所提出的主張：新民學會要「從事於根本改造之計畫和組織，確立一個改造的基礎，如蔡和森所主張的共產黨。」可以視為「山窮水盡，諸路皆走不通」的抉擇。既是造反，這在當時只能是秘密組織——「長沙共產主義小組」。

一九二一年七月二十三日，中國共產黨第一次代表大會在上海舉行，毛澤東親往參加，七月三十日晚會議時遭租界當局探知，當場散會，其後轉移到浙江嘉興南湖，八月三日結束，由張國燾主持會議，毛澤東和周佛海做記錄。

會議正式確定黨的名稱為中國共產黨，此一名稱其實首見於蔡和森與毛澤東的通信討論，此外會議通過了黨綱，選舉陳獨秀、張國燾、李達組成中央局，陳獨秀為書記。中心任務為：要組織工會，領導工人運動。

返回湖南後的毛澤東依中央決議，著重組織工會，從事工運。十月十日，共產黨湖南支部成立，毛澤東任書記，是最活躍的黨支部。

國共合作過眼雲煙

一九二二年七月十六日到二十二日中共二大在上海舉行，毛澤東自稱到了上海，但忘了地址未能參加。二大議決參加第三國際，中國共產黨自此正式成為國際共產黨之中國支部。

從一九二二年下半年到一九二三年初，毛澤東先後發動、領導了湖南安源路礦、粵漢鐵路、湖南水口山鉛鋅礦和長沙工人等一連串的罷工，高度配合黨中央偏重工運的方向。

六月，出席中國共產黨第三次全國代表大會，會上通過國共合作決議案，以及毛澤東和譚平山起草的《農民問題決議案》等決議。毛澤東本人獲選中共中央執行委員、中央局委員，任中共中央局祕書。

國共合作進入具體階段，毛澤東以中共黨員身分獲選國民黨中央候補執行委員，被派往上海執行部出任代理文書科主任、組織部長胡漢民的祕書，據中國國民黨所藏檔案，當時月薪為一百二十元。其後陸續出任上海執行部平民教育委員會常務委員、合作運動委員會委員。

基於國共合作的前提，毛澤東很能接受胡漢民的領導，但對繼任的葉楚傖堅持反共立場很不滿。十二月，毛澤東以回鄉養病為由，結束了在上海的工作。

一九二五年九月，毛澤東到達廣州。這時，廣州成立了國民政府，主席汪精衛兼國民黨中央宣傳部長，十月五日，汪精衛以事忙推薦毛澤東代理部長。

此時，毛澤東填寫少年中國學會改組委員會的調查表時表示，「本人信仰共產主義，主張無產階級的社會革命。惟目前的內外壓迫，非一階級之力所能推翻，主張用無產階級、小資產階級及中產階級左翼合作的國民革命，實行中國國民黨之三民主義，以打倒帝國主義，打倒軍閥，打倒買辦地主階級，實現無產階級小資產階級及中產階級左翼的聯合統治，即革命民眾的統治。」

十二月一日，毛澤東發表〈中國社會各階級的分析〉。就敵我友關係提出，「誰是我們的敵人？誰是我們的朋友？分不清敵人與朋友，必不是個革命份子。」經過階級分析後指出：「一切勾結帝國主義的軍閥、官僚買辦乃是我們的敵人，一切小資產階級、農民、無產階級乃是我們的朋友。」此文後收入《毛選》第一篇。

國民黨召開二大，毛澤東受主席團指定，參加修改《農民運動決議案》。《決議案》指出：「中國之國民革命，質言之即為農民革命。為要鞏固國民革命之基礎，亦唯有首在解放農民。」並續任中央候補執行委員及代理宣傳部長，此外參加了新成立的國民黨中央農民運動委員會，出任國民黨中央農民部農民運動講習所所長。

一九二六年三月二十日，中山艦事件發生，國共合作在孫中山逝世後的左右之爭更急劇升溫，中共內部也有爭論，毛澤東主張強硬。五月，國民黨二大二中全會提出整理黨務案，毛澤東因此不再擔任國民黨中央宣傳部代理長。

九月一日，由毛澤東組織編印的《農民問題叢刊》第一輯出版，毛澤東在序言〈國民革命與農民運動〉中明確指出：「農民問題乃國民革命的中心問題，農民不起來參加並擁護國民革命，國民革命不會成功。」隨後前往上海就任中共中央農民運動委員會書記。

一九二七年一月四日，毛澤東動身考察了湘潭、湘鄉、衡山、醴陵、長沙五縣農民運動，歷時三十二天，行程七百公里。得出的看法是：「革命不是請客吃飯，要推翻在農村中根深蒂固的封建勢力，不採取一些激烈的手段是難以辦到的。」

毛澤東的《湖南農民運動考察報告》，直指農民「攻擊的形勢，簡直是急風暴雨，順之者存，違之者滅。其結果，把幾千年封建地主的特權，打個落花流水」、「孫中山致力國民革命凡四十年，所要做而沒有做到的事，農民在幾個月內做到了」，主張「推翻地主武裝，建立農民武裝」。

一九二七年四月十二日，國民黨從上海發動清黨，毛澤東主張「上山」武裝抗爭。八月一日，周恩來、賀龍、葉挺發起「南昌暴動」，八月七日，毛澤東出席在漢口秘密舉行的中共中央緊急會議，史稱「八七會議」。會上毛澤東首次提出：「須知政權是由槍桿子中取得的。」

緊接著，毛澤在湖南部署和領導秋收暴動，旋遭潰敗。毛澤東帶著殘部轉入贛南山區。十月三日與具有共產黨員身分的袁文才，以及袁文才的結拜兄弟王佐會合，決定落腳井岡山在贛南打游擊。第二年四月下旬與南昌暴動受挫的朱德、陳毅殘部會合。

經袁子才介紹，第二年五月，毛澤東在甯岡茅坪和賀子貞結婚。

井岡山上險中求勝

在井岡山，毛澤東歷經國民政府三次圍剿皆能險中求勝，且擴大地盤。毛澤東在反圍剿的過程中發展出「敵進我退，敵駐我擾，敵疲我打，敵退我追」的游擊戰十六字訣。毛澤東自言，從敵強我弱這一特點出發，趨利避害，避實擊虛，靈活機動，足以達到保存自己、消滅敵人的目的，從而逐步改變敵我雙方的力量對比。

毛澤東指出：在敵強我弱的現實狀況下，「誘敵深入」是紅軍反「圍剿」的基本戰略方針；運動戰則是基本作戰形式；以包圍迂迴、穿插分割的戰術，製造並抓住敵軍在運動中暴露出來的弱點，集中優勢兵力，避強擊弱，出其不意地發動攻擊，再各個殲滅敵人。同時形成以「農村為中心」施行「工農武裝割據」，開闢了「農村包圍城市，武裝奪取政權」的思路。

毛澤東反圍剿取得連串勝利，黨內地位迅速上升，但也很快地被剝奪了軍權，僅擔任新成立的中華蘇維埃共和國中央政府主席。國軍第四次圍剿，前線指揮者是周恩來和朱德，黨則由博古負責，毛澤東進醫院養病。

國軍第五次圍剿，紅軍一再受挫，一九三四年九月下旬中共決定突圍，這讓毛澤東有了再起的機會。

鄧小平說：「一九三五年，我們歷史上著名的，長征中召開的遵義會議上，確立了毛澤東同志在黨和軍隊中的領導地位，中國共產黨才真正形成了一個成形的領導，以前的領導都是很不穩定的，而且也很不成熟。」

兩萬五千里長征，就中共而言是死裡求生，八萬餘人的部隊打著「北上抗日」的口號，從贛南中央蘇區出發，歷經江西、湖南、廣東、廣西、貴州、雲南、四川、青海、甘肅、陝西等省，在毛澤東穿越各省邊界和聲東擊西的策略下，一再突破圍堵，跨越高山大河，既是臨危不亂的考驗也是意志力的折磨。至陝北會師雖然只剩八千人，但再次有了根據地，還能擊敗前來剿共的東北軍，並做足對張學良的統戰工夫。

一九三六年十二月十二日，負責西北剿共的張學良和西北軍的楊虎城發起「立即抗日」的兵諫，武裝劫持蔣介石。同時由張學良、楊虎城具名發電，請中共中央和紅軍立即派出代表團赴西安，共商抗日救國大計。

毛澤東的初步反應主張交給人民法庭公審，但來自蘇聯的訊息是和平解決。當時輿論皆以「陝變」形容，指責張學良叛逆，事態為之急轉直下。在宋子文與張學良、楊虎城及中共代表周恩來多邊接觸的善後過程中，據宋子文檔案透露，最後取得蔣介石口授：同意國共聯合；抗日、容共、聯俄；同時願意給張學良收編共產黨員的手令，而收編進來的夥伴都會配備良好的武器。二十五日，西安事變和平收場。

「七七事變」後的九月二十二日，國民黨方面以中央社新聞稿形式發表〈中共中央為公布國共合作宣言〉，標示國共再度合作。

國共再次合作，讓中共得以合法姿態在抗戰後於武漢及重慶設立辦事處並出版報紙《新華日報》。國民政府設立「戰時國會」國民參政會，包括毛澤東在內中共有七名參政員。中共紅軍接受國軍的番號工農革命軍，改為國民革命軍第八路軍，旋改稱第十八集團軍。但毛澤東在軍事上採取發展敵後根據地為主，雖然宣稱有「平型關大捷」和「百團大戰」，但更著重打游擊戰，在日軍和國軍中間地帶，擴大地盤。

在戰略上，毛澤東在徐州會戰後演講「論持久戰」，並印發成小冊子，強調抗日必要經歷痛苦，從初期戰略防禦觀點轉入戰略進攻，這是毛澤東游擊戰思維的後續發展。此與國軍高級將領白崇禧在一九三八年初提出「以游擊戰配合正規戰，積小勝為大勝，以空間換時間」的戰略觀不謀而合。但中共以此作為抗戰文宣，非常有利於統一戰線及建立抗戰的形象。

在史達林的支持下，毛澤東在延安進一步擴權，參考了史達林親筆修改的《聯共黨史》，從意識形態建立個人崇拜和歷史敘事。於抗日的統一戰線階段著重對外訴求民主，也才有毛澤東在延安撰寫《新民主主義論》，作為進入社會主義體制前的預備和過渡，也是初級的最低綱領，從而吸引了大批知識份子。

在延安期間，毛澤東發起整風運動，即「反對主觀主義以整頓學風，反對宗派主義以整頓黨風，反對黨八股以整頓文風」，不論效果有多正面或反面，對中共建黨都具有深遠影響，整個運動始於一九四一年五月，毛澤東提出《改造我們的學習》的報告，至一九四五年四月二十日中共六屆七中全會通過《關於若干歷史問題的決議》之後，接著是第七次代表大會中確認「毛澤東思想」，始告一個段落。

此外，毛澤東強調，文學和藝術要為人民以及為政治服務，為此，毛澤東以《在延安文藝座談會上的講話》一文中指出文藝是必須「成為整個革命機器的一個組成部分，作為團結人民、教育人民、打擊敵人、消滅敵人的有力的武器，幫助人民同心同德地和敵人作鬥爭」而服務，而這一切都得透過黨的組織來領導。整風既是學習也是排除反側，更沒放過中共高級領導，從王明、周恩來、彭德懷、陳毅都被迫表態。

抗戰階段的國共合作，初期毛澤東配合度高，接受國軍番號，繼採鬥而不破策略，但從出現汪偽政權、日本偷襲珍珠港和蘇聯在東線戰場的勝利，毛澤東的姿態也隨之階段性轉強，除內部繼續強化整風外，更以蔣著《中國之命運》為目標，從文宣發動激烈攻勢，兼且指控國軍對日作戰不利。在中共第七次代表大會上毛澤東發表政治報告〈論聯合政府〉，作為最低綱領，再次強調《新民主義論》，以期爭取民主黨派和知識份子。

毛澤東初到延安不久感情生活即出現變化，跟著毛澤東走過長征的賀子珍，懷疑有第三者介入，和毛澤東常起勃谿。一九三七年十月，懷孕的賀子貞負氣離開延安，轉往莫斯科，生下她和毛澤東第六個孩子。賀子貞後來再也未能回到毛澤東身邊。

一九三七年八月，在演藝圈頗有知名度的藝人藍蘋從上海投奔延安，改名江青，起初落腳魯迅藝術學院，以演出受到注意，調軍委辦公室祕書，如同賀子珍一樣，先是照顧毛澤東起居。一九三八年十一月二十日，江青與毛澤東結婚。此後江青在政治上緊跟毛澤東，進了北京城從過問文藝到過問政治，文革時加入文革小組參與奪權鬥爭，由於有毛澤東支持，等於是實際的領導人，並大搞樣版戲，文革災難和悲劇多有江青的身影。

高喊「蔣委員長萬歲」

抗戰勝利在望，在美國介入和蘇聯史達林為鞏固雅爾達密約中東北和外蒙戰略利益的情況下，期盼國共和談。一九四五年八月下旬，毛澤東親赴重慶會晤蔣介石，直到國共談判簽署《政府與中共代表會談紀要》即《雙十協定》，始返回延安。

毛澤東在重慶公開說「和為貴」，並喊出「蔣委員長萬歲」，就在國共政治協商的過程中，中共極力透過民主黨派特別是經由民盟傳達追求民主的和平氛圍。

然而，毛澤東拒絕接受軍隊國家化的和談條件。在重慶時，毛澤東拜訪國社黨的蔣勻田，提及張君勱主張將軍隊交給蔣介石，「老實說，沒有我們這幾十萬條破槍，我們固然不能生存，你們也無人理睬」。

國共政治協商期間，毛澤東授權周恩來參與談判的統戰策略是：對民盟讓步換取支持，再猛烈攻擊國民黨以造成輿論轉移，諸如組織聯合政府的名額或制憲國大代表召開時機，均遭中共激烈批判，再以國民黨拒絕合作為理由缺席戰後制憲，邊打邊談的國共內戰更見激烈，國軍初小挫後大敗。

在毛澤東的直接指揮下，一九四八年七月，共軍轉入戰略進攻階段。從一九四八年九月到第二年一月，先後取得遼瀋戰役、徐蚌會戰的絕對勝利，接著是和平解放北平。不僅在戰場上，從輿論到諜報工作，國府均喪失優勢，加上財政崩潰，國共形勢翻盤。

一九四九年九月二十一日，毛澤東在中國人民政治協商會議第一屆全體會議開幕式上宣布：「佔人類總數四分之一的中國人民從此站立起來了。」二十九日，第一屆政協通過《共同綱領》作為臨時憲法，宣稱將以「新民主主義」即「人民民主主義」作為中共的最低綱領，也是中華人民共和國建國的政治基礎。

毛澤東認為「新民主主義」作為過渡越短越好，進入一九五一年，毛澤東即認定農村經濟恢復，只有利於富農而非共產黨主張的集體化，亟待調整。一九五二年一月，推動「三反五反運動」，鎮壓資本家的經營，就是為了加速向社會主義過渡，對激進的毛澤東而言，「新民主主義」反而成了發展的障礙。而外部因素的多重刺激，更加重了毛澤東的個人情結。

一九五八年，中共打出「多快好省地建設社會主義的總路線、大躍進（例如要求一九五八年鋼的產量要比一九五七年增加一倍）、人民公社（加速進入共產社會生產和生活結合，沒收分給農民的土地，吃大鍋飯）」三面紅旗運動，都是一路向左，意圖超英趕美的激進作為。

揠苗助長的激進作風，從「超英趕美」到鼓舞地方官員競相提高農作增產，為求兌現只能造假，虛報數字邀功，同時農產因人民公社集體化，勞作積效普遍低落，公共食堂吃光存糧，中共加諸農民的統購統銷額度因為虛報不但未減反有增加，整體而言，就算不缺糧，農民也無餘糧，嚴格的戶口管制，不讓農民離村進城或逃荒，最後換來人數可能超過三千萬人因飢饉而死亡的災難。

此後為了壓制黨內的批判聲浪，毛澤東一再發起政治運動和鬥爭，從廬山會議批判彭德懷為民請命始，毛澤東為整肅接班人國家主席劉少奇，更不惜發起文化大革命，認定絕大多數的當權派和知識份子從中央到地方都是走資派。

就外部因素的刺激而言，在第三國際解散前，中共幾乎完全聽命於蘇聯，建政後毛澤東先是向蘇聯一邊倒，但心中早有不滿。第一次訪問蘇聯雖然簽訂了《中蘇友好同盟互助條約》，因史達林有意延續蘇聯在東北的戰略利益，且接待冷淡而有心結。史達林未經諮商即告知盼中共參加韓戰，毛澤東決定參戰至少有兩種原因，一是聽命史達林，有意藉此取得蘇聯的援助，其次是地緣政治的考慮；但也造成部隊大量傷亡和沉重的經濟負擔，進一步陷入美蘇對抗的冷戰格局。

和蘇聯互別苗頭

史達林死後，赫魯雪夫主張和平共存，和毛澤東暴力革命論的分歧與時擴大。就毛澤東親自改稿由中共發出的批評文章指出，中蘇分歧始於一九五六年蘇聯走修正主義路線，一九五八年，毛澤東認為赫魯雪夫建議在中國建立長波電台以及組成聯合艦隊，就是要從軍事上控制中國，指責蘇聯施行的修正主義是帝國主義政策的產物。毛赫兩人七月三十一日見面，話不投機，接著出現「八二三」金門砲戰和中印邊境衝突，赫魯雪夫皆未能預知，中蘇關係的惡化就不僅是修正主義的問題而已，就中蘇關係言，更表現出毛澤東的自行其是。

早在一九五六年，毛澤東《論十大關係》就想和蘇聯別苗頭：「蘇聯和中國都是社會主義國家，我們是不是可以搞得快點多點，是不是可以用一種更多更快更好更省的辦法建設社會主義。」一九五三年史達林死後，毛澤東自信在社會主義陣營的資歷和聲望應超過蘇聯領導人赫魯雪夫，大有取代蘇聯領導社會主義念頭。

《論十大關係》也有「百花齊放，百家爭鳴」的「雙百方針」。進入一九五七年，毛澤東有鑑於匈牙利事件對社會主義國家之間以及內部民主化的多重教訓，為整頓官僚主義而主張開門整黨，鼓勵知識份子發言，「大鳴大放、百花齊放」，知識份子和民主黨派人士從費孝通提出「早春天氣」乍暖乍寒的氛圍中，放膽發言，隨即出現儲安平批判中共「黨天下」、羅隆基要為肅反冤案成立「平反委員會」、章伯鈞要成立「政治設計院」，都是針對中共的一黨專政。毛澤東反悔，以「事情出現了變化」，改口「百花齊放」係為了「引蛇出洞」，反控知識份子和民主黨派陰謀向中共政權「進攻」，轉而全面鎮壓知識份子。

一九五七年十一月，毛澤東第二次訪問蘇聯，出席社會主義革命四十週年的慶祝活動，意在繼史達林之後領袖群倫；赫魯雪夫提出十五年超過美國的口號。好勝的毛澤東不甘落後，十一月十八日，以「東風壓倒西風」的大好形勢，設定中國的奮鬥目標：「要把中國變成一個真正的大國。赫魯雪夫同志告訴我們，十五年後，蘇聯可以超過美國。我也可以講，十五年後我們可能趕上或者超過英國。……十五年後，在我們陣營中間，蘇聯超過美國，中國超過英國。」於是，「超英趕美」就成為發動「大躍進」的具體指標。

次年三月，毛在「成都會議」上明確指出：「個人崇拜有兩種，一種是正確的崇拜，如對馬克思、恩格斯、列寧、史達林正確的東西，我們必須崇拜，永遠崇拜，不崇拜不得了。真理在他的手裡，為什麼不崇拜呢？……另一種是不正確的崇拜，不加分析，盲目服從，這就不對了。」針對陳伯達引王明說延安整風搞出了兩個東西：一個民族主義，一個個人崇拜。毛澤東接話說：「說個人崇拜就是崇拜我。不崇拜我就崇拜他。我看，崇拜我好一點。」

被迫做了自我批判

回顧一九五六年，受蘇聯赫魯雪夫譴責史達林大搞個人崇拜的影響，中共八大修改黨章，刪除「毛澤東思想」。提議從黨章中刪除「毛澤東思想」的正是彭德懷，贊成刪掉者還有劉少奇和鄧小平。但對照在延安召開七大時，劉少奇在政治報告中極力推崇毛澤東和毛澤東思想，對比鮮明。毛澤東很清楚劉少奇有效地收拾了三面紅旗的災難，聲望越高，就越是未來會批判他的「赫魯雪夫」。

一九五九年七月到八月，在廬山會議上，即中共的中央政治局擴大會議和中共八屆八中全會，彭德懷批判「大躍進」的亂象，指出為了躍進達標，各地出現「浮誇風」，在這些表面現象下更嚴重的是「缺乏民主、個人崇拜，才是這一切弊病的根源。」八月，毛澤東誣陷彭德懷搞反黨集團，罷了彭德懷國防部長的官，由林彪取代。

一九六二年一月，劉少奇在北京召開的中央工作擴大會議（或稱七千人大會）上脫稿講話，引述湖南農民的感受，直指大躍進是「三分天災，七分人禍」。彭真則說，「毛主席也不是什麼錯誤都沒有。」毛澤東在會上被迫作了自我批評：「第一個負責的應當是我。」但毛澤東強調：「整個社會主義階段，存在著階級和階級鬥爭。這種階級鬥爭是長期的、複雜的，有時甚至是很激烈的。我們的專政工具不能削弱，還應當加強。反動份子和壞份子他們會繼續搗亂，還有復辟的可能。」這是毛澤東預留反擊餘地的伏筆。

在盧山會議前，一九五九年四月間，毛澤東在杭州曾提出要有海瑞「剛正不阿，直言敢諫」的精神。六月，明史學者、北京市副市長吳晗接受毛澤東文膽胡喬木建議，寫出《海瑞罵皇帝》、《海瑞罷官》，並搬上了舞台，然而海瑞罵的畢竟是「皇帝」，到了一九六二年六月，彭德懷提出八萬言書想說明他的歷史問題，並要求印發給政治局委員，毛澤東認為彭德懷要翻案，是對黨的進攻，聯繫上大躍進和人民公社引發災難的責任，這就給最高領導人毛澤東帶來越來越大的陰影。

一九六五年十一月十日，姚文元在上海《文匯報》發表〈評新編歷史劇《海瑞罷官》〉，指其為反黨反社會主義的「大毒草」，並指該劇影射「彭德懷事件」。這是毛澤東透過江青在此八個月前到上海找寫手並經毛澤東多次修改刻意發表的文章，看似打擊吳晗，實則毛為防彭德懷翻案成功，硬說吳晗寫海瑞是要為彭德懷翻案，直指海瑞罵皇帝的要害在罷官。

毛澤東批判《海瑞罷官》的意圖不僅於此，而是從這裡找到打擊的突破口，彭真和劉少奇兩人過去即密切合作。為了擴大打擊面，除了吳晗外，毛澤東於一九六六年三月，在中央政治局常委擴大會議上批評了「三家村」，這是指北京市委刊物《前線》的專欄《三家村札記》，係由吳晗、鄧拓（馬南邨）和廖沫沙（繁星）三人共用「吳南星」筆名，輪番執筆。

「吳南星」在〈專治「健忘症」〉的文章中，不點名地批判毛澤東患了精神錯亂症，「得了這種病的人……常常表現出自食其言和言而無信……其結果不但是健忘，而且慢慢變成喜怒無常……容易發火，最後就發展為瘋狂」、「藥方是讓健忘症病人趕緊休息，否則會出大亂子」，這當然犯了毛澤東的大忌。

天無二日，民無二主

彭真時為北京市委兼文化革命五人小組組長，吳晗是北京市副市長，為保護吳，彭真主張以學術處理學術問題，反對政治化。劉少奇支持彭真，認為「寫文章要慎重，要有高水準，要寫出高明的東西。這是打筆墨官司，不要辱罵。」就毛澤東言，這些動作等於自動聯繫上了都是同一夥的。

一九五九年四月，劉少奇繼毛澤東任國家主席，毛退居二線，毛後來自嘲，以前只有一個毛主席，現在多了一個劉主席。而毛在延安時曾說，「蔣以為天無二日，民無二王，我不信邪，偏要出兩個太陽給他看看。」這回出了兩個主席，毛澤東看著接班人劉少奇自是越來越有可能取而代之。

一九六六年五月十六日，正在北京召開的中共中央政治局擴大會議通過了由毛澤東主持起草的《中國共產黨中央委員會通知》，即「五一六通知」。認定黨政軍從中央到地方「混進黨裡、政府裡、軍隊裡和各種文化界的資產階級代表人物」、「反革命的修正主義份子」、「例如赫魯雪夫那樣的人物，他們正睡在我們的身旁」、「被培養為我們的接班人」、「一旦時機成熟，他們就會奪取政權，由無產階級專政變為資產階級專政」，要「清洗這些人，有些則要調動他們的領導權」。此通知被認為是正式發動「文化大革命」的信號。

一九六六年八月五日，毛澤東寫出〈砲打司令部——我的一張大字報〉，指責中央到地方的領導同志，長資產階級的威風，滅無產階級的志氣，又何其毒也！

文革與「紅衛兵運動」

最先接受文革號召的是這一年五月底北京清華大學附屬中學組織的紅衛兵，有了毛澤東的加持，接著各校都發起了紅衛兵運動，從中央而地方，全面批鬥當權的「走資派」，癱瘓了各級黨政機關。利用大串聯，各地紅衛兵蜂擁進入北京。從八月十八日到十一月二十六日，毛澤東前後八趟上天安門城樓，或就在天安門廣場接見來自各地總數超過一千三百萬人次的紅衛兵。學校停課，接著是工廠停產鬧革命和串聯，參與的人數以千萬計。一九六七年八月，毛澤東被迫號召「就地鬧革命」，但大亂已難收拾。

一九六八年八月二十日，蘇聯入侵捷克斯洛伐克鎮壓「布拉格之春」，布里茲涅夫隨之推出了其「有限主權論」，為其侵略捷克斯洛伐克的暴行作辯護。對毛澤東言，這就是外來的威脅。一九六八至一九六九年，中國的兩報一刊社論持續批判布里茲涅夫主義為霸權主義，是「社會帝國主義的強盜理論」。

中蘇邊界衝突隨之升溫，一九六九年三月，黑龍江省烏蘇里江珍寶島武裝衝突，逼使毛澤東加速考量，重新做出新的戰略部署，衡量美蘇的危害和現實的危機，除了提升戰備，毛澤東開始向美國招手，雖然美蘇都是霸權，都要打倒，但要在美蘇之間調整戰略砝碼。

這年四月，中共九大把「無產階級專政下繼續革命的理論」和「林彪是毛澤東同志的親密戰友和接班人」寫進黨章，確認劉少奇的種種罪名；提出「鬥、批、改」的新任務，強調要準備打仗。第二年九大二中全會，毛澤東懷疑林彪想奪權，想當國家主席，放話要林彪認錯，遭林彪拒絕。

一九七一年九月十三日，林彪座機失事，墜毀在外蒙古溫都爾汗，機上林彪的妻子葉群和兒子林立果，人員全部罹難。此一事件的官方說法是林彪意圖謀害毛澤東，另立黨中央，以事機敗露叛逃，但實際真相難明。

同年十月二十五日，中共進入聯合國，此時季辛吉正在北京。在林彪事件發生之前，毛澤東已開始打乒乓外交。一九七一年四月，美國乒乓球隊訪華期間，尼克森即有多項解禁措施，一九七二年二月尼克森親自飛往北京，接著在上海，與周恩來發表〈尼周公報〉，亦即〈上海公報〉，自韓戰和金門砲戰來的兩岸形勢因此陡變。

因為林彪事件，歷來受到文革迫害的老帥、老將和老幹部藉此得以翻案平反、復出，一些老帥老將和老幹部得以復出，鄧小平從江西下放處上書毛澤東，保證永不翻案，一九七三年三月十日，鄧小平獲任國務院副總理。

一九七三年八月二十四日至二十八日，中共十大在北京舉行。此時毛澤東已無體力支撐長時間開會和講話，主持開幕式後，由周恩來宣讀政治報告，王洪文作修改黨章的報告，五位黨的副主席前兩名依序是周恩來、王洪文，周此時已重病在身，顯現毛澤東有意安排王洪文接班。

繼林彪之後，周恩來成了排名第二的領導人，但毛不信任周不會翻案，且周早期政治地位高於毛，毛深知王洪文和「四人幫」無能，只能重用鄧小平；但鄧小平只想改正文革過左的錯誤，毛澤東在寧左勿右的情況下，繼之而來的是批鄧。

一九七六年一月八日，周恩來病逝，毛澤東提名公安部長華國鋒為代總理；追悼群眾持續前往天安門廣場獻花直至清明節，發傳單，貼大字報，其中有「打倒野心家，大陰謀家——張春橋」、「若有妖魔興風浪，人民憤起滅豺狼」的標語。

四月六日，毛澤東聽取天安門廣場群眾追悼周恩來以及驅散群眾的彙報，決定「解除鄧小平的一切職務，保留黨籍，以觀後效」。

毛澤東說：「悼念總理，歌頌永不翻案的人，剩下的我就是現代秦始皇了」；「不要瞞我，矛頭是對著我的，在清算我二十七年的債！誰說沒有政治後台？這個政治後台，你們都怕他嘛！他有社會基礎，有軍方保護。」

三個月後的七月二十八日，唐山大地震。九月九日凌晨，毛澤東逝世。十月六日，華國鋒、葉劍英在懷仁堂宣布隔離審查前來開會的王洪文、張春橋、姚文元。江青同遭隔離審查。七日，中央政治局做出華國鋒繼任中共中央主席、軍委主席的決定。

毛澤東敢於造反，認定「階級鬥爭，一抓就靈！」宣稱「與天鬥，其樂無窮；與地鬥，其樂無窮；與人鬥，其樂無窮！」「階級鬥爭要年年講、月月講、天天講」，文革自是永遠無法收場。

至論毛澤東製造的文化大革命帶來災難和悲劇不斷的損失，據葉劍英在一九七八年十二月十三日中共中央工作會議閉幕式上的講話披露：「文化大革命死了兩千萬人，整了一億人，佔全國人口的九分之一，浪費了八千億人民幣。」

此外，中國幾千年以來的優秀傳統文化和價值觀，以及人的行為倫理，遭到了毀滅性的破壞，其負面影響令後來執政者備感壓力。

總結毛澤東一生，可謂不世出且能洞燭先機的政治家、軍事家。開國有功，惜偏好鬥爭而短於治理。詩作則如其人，浪漫而具霸氣。若論其思想和領導魅力、氣魄，非僅徹底改變了當代中國，對全世界也帶來了巨大的衝擊和深遠影響。有人批評毛澤東是「建國有方，治國無能」，或許正是此意。（王震邦）

蔣經國（1910-1988）

蔣經國：貴而多蹇，備嘗艱辛的舵手

蔣經國（一九一〇—一九八八年），字建豐，生於浙江省寧波府奉化縣，曾任中華民國總統、陸軍二級上將。他是中國國民黨總裁及中華民國總統蔣介石的長子，一九七五年蔣介石逝世後的中國國民黨主席，同時也是中華民國第六、第七兩任總統，於一九八八年一月十三日的第七任總統任期內逝世。主政期間推行十大建設，在國際上孤立情勢中，大力發展經濟，解除台灣多年戒嚴，促進政治民主。

維基百科有一則條目是「對蔣經國的評價」，有一段這樣說：「蔣經國在中國近代史及台灣戰後史上地位舉足輕重，他逝世後，人們給予他不同評價。一方面他形象正面，領導中華民國自由地區走向復興，專業人士不受掣肘，使得過去一些留學海外的海歸派紛紛回台創業或投資，而促進台灣經濟逐漸起飛，熱錢湧進，新台幣開始大幅升值，股市創新高。一九八七年，台灣解除戒嚴令，開放報禁、黨禁，准許台灣戰後各省移民可以返回中國大陸探親。甚至開放台灣民眾到中國大陸展開小額投資，而獲得人民認同。第一個反對黨民主進步黨也在蔣經國任內成立。在行憲後歷任中華民國總統民意調查顯示，台灣人民對蔣經國均抱持最深切懷念及肯定。」

這一段話很概括性地描繪了蔣經國的歷史地位，如果要對蔣經國的人生做更簡潔的評論，這幾個字就是最貼切的代表：「貴而多蹇，備嘗艱辛的舵手」。

說蔣經國「命貴而運蹇」一點不錯，父親是中華民國歷來最重要的政治家、軍事家、黨政元首，自己又是中華民國在台灣三十多年主政之人，權力薰天，可謂貴不可及；但他卻又生長在中華民國最多災多難的時代，個人的挫磨和時代的顛簸，無一不遇，艱難困苦無所不嘗，可謂運氣多蹇；但他作為領導人，像舵手一般掌握方向，奮勇前進，創造出中華民國最輝煌的年代。史學家余英時曾說，一九四九年國府遷台以後，蔣經國擔任領導工作，成為蔣介石重要助手；但從一九六〇年代末期開始，便挑起承先啟後的重任，台灣相繼出現經濟和政治奇蹟，和他的領導絕對分不開。

人生第一階段：「函授」嚴父

蔣經國生於一九一〇年四月二十七日，在十二歲以前，他與母親毛福梅和祖母王采玉住在家鄉奉化縣溪口鎮，那時蔣介石都在日本及國內輾轉各處學習軍事及從事革命事業，與蔣經國見面極少，但延聘了名師教育他，並經常寫信指導、交代學習的功課；十二歲時祖母過世，蔣經國到了上海就讀，中學時就接觸了社會主義思潮，也展現了極佳的領導力，曾擔任學校領隊，參加四次示威活動，雖然受到師生的讚揚和支持，卻遭「行為不檢」之名被開除學籍。

隔年他前往北京求學，受業於革命元老吳稚暉，又因參加反北洋軍閥的示威遭監禁兩週，他乾脆前往廣州謁見蔣介石，那時蔣介石是國民革命軍的最高領導人，蔣經國希望加入國民革命軍，但蔣介石沒有同意，又把他送回北京，這是蔣經國人生的第一個階段，最需要慈父指引人生方向的少年時期，卻只有一個名滿全國的「函授嚴父」，蔣經國內心空虛可見一斑。

人生第二階段：形同人質

這一次回到北京，對蔣經國的人生造成了一個很大的轉折，他接觸到了當時最為流行的共產思想，認識了中國共產黨的一些前輩和許多俄國人，開始認為共產主義將為社會帶來繁榮，也萌生了前往莫斯科中山大學就讀的意念，終於在一九二五年十月離開了北京，先回溪口告別母親毛福梅，隨即從上海搭貨輪前往莫斯科，走進了他人生第二個階段——「形同人質」的生涯，在俄國的時期，他陷於人生最艱苦而且最不可知的未來，幾乎都決定要老死異國了。

在俄國，他曾有極為傑出的表現，在抵達俄國才半年多時，他就多次應邀在三千人以上的群眾大會上用俄語演講，講述包括〈中國北伐的目的及其最後的成功〉以及〈偉大的孫逸仙〉之類的題目，使俄國人大為激賞；他並在俄國多次擔任雜誌或報紙的主編、總編輯，但是，因為蘇共內部路線的肅反、第三國際及中國共產黨的施壓，以及中國內部政策的改變，如第一次國共合作的結束、國民黨的清黨等等，使得蔣經國在俄國的日子立刻陷於形同人質的待遇，甚至生活都陷入困境。

隨著一九二七年四月十二日國民政府的清黨及驅逐蘇聯顧問，蔣經國處境更加惡劣，他被迫公開演講譴責蔣介石，並在塔斯社發表公開聲明斷絕與蔣介石的父子關係；當時中蘇關係交惡，俄國遣返了許多中國留學生，卻扣押了蔣經國．史達林認為蔣經國是他手中的一枚棋子，中國共產黨駐莫斯科代表團則認為放蔣經國回國對中國共產黨的威脅要更大，因此雙方一致同意將蔣經國扣留在俄國。

直到一九三七年三月二十五日離開蘇聯，蔣經國在整整超過十一年的期間，流落在俄國許多偏僻的地方，包括被中國共產黨駐莫斯科代表王明派到西伯利亞一個小火車站擔任搬運工人，可謂顛沛流離，生活困苦，甚至有多次病重也無法獲得醫治而徘徊在生死邊緣。但是，不管在任何艱苦的環境下，他都努力學習，為民眾服務，為工作的單位奉獻心力，因此在以俄國人為主的工廠裡，他卻能擔任高級工程師及助理廠長的職務。生命雖然悲慘，蔣經國也遇到了生命的春天，他在烏拉山重機廠工作時，認識了白俄羅斯女工芬娜．瓦赫列娃，兩人相愛，並於一九三五年三月十五日結婚，十二月長子蔣孝文誕生。

一九三六年十二月十二日爆發西安事變，張學良和楊虎城劫持蔣介石，要求停止剿共，展開抗日，此事件雖是張、楊所發動，但幕後策動的是中國共產黨，周恩來多次與張學良見面指授機宜，據瞭解，中國共產黨原來不排除殺掉蔣介石，此劫持事件俄國共產黨事先並不知道，知悉後至為震驚，因為史達林知道中國共產黨仍未具備領導抗日的能力和條件，而當時俄國在西方對德國的快速崛起和勃勃野心已經深具戒心，開始積極備戰，實在不希望在東面和日本產生對抗，因此勒令中國共產黨釋放蔣介石。

而在此前的一九三六年九月，蔣經國被免去了烏拉山重機廠助理廠長和《重工業日報》總編輯的職務，也被撤銷候補黨員的資格，蔣經國此時再度陷入人生困境，更要拖累剛結婚一年半的妻子和未滿周歲的長子，因此心情十分沉痛，再度向史達林請求回國。西安事變讓他的人質生涯產生變化，一九三七年三月，莫斯科急電要求蔣經國火速趕往莫斯科，告知將允許他回國，並於二十五日啟程。這才結束了蔣經國人生第二階段在蘇俄十二年形同人質的生涯，當年他二十七歲。

這一段日子，蔣經國過的是勞心勞力的生活，身心俱疲俱創，對共產主義從嚮往到失望，父親的職務和對黨國的使命，造成對他不公平的迫害和人性的斬傷，他不得不三度為文批判蔣介石，還發表一封給母親的長信，信中有這樣一句話：「昨天我是一個軍閥的兒子，今天我成了一個共產黨員。」作為一個總管國民革命軍的軍事委員會委員長的兒子，卻要指稱父親為「軍閥」，真是內心煎熬，情何以堪。

人生第三階段：安逸重聚

滿懷忐忑的心回到上海，獲知父親已與宋美齡結婚，兩週後才見到了蔣介石與宋美齡，這一趟見面，蔣介石做了兩件事，一是見了俄國媳婦芬娜，並為她取了一個中國化的名字「芳娘」，再就是要他回溪口見母親、讀書，此後就沒說什麼了。

蔣經國偕同妻、子回到溪口，最高興的是毛福梅，見到了睽違十三年的兒子，又帶來了媳婦和長孫，興奮自不在話下，特意為他們安排了一場中國傳統的婚禮，並又為媳婦改名「方娘」（她認為芳娘太俗氣）。蔣經國能夠再度承歡膝下，自然也是高興的，但他無法瞭解父親要如何安排他，只很清楚地知道要他回溪口有三件重要的事，一是「補課」，補中華文化的課，因此要他讀《孟子》、《曾文正公家書》、《王陽明全集》這類蔣介石所喜歡的古書；二是「洗腦筋」，清除共產思想的遺毒，因此要他深入研讀《總理全集》；三是「認識父親」，正確瞭解蔣介石的思想，因此要他研讀《民國十五年以前之蔣介石》等文集。他也很清楚這一段時間反省和學習的結果，將影響他未來的前途以及和他父親的關係，因此確實很沉靜也很認真地讀書，這一段一年多的歲月，也成為他人生最安定、最幸福的日子，除了父親，一家人天天生活在一起，在這段時間，他也認識了同樣在溪口反省思過的張學良，兩人結為朋友，時相往來。

這段日子，算是蔣經國生命的第三階段，短暫而安逸，但內心仍舊充滿疑懼，對父親似親實遠，無法捉摸，最後他寫了兩篇「旅俄報告」向父親報告留蘇期間的艱苦歲月。

人生第四階段：初試啼聲

一九三八年一月一日蔣經國終於離開了溪口，應江西省政府主席熊式輝邀請，出任省政府保安處少將處長，自此展開了他在江西及贛南七年的人生第四個階段，這是他的「初試啼聲」，尤其在贛南行政督察專員的六年期間（一九三九—一九四五年），他所推行的「贛南新政」十分成功，被譽為「中國戰時政治的一項奇蹟」。

蔣經國到江西工作，事實上是熊式輝替蔣介石考察蔣經國，讓他做事，看看他的能耐，在江西的時間分兩個階段，第一年是在南昌擔任保安處長及保安司令部新兵督練處處長，一年多之後調離南昌，擔任贛南地區行政督察專員兼保安司令。第一年他就發現逃兵嚴重，採取了兩項措施，一是針對新兵，提供娛樂設施和條件，在部隊中設立了「中正室」讓士兵玩棋牌、打球、看書；二是對新兵家屬的優撫措施，每年給家屬一定數量的稻穀、家屬租佃的保障等。這些具體的措施，使得逃兵大幅減少，而這些有效的措施，在日後經營台灣時也都一一複製，如部隊的「中山室」和「康樂箱」，以及「戰士授田證」等。

在贛南的六年，則是蔣經國的精采創作，贛南因為貧窮，充斥菸、賭、娼，又因戰亂，難民和孤兒到處都是，蔣經國禁絕菸賭娼主要以疏導為主，提供就業機會，再配合嚴厲的查禁；他建立托兒所、幼兒園、小學、醫院及體育館，收容難民及孤兒，因此解決了贛南最嚴重的問題。他同時辦理青年幹部管理學院，培訓社會青年，要求他們近民、親民，訪查民瘼，他自己亦親做表率，民眾碰到問題或困難，隨時都可以到辦公室和他見面交談。現今很多民選地方首長每週設一天為「縣長日」，開放辦公室會見民眾，其實不是創舉，祖師爺正是蔣經國。

蔣經國的「贛南新政」獲得極大的成效，至今已超過七十年，但贛州耆宿對當時的輝煌歲月都還津津樂道，他提出的「建設三民主義新贛南」口號：「人人有工做；人人有飯吃；人人有衣穿；人人有屋住；人人有書讀」基本上都逐步在落實，他也依據朱柏廬的《朱子治家格言》制定了「新贛南家訓」，結合百姓日常生活及習慣，予以新風新俗勸導，語言通俗易懂、上口好記。原文共一百句，計五百五十四個字，要大家背誦，時時砥礪。這「新贛南家訓」至今都還有人琅琅上口，傳誦不已。

可惜，蔣經國在贛南也遭逢了人生的劇慟，他原來想將母親接到贛南奉養，但毛福梅留戀老家，結果卻在日本一次轟炸時遭遇劫難，蔣經國趕回溪口安葬了母親，並在悲慟中親書「以血洗血」四字，勒石於遇難處。

自一九四五年四月起，蔣經國離開贛南，被任命為三民主義青年團組訓處長及青年軍編練總監部政治部主任，結束了他「初試啼聲」這個人生階段，可以說考察是通過了。不過才不到五個月，日本投降了，復員的大工程隨即展開，蔣經國開始進入了人生的第五個階段：「徒勞無功」。

人生第五階段：徒勞無功

抗戰勝利來得太突然，收復佔領地、軍隊復員、政治社會秩序的重建，這些問題都有夠傷腦筋了，加上東北接收的問題，俄國支持的中國共產黨在東北蠢蠢欲動，國民政府焦頭爛額。這時，蔣經國銜命參與青年復員工作，又參與東北的接收，曾經兩度前往莫斯科與史達林談判。接著，一九四八年八月十九日政府宣布實施幣制改革，蔣經國擔任經濟管制委員會委員，在上海對通貨膨脹進行管制，要取締壟斷物價、囤積居奇的不肖商人，可惜一打就打到了孔祥熙的兒子孔令侃和杜月笙的兒子杜維屏，結果宋美齡出面，打老虎的事就不了了之，歷時僅四個月。一九四八年十二月十九日，蔣經國出任台灣省黨部主任委員。

這一段時間，蔣經國對於戰後的復員和金融秩序的整頓，都是在力挽狂瀾，這三年多的時間，費盡心力，可惜卻是一事無成，徒勞無功，應該是蔣經國最為氣餒的一個人生階段。此後大陸局勢益發詭譎，中共勢力大起，而國府內部紛擾不堪，蔣介石下野，這時他安排蔣經國出任台灣省黨部主任委員，就是計畫將中央政府轉移到台灣。

在大陸的節節敗退，蔣介石受到許多昔日部屬學生的背叛，這時，唯一可以相信的只有兒子蔣經國，因此從自大陸的撤退，蔣經國就負擔了大部分聯絡執行的工作，包括中央銀行黃金及故宮文物轉運台灣，重要官員及知名學者接運到台灣等工作都有他的身影。一九四九年四月下旬，蔣經國將家小接到台灣，以利於他的奔走。十月一日中華人民共和國在北京宣告成立，但當時大陸並未完全淪陷，蔣經國追隨蔣介石仍在未淪陷的地區做最後的部署，十一月三十日，兩人飛成都中央軍校，十二月八日行政院召開緊急會議決議遷都台北，十日，中共人員已布滿校門口，蔣介石堅持從軍校大門走出，父子兩人前往鳳凰山機場搭乘專機，於下午六時三十分抵達台北機場，算是最後撤退的人員。

蔣經國一向是水裡來火裡去，中共建政之後隨即於當月二十五日向金門狂攻，國軍與登島的解放軍戰鬥兩晝夜，才將共軍趕下岸，這就是有名的「金門大捷」，但在戰火最為猛烈的二十六日，蔣經國奉命飛往金門慰勞戰士，並在砲火中到達最前線慰問，看到了血肉模糊屍橫遍野的慘烈戰場。而在十二月大陸全面淪陷之後，蔣經國又在月底奉命飛往四川西昌，完成任務後才返回台灣。

人生第六階段：執行長生涯

自一九四八年十二月十九日出任台灣省黨部主任委員起，至一九七五年四月五日蔣介石逝世止，這一段時間是蔣經國全力輔佐蔣介石治理台灣的歲月，長達二十六年，可謂是他人生的第六個階段：「執行長生涯」。

這個階段是蔣經國一生中和他父親關係最為親近且密切的日子，他作為蔣介石的左腕右臂，盡一切力量輔佐蔣介石穩定台灣、建設台灣、發展台灣。

這時，蔣介石對蔣經國已經完全信任，能夠把一切重要的任務都交給蔣經國處理，而蔣經國也確實不負期望，政治大學教授李雲漢認為蔣介石最信任蔣經國，「而且具有可以放心把左右國家命運之秘密活動交給他的實力」。日本的知名歷史學者小谷豪治郎則認為，蔣介石和蔣經國這樣緊密合作，相依為命的例子，在歷史上並不多見。蔣經國學習父親剛毅精神，「以砥礪自己而成長」。他生活充滿「只有備嘗辛酸的人才擁有的氣氛」。

這一段時間，最重要的是從穩定台灣開始，由於失去大陸廣大的國土，國民黨必須痛定思痛，檢討失敗的原因，也必須擬定改造復興的方案，更必須進行組織的興革，人事的調整。事實上，早在一九四九年，蔣經國已經看出與中共的鬥爭有很大的困難，國府內部和軍隊人心渙散是重要的原因，他在三月十九日草擬了一份「重整革命之初步組織意見書」，上呈給蔣介石，蔣介石認為極為可行，但對於各部門主管人選「還不易物色」，因為當時天天有人叛變，一直要到大陸完全淪陷，追隨國民政府來到台灣的將官才是真正可資信賴的人。因此，到了台灣後，一方面要防範中共的滲透，一方面要加強訓練國民黨的人才，這個重擔就落在蔣經國的身上。

一九五一年七月，國民黨進行改造，蔣經國擔任改造委員，進入了黨內的決策核心，並於隔年當選為國民黨中央常務委員會委員，就是所謂的「中常委」，政治地位已經十分穩固。同時基於戰敗的經驗，他也開始改造軍隊的組織架構，特別重視政戰系統的職能，這項政策雖然各界有不同的評價，但在風雨飄搖的當時，卻對強化軍隊的忠誠和穩定軍心發揮了極為有效的功能。

當時國共仍然有一些小型戰鬥，一九五五年一月，蔣經國親自慰問一江山戰役陣亡官兵家屬，二月，他又到大陳島執行他所擬定的「金剛計畫」，要進行大陳島的撤退，二月十日，蔣經國最後一個搭上運輸艦離開大陳島，完成了大陳島軍民全數安全撤退到台灣。大陳島的撤退，是一個十分艱鉅的任務，是在中共的虎口拔牙，兩萬八千名民眾和部隊與四萬噸物資，在美軍兩百多艘運輸艦艇支援下全部撤離，這是繼二戰時歐洲敦克爾克大撤退之後的另一次大規模軍事撤退行動，引起全世界的注意，而蔣經國策畫的縝密和執行的效率也受到極大的肯定，這一個行動，奠定了蔣經國在黨政軍各界的地位和聲望，為他後來推動政務增添不少助力。

大陳島撤退之後，蔣經國轉換到國軍退除役官兵輔導委員會擔任副主任委員代主任委員，開始規劃大規模的軍人退伍、安置及醫療照顧，成立許多榮民之家、榮民總醫院，並設立許多榮民事業讓退伍軍人就業，更重要的建設就是中央橫貫公路的開鑿，蔣經國曾表示開發中橫公路有三大目的，一是適應國防需要，打通中央山脈，建設一條橫貫台灣東西兩部之便捷交通線；二是配合國家經濟建設，便利山區資源開發；三是安置退除役官兵就業。

一九五五年與一九五六年，蔣經國多次親自帶領路線探勘隊，深入崇山峻嶺，跋涉溪流澗谷，確定了所有的路線，並於一九五六年七月七日動工，動員了一萬多位退伍的榮民，由於當時沒有先進的工程設備，最主要的工具就是十字鎬與炸藥，因為炸藥控制不當而受傷的工人不少，經統計殉難的有二一二人，受傷者七〇二人。

一九五八年八月二十三日發生金門砲戰，共軍在十小時內向金門發射五萬七千餘發砲彈，在砲戰最猛烈之際，蔣經國冒險搭乘軍艦到金門慰問軍民，又乘坐蛙人攻擊小艇前往小金門，回台後，又於九月再度銜命飛臨金門轉達蔣介石的重要指示並慰問官兵。

中橫的完工日期比預定時間提早半年，一九六〇年五月九日開放通車。這時蔣經國已經擔任行政院政務委員，一九六四年三月又出任國防部副部長代理部長，隔年一月十三日真除。至一九六九年六月二十五日出任行政院副院長兼經濟合作發展委員會主任委員之前，蔣經國都在國防部長任上，他曾經四度訪問美國，原來美國對蔣經國在蘇聯十三年的經歷心懷疑慮，認為他是個共產黨人，經過四次訪美深入交流，美國逐漸認知到蔣經國反共的決心，因此對他開始信任，進行了許多合作。一九七〇年四月十八日，蔣經國以行政院副院長的身分第五度應邀訪美，與美國總統尼克森及國務卿季辛吉分別會談，討論國家安全問題；二十五日中午，蔣經國在紐約遭受到台獨留學生開槍刺殺，幸未受傷，此事件震驚國內外。

蔣經國於擔任行政院副院長時，因為兼任經濟合作發展委員會主任委員，開始對台灣的經濟發展注入動力，當時行政院設置的「財政經濟金融會報」，由蔣經國負責協調和領導經濟規劃及建設的全盤事宜，對財政、經濟及金融的溝通合作全面掌握。因此，一九七二年三月接任行政院長之後，立即展開一系列發展經濟和農村建設及行政革新的措施與方案，最為人所熟知的是「十大建設」、「十項行政革新」、「六年經濟建設計畫」、「加速農村建設重要措施」，以及發布「穩定當前經濟措施方案」，限制石油供應及用電以度過石油危機。其中十大建設是最大的公共投資，希望帶動經濟發展，這十大建設的龐大投資也引來一些黨外人士的攻擊，譬如說，高速公路是為有錢人服務等等，蔣經國則公開表示：「現在不做，將來會後悔」。

推動這一系列的工作，奠基於蔣經國組織了以技術官僚為主的財經內閣，如孫運璿、李國鼎、費驊、張繼正、俞國華、吳大猷、徐賢修等人，因此創造了經濟的大幅成長；同時在施政上要求廉能及為民服務、苦民所苦，也創造了政府的施政效能。最近由於台灣的官商關係屢受質疑，有人就找出了蔣經國行政院長任內在立法院答詢的影片，當時蔣經國針對解決中小企業經營困境時宣示，政府可以把錢貸給有需要的企業，但必須把錢用在企業開發，不能放到口袋裡，「用公家錢讓少數人發財是不可以的」，這些話至今聽來仍是擲地有聲。而就是這些因素，成就了「台灣奇蹟」。

人生第七階段：鞠躬盡瘁

一九七五年四月五日深夜，蔣介石逝世，副總統嚴家淦依憲法繼任為總統，但在二十八日召開的國民黨中央委員會臨時會中，蔣經國繼任為中國國民黨主席，由於嚴家淦是一個謙謙君子，又深知蔣經國擁有豐富的經驗和治事能力，因此全力支持並授權，而在當時仍然是以黨領政的時期，蔣經國掌握黨機器等於實際負起了治理台灣的任務，結束了「執行長」生涯，進入了他人生的第七個階段：「鞠躬盡瘁」。

一九七八年三月二十一日，六十八歲的蔣經國當選為中華民國第六任總統，謝東閔於隔日當選為副總統，於五月二十日就任，總統府立即照會新聞界，第一不要稱領袖，第二不要叫萬歲。蔣經國說，現在是民主時代，他只是個普通黨員，普通百姓。蔣經國的這一做法，使台灣的政治風氣發生了改變。

蔣經國隨即任命孫運璿為行政院長，展開六年合作建設台灣的歷程，而他人生最為輝煌的時光也在他擔任總統的這段時間，根據媒體對歷任中華民國總統評價的民意調查，民眾認為蔣經國對台灣貢獻最大，排名第一。

蔣經國的總統任期中，雖然創造了輝煌，但也是他人生中另一段艱苦備嘗的艱辛歲月，輝煌與艱辛並存。他就任總統後，主要的國家建設方面都由孫運璿負責，經濟的持續發展可期，自己則深入研究國家發展的重要議題和政策，這時，連續發生兩件重大的事情，一九七八年十二月十六日凌晨二時，美國大使臨時要求面見蔣經國總統，當面告知美國將於八個小時之後，由卡特總統宣布將於一九七九年一月一日與中共建交，同時與中華民國斷交。這個攸關兩國悠久外交關係終止的決定，竟然在如此倉促的情況下告知一個盟邦，令蔣經國十分憤怒，但他容忍了。而外交困局剛過，同年十二月，《美麗島》雜誌與「台灣人權委員會」聯合在高雄舉辦紀念「國際人權日」集會遊行，黃信介、姚嘉文等人在集會中發表了演說，並與三千多名遊行者手持標語，情緒激昂，不斷高喊「打倒特務統治」、「反對國民黨專政」等口號。當局派出大批軍警攔阻，用催淚彈、電擊等鎮壓遊行民眾。衝突造成雙方近兩百人受傷。事後當局立即開始大規模搜捕，黃信介、施明德、張俊宏等一五二名人士以涉嫌「叛亂罪」被抓扣，《美麗島》雜誌周圍的核心人物幾乎被一網打盡。一九八〇年春天，經過軍法審判，以「為中共統戰」和「台獨叛亂」罪名，判處施明德無期徒刑，黃信介有期徒刑十四年，姚嘉文、張俊雄等六人有期徒刑十二年。另有三十多人被刑事法庭判處四至六年的徒刑。美麗島事件雖然被暴力鎮壓了下去，但它同時也使國民黨當局遭到重創。

一九八四年十月十五日，《蔣經國傳》作者江南在美國舊金山遭遇「竹聯幫」成員陳啟禮、董桂森、吳敦等人刺殺身亡。雖然江南招致殺身之禍的疑案迷霧重重，但社會輿論總認為與台灣當局有關。因為江南寫的一本書與蔣經國本人有關，另外寫的關於吳國楨的回憶錄也與蔣經國、蔣介石有關，因此江南的被害與台灣當局總是脫不了干係。江南的被害使國際輿論鼎沸，矛頭紛紛指向台灣，使台灣的國際形象跌落到最低點，蔣經國又一次感受到了政治改革的巨大壓力。

這一連串的事件，引起黨外運動人士更加要求政府全面落實民主政治與言論自由。對於這些紛至沓來的內政問題，其實蔣經國早就思考過解決方案，必須推動行政革新和本土化，一九七二年六月八日，蔣經國就在行政院院會中提出十項行政革新，大力改善社會及政治風氣，並大舉任用台籍人士，以及充實中央民意代表機構，隨後，又在立法院施政報告中指出政府將實施經費、人事、意見和獎懲等四項公開。之後又大力提拔台籍將領，進入高層領導核心，這些本土化的措施，一時為人爭相傳誦，也就是所謂的「吹台青」（當時知名歌星及電視節目主持人「崔苔青」的諧音）。

蔣經國初任行政院長立即大幅度起用的台籍政治菁英，包括副院長首度由台籍人士徐慶鐘出任，十六名閣員當中，有六名台籍人士，林金生（內政部）、高玉樹（交通部）、連震東（政務委員）、李連春（政務委員）、李登輝（政務委員）等，還有台北市長張豐緒，省主席也由台籍的謝東閔出任。

這些革新是在維持現狀穩定的前提下，以他個人威權的力量，要傳統的少數外省高層菁英釋出權力，讓本土菁英加入權力高層，這是一種改革，是革新，不是革命，但是，誠如美國知名政治學者杭廷頓所說，「改革要兩面作戰，比革命還難得多。」確實，蔣經國的改革，既要得罪權力擁有者，但他們屈服於蔣經國的威權之下，雖抱怨改革太多太快，也恨改革革到自己頭上，但也只得接受；但是另一面卻認為改革太遲太慢，永遠也滿足不了要求急速開放的激進份子，結果通常都兩面不討好。但是蔣經國立定目標，勇往直前，即知即行，冀求有功，可以說是行「威權開明」的政策。

南京大學的國際知名歷史學家茅家琦認為，在威權政治體制下，權威人物的思想言行決定了整個政策的走向。在台灣，如果沒有蔣經國的決心，「是不可能實現政治改革的」。所以蔣經國的接班人李登輝被認為是「本土化」及「民主化」的先驅，其實不然，真正的先驅是蔣經國。前美國資深外交官陶涵認為，「民主是蔣經國一項很特殊的遺產。如果民主政治在中國真正勝利、結果，歷史必將記下一筆——台灣替華人社會的開放、自由，奠定極好的典範，而促使這項發展的人——蔣介石之子蔣經國的貢獻，也是功不可滅」。這是一針見血之論，若準此論李登輝後來進行的民主進程，雖然達成了民主改革的目的，但觀之處理方式，其實是以民主的名義和方式，動員本土群眾向權力高層奪權，是多數暴力，令少數外省籍高層噤若寒蟬，比較像是「革命」，所以稱之為「寧靜革命」。

中央研究院院士張玉法認為，蔣經國之成功有五個原因，第一是領導國家，有明確方向；第二是立定目標，勇往直前，即知即行，冀求有功；第三是庶政公開，廉潔自持，自奉儉約；

第四是勤政苦行，平易親民，上山下海，走訪民間；第五是忍辱負重，應付危局。

蔣經國第一任總統任期的後半時光，其實已為國內政情的紛擾十分痛心，外有黨外人士不斷的遊行示威，內有國民黨新銳民意代表的急遽改革要求，並不惜成立次級團體與中央對抗，在這種內外交逼之下，蔣經國仍維持容忍和寬大的態度，他的辦公桌上有一塊石頭，上刻「忍」字，隨時自我提醒，還經常以鬼谷子的「失意莫快口，得意莫快心」十個字自我砥礪，因此，在美麗島事件軍事審判時，有一些人主張要殺一兩個人以儆效尤，但他堅持不判一個人死刑；黨外人士在圓山飯店開會時突然變更議題，立刻通過正式成立民進黨，這個違反並挑戰當時法律的事實，也有人認為應嚴肅對待，須予嚴懲，但蔣經國認為開放黨禁、報禁等相關措施已經是既定政策，且已準備好即將公布實施，黨外人士率先成立政黨只是爭取媒體效果罷了，也不為所動，不作任何處理。

蔣經國的身體在晚年極不好，他素有糖尿病，導致兩眼視網膜剝離、懼光；腳趾也因壞死而截趾，不良於行，只能碎步行進，但他仍堅持在公開場合親自行走，每每遇到中樞重要慶典，他都要從講台幕後碎步走向中央講台，站立宣讀文告，他掛著深度眼鏡，緩慢地念著講台上準備好的大字文稿，每字約一寸四方。當時的媒體攝影記者都互相約束，在他碎步前進時不進行攝影，抵定點時，也將攝影燈光向上照射，既不直射他眼睛，也不拍到斗大的講稿，算是對國家領導人的尊重。

人生造化難以布局

蔣經國晚年最大的心痛，是他安排好接班的行政院長孫運璿突然腦溢血，他既傷痛一個最佳合作夥伴倒下來，更難過他所安排的接班布局被打亂了，他原來希望孫運璿再擔任一任行政院長，累積更多的政績和更大的聲望，然後接總統職務，有人說他是欽點李登輝接他的班，這是錯誤的。在蔣經國的觀察之中，台籍菁英中還沒有一個人能夠擔當中華民國總統的大任，因為他們缺少更大的格局，也沒有能夠處理與大陸相關問題的經驗與能力，因此，李登輝其實一如過去的謝東閔，只是代表台籍菁英象徵性地擔任副總統這個職務罷了，沒想到造化弄人，蔣經國在第七屆任內逝世，接班布局無從安排，李登輝接掌了大位。

一九八八年一月十三日蔣經國病逝，他的一生面臨了中國多變的時代，雖貴為「皇長子」，但一生顛沛流離，其實艱辛萬分，可以說沒有享受過些許安樂幸福。與他有深厚交情的新加坡故總理李光耀說他「沉默冷靜、想法務實」，從不擺出思想家的模樣，但想法務實、社會知識豐富、善於識人，確保留在身邊都是可靠之士，隨時願坦誠提出己見，哪怕是逆耳忠言。蔣經國在開口前，必定經過一番深思熟慮，絕不信口開河。

蔣經國一生最痛恨人家搞小圈圈，也討厭生活不檢點的官員，他曾說，圈圈搞再大，也沒有圈子外面大，所以一般官員都不敢呼朋結黨，當初比李登輝更有資歷的其實是林洋港，但因為林洋港出身基層，朋友很多，子弟交友也廣；而李登輝獨子李憲文過世很早，自己也沒有複雜的交友，這據說就是李登輝出線的原因。對於官員的生活狀況，蔣經國也十分重視，經常加以考察，他經常突然到官員家裡去探望，有人因為生活奢靡而被換下來永不錄用的，比如葉翔之。

李登輝和馬英九都自稱是「經國學校」畢業的，他們都表示傳承了蔣經國治事治國的精隨，那什麼是蔣經國治事治國的精隨呢？其實就是兩個，一個是「天心不可測」，一個是「決策模式」。蔣經國對任何事從不輕易表現他的態度和立場，而且喜怒不形於色，因此很難被揣測，既然不可揣測，就沒有人敢去吹噓溜馬，只能戒懼戒慎，全力以赴。沈君山講過一件事情，由於他和當時所謂的黨外人士多有來往，因此在美麗島軍事審判時被政府邀請前去旁聽，一天蔣經國約他見面，談到大審的情形，沈君山知道有一些強硬派要殺雞儆猴，因此利用見蔣經國的機會說了一句話：「血流到地上就收不回來了。」說完看到蔣經國眼睛一瞪，嚇得他不敢再多說，而他也不知道蔣經國的態度如何。事後證明，蔣經國對這次大審，其實是高高舉起輕輕放下，但他的心意到判決出來之前，無人可以預測，這就是他「天心不可測」的一面。

謀在於眾，斷在於獨

至於「決策模式」，蔣經國經營台灣期間面臨很多問題，譬如石油危機、退出聯合國、中美斷交、改革開放等，也有未來發展的規劃，對於這些重大事件的決策，他一向先召集許多專家學者進行深入的討論，他則完全不表態而靜靜聽，並仔細做記錄，專家學者發言完畢之後，他同樣不表示個人看法；之後，他仔細看記錄，從中發現問題及需要再深入探討的方向，再找另外一批專家學者就這些問題進行深入的發言，這樣的方式進行幾次，他都不表示意見，因此專家學者只能就事論事，知無不言言無不盡，蔣經國則在最後從中找出方案拍板，然後全力貫徹。

明朝宰相張居正對治國之道有幾句箴言：「天下之事，慮之貴詳，行之貴力，謀在於眾，斷在於獨。」這正是蔣經國決策模式的最佳寫照，向更多的專家學者謀求良策，詳盡思慮之後，親自決斷，決斷之後則盡全力執行。由於他從不事先表達他的見解，因此就不會有無恥倖進之徒來吹拍，每一個專家都能貢獻所學提出最好的意見，而他「慎獨」的工夫更是深沉，知道決策必須要自己做，無法假借他人，因此斷之要慎，斷之要獨。也因此斷之後之行，能有足夠的信心和毅力。這些決策模式中的眉眉角角，缺一不可。反觀有些自稱「經國學校」的畢業生，其實並未學到其中的訣竅，經常先吹噓自己的想法，結果倖進之徒大加吹捧，有骨氣的學者不屑背書，最終是一群馬屁精圍繞身邊，無意中造成親小人而遠君子的局面，所作決策當然問題多多；另外，也不能光會做筆記，如果不能慎思、慎辨、慎獨、慎斷，不能突破困難，落實執行，當然就事倍功半，甚至一再犯錯。

蔣經國的治國還有一個特色，就是不僅要聽，而且要看，眼見為信。因此，他自從擔任行政院長開始，一直到擔任總統前幾年身體比較好的時候，都要上山下海，到各縣市各處去走走，實際考察民間疾苦，瞭解民間的需求，也考察建設的成果和官員的績效，他的巡視考察之行，通常都輕車簡從，事先不通知，既不住飯店，也不吃大餐，特別喜歡民間小吃，經常在路邊攤或小吃店坐下來就是一頓飯，與商家話話家常，享受民間美食而自得其樂，他照樣付錢，很多商家他都去過許多次，與商家的家人變成了好朋友，建立了很好的感情，他和孫運璿院長也經常連袂出巡，在台灣各地留下了他們親民愛民的身影；蔣經國經常巡視光顧的商家和地方人士，就成了他的民間友人，時相往來，這些元首與民間基層人士成為老友的一個個故事，也成就了一段段的佳話。

這十一位民間老友是：桃園的黃斌璋（桃園大溪鎮長）、桃園的黃文彥（大溪「黃日香」老闆）、台中大里的林寅（「美方芋仔冰城」老闆）、南投國姓鄉的張讚盛（「大眾食堂」老闆）、南投的蕭獻澤（「噴水餐廳」老闆）、宜蘭縣的羅文堂（羅東「博愛醫院」院長）、花蓮縣的戴榮光（「液香扁食店」老闆）、台東縣的李忠祥（「同心居水餃店」老闆）、高雄縣的楊煦（「六龜育幼院」創辦人）、屏東的龔新通（恆春鎮長）和澎湖縣的呂九屏（「清心飲食店」老闆），蔣經國的這十一位民間友人在蔣經國過世之後，每年都會聚會懷念經國，隨著歲月的流逝，民間友人也日有凋零，但他們的後代也都成為好友，仍然定期聚會。

兩段私情引發好奇

蔣經國一生的成就，受到許多國內外甚至對岸人士的推崇，但也有一些問題引起大家的關注，其中包括蔣經國與父親蔣介石及宋美齡的關係到底如何？以及他一生中的兩段「私情」。

年輕時期醉心於共產思想的蔣經國，在留俄期間三度公開譴責蔣介石背棄革命，甚至宣布與他脫離父子關係，若說是受到共產國際的脅迫下所為，在人屋簷下不得不低頭，但回到中國之後，蔣介石雖然是撿回了兒子，對他卻還是極不放心，先是要他反省及讀書，再就是從實際工作考核他，經過了很長的時間才逐漸認同蔣經國；而蔣經國回國後似乎很快就從一個熱心共產主義的青年轉變成深入瞭解共產主義本質的青年，就好比打了預防針，可以免疫了。「年輕時若不醉心共產思想是無心，年長後若還醉心共產思想是無腦」這句話，或許說明了蔣經國的成長。而到了抗戰勝利後以至於在台灣的漫長歲月，蔣經國則一直是蔣介石的忠實追隨者，並且十分孝順，這些都殆無疑義；問題是他與宋美齡的關係呢？從表面上看，他對宋美齡十分敬重，遵從父命將她當娘，到了台灣之後，不管宋美齡是在台灣或在美國，有關國事都鉅細靡遺向宋美齡彙報，這可以從留下來的許多電文而得到證實，但蔣經國內心對宋美齡到底真心如何呢？確實沒有具體的資料能解我們的疑惑，但有三件事是確實的。

蔣介石失去大陸之後，心情的沮喪是可以理解的，宋美齡一路陪伴相隨，晚年兩人的感情益發鶼鰈情深，對於這一點，可以感受到蔣經國是十分感激的，由於宋美齡的陪伴，蔣介石可以無罣礙地將國事全部交由蔣經國料理，此其一；對於蔣經國在上海打老虎時宋美齡的介入，使得幣制改革功虧一簣，這件事說蔣經國不生氣也不可能，因為孔祥熙在財政上的問題，其實早在重慶時期即已發生，當時連蔣介石都氣得說他無恥，事後也不了了之。上海的事件，蔣介石也心知肚明，倒並沒有怪罪蔣經國處事不力，不過，幣制改革失敗的原因很多，當時蔣經國及其團隊經驗不足才是最大的原因，曾經是團隊一員的嚴家淦在這次的行動中獲取了很多的教訓和經驗，對後來在台灣穩定金融及經濟秩序有很大的幫助；同時，事後的資料也證實了所謂孔宋家族的貪婪，是中共的宣傳策略，將孔宋污名化，也就是對國民政府和蔣介石的中傷。這個中傷，中國人都相信，連美國都相信了，但後來美國進行全面調查，發現當時全美國華人的資產總額才不過五千萬美元，孔宋能有多少呢？所以蔣經國事發時不可能不氣宋美齡，但之後應該可以平心看待這件事情，此其二；據說宋美齡對國事經常有意見，但從蔣經國對宋美齡報告國事的電文中，可以發現一個樣態，就是僅止於報告，並不是徵求意見，可以看出蔣經國對宋美齡仍然十分尊敬，凡事報告，態度很禮貌，但原則很堅持，尤其在蔣介石過世之後更是如此，此其三。

至於蔣經國一生中「據說」有兩段私情，一是在贛南與章亞若，一是在台灣與國劇名伶顧正秋，前者是確實的，後者卻僅止於傳說。但要談到這兩段，就必須先談到蔣經國的夫人蔣方良。

說蔣經國一生貴而多蹇，那麼蔣方良就更是一生坎坷了，她離鄉背井，從俄羅斯到中國，再到台灣，雖貴為太子妃、貴為第一夫人，但從沒離開過家，生活勤樸，一輩子從未享受過貴族生活，一九八八年蔣經國過世後，三個兒子蔣孝文、蔣孝武、蔣孝勇相繼過世，這是人生最悲慘的遭遇，而她最後還無法魂歸故土。

蔣方良可以說一口純正的寧波話，據說講得比蔣經國還要好，她也能做一手寧波菜。蔣經國不喜歡女人干政，更不喜歡官太太們搞小圈圈，所以蔣方良就完全沒有官式活動，原來還和一些講寧波話的朋友打打小麻將，在蔣經國擔任行政院長之後也停了，最後她只能自己關在家裡，做做菜，由官邸人員去找來一些電視錄影帶，看看連續劇，等蔣經國回家。從外表看，她是一個白皮膚徹徹底底的外國人，骨子裡卻是百分之百的傳統中國婦女，甘做偉人背後寂寞無聲的女人，令人敬佩。

蔣經國在贛南曾舉辦青年團青幹班，素有才女之稱的章亞若於一九四〇年結業後擔任蔣經國接見民眾時的記錄員，後與蔣經國發生私情而懷孕，被送往廣西桂林待產，並於一九四二年三月一日產下雙胞胎，就是孝嚴、孝慈，隨母姓章。同年八月，章亞若猝死，傳言是被謀殺，謠傳是蔣經國手下私自執行，蔣經國知道後，十分生氣和傷心。二〇〇四年又有一說是由蔣介石及陳立夫下令中統人員進行謀殺，這一說可能不正確，因為一是敘事者一向沒有很高的可信度，二是孝嚴及孝慈之名是由蔣介石所親自決定，他不可能又為孩子命名又殺孩子的母親。

章亞若被謀殺後，兩兄弟由章亞若的弟弟夫婦扶養，並登記為親生兒子，因為恐懼再被追殺，於國共內戰期間，章亞若母親及弟弟夫婦帶兩兄弟移居台灣新竹。後來，章孝嚴、章孝慈兩人同時在東吳大學就讀。一九六〇年底，兩兄弟十八歲時，才知道他們的真正身世。兩兄弟在台灣生長期間，事實上有王昇不時照料。

王昇引發的震撼

王昇是跟隨蔣經國到贛南工作的第一批老幹部之一，也參加過上海幣制改革及經濟物價管制工作，來台後是蔣經國建立政戰系統的重要助手，因此他之照顧孝嚴孝慈兩兄弟，應該是蔣經國所授意，而王昇因為照顧兩兄弟，後來也引發了一場政治事件。

因為主管政戰系統且跟隨蔣經國很久，受到高度的器重，因此王昇的權力日益擴大，一九七九年，針對中共對台統戰策略的改變，王昇奉命將原來的「固國小組」改組成「劉少康辦公室」，組織來自黨、政、軍、特等單位的高層人士，定期聚會研究因應大陸統戰的攻勢與謀略，以及國內政經改革的策略，並經常邀請黨政首長前來報告，原來的設計是要讓劉少康辦公室成為中央黨部之下的幕僚單位，但因此時王昇權勢達到頂點，劉少康辦公室甚至被稱為「太上中常會」、「中央黨部的中央黨部」，「王昇接班」的說法不脛而走。而當時的黨外雜誌又誇張地拆字，說王昇是「日日升，升為王」，並大幅報導他照顧的孝嚴、孝慈兄弟很傑出，因此他大有功勞，又說他拉章氏昆仲來壓孝武、孝勇兄弟等等挑撥中傷的言論。

更致命的是，美國在一九八三年年初邀請王昇訪問美國，給予超出王昇階級的極高規格接待，而在王昇訪美期間，國民黨八位重量級中常委聯袂向蔣經國報告劉少康辦公室的濫權情況，種種事情令蔣經國十分震怒，尤其是認為王昇介入他的家事更是無法接受，因此在同年五月，以王昇「不知節制」為由，下令裁撤劉少康辦公室，並免除王昇總政治作戰部主任一職，調任國防部三軍聯合作戰訓練部主任；同年十月，又派王昇出任駐巴拉圭大使，讓他離開權力核心。

當時邀請王昇訪美的美國駐華大使丁大衛後來寫回憶錄透露這段秘辛，回憶錄竟然說「這次訪問有個意想不到的結果」，指的就是王昇下台；美國一向對政戰部門及其工作不以為然，對權力日大的王昇心存芥蒂，故布了一個局；而黨外雜誌的挑撥也發生了效果，確實讓孝武、孝勇兄弟十分不悅而向父親告狀，加上國民黨中常委的臨門一腳，那麼不管王昇是否確實不知節制或有異心，也逃脫不了下台的命運了。蔣經國當時的生氣，從在總統府主持王昇就任大使宣誓典禮的情境可見一斑，當時宣誓完，兩人毫無互動交談，典禮就結束了。

與顧正秋有「一段情」？

至於國劇名伶顧正秋這一段「私情」，傳言極多，但似乎沒有比較具體的資料佐證，顧正秋於一九四九年來台公演後就留在台灣，一九五三年與任顯群結婚，這一段時間正是國府撤退來台，軍事、政事一團亂亟待整頓，而國民黨也正進行改造之時，蔣經國已擔負重任，也是改造委員會的委員之一，照常理看，蔣經國應該見過小他將近二十歲的顧正秋，對她的印象應該也不錯，如果說有擦出火花實在也不大可能，一則蔣經國事忙，二則與顧正秋沒有工作上的接觸，三則依據任顯群女兒後來寫的書可以知道，顧正秋來台之後經常在任顯群家走動，任顯群一方面近水樓台，另方面又是一個才子，且生性浪漫、風流倜儻，與顧正秋發展出進一步的關係是比較有可能的，蔣經國則相對沒有這些條件；但是因為任顯群與顧正秋結婚後沒多久就以「知匪不報」罪名被判刑，所以更加深了「皇太子追求不成而陷害」的傳說、繪聲繪影。事實上，任顯群的官司是被老長官吳國楨所牽連，雖然最近也被證明是冤枉而由馬英九總統公開還其清白，但當時是否與蔣經國有關係也無法證明。因此蔣經國與顧正秋到底有沒有一段「私情」？現在可能已無法證實了。（**李耀時**）

鄧小平（1904-1997）

鄧小平：幾度沉浮的政壇強人

鄧小平（一九〇四－一九九七年），原名鄧先聖，學名鄧希賢，四川廣安人。鄧小平是繼毛澤東之後中國共產黨、中國人民解放軍、中華人民共和國最重要的領導人，被稱為中國改革開放和現代化建設的總設計師。上世紀七〇年代末期以來，他以強勁的魄力正本清源、撥亂反正，否定了毛澤東發動的文化大革命，扭轉了中國一度走偏的國家發展方向。

一九八九年十一月五日，中國上空瀰漫的詭譎風雲還尚未完全散去，一位飽經風霜的老人，前往北京火車站迎接來華進行訪問的朝鮮勞動黨中央委員會總書記、國家主席金日成。翌日上午，在同金日成舉行會談時，這位老人說：「這十年我們黨把我放到了特殊的崗位，我不當黨中央總書記，也不當國家主席，但實際上我是黨和國家領導集體的核心，這在國際上也是公認的。」

過了一個多星期，又是這位精神矍鑠的老人穿著深灰色的中山裝，面露淡淡的笑容，神色安詳地站在北京人民大會堂福建廳的大門口迎接外賓，他和來自日本財界的領袖齋藤英四郎、河合良一等人一一握手，並招呼客人們入席坐下。甫一坐定，這位老人開口就說：「在我離開領導職務之際，應該見見老朋友。你們這個團可能也是我見的最後一個正式代表團。我已經八十五歲了，再不退，不知到哪一天就變成終身制了。我自己提出應該廢除終身制，自己不退就是在終身制問題上犯錯誤。我今後不再代表黨和國家見客人，要體現真正退休。今後有些老朋友來中國，可能不見不禮貌，我可以去客人住地拜訪，談友誼。」從此，這位老人果然從中國政壇上退下了。

他，就是幾經沉浮的現代中國政壇強人鄧小平。

武裝鬥爭的組織者

鄧小平於一九〇四年生於四川省廣安縣協興鄉牌坊鎮的一個殷實農民家庭，原名鄧先聖，學名鄧希賢。一九一九年在父親的建議下考入重慶勤工儉學留法預備學校。一九二〇年，鄧小平乘船東下來到上海，從上海出發赴法國勤工儉學。一九二二年參加旅歐少年共產黨，即中國共產主義青年團旅歐支部，一九二四年轉為中國共產黨黨員，從此鄧小平走上職業革命家的人生道路。

一九二九年，鄧小平擔任廣西前敵委員會書記，接受黨的指派，前往廣西開展活動。他從上海出發，坐船先到越南海防，然後從越南境內進入廣西。鄧小平於廣西和早就在那裡的張雲逸會面，然後與張雲逸一起上門希望說服廣西省政府主席俞作柏與綏靖司令李明瑞起兵反對蔣介石當局。雖然這一計畫沒有成功，但鄧小平與張雲逸兩人率領部下乘機把廣西省軍械庫中的武器偷偷運了出來，裝在船上，溯右江而上，來到了廣西邊陲小鎮百色。

十二月十一日，鄧小平與張雲逸等人在廣西百色升起了一面中國工農紅軍的旗幟，宣告舉行百色起義，並向群眾發布起義公告，組織選舉工農蘇維埃政府，開展「打土豪、分田地」的群眾革命運動。一九三〇年，鄧小平又發動龍州起義，建立了中國工農紅軍第八軍以及廣西右江革命根據地，使紅軍發展到了七千多人，紅色區域擴展到了二十多個縣，擁有一百多萬人口，成為當時中國最大的紅色革命根據地之一。

一九三一年鄧小平到達中央革命根據地，先後擔任中共瑞金縣委書記、會昌中心縣委書記、中共江西省委宣傳部長等職。一九三三年，中共臨時中央從上海遷到江西中央蘇區以後，大力推行共產國際所指定的以蘇聯十月革命為模式之城市起義武裝奪取政權，即所謂「前進與進攻」的路線。

但是鄧小平與毛澤東一樣，並不贊同這一路線，認為這條路線根本就脫離了中國國情，並不合適於中國革命。鄧小平與毛澤東都反對城市中心論，主張應該向農村發展，因此遭到在黨內掌控大權的博古等人的排擠與打擊。這些人認為鄧小平對黨中央沒有信心，反對黨的路線，懷疑共產國際對於中國革命的領導。鄧小平受到黨內嚴重警告的處分，他所佩戴的槍支被解除，他的職務被罷免，被迫寫下了自我批評的聲明。這是鄧小平幾經沉浮的政治生涯中第一次重大挫折。

一九三四年十月，鄧小平隨同中央紅軍長征，此時重新得到重用，擔任中共中央祕書長。一九三七年抗日戰爭爆發，鄧小平擔任八路軍一二九師政委，和師長劉伯承一起率領部隊在華北與日軍作戰。八路軍一二九師被稱為劉鄧大軍，作戰英勇，聲譽鵲起。抗日戰爭勝利後，國共紛爭，重開內戰，劉鄧大軍更是屢戰屢勝，立下赫赫戰功。

黨務國務的操盤手

中華人民共和國成立後，鄧小平先是擔任中共中央西南局第一書記、國務院副總理以及中共中央祕書長等等。一九五五年四月，鄧小平被選為中共中央政治局委員。毛澤東決定在一年後召開中共八大，由鄧小平負責中共八大的籌備工作以及修改黨章的事宜。經過一年籌備，鄧小平出色地完成了這一任務。

一九五六年九月，中國共產黨第八次全國代表大會在北京舉行，鄧小平在會上作了《關於修改黨章的報告》，他認為執政黨必須加強自身建設，要求全黨堅持群眾路線與民主集中制，健全各級黨組織的集體領導，避免個人專斷與個人決定。在鄧小平主持下所修改的黨章，刪除了原黨章中提及毛澤東思想的兩段文字，這與鄧小平所作的《關於修改黨章的報告》的精神是一致的。

現在看來，這一修改可能與赫魯雪夫在當時蘇共二十大上所作的關於反對史達林個人迷信的秘密報告有關。蘇共二十大於一九五六年二月召開，中共八大則是在一九五六年四月召開，兩者相差僅僅兩月而已。況且當時中蘇關係正處在蜜月時期，中國的報紙上幾乎天天都有以蘇聯為首的社會主義陣營的各種消息與報導，「蘇聯的今天就是我們的明天」一類的口號流行於中國社會，中共受到蘇共的影響非常巨大。至於鄧小平在黨章中刪除毛澤東思想的提法是否導致了毛澤東本人的某種不快，以致後來因此借機打倒了鄧小平，這就有待考證了。

在中共八大上，毛澤東被選為中共中央主席，劉少奇、周恩來、朱德、陳雲被選為副主席，鄧小平被任命為中共中央總書記。當時的中共中央總書記一職不同於現在作為最高領導人的中共中央總書記一職，那時的總書記只是相當於中央書記處書記，類似於中央祕書長一職，負責處理黨的日常工作。但這一職位，已經使鄧小平躋身於中國權力的最高層，可以參與黨與國家各類重大問題的決策了。

一九五七年夏天，毛澤東認為一部分國家機關工作人員以及知識份子借共產黨整風運動的機會，肆意攻擊共產黨領導與社會主義制度，這些人是資產階級右派份子，必須予以嚴厲批判、沉重打擊，因此發動一場大規模的反右派運動。根據毛澤東的意見，作為黨的總書記的鄧小平在一九五七年九月向中央委員會作了一個關於全黨整風的報告，具體部署及布置了全國的反右派鬥爭。

實際上，毛澤東當時錯估了形勢，把一些人對於黨領導提出的善意意見看成惡意攻擊，因此在實際執行中反右派鬥爭被大大擴大化，把一些無辜者作為右派份子予以批判打擊，導致全國有五十多萬人被錯劃為右派而受到沉重打擊，其中不少人被迫害致死。應該說，作為全國反右派運動的具體推行者，鄧小平也負有一定的責任。

文化革命的受害者

一九六六年春夏之交，毛澤東發動史無前例的無產階級文化大革命。文革初期，鄧小平還和毛澤東一樣，身穿綠色軍裝，頭戴綠色軍帽，手臂戴上紅衛兵的袖章，登上天安門城樓接見百萬紅衛兵小將。但到了年底，鄧小平與劉少奇一起從中國政壇上消失了。毛澤東認為鄧小平在擔任中央總書記期間搞獨立王國，不向他請示彙報，拒不執行他的指示；在文化大革命一開始又與劉少奇一起執行資產階級反動路線，鎮壓革命群眾，鄧小平被打成了除了國家主席劉少奇以外黨內最大的走資本主義的當權派。

一九六七年，鄧小平遭到了軟禁，喪失人身自由。在毛澤東的默許下，紅衛兵甚至衝進位於北京中南海的鄧小平住所，揪出鄧小平進行群眾批鬥，強迫他的夫人卓琳在他旁邊陪鬥，還讓他的子女在旁邊觀看，所謂接受教育。鄧小平被紅衛兵抓上講台，被迫跪在地上，兩手被反剪到背後，聽從紅衛兵的訓斥。鄧小平在這一時期幾近家破人亡，大兒子鄧朴方由於遭到紅衛兵迫害跳樓致殘，造成一輩子半身不遂，其他幾個子女也各自離散。

一九六九年十月，鄧小平與妻子卓琳等家人被趕出中南海居住地，在毛澤東衛戍部隊士兵的嚴密監視下，來到江西南昌市附近的一家拖拉機廠參加勞動，擔任鉗工。據說鄧小平之所以當時能夠到江西拖拉機廠參加勞動，還能夠與妻子、繼母等住在一起，還是周恩來向毛澤東求情的結果。否則很有可能像劉少奇一樣，獨自淒慘地客死他鄉數日都無人知曉。

一九七一年九月，中國的第二號人物、黨的副主席、黨章明確規定的毛澤東接班人林彪因與毛澤東不和，倉皇出逃國外，摔機死在蒙古溫都爾汗，引起中國政壇巨大動盪，也引起全世界的震驚。乘此機會，鄧小平多次給毛澤東寫信，檢討自己，表示要改正以往的錯誤，堅決執行毛澤東的指示，並希望重新出來繼續工作。在周恩來的勸說下，終於得到了毛澤東的首肯，於是鄧小平回到北京，於一九七三年恢復了國務院副總理的職務。

當時周恩來已經罹患重病，身體虛弱，因此由鄧小平來主持黨與政府的日常事務。在這期間，鄧小平與以江青為代表的激進革命派進行了針鋒相對的鬥爭，大刀闊斧地糾正自文化大革命以來的一些錯誤做法，大力整頓國家政治、經濟、文化各個領域中的混亂局面，使社會生活逐步走上正軌，國民經濟也有了一定起色。但毛澤東認為鄧小平的這種做法是一股右傾翻案風，是在為他自己的資產階級反動路線翻案，完全違背了繼續革命的思想路線，否定了毛澤東親自發動的無產階級文化大革命的偉大成果，這是毛澤東所絕對不能容忍的。

一九七六年一月八日周恩來逝世，四月五日，北京天安門廣場上發生了悼念周恩來的大規模群眾運動，在這場群眾運動中出現了反對江青等「四人幫」的傳單，出現反對文化大革命的聲音。毛澤東認為這是一場反對他本人的運動，江青等激進革命派認為這是一個反革命事件，毛澤東與江青都認為這場運動的幕後指使人就是鄧小平，於是毛澤東下令撤銷了鄧小平的所有職務，鄧小平再一次從中國政壇上消失了。

一九七六年九月九日，毛澤東逝世，十月六日，華國鋒在葉劍英等人的協助下，一舉逮捕了由江青、張春橋、王洪文、姚文元組成的「四人幫」激進派，標誌著為時十年的文化大革命結束。

一九七七年七月，鄧小平重新復出，恢復中共中央副主席、國務院副總理、中央軍委副主席、中國人解放軍總參謀長等職務。他首先狠抓思想路線的撥亂反正工作，肯定並推動了「實踐是檢驗真理的唯一標準」的大討論，為從根本上扭轉文化大革命的錯誤思想觀念創造條件。

一九七八年十二月，中共中央舉行第十一屆三中全會，鄧小平進一步提出了「解放思想、實事求是」的口號，停止毛澤東時代「以階級鬥爭為綱」、無休無止進行鬥爭的做法，堅決把黨和國家的工作重心轉移到經濟建設上，並做出實行改革開放的重大戰略決策。鄧小平這一連串措施，從根本上扭轉了中國的發展方向，成為當代中國的領航人。

鄧小平被稱作中國改革開放的總設計師。一九八一年六月，中共中央舉行第十一屆六中全會。會上通過了由鄧小平主持起草的《關於建國以來黨的若干歷史問題的決議》，這個決議徹底否定了文化大革命，認為文化大革命「是毛澤東發動並領導的一場錯誤運動，是國家與民族的一次大浩劫」。

鄧小平一再強調社會主義最根本的任務是發展生產力，發展就是硬道理。社會主義要消滅貧窮，貧窮不是社會主義，發展太慢也不是社會主義。他提出要借鑒資本主義國家的發展經驗，社會主義國家也可以搞市場經濟。他提出對於香港、澳門與台灣問題要採用一國兩制的方法，並且親自與英國首相柴契爾夫人會談，解決了香港回歸問題。

鄧小平提出的這一系列觀點，在中國被稱為「鄧小平理論」，成為中國近三十年來國家發展最根本的指導思想。正是在鄧小平理論的指導下，中國實行改革開放政策，透過全體人民的艱苦奮鬥，創造出二十世紀末年的世界經濟奇蹟，從一個積貧積弱的東方大國，一躍而為僅次於美國的世界經濟大國，躋身於世界強國之林。

一九九七年二月十九日，鄧小平在北京逝世。（陳先元）

陳　誠（1898-1965）

陳誠：一生忠誠如一

陳誠（一八九八－一九六五年），字辭修，乳名德馨，別號石叟，浙江省青田縣人。中華民國陸軍一級上將，自黃埔軍校起即一路追隨蔣介石，為蔣之嫡系部隊中堅力量，曾任軍長、兵團總指揮、集團軍總司令、軍政部長、湖北省政府主席、國防部參謀本部參謀總長兼任海軍總司令部總司令等要職，來台後歷任台灣省政府主席、行政院院長、副總統和中國國民黨副總裁。

陳誠是中華民國的陸軍一級上將，也是國民黨重要的黨政軍人物。他的身材不高，僅一米六，但上身挺直、精神抖擻、雙眼炯炯有神。對蔣介石由服從崇拜進而到模仿，因此被稱之為「小委員長」，蔣介石對他的忠誠也給予最豐厚的回報，讓他「一人之下，萬人之上」。

一生不甘平凡

陳誠出生於世代務農之家，爸爸是當地的小學老師，後來當到校長，陳誠在家排行第二，上有一個姊姊，他是長子。家境並不寬裕，他爸爸原本打算讓陳誠唸到小學為止，讓他弟弟繼續唸中學，但陳誠自做主張，在家溫習功課一年，瞞著父母，步行了一百多公里去投考，被省立第十一師範錄取。

唸師範學校是準備當小學老師，陳誠一九一七年從師範學校畢業時，卻不願到小學任教，此時，陳誠已奉父母之命、媒妁之言，與第一任妻子吳舜蓮結婚，但並未因此留在浙江青田老家，翌年他到杭州插班考入杭州省立體育專科學校，唸了一個月就離開，於一九一八年八月投考保定陸軍軍官學校。

為了進入保定軍校，陳誠還費了一番周折，他父親的老友兼同鄉杜志遠當選國會議員，北上就職途經杭州，陳誠上門拜訪請求提攜，杜志遠因之將他帶在身邊，前往北京。到了北京即前往投考保定軍校，有關他進入保定軍校，有一個說法是他因為身材瘦小未獲錄取，經杜志遠向主考官也就是軍需司司長魏宗翰關說，才以備取名義進入保定軍校第八期砲科就讀，不論此說真假如何，軍校確實是陳誠真心嚮往的地方。

一九二〇年七月直皖戰爭爆發，保定軍校被迫停課，陳誠南下廣州，在新建粵軍第一師第三團服務，並加入中國國民黨。一九二一年保定軍校復課，他仍回校繼續課業，一九二二年自保定軍校畢業，分配到浙江紹興浙軍第二旅第六團第三連當見習官。不久，同樣出身保定軍校的鄧演達，奉孫中山之命到上海網羅軍官，準備在廣州大本營組建新軍。陳誠從同鄉處得此消息，即向團部請假，也沒有等到批准，便不顧軍紀跑到上海投奔鄧演達。

陳誠隨鄧演達到廣州後，擔任孫中山大元帥府警衛，派為上尉連長。一九二四年五月，陳誠隨孫中山參加與桂軍馮葆初的作戰，因胸部中彈入院治療，當時的粵軍參謀長蔣介石到醫院慰問傷患，這是陳誠第一次見到蔣介石。

三砲中的一舉成名

一九二四年六月，黃埔陸軍軍官學校成立於廣州，蔣介石為第一任校長。陳誠被孫中山點名進入黃埔重點培養，第二年黃埔設砲兵科，陳誠出身保定軍校砲科，就任砲兵科教官兼砲兵隊區隊長，一九二五年黃埔成立砲兵營，蔣介石任命陳誠為砲兵營第一連連長，隨即參加國民革命軍第一次東征，討伐陳炯明。

在關鍵的棉湖之戰，陳炯明的林虎部隊乘東征右翼軍久戰疲憊，進行反攻，當時陳軍有兩萬多人，東征軍教導團第一團不到兩千人，情勢險惡，蔣介石與蘇聯顧問鮑羅廷趕到砲兵陣地督軍。作為砲兵連長的陳誠，眼見敵軍在陣前人數越聚越多、距離越來越近，雖然右臂受傷，還是自己上陣，針對陳炯明指揮所，瞄準目標、調好砲位、開砲轟擊，連發三砲，砲砲命中目標，打中陳軍大本營，砲兵接著連續開砲，陳軍慌忙後撤，教導第一團趁勢衝鋒，教導第二團也趕來支援，之後，黃埔軍校在東征軍的前線連戰皆捷，陳炯明逃往香港，第一次東征勝利收場。

蔣介石也因此對陳誠印象深刻，當場就對蘇聯顧問鮑羅廷說：「這個連長不錯，打得準！」陳誠在戰場鋒芒初露。

為了統一廣東，國民政府展開第二次東征以徹底消滅陳炯明，一九二五年十月惠州之役，陳誠率山砲一連，將敵軍側防機槍陣地摧毀，掩護部隊攻克天險惠州，獲賞銀五百元，並升為砲兵第二營少校營長。

五年躍升至上將軍長

第二次東征結束後，一九二六年七月升任中校參謀，十二月改任第二十一師第六十三團上校團長。

北伐開始，一九二七年，第二十一師進浙江衢州，與孫傳芳、孟昭月的部隊展開激戰。陳誠率第六十三團與孟部三個師背水苦戰，他帶領一支特務隊，深夜突襲孟部司令部，孟部不知虛實，倉皇退走，浙江底定。北伐軍再分三路進攻江蘇、安徽，陳誠率第六十三團攻佔吳江。三月攻克蘇州，陳誠第六十三團出力最大。

一九二七年四月，任第二十一師少將副師長。七月升任第二十一師師長。

一九二八年三月，蔣介石任命陳誠為總司令部中將警衛司令兼砲兵指揮官。八月，第一集團軍整編為六個師，蔣介石任命陳誠為第十一師副師長。一九二九年三月，蔣桂戰爭爆發，五月蔣介石命令第十一師開往鄂北駐防。不久，師長曹萬順因處事失當遭撤職，陳誠升任師長。

一九三〇年四月，陳誠任討逆軍第二軍副軍長。一九三〇年八月，第十一師領到獎金兩萬元，陳誠晉升為國民革命軍第十八軍上將軍長，仍兼第十一師師長。陳誠當時年僅三十三歲，被稱之為「童子軍」。

成為蔣介石的嫡系

蔣介石對陳誠的重用，始於國民黨的內鬥。一九二七年北伐進行中，蔣介石坐鎮剛收復的南京，以清除共產黨勢力為目標，與力主以武漢為首都的汪精衛及主張容共的勢力，兩方發生內部分裂，史稱「寧漢分裂」。

內部鬥爭的同時，北伐戰場屢屢失利，寧漢醞釀合流，汪精衛開出條件：「蔣介石必須下野」，各方都應和，蔣介石尤其失落的是，他視為嫡系將領的何應欽也保持沉默，蔣介石事後曾經說過：「只要他何應欽一句話，我是可以不走的。」何應欽在蔣介石下野後，也趁機擴展版圖，並免除了陳誠第二十一師師長之職，陳誠十分不滿，兼之因胃病未癒，遂請辭到上海養病去了。

蔣介石在下野期間，一九二七年十二月一日於上海與宋美齡結婚，隨即，一九二八年二月蔣介石復職。蔣介石立即「清理門戶」，一九二八年二月九日無預警地到徐州第一路軍總指揮部，免除何應欽的兵權，宣布將國民革命軍改編為四個集團軍，並親任第一集團軍司令。此時，蔣介石已選定陳誠準備替代何應欽。

蔣介石用人有三項規則，一是黃埔軍校系統出身，二是同鄉浙江人，三是對其絕對忠誠，陳誠三樣俱全。

一九二八年第二次北伐結束，南京政府完成在中國大陸形式上的統一。一九二八年秋天，蔣介石給了陳誠一支新改編的部隊第十一師，第十一師經過陳誠的親自整訓督練，在蔣介石與馮玉祥、閻錫山、李宗仁等在河南、山東、安徽進行的一場軍閥混戰（史稱「中原大戰」）中，屢建戰功，獲得蔣介石的讚賞。中原大戰結束後，第十一師與新增的第十四師擴編為第十八軍，一九三〇年八月一日陳誠被任命為第十八軍上將軍長，「土木系」（因「十一」合為「土」，「十八」合為「木」而稱之）隱然成形。

「土木系」是陳誠起家的部隊，他對這支部隊苦心經營多年，實施「三公開」：經濟公開、人事公開、意見公開。

首先，在用人方面，他重用大批從保定軍校、黃埔軍校、陸大軍校畢業的軍官，只要能打仗，不出大錯，都會拔擢，雖然浙江人居多，但不會特別偏心。有一說指第十八軍出來的軍官都要先升一級，第十八軍產生的將領，包括保定軍校出身的周至柔、羅卓英等，以及黃埔軍校出身的黃維、蕭乾、彭善、方靖、方天、羅廣文、胡璉、宋瑞珂、邱行湘、楊伯濤、高魁元、劉雲瀚等，其中就有四個一級上將（羅卓英、周至柔、胡璉、高魁元），這些受到陳誠知遇之恩的軍官，成為陳誠躋身國民黨中央的最大政治資本。

再者，陳誠在財務方面清廉自守，對財務管理非常小心，尤其痛恨吃空缺、苛扣軍餉，因此他統帥的部隊帳目清楚。一九二七年十月，離開第二十一師時，他把手上的公積金全部移交給下任師長孫常鈞繼承；一九二八年六月，總司令警衛司令部解散，他把司令部結餘全部交給蔣介石。蔣介石曾經跟何應欽說過：「陳誠是幹事的人，不會貪污。你要給他多批點錢。」即使與陳誠有嫌隙的何應欽也說：「辭修是個奉公守法又廉潔的人，當時一般軍隊受舊軍閥影響，風氣不好，假報銷很多，但辭修的第十八軍，每次都按時據實報銷。」在陳誠的治理下，第十八軍的軍官相對比較廉潔。

第三是意見公開，就是官兵對部隊的人事、財務、訓練、作戰有意見，可以逐級反映，上級軍官不能解決的，可以向師部反映，「只要不是誣告，我們都歡迎，絕不打擊報復。」這應該是最早的「民主」，而且是在軍隊中實施，尤其難得。

陳誠本人與士兵同吃同住，戴斗笠穿草鞋一起行軍，治軍之嚴，在國民黨內有口皆碑。對日抗戰中與日軍多次惡戰，戰果輝煌，使得土木系部隊名號響亮，對日抗戰結束後與其餘四大主力被視為國軍五大主力（是國民革命軍中戰力最堅強、裝備最精良的部隊，包括新一軍、新六軍、第五軍、整編七十四師，以及整編十一師此即所謂的「土木系」）。

蔣介石還為陳誠作媒，讓他娶了民初黨政大老也是其政治盟友譚延闓的女兒譚祥，譚祥亦是宋美齡的乾女兒，譚延闓去世前曾拜託蔣介石為女兒擇婿。陳、譚兩人在一九三二年元旦結婚，婚前，陳誠拜託大舅子吳子漪與第十八軍駐南京辦事處主任杜志遠兩人，與第一任妻子吳舜蓮辦理離婚手續。蔣介石與陳誠從長官與部屬晉階成了翁婿關係。

戰場上的救火隊

蔣介石曾經說：「中正不可一日無辭修。」這是在一九三六年三月，蔣介石應閻錫山的請求，指派陳誠到山西襄助軍務，因為在陝北的紅軍，渡過黃河，借道山西，說要北上抗日。閻錫山委派陳誠為第一路總指揮，指揮進入山西的中央軍阻擊紅軍，紅軍被迫撤回陝北，陳誠的任務結束後，閻錫山害怕紅軍再入山西，而致電蔣介石希望陳誠留在山西，蔣介石回電時就說這句話。

事實上，陳誠自升任第十八軍軍長後，就成為蔣介石戰場上的救火隊，哪裡有事就往哪裡去。從剿共、抗日到國共內戰，無役不與。問題是陳誠指揮的戰役卻敗多勝少，引起各方的質疑。然而，吃敗仗的原因為何？是戰略錯誤？還是政治環境？

例如一九三三年，蔣介石在贛南針對紅軍發動第四次圍剿，調集四十萬兵力，由陳誠任中路軍總指揮，紅軍才七萬人，不料，此役大敗。陳誠的王牌師第十一師大部被殲滅，陳誠獲知消息時忍不住抱頭痛哭。

事後他的檢討有二：一、第五十二、五十九師被殲是因為「劣」，這兩師是紀律不良的雜牌隊伍，不受民眾歡迎，所到之處民眾逃避一空，得不到民眾的助力而摸索行進，以致陷入埋伏；二、第十一師被殲是因為「驕」，布陣時預備隊留得太少，對紅軍「以大吃小」的慣技不放在心上，疏忽大意，驕傲輕敵導致大敗。顯見陳誠沒有迴避責任。

再例如一九三七年，蔣介石發表對日抗戰的「廬山談話」後，淞滬會戰登場，集結四十多萬兵力，都是中央軍的精銳部隊，由陳誠任敵前總指揮。中日激戰近三個月，初估日軍傷亡五萬多人、國軍十八萬人。陳誠事後總結，國軍損失慘重，但取得戰略上的勝利，此後，日本再也不敢提「三個月滅亡中國」，國際對中國有了新的認識與同情。最重要的是，改變了日本原擬沿平漢鐵路南下的進攻計畫，使日軍由北向南的侵略，變成由東向西的仰攻，中國歷史上由東向西的進攻都以失敗收場。但陳誠晚年回憶此戰，則不禁感嘆「血肉築成的長城，事實上是抵禦不了無情的砲彈的……」。

又例如，一九四七年二月陳誠晉升陸軍一級上將。九月，陳誠奉命飛瀋陽，出任東北行轅主任。當時，中共軍隊已成立由林彪任總司令的東北聯軍，一九四七年五月的夏季攻勢，東北聯軍在五十天內殲滅國民黨軍隊八萬多人，攻下四十二個城鎮，打通南北滿的交通，國民黨軍隊僅能固守長春、吉林、四平、瀋陽，以及北寧鐵路的狹長地帶，東北的情勢已近末路，蔣介石找不到人接這個爛攤子，最後只好要陳誠接。

陳誠到了東北一面打仗，一面懲治貪污、整頓軍紀，美國軍事顧問魏德邁曾誇獎：「陳誠很好，無畏而正直、能幹而廉潔的將軍，可惜去晚了，一年前就該把他派去。」

可是，面對東北聯軍接連發動的秋季攻勢與冬季攻勢，陳誠無力回天，十二月十一日胃疾復發嘔血不止，蔣介石多次去電要派飛機去接他，他都拒絕，撐到一九四八年一月衛立煌接任辦完交接才離開瀋陽。陳誠雖然嘔心瀝血，但在三月二十九日於南京舉行的國民大會上，「殺陳誠以謝天下」之聲震耳欲聾，蔣介石讓陳誠以養病為由請辭獲准，六月十二日陳誠進行了胃部手術，胃割掉三分之二。

十月陳誠偕同家人到台北陽明山休養。蔣介石要陳誠去的地方絕對是有作用的，陳誠主持台灣政務，並改編整訓由大陸遷往台灣的部隊，已在為蔣介石準備後路。

對於東北，陳誠事後說，「深知是火坑，最後只有跳下去。」

最後功在台灣

一九四八年十二月，蔣介石任命陳誠為台灣省政府主席。一九四九年四月，「台灣省私有耕地租用辦法」公布實施，陳誠在台灣推行「三七五減租」，即地租不得超過農產物正產量的千分之三百七十五。其實，這個辦法第一次露面，是在對日抗戰期間的湖北，當時叫「二五減租」。

一九四〇年陳誠就任第六戰區司令長官兼任湖北省政府主席。一九四一年四月他制定頒布「湖北省減租實施辦法」分區實施「二五減租」，其中規定減租的標準是「農民佃租定為正產物總收穫量千分之三百七十五，即由總收穫量先提二成五歸佃農，所餘七成五主、佃對分；原定佃租超過千分之三百七十五者，應減為千分之三百七十五；原定佃租不及千分之三百七十五者，仍照原約定。」依此，佃農收益大增，但地主就不樂意了，陳誠特地訂定懲治條例，並成立調解委員會，甚至訂定推行減租人員獎懲辦法。

當時，陳誠下定了決心在湖北推行減租，也獲得初步的成效，一九四三年中日的鄂西會戰，雖然國軍還是付出了慘重傷亡的代價，但他的嫡系部隊第十八軍守住了要塞石牌，拱衛陪都重慶，史稱「鄂西大捷」。陳誠檢討時指出，「『軍政合作』是勝利的主因之一，尤其難得的是報告敵情，敵人的行動我們特別明瞭，很多都是民眾自動報告的。」這些提供敵情的民眾中應該包括在減租辦法中受惠的佃農，只是，減租辦法未能繼續擴大實施，僅在恩施與咸豐比較有成果，恩施是當時湖北省省府所在地，咸豐與之接壤，陳誠知道原因在於「農村潛在的封建勢力太大」，當陳誠離開恩施後，減租也無疾而終。

八年後，在隔著台灣海峽的彼岸，陳誠重新推動當年未竟之志。一九五〇年，陳誠經蔣介石提名立法院同意出任行政院院長，開始更進一步推動土地改革；一九五一年，核定實施「台灣省放領公有耕地，扶植自耕農實施辦法」，政府將自日本接收的大批公有地發放給農民；一九五三年，「耕者有其田條例」頒布實施。

陳誠設計的土改方案，是溫和且雙贏的，農民獲得實惠，地主也沒有吃虧。政府收購地主的土地，再以象徵性的價格賣給農民（以地租分期支付），政府並不是以現金收購，而是以相當價格的國營企業股票作為補償。台灣民眾尤其是農民，因此對陳誠十分崇敬，稱他為「陳誠伯」。

對於在台灣土地改革成功，陳誠十分自豪。他說：「這是我的傑作，總算完成了總理遺教——耕者有其田。」台灣土地改革的成功，使得社會安定，民眾生活改善，工商經濟獲得發展，解決國民黨在台灣統治上最根本的問題，國民黨政府播遷來台後的政局因此獲得穩定。這是陳誠在戰場之外的最大成就，也是他對台灣的最大貢獻。

一九五四年、一九六〇年蔣介石兩度提名陳誠出任他副手，並經國民大會選舉出任中華民國副總統，且自一九五八年起兼任行政院院長。

在台灣，陳誠仍然扮演著蔣介石左右手的角色，只是，當國民政府滯留台灣的時間一年年過去，「一年準備、二年反攻、三年掃蕩、五年成功」的口號時效盡失，當反攻大陸的目標變得越來越不現實，蔣介石培養兒子蔣經國接班的布局也日益明顯。當此關口，陳誠與蔣經國間是否存在著競合關係？

以陳誠追隨蔣介石多年，蔣介石對於蔣經國的安排，應該了然於胸。然而，陳誠長子陳履安的說法或許就是現實情況的最佳表述，「我父親一直內心覺得他跟經國好像有敵對的。但事實上，在政治上，你在那個位置上，你不離開，人家就上不來，你就變成一個目標了。哪怕經國不把我父視當成目標，他底下的人也迫不及待地要推。」不過，陳誠與蔣經國的磨擦並未表面化，而且陳誠的身體情況逐漸下滑，並不能對蔣經國接班構成威脅。

陳誠一九六四年因病體不支辭去行政院院長。一九六五年因肝癌過世。

成敗功過都因蔣介石

陳誠的一生成敗功過都從蔣介石而來，蔣介石對他的忠誠也給予了最豐厚的回報，在有生之年，陳誠始終是「一人之下，萬人之上」。

陳誠過世時，蔣介石的輓聯寫著：「光復志節已至最後奮鬥關頭，哪堪弔此國殤，果有數耶！革命事業尚在共同完成階段，竟惡奪我元輔，豈列天乎？」（孟真）

周恩來（1898～1976）

周恩來：大國事務的精心操持人

周恩來（一八九八—一九七六年），字翔宇，曾用名伍豪等，原籍浙江紹興，生於江蘇淮安。中國共產黨、中華人民共和國以及中國軍隊的創建人和主要領導人，曾擔任政府總理長達二十七年，中國國務的主要操持者。一般公認周恩來品德崇高，人格完美，處事謹嚴，待人得體，在國內外均享有很高聲譽。

美國記者愛德加．史諾曾經於一九三六年訪問中國共產黨控制的陝甘寧邊區，他在延安見到了中國共產黨的最高領導人，其中包括了周恩來。史諾與周恩來愉快地相處了一天，並對周恩來進行了採訪。後來他把在延安的所見所聞寫成了一本著作《西行漫記》（即《紅星照耀中國》），關於周恩來，他在書中這樣寫道：「他是一個傳奇式的人物，他個子清瘦，中等身材，骨骼小而結實。儘管鬍子又長又黑，外表上仍不脫孩子氣，又大又深的眼睛富於熱情，他確乎有一種吸引力，似乎羞怯、個人的魅力和領袖的自信的奇怪混合的產物。他講英語有點遲緩，但相當準確，他對我說已有五年不講英語了，這使我感到驚訝。」那一年史諾三十一歲，周恩來三十八歲。

十三年以後，周恩來成為了中華人民共和國的第一任總理，成為大國事務的精心操持人。無論政治風浪此起彼伏，無論國家形勢詭異多變，周恩來總能以他穩健謹慎的風格處理國家的內政外交各種事務，贏得了政府官員與人民群眾的真心愛戴。周恩來在這個重要崗位上整整工作了二十七年，直至他在一九七六年一月八日逝世。即使周恩來逝世以後，總理一度還是他的專用名稱。幾乎所有中國人都認為周恩來無私無畏、無怨無悔，忠心耿耿一心為國，鞠躬盡瘁死而後已，堪稱中國一代名相。

一腔熱血投身革命

周恩來於一八九八年生於江蘇淮安，原籍浙江紹興。十二歲時就到遼寧鐵嶺市的銀崗書院讀書，後來又轉入瀋陽東關模範學校求學。一九一三年周恩來來到天津，考入南開學校。當時帝國主義列強對於中國虎視眈眈，肆意欺凌，引起少年周恩來無限感慨。他在一篇作文中寫道：「鴉片之役，英人侵我；越南之戰，法人欺我；布楚之約，俄人噬我；馬關之議，日人凌我；及乎庚子，諸國協力以謀我。瓜分豆剖，蠶食鯨吞，岌岌乎不可終日。」憂憤之情，激奮於心；救國之志，溢於言表。

一九一七年，周恩來從天津南開學校畢業以後，東渡日本，準備留學。但因日語成績沒有達標，未能如願。但周恩來利用此次機會考察了日本社會，並初步接觸了馬克思主義。一九一九年春天周恩來回國，成為天津學生界的領導人之一。他組織進步團體，開展學生運動，因此在一九二〇年被捕入獄。出獄後即去歐洲勤工儉學，他在歐洲參加了共產主義小組，成為中國共產黨的最早黨員之一。

一九二四年周恩來從歐洲回國，先後擔任中共廣東省委委員長、軍事部長、黃埔軍校政治部主任、國民革命第一軍政治部主任等職務。周恩來負責創建了國民革命軍的政治工作制度，這對於建設一支為國為民、英勇善戰、一往無前、不怕犧牲的軍隊，意義尤為重大。一九二七年三月，周恩來組織領導了上海工人第三次武裝起義，為國民革命軍北伐攻克上海創造了有利條件。

一九二七年春夏之交，國共兩黨合作破裂。周恩來被選為中共中央政治局委員、參加臨時中央委員會的工作，成為中共中央的實際領導人之一。一九二七年七月，中共中央決定發動武裝起義對抗國民黨人的清洗。八月一日，周恩來以中共中央前敵委員會書記的名義，與曾任江西省南昌市公安局長的朱德一起，共同發動了南昌起義。南昌起義是中國共產黨建立自己武裝部隊的開始，八月一日後來被定為中國人民解放軍建軍節。

一九三五年一月，中共中央舉行遵義會議，調整中央領導核心。周恩來在遵義會議上運用他的政治影響，力推毛澤東進入中共中央領導核心。遵義會議期間，周恩來與中共中央的主要負責人博古（秦邦憲）進行了一次推心置腹的長談。周恩來對博古說，中共必須尋找一位熟悉農村革命的人作為統帥。毛澤東擅長農民運動，經過井岡山的鬥爭，具有豐富的革命經驗，特別具有打游擊戰、運動戰的經驗，是一個具有大智大慧的帥才，很適合駕馭目前紅軍面臨的戰爭。周恩來認為，以毛澤東的才能，一定能夠率領紅軍走出困境，因此應該讓毛澤東儘快回到中共中央的領導崗位上來。這一席話說服了博古，博古同意交出中央領導權，由張聞天擔任中共中央總書記，毛澤東任軍事三人領導小組成員，實際上取得了紅軍的指揮權。毛澤東成為中國共產黨的實際領袖，與周恩來在遵義會議上的大力推薦密不可分。

一九三六年十二月十二日，東北軍將領張學良與西北軍將領楊虎城扣留了中華民國國民政府主席、中華民國軍事委員會委員長、中華民國海陸空三軍總司令蔣介石，西安事變爆發。國內政局風雲詭異，異常複雜。周恩來被委任以中共全權代表，與博古、葉劍英等趕赴西安與涉及事變的方方面面進行斡旋調停，西安事變總算和平解決，並由此開始了第二次國共合作，形成了全國停止內戰、一致抗日的良好局面。

周恩來在西安事變中的出色表現，展示了他精湛的談判藝術與高超的調解能力。周恩來能夠駕輕就熟地認清錯綜複雜的種種矛盾，確是中共黨內黨外種種事務問題的處理高手。正因為如此，周恩來在八年抗戰期間就被派往重慶、武漢等地，協調中共與國民黨之間的關係。抗戰勝利以後，又與毛澤東一起前往重慶和國民黨進行和平談判。一九四六年五月五日，國民政府還都南京，周恩來又在南京梅園新村住下，再次協調國共兩黨關係，後來國共兩黨合作再次破裂，周恩來才從南京回到延安。

殫精竭慮操持國務

中華人民共和國成立後，周恩來出任國務院總理長達二十七年，嘔心瀝血，殫精竭慮，精心操持一個東方大國的國家事務。

周恩來是中國經濟建設的主要推動者。中華人民共和國成立初期，戰爭創傷遍及全國，經濟凋敝，百業待興。周恩來透過穩定物價、統一財經等手段，使瀕臨破產的國民經濟有所起色。周恩來與陳雲、李富春等人一起，負責按照蘇聯的經濟模式，編制和實施發展國民經濟的第一個五年計畫。上世紀五〇年代，周恩來數次出訪蘇聯，透過外交談判達成了蘇聯援助中國一百多個重大工業專案的協議。這些重大工業項目的實施，改變了中國原先的工業布局，為中國的工業化建設初步奠定了基礎。

一九五八年毛澤東提出「大躍進」以後，全國經濟一片混亂，幾乎陷入困境，周恩來力挽狂瀾，轉危為安，和李富春等人提出了「調整、鞏固、充實、提高」八字方針，使遭到「大躍進」重創的中國經濟逐步得到恢復。

周恩來在中國外交領域中也取得了出色成就。一九五三年底，周恩來在國際舞台上提出了處理國家關係的五項基本原則，即互相尊重主權、互不侵犯、互不干涉內政、平等互利與和平共處。此一原則獲得了印度、緬甸等國家的回應，成為國際交往中的普遍共識。一九五四年周恩來參加日內瓦會議，為達成印度支那和平協議作出了貢獻；同年在萬隆會議上提出了「和平共處、求同存異、平等協商」等主張，這些主張隨即演變為萬隆精神而在國際上產生深遠影響，對於提高中華人民共和國的國際聲望有著很大作用。

忍辱負重隻手擎天

一九六六年，毛澤東發動了文化大革命，中國社會陷入了混亂之中。在毛澤東的鼓勵下，一批激進革命派相繼走上了中國政治舞台，與傳統革命派發生了嚴重的對立。周恩來作為一個共產黨人，自然有他自己的信仰，但在黨內歷次路線鬥爭中，周恩來總是站在毛澤東一邊，總是以毛澤東的思想、路線、方針作為自己的政治準則，以輔佐毛澤東治國作為自己最主要任務。因此，周恩來在文化革命中參與了毛澤東領導的許多激進主義的改革，包括對於一些老幹部老同志審查、甄別、批判與鬥爭，也與江青等人把持的權力極大的中央文革小組保持一定聯繫。

但是，就其本質上來看，周恩來仍然是一個傳統革命派，與江青、張春橋、姚文元、王洪文四人幫完全不同。周恩來並不認為毛澤東所有的激進革命措施都是正確的，但他身處高位，不得不按照毛澤東的意思處理問題，不得不違心地去做某些他並不贊同的事情，這就造成了他內心的矛盾與痛苦。

這種矛盾與痛苦自然會反映到外界，因此毛澤東對他也不大滿意。毛澤東曾講：「總理實際上是不贊成我搞文革的。」江青更是把他視為絆腳石、眼中釘，在中央文化革命領導小組的會議上公開和他頂撞，她怒氣沖沖地拍著桌子說：「毛主席叫你把中央文革小組看作中央書記處。大事先由中央文革小組商量。但你一下開中央常委碰頭會，一下開國務院碰頭會，就是跟中央文革分庭抗禮。如果不是中央文革保你，你一樣被打倒。」紅衛兵在江青等人的縱容下，也把周恩來當成鬥爭的對象。

據說曾經有一次，三天三夜鬥得不讓周恩來睡覺，致使周恩來心臟病當場發作。但即使在這樣十分艱難的處境下，他也忍辱負重，雙手擎天，維持著國家的正常運轉。文革期間，周恩來竭力避免自己被打倒，因為他非常清楚，一旦他被打倒，整個國家運轉就更為困難。他曾與別人說：「不管別人怎麼打你，你自己不要倒；不管別人怎麼整你，你自己不要死；不管別人怎麼趕你，你自己不要走。」因此他一般情況下都順從毛澤東，從不公開批評、頂撞毛澤東，他認為這是自我保護的最好方法。

一九八〇年一名義大利記者訪問中國，曾問鄧小平如何看待與評價周恩來，鄧小平說：「在文化大革命中，他所處的地位十分困難，也說了好多違心的話，做了好多違心的事，但人民原諒他。因為他不做這些事，不說這些話，他自己也保不住，也不能在其中起中和作用，起減少損失的作用。」

一九七一年，毛澤東的國際戰略思想有了新的變化，中美兩個大國之間持續了二十二年的尖銳對抗發生了鬆動，美國乒乓球代表團以及季辛吉先後訪華，促成了一九七二年二月美國總統尼克森訪問中國的破冰之旅。周恩來與尼克森進行了坦誠的會談，發表《上海公報》，為中美兩國關係的正常化開闢了道路。一九七二年九月，日本首相田中角榮訪問中國，中日兩國建交。中美中日關係的突破，是中國外交的重大成就。

一九七二年五月，周恩來被確診為膀胱癌，但他一如既往，仍然是勤勤懇懇、兢兢業業地操持國務，從不懈怠。一九七四年，毛澤東發動批判林彪、批判孔子的運動，激進革命派把周恩來也列為批判對象，周恩來的政治處境變得更為微妙，身體狀況也變得越來越糟。但即便如此，他還是在醫院裡接待外賓，處理公務，體現了一代偉人鞠躬盡瘁、死而後已的奉獻精神。一九七六年一月八日，周恩來在北京逝世。是日，聯合國為感念其貢獻，推崇他的清廉與無私，降下了半旗。（陳先元）

林　森（1868-1943）

林森：布衣元首

林森（一八六八—一九四三年），字子超，號長仁，中華民國政治家。福建閩縣（閩侯縣、林森縣）人。一九三二年起接替蔣介石擔任國民政府主席一職，一九四三年逝世後繼續由蔣介石擔任此職。

林森，原名天波，字長仁，號子超，晚年自號青芝老人、虎洞老樵、鳳港漁翁等。一八六八年二月十一日（戊辰正月十八），出生於福建省閩縣尚干鄉鳳港村一個農家。三歲時，隨父親林道炳遷居福州倉山土地廟街。

林森一八七六年進入美國教會辦的培元學校讀小學，一八八一年升入鶴齡英華書院直到一八八七年肄業，隨之考取台灣西學堂，三年後畢業，又考上台灣電報學堂；一八九一年，進入台北電報局工作。

一八九五年，由於甲午戰爭失敗，清朝政府與日本簽訂《馬關條約》，把台灣割讓給日本。台灣人民掀起反割台抗爭，林森參加劉永福「黑旗軍」的地雷隊，武裝抗擊日本侵略者。一八九六年反割台抗爭失敗後，林森回閩開展反清救亡活動。一八九八年，戊戌變法失敗，林森被列為「亂黨」，被迫離開福州。他又前往台灣，在台北加入「興中會」，在台南嘉義法院任通譯。

林森在台灣工作並從事革命活動有十年之久，對台灣一往情深。他在臨終前還特別囑託蔣介石「務必要光復台灣！」

一九〇二年，林森考入上海江海關任職。一九〇三年春，林森聯絡福建籍愛國志士，組建「旅滬福建學生會」，被推選為會長，以江海關為通訊所，進行反清革命活動。

一九〇四年初林森編印《閩警》一書，指出中華民族所面臨危機的嚴重性，揭露清廷之腐敗和日本的侵略野心，呼籲國人奮發圖強，救亡圖存。

一九〇五年中國同盟會成立後不久，林森率福建學生會全體會員加入同盟會。

一九〇九年，林森由上海調往九江海關任職，與吳鐵城等人設立「潯陽閱書報社」，宣傳革命，又組織商團，舉辦軍事訓練班，為起義作準備。

一九一一年十月十日，武昌起義爆發，林森等革命黨人聞風回應。十月二十三日，林森策動清軍第五十三標標統馬毓寶舉行九江起義，一舉成功，剪掉髮辮，宣布獨立，脫離清廷；成立九江軍政府，推舉馬毓寶為都督，林森為民政長。九江起義成功後，林森又積極策動清海軍反正，推動鎮江起義，派兵援鄂、皖，為穩定革命大局作出重大貢獻。年底，林森代表江西參加中華民國籌建活動，在南京推舉孫中山為臨時大總統。

一九一二年一月二十八日中華民國臨時參議院在南京成立，林森被推為議長。孫中山對參議院寄予厚望，勉勵林森與參議院諸君子「各盡乃智，竭乃力，以固民國之始基，以揚我民族之大烈。」

正氣凜然令袁世凱色變

林森沒有辜負孫中山的期望，上任伊始就主持參議院對臨時政府交議的《優待清室條件》，堅持原則，進行認真審議、修訂，迫使北京方面接受了修正過的《優待清室條件》。二月十二日，清廷正式宣布退位詔書，長達兩千多年的君主專制制度壽終正寢。

隨之，林森主持制訂《臨時約法》等系列法律，奠定共和制度基礎。從一月二十八日參議院成立到四月八日在南京休會這短短的七十一天內，林森領導的參議院還修訂了《參議院法》、《臨時政府各部暫行官制通則》以及《文官、法官、外交官、領事官考試辦法》等重要法律法規；審議通過一大批議案，為中華民國的建章立制做出重大貢獻。

但由於革命派缺乏實力，孫中山讓位給袁世凱。一九一二年四月二十九日，參議院移至北京，舉行開院禮。袁世凱「佩劍登場，趾高氣揚」，林森則上前阻止說：「此地乃代表人民之最高機關，不得攜帶武器，請解除佩劍，以崇法治。」袁世凱聞言為之變色，赧顏從之。林森不願與袁世凱同流合污，兩度提出辭職，終於在四月三十日獲准。

一九一四年，林森追隨孫中山到東京加入中華革命黨，同時受孫中山委派前往美洲，開展發動華僑支援國內反袁工作，歷經兩年半，先後擔任美洲籌餉委員會委員長及其民國維持會長、國民黨美洲支部支部長，不僅在黨務、僑務以及為革命籌款等方面取得不俗的成績，而且創辦飛行學校，組建華僑飛機隊，為國培養空軍人才，被孫中山譽為「領袖支部」。

一九一六年林森回國，仍主參議院，不久率眾南下參加護法運動，在南方軍政府擔任外交部長，追隨孫中山，繼續革命。

在護法運動中，林森於一九一八年十月在廣州當選為軍政府參議院議長兼憲法會議主席，不遺餘力地投入主持制定憲法的工作。由於政局動盪，政爭激烈，制憲工作拖了一年半仍功敗垂成。林森為此「淚被兩頰，不能終其詞。同時在座者，多半涕泗氾濫」。

一九一九年，林森在孫中山支持下籌建黃花崗烈士墓，編纂《碧血黃花集》，並於四月二十九日在廣州主持了盛況空前的黃花崗烈士公祭活動，大力弘揚烈士的革命精神，激發國人的愛國熱情。

一九二一年五月五日，孫中山就任非常大總統。國會議長林森將大總統印綬予孫中山。

一九二二年十月三十一日，福州召開福建各界公民大會，林森被推舉為福建省省長。由於福建當時狀況錯綜複雜，儘管林森竭誠盡力，但由於多方掣肘，難以開展工作。三個月後，經孫中山同意，林森辭去省長職務，「一肩行李，兩袖清風」地離開省府，在青芝山休整一段時間後，到廣州就任大本營建設部部長。

一九二三年，孫中山決定改組國民黨，實行國共合作。十月十日，孫中山指派林森為「黨務討論會」主席，主持廣東支部和海外代表開會，「共商黨務興革進行，實啟國民黨改組之先聲」。十月二十五日，孫中山委派胡漢民、鄧澤如、林森等九人為臨時中央執行委員，負責籌備改組國民黨事宜。

一九二四年一月，國民黨「一大」在廣州召開，林森被孫中山指派為五人主席團成員之一，六次任大會執行主席。會上，林森當選中央執行委員、海外部部長。

主持國父祭葬事宜

一九二五年三月，孫中山病逝，林森赴北京主持祭葬事宜，並負責踏勘南京陵地。七月一日，國民政府成立，林森當選為常務委員。

十一月，林森參與謝持、鄒魯發起的在北京西山孫中山靈前召開的「國民黨一屆四中全會」（史稱「西山會議」）。一九二六年元旦，國民黨「二全大會」召開，通過《彈劾西山會議決議案》，謝持、鄒魯被開除黨籍，林森則受警告處分。

而後，林森把主要的精力投入到孫中山後事的操辦上。他出任「總理葬事委員會」分管工程建設的常委，後又兼任陵園管理委員會主任，為中山陵的建設傾注了大量的心血。在一九二九年盛況空前的孫中山下葬中山陵的「奉安」大典活動中，林森出任「特派迎櫬專員」的首席代表，率先垂範，事必躬親，一絲不苟，全力以赴地開展工作，確保移靈奉安大典順利進行。

一九二七年春夏，蔣介石、汪精衛相繼「清黨」，第一次國共合作破裂後，國民黨內蔣介石、汪精衛、胡漢民等派系內訌不斷，軍閥混戰不停，直至釀成上百萬軍隊拚殺的一九三〇年中原大戰。搞得國無寧日、天怨人怒。

一九三一年二月，林森以海外部長、僑務委員會委員長的身分到海外視察，以避開內訌漩渦，直到「九一八事變」後急忙回國。

一九三一年底，蔣介石被迫下野。蔣介石、汪精衛、胡漢民等派系爭執、妥協的結果，推出林森就任國民政府主席。一九三一年十二月二十五日通過的《中央政治改革案》規定「國民政府主席不負實際責任」。由於年高德劭的超然人士林森出任沒有實權的虛位元首坐鎮中央，國民黨內部歷時多年的新軍閥混戰、派系紛爭嚴重的局面大有改變，大致穩定下來，而穩定確有利於抗敵禦侮。

一九三二年，日本挑起侵略事端，製造了震驚中外的「一二八事變」。國民政府遷往洛陽。林森號召「團結一致，共赴國難」、「與其屈辱圖存，毋寧堅決抵抗」，堅定支持十九路軍的抗日壯舉。

而在一九三六年的「西安事變」中，林森則極力主張和平解決，明確表示「討伐令不可下」，為西安事變和平解決做出貢獻。

一九三七年七月七日，日本發動盧溝橋事變，中國全面抗日戰爭開始。林森堅定抗戰立場，再三闡述「堅持長期抗戰」、「持久戰爭」、「全面抗戰」的思想，強調「我們必定能夠始終堅持抗戰到底，爭取最後勝利！」

一九三七年十一月十七日，林森率國民政府西遷重慶。臨行前他向蔣介石等人告別時說：

「我可能不能再回南京了！你們一定抗戰到底，取得最後勝利！」然後毅然登上永綏號兵艦，西上入蜀。

在重慶面臨日寇飛機的狂轟濫炸，甚至國民政府禮堂也被炸毀時，林森指出：「敵機雖能毀吾物質，不能毀吾精神。」這句落地有聲的錚錚誓言，極大鼓舞了國人的抗戰鬥志。

生活簡樸，清心寡欲

為弘揚孫中山革命精神，一九三九年十一月，林森領銜與石瑛、張知本等十二人提議尊稱孫中山為中華民國國父，由國民政府一九四〇年四月一日明令公布遵行。

一九四〇年，汪精衛公開投敵叛國。林森發表廣播講話〈痛斥汪逆偽組織〉，號召民眾「堅持抗戰立場，肅清漢奸」。他主張開除汪精衛及其漢奸同夥的黨籍，並下令通緝。

一九四一年十二月七日，日本偷襲珍珠港；次日，美英對日宣戰，太平洋戰爭爆發；九日，林森以中國國家元首的名義領銜發布中國對日本、德國、義大利宣戰令。

林森經常提及民族復興的話題，呼籲要學習孫中山「以復興中國為己任」。林森認為：「發展經濟始可復興。」根本的方法是從開發實業著手，另一方面要力行節約，「節約是再生產的基礎，是救國救貧的重要途徑」。

林森特別重視科教興邦工作，認為「科研為建國始基，育才為救國之本」。欲使中華民族生機勃勃，發揚過去數千年之偉大文明，必須從教育入手。一九三九年林森預立遺囑，將幾十年積蓄的五十萬元捐作獎學基金；並親訂《考取留學歐美研習自然科學學生資助經費辦法》，「囑由能表同情於斯舉者，恪守此方針而辦理之。百年樹人，是實始基，尚其共循此旨，矢守弗渝，用垂久遠，而利國家，有厚望焉。」

林森身為元首，一向生活簡樸，過著清心寡欲的生活。

林森婚後三年妻子過世，年僅二十五歲的林森終身不再續娶。他有四個弟弟，唯獨三弟留有一子林京過繼給大伯。對嗣子，林森也絕不溺愛。一九三七年秋，林京隨軍參加了忻口戰役，在從太原突圍南撤途中不幸殉難。林森在抗日戰爭中失去了唯一的嗣子。

林森歷來素衣淡食，幾乎菸酒不沾。他因腳疾需要浙江大目山的菸術草藥，托族姪孫林希岳代購，再三關照「如不見告款目，下次則不便代購，」並如數付款；並且還特地交代：「農人此種辛苦收穫，宜多與有利，以酬其勞。」有一次，菸術寄到時就已發霉，而他竟捨不得丟掉，「曬乾去霉，猶能用。」

林森十分重視官風建設，要求官員「以身作則，導國人重節義、知廉恥、負責任、守紀律、竭忠盡瘁」；認為「當官乃為人民服務」。林森也從來不搞結黨營私、以權謀私之事。對親友人事、政事方面的請託，他則一律拒絕。

林森喜歡輕車簡從，探求民隱，路上遇見農夫鄉民，經常下車，和他們閒話桑麻；有時獨自漫步街頭商店，與市民聊天，態度和藹可親。

一九四三年八月一日，林森在重慶因病不治而告別人世，享年七十五歲。

美國前總統羅斯福指出：林主席對於中華民國三十年之進步者然，誠有無法估計之貢獻。美國前國務卿赫爾評價林森是「舉世尊敬愛戴之領袖」。

國民黨中央和國民政府為林主席舉行了隆重的國葬。中共中央唁電稱讚「國府主席林公領導抗戰，功在國家」；《新華日報》發表〈為元首逝世致哀〉社論指出：「林主席承繼國父遺志，畢生盡瘁於中華民族的解放事業。」他的一生，為國家領袖樹立了另一種典範。（林友華）

袁世凱（1859-1916）

袁世凱：舊派營壘中的新派人物

袁世凱（一八五九—一九一六年），字慰亭，號容庵，出生於河南省陳州府項城縣北之袁張營，故人稱「袁項城」。中國近代史上著名的政治家、軍事家，北洋軍閥領袖，首任中華民國大總統，後自命為「中華帝國洪憲皇帝」，是中國近代史上最具爭議的人物之一。

袁世凱的叔祖袁甲三是朝廷與捻軍作戰的重要將領，袁世凱出生的那天，袁甲三與捻軍作戰得勝，寄書到家報喜，因此他父親為剛剛出生的嬰兒取名為「凱」，並按照家族「保世克家、企文紹武」的排行，命名為「世凱」。

少年立志

袁世凱自小喜愛兵法，立志從戎。他遍讀兵書，研究兵法，自信如有十萬精兵便可橫掃天下。十三歲時，袁世凱便曾撰聯「大野龍方蟄，中原鹿正肥」，寥寥十字，言簡意賅，雄心壯志，躍然紙上。後在京師苦讀四年，幾近懸樑刺股，囊螢鑿壁，知識大有長進，但仍未考取功名，成為人生一大遺憾。

十八歲時正值華北大災，叔父袁保恆奉命到開封府幫辦賑務，將袁世凱作為助手。此次賑災，袁世凱表現優異，熱心辦事，任勞任怨，認真細緻，井井有條，頗得叔父袁保恆與其他官員的好感。一八七九年秋，袁世凱再度參加鄉試，仍未考中。他一怒之下把詩文付之一炬，忿然說道：「大丈夫當效命疆場，安內攘外，烏能齷齪久困筆硯間，自誤光陰耶？」並賦詩一首：「眼前龍虎鬥不了，殺氣直上干雲霄。我欲向天張巨口，一口吞盡胡天驕。」表現了他對於科舉的失望與對於功名的渴求。

袁世凱叔父袁保慶與淮軍名將吳長慶有兄弟之交，故袁世凱於一八八一年十月前往山東登州投奔駐防當地的吳長慶。吳長慶禮賢下士，惜才如命，當時張謇、周家祿等名士就在他的麾下。袁世凱與這些名士朝夕相處，耳濡目染，格物致知，修身養性，日益成熟。經過一段時間的砥礪磨練，紈絝之氣逐漸消失，「謙抑自下，頗知向學」，成為「有造之士」，於是被破格任命為幫辦營務處，平生第一次謀得官職。

他雖然一度對科舉深感厭惡，但內心仍是嚮往功名。特別在吳長慶麾下與這些才高八斗、學富五車的飽學之士經年遊處之後，重新喚起了博取功名的強烈欲望。一八八二年三月他寫給三哥袁世廉的信上說：「弟不能博一秀才，死不瞑目。」該年正好為鄉試年，袁世凱又是躊躇滿志，躍躍欲試，但正當袁世凱準備再一次赴考應試時，清朝屬國朝鮮突發事變，軍情如火，十萬火急，吳長慶率部遠赴朝鮮，袁世凱便隨軍東渡。

總督朝鮮

一八八二年，朝鮮發生壬午軍亂，應朝鮮請求，袁世凱乃跟隨吳長慶出兵平亂。袁世凱率領一支清軍，一路放槍，身先士卒，進擊衝鋒，幾十名叛軍被悉數殲滅。此次戰鬥贏得乾脆俐落，與袁世凱的堅毅果斷、勇敢無畏不無關係。吳長慶稱他「治軍嚴肅，調度有方，爭先攻剿，尤為奮勇」，報以首功。於是當年二十三歲的袁世凱則以官方身分駐留朝鮮，協助朝鮮軍務。其間，袁世凱得到了朝鮮朝野的一致好評，說他「明達夙成，留京師期年，大得都民之心」。

兩年後，朝鮮又發生甲申政變，駐朝鮮日軍蠢蠢欲動，被袁世凱當即擊退，一舉平定了甲申政變。袁世凱因此而得到北洋大臣李鴻章的重視，視為可用之才。不過，同時也使日本人對袁世凱「恨之刺骨，百計排陷之」，同僚吳兆有等也出於嫉妒而百般詆毀，攻擊袁世凱「妄開邊釁」，誣衊袁世凱「擅挪軍款」。

袁世凱只能於一八八五年初自朝鮮歸國，賦閑在家。但是李鴻章決意重用袁世凱，於一八八五年十一月封年僅二十六歲的袁世凱為「駐紮朝鮮總理交涉通商事宜大臣」，代表清廷左右朝鮮政局，於是袁世凱重新出山，赴朝鮮就任，直至甲午戰爭爆發。這一期間由於他年輕氣盛，缺乏政治經驗，有些問題處理不很妥當，因此引起了朝鮮與國內的一些非議，但是，他的大局意識十分牢固，十分看重國家利益，盡力強化清朝和朝鮮的宗藩關係，堅決遏制朝鮮獨立，還時時警惕日俄等國對於朝鮮的覬覦，力排日俄在朝鮮勢力，因此多次遭到日俄特務的暗算，均未成功。

一八九四年，日軍出兵朝鮮，甲午戰爭爆發。當時日軍來勢兇猛，大有黑雲壓城城欲摧的氣勢，袁世凱研判再三，決定逃離朝鮮為妥。他化裝成平民，乘船於七月二十二日抵達天津，又於八月六日奉旨前往遼東前線辦理軍務。他在這一期間目睹清軍節節後退，十分痛心，又得出西式軍隊遠勝於東方軍隊的判斷，由此萌生了西法練兵的最初念頭。

小站練兵

中日甲午戰爭給了袁世凱極大教訓，他說：「竊查此次軍興，往往易為敵乘，迭見挫敗者，雖由調度之無方，實亦軍制之未善，若不權時度勢，掃除更張，參用西法，認真訓練，則前車之鑒，殊足寒心。」當時舉國掀起了維新變法、救亡圖存的浪潮，袁世凱上書清廷，主要內容為儲才九條、理財九條、練兵十二條、交涉四條，提出他的改革思想。尤其重視練兵，草擬了編練新建陸軍章程，「大旨則步軍操法以師法德國為主」。他的主張得到光緒帝及朝廷大臣的支持，一八九五年十二月八日，袁世凱正式入主天津小站，開始用西法編練中國首支新式陸軍。

袁世凱在各地招募新兵，作為他小站練兵的兵源。他參照德軍體制，相應制訂了一整套近代陸軍的招募制度、組織編制制度、軍官任用和培養制度、訓練和教育制度、糧餉制度，並以這些新式制度為圭臬創建新型軍隊，完全摒棄了清朝綠營軍的舊制，訓練出來的士兵也絕非綠營可比。袁世凱不但注重使用西式武器，儘量採用先進技術，而且也十分強調軍隊的組織性、紀律性，以極其嚴格的要求實施新法訓練。

一八九九年，袁世凱上奏的〈特參都司張國棟等片〉寫道：「訓練營伍，紀律為先，其庸劣之員，必須隨時懲治，方足以儆效尤而嚴軍政。」他躬行實踐，親力親為。一次，他偶爾獨自外出巡查，看到下邊營房一個小軍官正在吸食鴉片菸，儘管小軍官雙膝跪地苦苦求饒，他還是親自解下腰刀，當眾砍下了吸毒者的腦袋，以儆效尤；他對於軍餉的管理更是十分嚴格，要求長官一定親自點名，按名發餉，不許苛扣。有一次，他發現下面士官用鐵幣鍍銀冒充銀圓當作軍餉發下，馬上下令斬殺了糧餉局的幾個貪官。

袁世凱治軍雖嚴，但仍然為士兵所愛戴，他平時愛兵如子，關愛照料，盡職盡心。他向士兵灌輸了忠誠觀念，士兵也向他表示忠誠。袁世凱小站練兵富有成果，積累了豐富的政治資源與軍事資源，後來這些從天津小站走出來的人，大多成為民國要人，如徐世昌、段祺瑞、馮國璋、王士珍、曹錕、張勳等等。而後來袁世凱派兵南下與辛亥革命起義部隊作戰，並獲大勝，也是小站練兵的軍事成果之一。

南下治魯

一八九八年九月，袁世凱升任工部右侍郎，奉旨入京覲見，但是隨後便不由自主地深陷於當時的政治漩渦之中。

九月十八日，康有為等人得到光緒帝密詔，深感局勢危急，於是決定先行下手，包圍頤和園，控制居住其中的慈禧太后，迫使后黨維新變革。維新派寄希望於袁世凱，認為他可以完成這一壯舉。但袁世凱表面上答應維新派要求，實際上卻向榮祿告密。結果導致慈禧太后在九月二十一日早晨從頤和園進入紫禁城，宣布臨朝訓政，罷斥康有為等維新派，於是戊戌變法歸於失敗。

袁世凱由於告密獲得了慈禧太后的青睞，地位扶搖直上。一八九九年冬，四十歲的袁世凱首次出任山東巡撫，即被封為封疆大臣。此時正好山東義和團起事之時，治魯並非易事，但他精明幹練，頗有政績。袁世凱依靠軍事實力調和民教。他處理民教糾紛「不分民教，但論曲直」，故而迅速穩定了社會秩序。

山東原為義和團發源地，但袁世凱把義和團驅趕至河北一帶，並加入東南互保，山東反而成了較為平和之地，為京津的避難者們提供了一個南下的秘密管道。而且，由於省城濟南當時電訊發達，因此中央與地方的各種情報均彙集於此，遂成為重要的全國資訊中心。另外，八國聯軍攻入京師，帝、后倉皇出逃，朝廷幾近癱瘓，袁世凱派遣人員探尋帝、后消息後，立即給在逃的西太后送去一批銀兩，表示對於朝廷的支持。所有這些行為，均體現了袁世凱嫻熟的政治手腕與超強的政治能力。

辦理新政

一九〇〇年，庚子事變爆發，清廷接受八國聯軍提出的《辛丑合約》，喪權辱國，顏面盡失。這次慘敗沉重地打擊了清廷，朝野一致認為必須革故鼎新，以求自強。一九〇一年，在慈禧太后的默許下，清廷開始實行新政，力圖在軍事、官制、法律、商業、教育和社會方面進行一連串系統性改革，史稱「清末新政」。

袁世凱內心也有改革思想，主張：「夫國家者國民之公產也，故效法列強先進之精神，當以國利民富為前提。」

他在天津小站練兵，實際上就是清朝軍事改革的開端。因此朝廷實行新政，袁世凱積極表示擁護。他是清末新政的宣導者和力行者，他身兼會議政務大臣、督辦關內外鐵路大臣、督辦津鎮鐵路大臣、督辦商務大臣、督辦電政大臣等九項官職，參與全國新政的設計和推行。

軍事方面，一九〇二年，袁世凱兼任政務處參預政務大臣和練兵大臣，在保定以全新的規程編練北洋軍；一九〇三年，清廷在北京設立新型練兵處，袁世凱任會辦大臣，負責創辦武備學堂，並聘請大批日本軍官擔任教習；至一九〇五年，共訓練軍隊官兵約七萬多人，重要將領幾乎都是小站練兵時期的嫡系軍官。

經濟方面，袁世凱認為工業、農業、商業三者應該並重發展，他對中國的工業化貢獻很大。一九〇五年，他出面籌錢，督修了中國人自己建造的第一條鐵路京張鐵路。

教育方面，袁世凱興學重教，主張廢除科舉，興辦新式學校，積極宣導學子留洋。在他的努力下，中國沿襲一千多年的科舉制度終被廢除，並推廣全部免費的四年制初級小學。一九〇一年，袁世凱曾上奏〈山東試辦大學堂暫行章程折稿〉，經光緒皇帝批准，創立了山東大學堂，即現在的山東大學。袁世凱任直隸總督期間，也頒行了一系列教育法規，創建學校司、提學使司、勸學所等近代新式教育管理機構，形成河北近代教育行政管理體制。政治方面，高舉「立憲」大旗，幾乎是孤軍奮戰請求立憲，對晚清憲政發揮了至關重要的作用。在他的襄助下，亞洲第一個共和國中華民國才得以成立。

經營民國

一九一一年十月十日，革命黨人在武昌起義，並成立中華民國軍政府鄂軍都督府。十月十四日，清廷急忙任命袁世凱為湖廣總督，派其南下與革命軍交戰。但他認為還是議和為先，欲與革命黨人政治解決問題。十二月十八日，袁世凱和黎元洪派代表在上海就政體、清皇室善後、大總統的確立等問題展開討論，南北兩派大致達成共識。但在一九一二年一月一日，經南方十七省臨時代表選舉，孫中山就任中華民國臨時大總統。

此後南北兩派進入對立狀態，軍事上袁世凱派軍出擊節節勝利，政治上袁世凱則通電支持共和。二月十二日，清帝在袁世凱的威逼下遜位，隆裕太后下詔袁世凱組建中華民國，大清王朝壽終正寢。三月，孫中山讓位，袁世凱在北京就任中華民國臨時大總統。

一九一三年七月，孫中山因宋教仁案發動二次革命，討伐袁世凱。二次革命以後，中國便進入了軍閥混戰的階段。十一月四日，袁世凱下令解散中國國民黨，收繳國民黨議員證書，並大肆詆毀國民黨；一九一四年一月，袁世凱解散國會，隨即制定各種法律頒布天下；三月，袁世凱頒布了民告官為特色的《平政院編制令》；五月，袁世凱公布《中華民國約法》，改責任內閣制為總統制。十二月二十九日，公布《修正大總統選舉法》，規定總統任期十年，可以連選連任。

袁世凱在整頓內政的同時，也注重外交策略。一九一五年二月，日本趁歐美各國無暇東顧之際，秘密向袁世凱提出了《二十一條》，並逼迫北洋政府承認日本取代德國在華的一切特權。從二月二日到五月七日，袁世凱政府與日方談判二十多次，終於迫使日本做出了一些讓步。雖然條約還是對中國不利，但有人認為這差不多是最好的結局了。胡適稱《二十一條》的談判是弱國外交的勝利，他曾評價說：「吾國此次對日交涉，可謂知己知彼，既知持重，又能有所不撓，能柔也能剛。」

稱帝洪憲

一九一五年秋天起，出現一股復辟思潮，許多人認為君主立憲的帝國國體比較適合中國，民眾請願團請願袁世凱即位中華帝國皇帝。袁世凱多次揖讓，但一些民眾仍然堅持請求。於是袁世凱最終接受皇帝之尊號，準備成立中華帝國，把一九一六年定為洪憲元年，實行君主立憲政體，擬定《新皇室規範》，其中包括了「親王、郡王可以為海陸軍官，但不得組織政黨並擔任重要政治官員；永廢太監制度；永廢宮女采選制度；永廢各方進呈貢品制度；凡皇室親屬不得經營商業，與庶民爭利。」

雖然這些規範與舊清廷皇室有著巨大的差異，但是恢復帝制的企圖還是遭到了更多人民的反對。十二月二十五日，蔡鍔在雲南宣布起義，發動護國戰爭，討伐袁世凱。貴州、廣西等省也隨之響應，紛紛高舉反袁大旗。一九一六年三月，袁世凱被迫宣布取消帝制，但反袁浪潮仍然一波高過一波，永未停息。五月下旬袁世凱憂憤成疾，六月六日旋即黯然離世，時年五十七歲。（陳先元）

蔡　鍔（1882-1916）

蔡鍔：南天一柱，保國護民

蔡鍔（一八八二—一九一六年），原名艮寅，字松坡，湖南寶慶（今湖南邵陽市）人，中國近代傑出政治家與軍事家，辛亥革命時期雲南重九起義的主要發起者，中華民國初期討袁護國運動的主要領導人。

一八八二年十二月十八日，蔡鍔出生於湖南省寶慶府（今邵陽市）一戶貧寒的裁縫家庭，五歲時隨家人遷至武岡山門黃家橋（今洞口縣山門鎮）。幼年在私塾讀書，十二歲便考中秀才，天資聰穎，勤奮好學，留下許多佳話。

據傳，有一天蔡鍔到小鎮去買筆墨紙張，店裡老闆知他聰明伶俐，便故意對他說：「小相公，我出一聯給你對，你若對上了，今天你要買的東西我就免費奉送。」蔡鍔聽後，覺得很有意思，便回答說：「可以試試吧！」店主便吟道：「小書生三年有慶。」蔡鍔聽後脫口而出：「大老闆四季發財。」店主聽後十分驚訝，便隨即欣喜地送給他一套文房四寶；還有一次，蔡鍔下河洗澡，把衣服晾在河邊的柳樹枝上，正好被當地一位名士看到了，即以此為題，說出了一句上聯：「千年柳樹作衣架。」蔡鍔在河中馬上應聲而對：「萬里山河當澡盆。」雖欠風雅，但遣辭用句非常精當；另有一次，蔡鍔騎在父親背頸項上到城裡去應童子試，主考的縣官見此，出個上聯要他對：「子將父作馬。」蔡鍔應聲相對：「父望子成龍。」縣官聽到如此佳句，不禁嘖嘖稱奇。

學生時代

蔡鍔十六歲考入長沙時務學堂，師從梁啟超、譚嗣同等維新派著名人物，梁啟超當時任該學堂中文總教習。蔡鍔本就天賦很高，才華橫溢，讀書幾乎過目不忘，作文幾乎立馬寫就，因此自然得到了教師們的賞識。蔡鍔後入上海南洋公學就讀，南洋公學是國立交通大學的前身。

一八九九年，蔡鍔赴日本留學，就讀於東京大同高等學校、橫濱東亞商業學校等。蔡鍔目睹日本明治維新後國家發展迅速，中國卻在在腐敗的清王朝統治下，山河破碎，民不聊生，感慨油然而起。他認為有志青年必須以身許國，以身救國，以身報國。他在一首詩中寫道：「流血救民吾輩事，千秋肝膽自輪囷。」寥寥數語，道出了他的心聲。

一九〇〇年，蔡鍔回國參加自立軍起義，但沒有成功。痛惜之餘，就將本名艮寅改為「鍔」，鍔者，刀劍之刃也。古人有詩云，「蓮花穿劍鍔，秋月掩刀環」，表現了堂堂男兒的豪情壯志。蔡鍔的這次改名之舉，實際上是他人生道路的轉捩點。他從一個文人秀才的社會角色，先是嚮往實業救國與商務救國，但看到國家環境如此險惡，毅然決然改弦更張，投筆從戎，棄文就武，走上軍事救國的人生道路。

因此當他再一次去日本留學的時候，立即就進入陸軍士官學校，努力學習軍事知識與培養軍事素養，準備將來報效國家。

在日本，蔡鍔一面如饑似渴地學習軍事知識，一面苦苦地思索拯救中華的途徑。一九〇二年二月，他在梁啟超創辦的《新民叢報》上發表了題為〈軍國民篇〉的文章，闡述了他的救國救民主張。他認為中國之所以「國力孱弱，生氣消沉」，主要由於教育落後，思想陳舊，體魄羸弱，武器窳劣等原因造成的。若要改變上述弊病，必須實行「軍國民主義」。

一九〇二年十一月，蔡鍔又考入東京陸軍士官學校。當時該校有不少中國留學生，許多人與他一樣，胸有大志，希望學成回國，救國圖強。蔡鍔與同學蔣方震、張孝準，經常在一起縱論天下大事，探討救國救民之路，由於他們三人思想活躍，表現突出，被大家稱為「中國士官三傑」。

重九起義

一九〇四年初，蔡鍔從日本士官學校畢業歸國，先後在江西、湖南、廣西等省擔任各個軍校的教習等職。當時他年僅二十二歲，頭戴軍帽，身穿軍裝，腰束軍帶，腳穿軍靴，英姿勃勃，英俊豪爽，每天帶上指揮刀，揚鞭躍馬，威風凜凜，指揮練兵。他的軍事訓練課講解透澈，示範嚴謹，很受學員歡迎。他對學員要求嚴格，毫不鬆懈，在軍界很有聲望。因此，雲貴總督李經羲特意聘請他到雲南擔任軍職。

一九一一年初，蔡鍔調任雲南新軍第十九鎮第三十七協協統。當時雲南的形勢和全國一樣，反清革命正在醞釀之中。在雲南陸軍講武堂裡，革命思想活躍，革命熱情高漲，一批從國外回來具有民主主義思想的年輕軍官，與國內決意救國救民的仁人志士聚在一起，積極策劃和秘密組織反清革命戰鬥。蔡鍔正是其中的一員。他雖然不是同盟會會員，但與同盟會關係非常密切。他向同盟會員保證：一旦發生革命，一定給予「絕對同情支持」。

一九一一年十月十日，革命黨人在武昌起義成功。消息傳到雲南後，立即在雲南引起了巨大反響，給了雲南革命黨人與愛國志士以極大鼓舞。蔡鍔秘密邀集同道劉雲峰等人，策劃以部下新軍士兵為骨幹，準備在雲南舉行起義，以回應武漢的革命。大家推舉蔡鍔為起義總指揮，決定在十一月二日發動起義。不料機密洩露，十月三十日，雲貴總督署官員把蔡鍔部下新軍內部有所動向的消息，密告雲貴總督李經羲和統制鐘麟同，李鐘兩人聞後大吃一驚，立即準備下令解散新軍，以絕後患。

十月三十日夜，蔡鍔等人知道機密已經洩露，對手馬上會採取行動反制，如若再不動手，機會盡失，且有被害之虞。在這千鈞一髮之際，蔡鍔當機立斷，決定提前起義。當天晚上，蔡鍔同僚李根源率講武堂學生自西北攻城，蔡鍔自己率三十七協自東南門攻城。經過一夜激戰，起義軍於次日中午勝利攻佔雲貴總督署。由於十月三十日是農曆九月初九重陽節，故史稱蔡鍔發動的昆明辛亥起義為「重九起義」。

一九一一年十一月一日，以蔡鍔為首的大中華雲南軍都督府成立，隨即雲南各府、州、縣傳檄而定，全省光復，清廷在雲南的統治被徹底推翻。蔡鍔此時年僅二十九歲，正可謂年輕有為。他以民主共和為大旗，大力推行新政，發展經濟，改善民生，治滇有方，政績顯赫。

進京理政

一九一三年十月，蔡鍔應當時大總統袁世凱之邀請來到北京。蔡鍔領導雲南重九起義有功，在雲南都督任上政績顯赫，百姓口碑很好，因此具有很高社會聲望。另一方面，據現代歷史學家考據，袁世凱與蔡鍔早有來往，私交甚好。因為當年蔡鍔想遠赴日本留學，經濟拮据，囊中羞澀，是袁世凱資助一千大洋才得以實現願望，因此可以說袁世凱於蔡鍔有恩。因此於公於私，大總統袁世凱提攜蔡鍔進京理政乃理所當然。而且當年北洋政府還缺一批官員人選，蔡鍔治滇有方，有德有才，正是中央政府官員的候選人物之一。

據悉，實際上袁世凱也非常器重蔡鍔，甚至把蔡鍔置於孫中山、黃興、宋教仁等民國名人之上。袁世凱這樣評價：「孫氏志氣高尚，見解亦超卓，但非實行家，徒居發起人之列而已；黃氏性質直，果於行事，然不免膽小識短，易受小人之欺；蔡鍔遠在黃興及諸民黨之上，此人之精悍，即宋教仁或亦非所能匹。」

袁世凱考慮認為蔡鍔可以委以重任，先是任命他為陸軍部編譯處副總裁（總裁是段祺瑞），後又讓他做了政治會議議員、參政院參政，又讓他做陸海軍大元帥統率辦事處成員，與陸軍總長段祺瑞、海軍總長劉冠雄、海軍上將薩鎮冰、王士珍和陳宧一起治軍理政，參與國家最高軍事指揮部的工作。

此外，蔡鍔主持一個中央機構——全國經界局，一方面負責經界局工作，另一方面仍熱心於軍事學術活動。他與蔣方震、閻錫山等人組織軍事研究會，深入研究各種軍事理論問題，並把研究成果向袁世凱彙報，希望藉此為國家一支建強大武裝力量出謀劃策。

一九一三年三月二十日晚十時，宋教仁在上海火車站遭人開槍，中彈倒地，傷重而亡。這一案件立即引發了政治地震，孫中山馬上從日本回國，召開國民黨高層會議，確認袁世凱指使兇手刺殺了宋教仁，發表聲明討伐袁世凱，「二次革命」由此開始。

根據歷史學家研究，蔡鍔並不認可「二次革命」。他認為，宋教仁一案是否與袁世凱有關，還有待於深入調查。在沒有得到確鑿的證據之前就匆忙下結論，未免過於倉促。而且袁世凱是當時中國政壇中最有魄力、最有聲望的人物，蔡鍔把他稱為「宏才偉略，近代偉人」。偌大中國，國體政體新變，亟須一個強有力的領袖，而袁世凱正是這樣的領袖。此時討袁，有損於亞洲第一個民主共和國這個「初生嬰兒」。可見，蔡鍔在一九一三年反對「二次革命」，實際上與他後來的一九一五年反袁一樣，均不是出於個人私情，而是出於國家大義。

討袁護國

但是，僅僅過了兩年，蔡鍔就變成了討袁護國的主要先鋒。這一百八十度的變化是如何發生的？歷史學界的一種解讀是，歸因於袁蔡兩人之間的個人態度不夠坦率，因而導致關係不順，結果就發生了在外界看來難以想像的變化。這一解釋當然也有其一定的道理。

蔡鍔東渡日本歸國以後，一直是民主共和思想的堅定信仰者，而且身體力行，不惜犧牲，為此努力奮鬥。但當他看到自己民主共和的理想已經實現，中華民國已經成立，內心的興奮之情當然無以言表，對於新生的國家也倍加珍惜，這在他反對孫中山「二次革命」中可以得到證明。而袁世凱則是一個舊營壘中的新人物，對於中體西用的理論還念念不忘，因此他一方面已經擔任了中華民國大總統，另一方面對於新國體的態度是模稜兩可、若即若離。

袁世凱對於民主共和認識，遠遠不如蔡鍔深刻；袁世凱對於民主共和的信仰，遠遠不如蔡鍔堅定。因此，民國建立伊始，當有一批人紛紛上書袁世凱，勸誡把民主共和改為君主立憲、把總統改為皇帝時，袁世凱就有點感到眾說紛紜，莫衷一是，游移不決，難以取捨。此時袁世凱非常想聽聽身邊各位政要的真實意見。他器重蔡鍔，當然也想聽聽蔡鍔的意見。然而實際上袁世凱沒有明問，蔡鍔也沒有直說。據說蔡鍔進京後第一次覲見袁世凱，一身戎裝，一絲不苟。袁世凱送給他一件做工考究的大氅，並且對他說：「以後見面不必正裝，可穿便裝。」但是第二次見面，依舊著裝整齊，馬靴、手套、勳章一樣不少。袁世凱委任蔡鍔許多兼職，一份兼職一份薪水。然而，蔡鍔卻在五份薪水中只領取較少的一份，其餘都沒有領取。

蔡鍔的謙謹自重，使袁世凱對他敬重有加。但正因為如此，關係自然就不夠密切，一定程度上甚至有了隔閡。袁世凱無法知道蔡鍔內心的真實想法，以為蔡鍔也可能擁他稱帝。因此，袁世凱在其子袁克定等人的積極鼓動下，加快了登基中華帝國大皇帝的步伐。

蔡鍔先前對袁世凱抱有幻想，認為他「宏才偉略，群望所歸」。但是袁世凱復辟帝制的種種行徑充分暴露以後，他便看清其人的真實面目。蔡鍔表面上裝出功成名就，享福人生的樣子，常常去北京八大胡同與名妓小鳳仙廝混，讓人注目於他的風流生活。英雄美人惺惺相惜，演繹出一段感人肺腑的浪漫故事，這也算近代歷史威武雄壯風雲際會舞台上的一段小插曲，成為後人文藝作品的題材，但是這只是蒙蔽袁世凱的手段而已。

蔡鍔暗中多次潛赴天津，與老師梁啟超商量討袁計畫，制訂了離京出走至雲南發動武裝起義的詳細計畫，即「雲南於袁氏下令稱帝后即獨立，貴州則越一月後回應，廣西則越兩月後回應，然後以雲貴之力下四川，以廣西之力下廣東，約三四個月後，可以會師湖北，底定中原。」這是蔡鍔發動討袁護國戰爭的戰略設想。

一九一五年十一月，蔡鍔秘密離京，經天津後藉口治病去日本，後經台灣、香港、越南，於十二月十九日抵達昆明，隨即召集舊部，組織人員，加速了雲南反袁武裝起義的籌備工作。十二月十二日，袁世凱宣布接受帝位，下令取消民國，改用洪憲年號。

蔡鍔在十二月二十五日宣布雲南獨立，組織護國軍，發動討袁護國戰爭。蔡鍔為第一軍總司令，率四個梯團約八千人入川，翌年春天進行了瀘州戰役，有力地打擊了袁世凱的有生力量。三月十六日，蔡鍔令右翼趙又新梯團側面主攻，中路顧品珍梯團正面佯攻，朱德，張煦兩支隊伍迂迴前進。十七日，幾路部隊同時向敵發起進攻，勢如破竹，連戰皆捷，一路挺進到瀘州城附近，獲得大勝。蔡鍔指揮的護國軍以弱於敵人的兵力，與號稱精銳的北洋軍奮戰數月，牽制住敵軍主力，打擊了敵人的勢頭，推動全國反帝制運動的發展壯大；一九一六年三月二十二日，袁世凱看到大勢已去，被迫宣布取消帝制，六月，黯然而逝。

袁世凱死後，黎元洪繼任民國大總統，一九一六年七月六日，黎元洪任命蔡鍔為四川督軍兼省長。但是，這時蔡鍔惡疾在身，無法赴任，只得轉而赴日治病。十一月八日，終因喉癌醫治無效，在福岡逝世，年僅三十四歲。

一九一七年四月十二日，北洋政府在長沙為蔡鍔魂歸故里，舉行國葬。（陳先元）

嚴家淦（1905-1993）

嚴家淦：新台幣之父

嚴家淦（一九〇五－一九九三年），字靜波，江蘇省吳縣（今蘇州市）人。歷任政府重要職務，為財經專家，中華民國政治人物，第五任中華民國總統。曾做過經濟部長、財政部長、行政院長和副總統，創下顯赫的政績。其中留下最大貢獻的是確立新台幣政策、實施九年國民義務教育，被經濟學家稱為「新台幣之父」。

一九四七年二月二十八日，台灣爆發了嚴重的族群衝突，「二二八事件」因一件查緝私菸的小事引爆衝突，隨後動亂遍及全台，不管是本省民眾或剛從大陸前來台灣接收復原的外省籍人士，都受到了嚴重的衝擊。

當時，擔任台灣省行政長官公署財政廳長的嚴家淦到台中出席二月二十八日彰化銀行的改制成立大會，之後驅車到日月潭參觀，回程時動亂已經擴展到台中，他隨即到霧峰林家向彰化銀行董事長林獻堂求援，斯時林獻堂不在家中，由夫人楊水心接待，將之藏於林宅「景薰居」的閣樓上，但因為有家僕不小心洩密，暴民包圍林家大門，要求交出嚴家淦，並搜至景薰居的門前，這時林獻堂挺身而出，以自己的性命做擔保，他說：「你們要找嚴某人，必須先踩過我的身體！」在林獻堂的堅持下，群眾終於散去。嚴家淦在林家躲了許多天，三月九日才由林獻堂的兒子以貨車護送脫離險境。

嚴家淦躲過的這一劫，不僅是他個人的生死存亡關鍵，更影響了台灣財政日後的發展：新台幣得以問世、國家預算制度得以建立、獎勵投資條例得以推動，為國民黨日後經營台灣建立了最重要的基礎。

終結通貨膨脹

嚴家淦於一九〇五年出生於蘇州的書香世家，而其一生的重要成就多在中華民國政府播遷來台後，在蔣介石去世後，以副總統身分接任未滿之任期，擔任中華民國第五任總統，其前任是蔣介石，其後任是蔣經國，可謂為真正的「承先啟後」。

一九四五年十月二十四日，嚴家淦首次踏上台灣的土地，他是國民政府任命的台灣省行政長官公署交通處處長，當天跟著行政長官陳儀從上海搭機飛抵台北，準備接收日產。對日抗戰勝利後，全國各地都在處理戰後接收，嚴家淦當時有三個選擇——上海、東北、台灣，嚴家淦選擇了台灣。主要是因為在福建期間與陳儀的共事工作愉快，而且，他認為台灣是新光復的地區，很可以做些事。

抵台的第二年，嚴家淦隨即被轉調為財政廳長兼台灣銀行董事長，當時外匯短缺，物價飛漲，一九四八年六月時，一顆雞蛋舊台幣五十七元，到一九四九年六月漲到七千一百元，一年漲了一二四倍，米價則漲了一九五倍。而火上加油的是，當時國共內戰局勢正在惡化，大陸內部也發生了嚴重的通貨膨脹。

面對這種惡劣的情勢，嚴家淦心知要抑制通貨膨脹，唯有進行幣制改革，因而全力說服當時的台灣省主席陳誠，建議廢除舊台幣，發行新台幣。

然而，就在一九四八年的大陸，才剛發生了幣制改革失敗的慘痛先例，國民政府在一九四八年九月發行金圓券，卻因國共內戰的戰事失利，軍需上升，靠印鈔票來應急，金圓券的發行數量沒有限制，結果一敗塗地。這與國軍在前線與共軍對戰的情況形成惡性循環，終致國民黨失去在大陸的政權。

一九四八年在大陸的幣制改革，嚴家淦即是行政院的六人小組成員之一。為避免重蹈覆轍，他規畫發行新台幣時，清楚地知道要做足準備，發行要有數額限制，也要有完整的配套措施，新台幣更必須要與大陸貨幣脫鉤，實行新台幣與金圓券隔離政策。於是，嚴家淦請陳誠向蔣介石提出要求，把國民政府從上海運來台灣的黃金，撥付八十萬兩作為發行新台幣的準備金，蔣介石當時已下野，但仍握有實權，當陳誠飛往杭州向蔣介石說明情況後，立即獲得批准，由嚴家淦以台灣省財政廳廳長名義出具收條，向中央政府領取八十萬兩黃金，也向中央政府爭取洽借一千萬美元外匯，以供進出口貿易周轉之用。

一九四九年六月十五日公布《台灣省幣制改革方案》及《新台幣發行辦法》。新台幣以美元為計算標準，新台幣對美元匯率為新台幣五元兌一美元。這樣台灣貨幣不再與大陸貨幣有關連。舊台幣四萬元折合新台幣一元，結束了台灣長期且嚴重的通貨膨脹。

一九四九年十二月七日，中華民國中央政府播遷來台。新台幣成為中華民國在台灣的法定貨幣，在台灣發行流通至今。嚴家淦一生對台灣的貢獻無數，發行新台幣無疑是打響第一砲，因此被尊稱為「新台幣之父」。

沒有聲音的財經專家

事實上，嚴家淦在到台灣之前就已名噪一時。一九三九年，嚴家淦在福建省先任建設廳廳長，後轉任財政廳廳長，正值對日抗戰時期，沿海口岸遭日軍佔領，他帶著一個祕書走馬上任，隨即辦理落實中央規定的稅捐，首先廢除了福建省六百三十種苛捐雜稅，再著手整理合法的舊稅，又取消了七十多種苛捐雜稅，並撙節開支、裁併機構、減少人員，一共減少員額五千三百多人，讓福建省預算平衡沒有赤字。

一九四〇年，嚴家淦首開全國先例，在福建省設計推動實施「田賦徵實」，也就是農民改以納糧的方式折抵田賦，讓農民避免受到物價波動的影響，或遭人囤積抬價，也解決了福建省糧食供應問題。因為成效良好，一九四一年，財政部推動在全國實施。嚴家淦於一九四四年獲頒「五等景星勳章」，這是他獲得的第一枚勳章，「財經專家」的名聲就此確立。

一九五〇年三月一日，蔣介石總統在台灣復行視事，嚴家淦就任財政部部長。失去大陸統治權後的中華民國，來到台灣這個小小的海島上，除了政治與軍事上的挫敗，還得面臨對日抗戰以來的經濟困境，到台灣已經幾年的嚴家淦，對這種情況並不陌生，從福建到台灣，他已經面對且處理過好幾次了，而且，新台幣已經發行流通，台灣雖小，卻是一個新的開始。

作為一個以理財著稱的政府財務總管，嚴家淦首先要做的就是，重建政府預算制度。他明白，唯有切實地控制支出，才能站穩腳跟、長治久安。當時，中華民國政府的預算是長年赤字，因為稅收銳減，赤字高達七〇％以上。

為了發行新台幣，嚴家淦說服了當時的台灣省主席陳誠；為了建立政府預算制度，也說服了當時的總統蔣介石。嚴家淦向蔣介石數次簡報總預算制度，分析利弊得失，他還坦率地請求蔣介石，不要再打電話或以口頭動支國家的錢。結果，蔣介石從善如流。

嚴家淦立刻與國防部協商撙節軍事經費，處理「吃空缺」的長期惡習。當時的部隊指揮官對其轄下軍隊員額往往「以少報多」，依此向政府詐領官兵薪餉。此外，面對政府任何單位來向財政部要錢時，嚴家淦的第一要求就是「拿預算來」，他曾經說過：「沒有預算，就沒有支出！」不論對方所提出的預算是否有意義，只要有預算就可以考慮，就這樣，政府各部門都開始編預算了。

經由當時的行政院長陳誠與嚴家淦的共同努力，一九五一年十一月時，編製完成中華民國四十年度中央政府總預算，並且第二年重新訂定會計年度制度，使得國家預算制度步入正軌。

一九五九年，美國政府明確表示，美援撥付方式即將改變，改贈款為貸款，必須支付利息，且要求先審核援助計畫內容。當時以財政部部長兼任「美援運用委員會」主委的嚴家淦表示，推進經濟開發的關鍵在促進投資與貿易。依此，嚴家淦大力推動「獎勵投資條例」，其主要精神就是：以減免賦稅吸引投資。

減稅之議曾經引起財政部官員的反對，嚴家淦向其部屬說，生蛋要先養雞，把雞養肥了才生得出好蛋，大家才有蛋吃；這個辦法短期內會損失一些稅收，但長期來看，經濟發達後就能引進更多的外資，到時候稅收就增加了。因此，嚴家淦在一九六〇年六月親自把獎勵投資條例草案送到立法院，並一一拜訪相關立委，強調「寧可減稅來刺激投資，不願重稅而殺雞取卵」。兩個月後，獎勵投資條例在立法院三讀通過，一九六〇年九月開始實施。

從一九六〇到一九六五年之間，台灣的私人投資每年平均增加十八%。在政策性減稅後，不但刺激了新的投資，還促進工業發展、增加民間儲蓄、擴大對外貿易，此後二十年，國庫每年都有盈餘。

一九九一年獎勵投資條例功成身退，由「促進產業升級條例」取代，但嚴家淦「養雞生蛋」的哲思，長留民心。

嚴家淦在財政專業上屢有建樹，而他在政治官場上也穩步上揚。一九五四年出任台灣省政府主席；一九六三年出任行政院院長；一九六六年經蔣介石提名擔任第四任副總統，這是第一個文人副總統，仍兼任行政院院長；一九七二年連任第五任副總統，並卸下行政院院長一職由蔣經國接任；一九七五年蔣介石病逝，由嚴家淦繼任總統。一九七八年第五任總統任期屆滿後，嚴家淦卸下總統一職，由蔣經國就任第六任總統。嚴家淦在中華民國只有「蔣總統」的年代、在一黨專政甚至一人專政的時期，做了三年多的總統，雖屬過渡，卻也是水到渠成。

但是，即使在那個一言堂的時代裡，當時台灣社會對嚴家淦的印象，也就是從一個「沒有聲音」的副總統，做到一個「沒有聲音」的總統，這種形容的言下之意，未嘗沒有認為他只是會聽命辦事的意涵，認為只因他會全力配合當局，從老蔣總統配合到小蔣總統。事實上，這是對嚴家淦的真正考驗——之前他所任的官職都是以財經專業為本，唯有「總統」，才是真正的「政治」。

不插手「黨」與「軍」

一九七五年四月六日嚴家淦遞補接任總統職位，他隨即主動表態，放棄循例兼任中國國民黨黨主席，並表示不會再尋求連任總統。同時，嚴家淦雖以三軍統帥的總統之位主持軍事簡報會議，但對於列為「極機密」簡報資料，會議之後，就留在會議桌上沒有帶走，即使時任行政院院長的蔣經國告訴他：「這些資料請你帶回去好了。」嚴家淦卻當場說：「不、不、不，我不要帶。」此乃郭宗清上將親眼所見，令郭宗清印象深刻。

黨、政、軍是近代中國掌握權力的三大途徑，不論國民黨或共產黨都是「以黨領政」，軍方則是能否穩固統治權最重要的基礎。但嚴家淦謹守「總統」這個職位，只做政務上之操作，絕不插手「黨」與「軍」，他能看清並做到這點，就是最大的政治成就。

在嚴家淦總統任期屆滿前一年的一九七七年十二月十四日，嚴家淦以國民黨中常委的身分寫信給中常會，建議提名蔣經國為第六任總統候選人。而在他卸任後，蔣經國依然倚重他，很多重要政策都由嚴家淦先召集國民黨內人士開會討論，獲得共識後提供蔣經國參考。蔣經國曾經說：「凡事有靜波在，我就省了好多心。」

嚴家淦在一九九三年十二月二十四日因心臟衰竭逝世，享年八十八歲。他與妻子劉期純結婚七十年，育有五子四女，沒有一人從政。二〇一三年國史館出版《嚴家淦總統行誼訪談錄》在台北市舉行新書發表會，嚴家淦的四子嚴雋泰受邀與會，嚴雋泰的談話，可以讓後人從另一個角度來看看這位「默默一生」的嚴家淦。

嚴雋泰說，嚴家淦擔任三年多的總統任期後，交由蔣經國就任總統，他父親絕對不是臨時起意，也不是情勢所逼。就他的瞭解，嚴家淦從一九五一年就有了想法，這是嚴家淦近二十年的長期規劃。

從財政部長轉任台灣省主席時，嚴家淦注意到從大陸到台灣很多老兵退職後要由政府安置，於是建議成立行政院退除役官兵輔導委員會，他兼任主委，但以對軍事不熟悉為由，請蔣經國任副主委。後來又以擔任省政府要職為由在退輔會請假，由蔣經國全權代理，一年多後扶正，這是扶植蔣經國的第一步。

嚴家淦沒想到自己會做總統，第一次當副總統時跟蔣介石請辭，希望由蔣經國擔任，但未獲同意，還要求不要兼任行政院長，由蔣經國接任。但蔣介石也不同意。第二次擔任副總統後，嚴家淦才辭掉行政院長一職，由蔣經國接任。

誠拙而不投機取巧

推薦提名蔣經國當選總統後，嚴家淦覺得完成了一件大事，退休那天寫了一封信給嚴雋泰，表示終於可以卸下重責大任，感覺非常愉快輕鬆。

推薦蔣經國之前，蔣經國也已知道，曾經不止一次拜訪嚴家淦，希望嚴家淦留任，自己當副總統兼行政院長，但是嚴家淦以自己已經七十五歲，年紀大了，且蔣經國正在進行十大建設，加以自己對軍事與國家安全經驗不夠，認為應該由蔣經國領導。

嚴家淦曾經在一次行政院動員月會上，講到一段在上海聖約翰大學唸書時的經歷，當時在化學系讀大二的他，做化學「定量分析」與「定性分析」時，因嫌實驗過程費時又枯燥，就自作聰明沒依老師規定的程序做實驗，單憑想像寫了實驗報告，答案是對的，但沒有說明實驗的過程，教授給了他不及格！而且，教授嚴厲地對他說：「一個人做什麼事，千萬不可以自作聰明。你不做則已，要做，就必須按照一定的程序與方法，規規矩矩地去做，你自作聰明，小則誤事，大則誤國。」

數十年後，嚴家淦還念茲在茲地記著當年教授講的話，他說：「這次教訓，使我深刻瞭解到，學習的快速靈巧，與辨是非、有判斷的智慧，不能混為一談。」他以此告誡同仁：「無論為學、做人、做事，務必誠誠拙拙，不可投機取巧。」而他自己則從十九歲起就奉行一生。

嚴家淦的財經專業，讓百廢待舉的台灣從困窘的局勢下重新出發，好似能從乾毛巾中擰出水來般神奇；而且，剛來台灣就面對「二二八事件」的驚險遭遇，以及隨後長官陳儀被槍斃這種嚴峻肅殺的政治氛圍裡，卻能於夾縫中從容轉身，確實需要很高的ＥＱ。

他的長官們，從陳儀、陳誠到蔣介石，個個都軍人、完全不懂財經，但是，嚴家淦能夠讓長官們接受他的建議，造就了台灣的經濟奇蹟，憑藉的是他的口才、能力與個性。或許，這正是他以默默行事來達到「無聲勝有聲」的更高境界。

而他自己所學的是化學，卻一頭栽進財政的專業，嚴家淦曾說：「化學中的某些原理原則及實驗過程，如果用到行政事務中來，也是滿管用的，因此我現在懂得以科學方法來從事管理工作。」他也善於記憶數字，常以此來支持他的政治觀點，因為「數字是不說謊的語言」。

嚴家淦氣度雍容，做事細心，待人接物，和藹可親，常以「退一步想」和「易地而處」作為做人治事準則。蔣介石說他「外圓內方，公正無私」，這可以說是對他最公允的評價。（孟真）

孫運璿（1913-2006）

孫運璿：一人而繫國家命運

孫運璿（一九一三—二〇〇六年），中華民國政治家、技術官僚、工程師，籍貫山東省蓬萊縣。畢業於哈爾濱工業大學，曾前後擔任台灣電力公司總經理、中華民國交通部部長、經濟部部長與行政院院長。在台灣素有「永遠的行政院長」之稱。他推行十大建設，規劃台灣早期科技政策；被認為是台灣科技產業之主要奠基者，也是「台灣經濟的推手」之一。

從蔣經國布局說起

一九八四年二月二十四日上午，立法院院會準備召開行政院院長施政報告，八時五十分，平常都會提前抵達立法院的孫運璿院長還沒到，相關人員聯繫之後，傳來了令人震驚的消息：孫院長中風，正在榮民總醫院急救，狀況尚不明瞭。

原來，孫運璿在當日凌晨兩點多突患腦溢血，即送榮民總醫院急救，並在第二天進行手術。之後，因為術後病情不甚理想，且喪失了部分語言和行動能力，於是辭職。

孫運璿的中風，令全民十分震驚而哀傷，蔣經國總統更是難過，因為打破了他的接班布局。對孫運璿個人來說，是失去了繼續為民服務、建設國家的機會，對中華民國來說，卻是奏起命運轉變的序曲。

當時同時在陽明山召開的國民大會第七次會議，於三月二十一日及二十二日分別選出了第七屆總統、副總統，蔣經國連任總統，李登輝當選副總統；然而蔣經國於一九八八年一月十三日病逝，李登輝依憲法接任總統，並在二十七日的國民黨中常會中又接任了國民黨主席，從此黨政一把抓，使中華民國走入了「李登輝時代」，也步入了至今猶為動盪不安的時代，國運多蹇。一人能繫國家命運之隆衰，也正是孫運璿命運之寫照。

為什麼孫運璿的角色這麼重要？這要從蔣經國的布局說起。

一九八四年年初，時任行政院長的孫運璿陷入徬徨。依憲法規定，三月二十一日進行第七任總統選舉，五月二十日第七屆總統就職，六月一日新閣就任，從慣例上來說，當時的閣揆已經進入了看守階段，而孫運璿到底何去何從也是大家關切的議題，雖然有人認為應該將孫運璿提拔為副總統，但也有人認為當時蔣經國已經將提拔台籍菁英出任副總統定為政策，不可能因而改變；據行政院資深人士觀察，當時孫運璿確實也陷入疑慮當中。

一月底某一天，孫運璿從總統府回來之後，立刻召集重要幕僚要求積極規劃行政院的重要施政計畫，這個動作在看守內閣是很引起注意的，隨即在二月十五日的國民黨中常會中，通過了提名蔣經國為第七屆總統候選人，李登輝為副總統候選人。李登輝當時為台灣省主席，是孫運璿的部屬，但孫運璿在出席這次中常會後並未顯露絲毫失落的態度，仍然積極地推動行政院政務。

從這些現象去追索，有消息靈通之士即判斷蔣經國的布局，應當是維持台籍人士出任副總統的慣例，孫運璿則出任下屆總統。雖然孫運璿當初與蔣經國合作推動十大建設的成功，及其個人親民愛民的作風甚受社會好評，但蔣經國認為孫運璿要作為國家領導人，還必須擁有更好的政績和更高的人望，因此規劃他續任行政院長，繼續累積聲望以順利接班。這也說明了孫運璿在確定李登輝獲提名為副總統候選人之後仍然淡定的原因。

擔任總統的預定角色

這個說法在當初無從被證實，但李登輝獲提名僅八天，孫運璿即驟然中風，也有好事者就風言風語，認為突然的腦溢血事出有因。

依據一九九九年十二月三十一日出版的《八年參謀總長日記》，郝柏村透露，當年三月三十一日（孫運璿已中風一個多月，蔣經國並已於十天前當選為第七任總統），蔣經國召見時曾對他說：「孫院長排在中常委第三名，原意就是準備擔任下屆總統的」，郝柏村並記載：「由於孫院長既能奉行總統原則與政策，又深得人心，總統謂原擬培養為下任總統」。郝柏村日記又記載了：「有一天，經國在大直官邸曾對我說，讓孫運璿再任六年行政院長，歷練更豐厚，六年之後，就可以選總統，於國、於民都是很好的福祉。」

從這些很貼近蔣經國的郝柏村的日記中，的確能證實蔣經國的接班布局是以孫運璿為中心，而李登輝仍然是為延續台籍菁英擔任副總統的方針所安排，只是李登輝運氣好，碰上了蔣經國在任內病逝，必須依憲法繼位；而孫運璿忽然在二十四日凌晨腦中風，也另有一段秘辛。

孫運璿對飲食原來不僅不忌口，還特別喜愛吃油膩的食物，中年以後，孫夫人俞蕙萱就天天注意並控制他的飲食，每每在孫運璿出國訪問前，就要他先秤量體重。但是孫運璿在國外經常止不住饞、忌不了口，直到回國之前幾日，才開始節制飲食，以便回國後對妻子有個交代。孫運璿夫人在一九八四年二月二十三日深夜自美國飛返台灣，她到美國照看女兒坐月子，將近一個月，夫人不在身邊，孫運璿一方面無人照料生活起居，一方面也自我解放了生活和口食之慾，而夫人回來之後，難免又要問問女兒生產後的狀況，因此延後了睡眠的時間，這或許就是導致突發腦溢血的重要原因。

技術官僚出身奠定建設實力

孫運璿是一九七〇、八〇年代台灣眾多技術官僚出身的優秀政治家之一，在當時，嚴家淦、尹仲容、陶聲洋、李國鼎、趙耀東等都有相同的特質。他於一九一三年十一月十日出生於山東省蓬萊縣的一個普通家庭，為家中長子。一九二五年因為受到父親孫蓉昌所說「中國需要工程與俄文人才」的意見影響，便與父親一起離開家鄉前往哈爾濱，先進入俄僑子弟就讀的俄僑實業中學，兩年後進入哈爾濱中俄工業大學就讀七年，一九三四年五月以當屆第一名的成績畢業。

大學畢業後的孫運璿，處在日本管制之下的滿州國，專業技術人才受到管控，只好裝扮成商人入關，前往江蘇省連雲港參加電廠的建設，開始了他的電力工程師生涯，以及他豐富的人生奇遇。

首先，他因為一篇發表的論文受到國民政府電力專家惲震的賞識，而調至南京的資源委員會，參與湘潭湘江電廠的籌備與建設，一年後（一九三七年），又因抗日戰爭全面爆發，隨政府撤到湖南參與興建湘潭電廠。此後幾年，他就在因應抗戰的不斷向後方撤退中，一直進行電廠的建設、拆解、轉運、再裝配的任務，其間，曾在沒有任何支援的情況下，組織了一個縣隊，費時三個月，將連雲港電廠鍋爐，從陝西遷移到四川自流井，全程徒步越過秦嶺與大巴山。後來又奉派至青海西寧，完成當地第一座的電廠，並擔任廠長，這些豐富的遷徙及興建電廠的全套經驗，奠下了他後來在台灣從事電力開發及建設的實力。

服務台電二十二年

一九四五年抗戰勝利，孫運璿奉命準備前往遼寧接收，之前，政府為了準備勝利後的接收復員工作，派遣工程人員赴美考察，孫運璿獲選前往美國田納西水壩管理局參觀見習，並獲准允留在美國進修，前後有將近三年的時間。孫運璿在臨上機飛遼寧之際，接到經濟部官員電話，因為有留美的淵源，請他留下招呼幾位美國工程師，這一留之後，東北之行就因東北情勢不穩而未成行。孫運璿後來回憶說：「一通電話，改變了我一生的命運。」

一九四六年五月，孫運璿奉派來台接收台灣電力公司，擔任機電處長，當時因為盟軍的轟炸，台電的發電量只剩十分之一，而日籍技術員即將被遣返，他們臨走時說：「三個月後，台灣就會黑暗一片。」當時孫運璿只有三、四十名大陸來的技師，但他憑著抗戰期間在大陸拆遷裝配電廠的經驗，帶領一群尚在就學的台北工職及台南工學院三、四年級學生，一邊修理一邊指導他們學習，以克難的方式將零件拼拼湊湊，只花五個月的時間就恢復了八〇％的電力供應。

孫運璿在台灣電力公司總共服務了二十二年的時間，從處長、總工程師到總經理，是他專業生涯的重要歷史，也創下了一些值得記錄的成就。

一九五〇年孫運璿升任總工程師，但那時播遷來台的國民政府經濟日益困難，發展電力又迫在眉睫，經過孫運璿多方交涉，憑藉他之前建立起來的關係，終於向美國西屋公司借貸了兩百萬美元開始積極推動電源的開發及建設，並憑著他的優異表現和台電的經營績效，台電的電力建設持續受到美國的大力支援和資金挹注，到了一九五七年，台電的發電容量已經躍升一倍，而美國人也因為孫運璿的關係相當看好台電，當時每年的美援，台電總是獲得最多的補助。

不僅是發電量的增加足以支應後來經濟建設所需要的龐大電力需求，孫運璿並關注到偏鄉及山區的用電及照明問題，開始執行「鄉村電氣化」的計畫，花費巨資在鄉村鋪設電力網路，使台灣電力普及率超越當時的日本、南韓，達到九九．七％，幾乎家家有電燈。

孫運璿另一個在電力事業的重要任務是受到世界銀行禮聘，於一九六四年到奈及利亞國家電力公司，擔任總經理，任職的三年內，孫運璿率領國際團隊推動尼日河水力發電計畫，奈及利亞的發電量在其任內增加了八七％。

應聘到遙遠的奈及利亞承擔艱鉅的任務，有兩個原因，一是當時世界銀行要協助第三世界國家發展經濟，計畫資助奈及利亞推動尼日河水力發電計畫，但由於第三世界國家政府貪瀆嚴重，為了確保龐大的投資經費確實得到有效的運用，世界銀行必須聘請既有開發電力專業又值得信賴的專家出任艱鉅，孫運璿因為在台電的經營績效和個人操守已經得到高度的肯定，因此向中華民國政府借將。所以應聘前往，不僅是他個人的問題，更是國際經濟及外交的重要使命。

其次，另外一個重要原因和孫運璿的個人因素有關，孫運璿對鄉親都很照顧，當時他在台電的工作相對穩定，許多東北鄉親有困難就來找他幫忙，都要安排居住和金錢支助，當時一家有十七口人，造成他極大的經濟負擔。到奈及利亞工作是領世界銀行的美金待遇，可以紓解家庭的經濟，不得不遠渡重洋出任艱鉅，直到一九六七年因為母親病重才辭職回到台灣。

一九六七年底，當時的閣揆嚴家淦看中了孫運璿的長才，請他出任交通部長，從此他踏上政壇，展開了技術官僚出任政務官的生涯：一九六九年又受蔣介石總統任命為經濟部長，一九七八年，蔣經國當選為第六任總統，任命孫運璿出任行政院長，於當年六月一日就任，直到一九八四年二月二十四日中風為止。

面對衝擊沉著應變

在交通及經濟部長的十二年時間，正逢國內加速發展經濟的階段，孫運璿認為交通是經濟的命脈，不僅在農村推動「村村有道路」的計畫，使得農產品能夠迅速運到市場銷售，又規劃興建全國的公路網，使汽車的交通網路普及；接著，十大建設如火如荼地展開規劃，其中一大部分都是與交通有關的大型建設如：鐵路電氣化、南北高速公路、桃園機場、蘇澳港、台中港、北迴鐵路等，是由交通部負責，而其他的項目諸如大煉鋼廠、大造船廠、大煉油廠等，又都是經濟部所主管的業務，可以說十大建設主要的規劃和推動，孫運璿負責很重要的任務；尤其在經濟部長任內，開始研究經濟轉型，投入政府的研發經費，設立高新技術的研究開發機構「工業技術研究院」，其中最重要的發展項目就是「半導體」產業，使得台灣開始步入電子產業王國之路。

一九七八年六月一日就任行政院長之後，才半年時光，美國幾乎是無預警地與我斷交，可以說在他的施政伊始就遭遇到前所未有的困境，孫運璿深知必須沉著應變，而且要激發民眾的信心，才能度過難關，因此，他不僅施政如常，更積極推動鼓舞民間信心的政策，在中美斷交十日後，新竹科學園區依原定計畫開工，吸引許多台灣旅外科技人士回國創業；同時在一九七九年初，照計畫開放國民出國觀光，用政策顯示對國民無比的信心，當年，出國觀光人數即超過三十萬人次。而他也運用多年在美國及國際間所累積的聲望和人脈，穩住了斷交後的中美實質關係，並推動美國國會於一九七九年通過《台灣關係法》，這些作為，頂住中美斷交所產生的衝擊和壓力，也穩住了國內的政局，並持續了經濟的發展。

孫運璿行政院長任內重要的施政成績，還包括：一九七九年四月行政院院會通過「台灣地區綜合開發計畫」，其中指定玉山、墾丁、雪山、大霸尖山、太魯閣、蘇花公路、東部海岸公路等地區為國家公園預定區域，列為政府重要施政計畫之一，並首度編列經費進行規劃，使得台灣第一座國家公園「墾丁國家公園」終於在一九八二年九月一日正式成立。

有人批評孫運璿行政院長任內一心發展經濟未能照顧環境保育，此說似有不公，因為國家發展經濟必然會對環境產生或多或少的破壞，關鍵在於政府與民間都必須對環境保育有更加深刻的認知，甚至在必要時能夠犧牲經濟發展而確保環境資源的永續保存，這並不容易，也端看對時間點的掌握。睽諸孫運璿在就任行政院長不到一年，就推動了國家公園的國土開發及保育計畫，足證他對環境保育有前瞻性的眼光，這些對他的批評並不公允。

孫運璿也注意到經濟發展帶來的城鄉差距與貧富不均，因此在一九八二年以兩百億的資金推動全面加強基層建設，提高農民所得的方案，以縮短農民與非農民所得的差距。他能夠注意到基層農民的辛苦，是因為就任行政院長之後，許多十大建設的工程都還在進行當中，他經常戴著工程安全帽到工程最危險、最重要的地方去視察，實際瞭解工程進行的狀況。

同時，因為蔣經國最喜歡與民眾在一起，深入瞭解民間疾苦，孫運璿經常陪同蔣經國到處巡視，一身淺藍色的青年裝，穿梭在山陬海邊、鄉間村里，與民眾話家常，享用民間風味小吃，他這種平民化的作風，因此認識了許多民間的好朋友，也累積了不少民間聲望，受到許多基層百姓的支持。

創造台灣經濟奇蹟

雖然不是財經專業，但孫運璿擔任過經濟部長不算短的時間，他的內閣中又有如李國鼎這般精通財政、經濟、科技等的人才，可以說是一個「財經內閣」，在全力發展經濟的情況下，維持貨幣的穩定，通貨膨脹也受到控制，國民所得從一九七七年的一一八二美元，六年內成長了將近三倍，到一九八四年已經達到三一三四美元，而此期間每年都有超過兩位數的經濟成長率，傲視全球，更躍居亞洲四小龍之首，所謂「台灣經濟奇蹟」就是因此而得名。

但孫運璿對他所推進的經濟成就，卻自承有所遺憾，他在中風後不久曾在一次談話中表示，公職生涯中最感遺憾的，是太專注於經濟發展，而忽略了精神文化的提升，以致於台灣出現許多亂象。

孫運璿可以說是台灣政治圈中最受人尊敬的官員之一，主要是他廉潔自持。擔任經濟部長開始，他就有三不政策：「不應酬，不題字，不剪綵」。他要求公司老闆有什麼話到辦公室說，而且談要談整個業界的問題，不要只談自己公司的問題；他也拒絕題字、剪綵，認為那是錦上添花，而且只要一開例就後患無窮。

中風後，孫運璿很用心地進行復健，深居簡出，偶爾出席公益活動和國民黨活動，都以輪椅代步，他曾拍攝公益廣告呼籲大家注意自身健康，按時量血壓。二〇〇六年一月三十日因呼吸困難送醫救治，確診為急性心肌梗塞、併發急性心臟衰竭及急性肺水腫，二月十五日零時三十三分，病逝於台北榮民總醫院，享年九十二歲。

《天下雜誌》曾經以歷年的台灣政治人物為對象，向中小學教師與家長進行民調，孫運璿被評定為品格操守最佳的政治人物。而近二十多年來，台灣民眾也許因為對時局不滿，也許因為對之後的領導人不信任，更加懷念孫運璿的清廉、平實、以台灣為念，以及他的前瞻視野、專業，發展高科技，帶領台灣走上開發國家，為台灣打下至今仍為國際典範的經濟奇蹟。

一九七八年蔣經國拔擢孫運璿擔任行政院長時，曾電告旅居美國的宋美齡，宋美齡隨即覆電曰：

> 孫部長運璿擔任首揆確屬適宜，國家復興前途賴諸經濟計畫步伐整速為最，數年來其之表現可稱卓越，且所聞問，均以其人謙沖侍親孝順，余深為能襄助得力為慶。母

這是宋美齡對孫運璿出任行政院長前的評價，確實中肯；而《天下雜誌》在他過世時的追念文章說：「很多人深深懷念著孫運璿一生的廉潔自持、超越省籍、調和朝野。也惋惜一九八四年冬夜，他的中風不但影響了他，而且影響了台灣。」（李耀時）

劉少奇（1898-1969）

劉少奇：國家元首的黑白人生

劉少奇（一八九八—一九六九年），原名劉渭璜，曾用名胡服，湖南寧鄉人。中國共產黨、中國人民解放軍和中華人民共和國的主要領導人之一。劉少奇是中國共產黨的理論家，毛澤東思想最早的宣導者，是中華人民共和國國家主席，黨務國務的主要決策者之一。但是晚年由於與毛澤東發生意見分歧，在文化大革命中被迫害致死。

領導工人運動

劉少奇於一八九八年十一月二十四日生於湖南省寧鄉縣花明樓炭子沖的一個農民家庭。父親劉壽生，母親姓魯，兄弟姊妹共有六人。劉少奇從八歲到十四歲在家鄉讀私塾，十五歲進入寧鄉高等小學學習，十八歲進入長沙的寧鄉駐省中學學習。一九一七年，進入長沙陸軍講武堂學習軍事。一九一九年在長沙私立育才中學讀書，同年夏天到達北京，參加過「五四」運動。一九二〇年八月，劉少奇在長沙加入中國共產主義青年團。一九二一年遠赴莫斯科，進入東方勞動者共產主義大學學習，同年成為中國共產黨黨員，從此走上職業革命家的道路。

一九二二年春天，劉少奇從蘇聯回國，在中國勞動組合書記部工作，隨即參加領導粵漢鐵路工人的罷工運動。一九二二年五月，劉少奇和李立三一起，組織成立了江西安源路礦工人俱樂部。一九二二年九月，工人俱樂部向路礦當局提出保障工人權利、增加工人工資等十七項要求。路礦當局態度橫蠻，拒絕了工人的要求。

九月十四日，劉少奇決定領導工人罷工，在他的發動組織下，一萬七千餘名工人參加了罷工，一時間使整個安源煤礦與外運鐵路陷於癱瘓狀態，路礦當局遭受巨大損失。於是，路礦當局採取高壓手段，威脅利誘，企圖以此來迫使工人復工。但工人堅絕不為所動，提出不滿足工人的條件就絕不復工。劉少奇作為工人代表，出面與當局進行談判。他大氣凜然，義正辭嚴，條分縷析地充分說理，實事求是地說明工人要求的合理性，機智地揭穿當局的欺騙謊言。經過艱苦的抗爭，終於迫使路礦當局接受工人提出的條件。

十八日，工人代表劉少奇與路礦當局簽訂協定，罷工至此勝利結束。這次安源路礦工人大罷工，是繼一九二三年二月七日京漢鐵路大罷工以後又一次大規模的中國工人革命運動，不但在社會上產生了重大影響，也奠定了共產黨在工人中的組織基礎。一九二三年四月，劉少奇任安源路礦工會代理總主任，後轉任總主任。劉少奇還以安源路礦工會為基地，使共產黨擴展到武漢、大冶等地。一九二七年國共合作破裂後，漢冶萍總工會中的共產黨員組織了一批工人，參加毛澤東領導的秋收起義，追隨毛澤東走上井岡山，成為最早的紅軍兵力來源之一。

開闢另一條戰線

毛澤東關於中國革命的正確路線是走井岡山道路，用武裝割據的形式首先佔領廣大農村，然後以農村包圍城市，最後奪取全國政權。因此，中國共產黨和國民黨合作破裂以後，主要任務就是在農村開展武裝鬥爭，建立革命根據地。但是，毛澤東以農村包圍城市、奪取全國政權的革命路線，並不意味著放棄在城市以及國民黨控制區的鬥爭。因此，中共在農村展開武裝鬥爭之外，還開闢了另一條戰線，這就是在城市與國民黨控制區展開各種形式的鬥爭，牽制國民黨的精力，配合主要戰場的武裝鬥爭。這另一條戰線及鬥爭，主要是由劉少奇開闢和領導的。

一九三六年前後，劉少奇根據中共中央關於抗日民族統一戰線的新政策，寫下了《公開工作與秘密工作的區別與聯繫》、《民族統一戰線的基本原則》、《關於白區職工運動的提綱》等等有關另一條戰線鬥爭的文章，系統地闡明了中國共產黨關於在國民黨控制區開展鬥爭的指導思想與具體策略，探討了公開鬥爭與秘密鬥爭、合法鬥爭與非法鬥爭、政治鬥爭與經濟鬥爭等各種關係，為另一條路線的鬥爭指明了方向。

在劉少奇的具體指導下，共產黨對原先與中共中央關係不夠緊密、處於國民黨控制區的北方中共組織進行了整頓，使北方黨組織的活動完全置於中共中央的領導之下。劉少奇還不失時機地把被關在國民黨監獄中的一批高層幹部營救出來，並把他們派往各地擔任領導工作，又在國民黨控制區積極大膽地發展了一大批新共產黨員，特別引導在北平、天津曾經參加過中華民族解放先鋒隊，以及參加過「一二九」抗日運動的青年學生加入共產黨。劉少奇的這一系列措施，使共產黨的隊伍得到了迅速擴大，使共產黨的勢力得到了迅速增強。

在國共內戰中，共產黨在隱蔽戰線上開展的工作與軍事鬥爭一樣富有成就，在最後幾年的國共對決中，至少有一百多名國民黨軍隊的高級將領最後由於各種原因而投向共產黨，至於被共產黨策反的國民黨其他高官及其子女、親屬、朋友等等，更是不計其數。共產黨之所以能夠最終戰勝國民黨，當然主要依靠軍隊的武裝鬥爭，但在另一條隱蔽戰線上卓有成效的工作也是原因之一。毛澤東認為中國共產黨有三大法寶，其中之一就是統一戰線，而所謂統一戰線，實際上主要就是劉少奇所從事的黨的鬥爭的另一條戰線。

確立毛澤東思想

劉少奇是黨內的理論家，早在一九三九年就寫成了《論共產黨員的修養》一書，對於共產黨的建設具有很大作用。劉少奇認為，中國革命發展，需要有一個馬克思列寧主義的、無產階級的、中國化的革命理論作為指導，於是劉少奇主動自覺地擔當起了確立毛澤東思想為全黨的指導思想的重大任務。

一九四三年七月，劉少奇寫了《清算黨內孟什維克》一文，提出：「一切幹部、一切黨員，應該用心研究二十二年來中國共產黨的歷史經驗，應該用心研究和學習毛澤東同志關於中國革命及其他方面的學說，應該用毛澤東同志的思想來武裝自己。」

一九四五年五月，中國共產黨第七次全國代表大會在延安舉行，劉少奇在會上作了《關於修改黨的章程》的報告。劉少奇在報告中系統地論述了中國共產黨的性質、指導思想、群眾路線和民主集中制等原則，特別強調黨章總綱確定以毛澤東思想作為黨的一切工作指導方針。

據當時在場的人回憶，劉少奇在《關於修改黨的章程》的報告中一共一百多次提到了毛澤東的名字，如果加上毛澤東思想，那更是不計其數了。劉少奇作報告提到毛澤東的名字時，聲音洪亮，感情充沛，而且還做著手勢，以強調毛澤東思想的偉大意義。他幾乎用著全力，高聲向全場與會者宣布：「我們偉大領袖毛澤東已經用他的思想把我們全民族的思想提高到一個前所未有的高度，這就是毛澤東思想！」全場掌聲雷動，經久不息。

正式提出毛澤東思想並作出精確定義的第一人就是劉少奇。劉少奇認為毛澤東思想就是「馬克思列寧主義理論與中國革命實踐相結合」，也就是馬克思主義中國化。劉少奇在中共七大的報告中，從九個方面具體闡述了毛澤東思想的基本內容與具體內涵，為全黨全國學習毛澤東思想提供了基礎。後來中國共產黨人與一般民眾對於毛澤東思想的認識不斷深化，用毛澤東思想來統帥全黨全國一切工作的提法，甚至林彪在文化大革命中把對毛澤東的崇拜推到了極致等等，最初的起源就是劉少奇在中共七大上的這份報告。

制定國家法規條例

一九四六年三月，劉少奇與毛澤東經過商量研究後，起草了一份關於土地問題的電報，隨後，劉少奇又和任弼時、薄一波、鄧子恢等人在這份電報精神的基礎上，制定出了《中共中央關於土地問題的指示》。

五月四日，劉少奇主持中共中央全會通過了這個指示，史稱「五四指示」。抗日戰爭時期，中共在其控制地區對於地主實行的是減租減息政策，但抗戰勝利後劉少奇認為這一政策已經不適應當時的情況了。「五四指示」支持農民透過清算手段，從地主手裡獲取土地，以實現耕者有其田的目標。當時共產黨控制的地區已經有一億人口，其中絕大多數都是農民，農民根據中共中央「五四指示」的精神，獲得了夢寐以求、朝思暮想的土地，實現了共產黨土地改革的第一步。

一九四七年夏天，共產黨開始對國民黨軍隊實行戰略反擊，這一戰場上的軍事形勢對於土地改革提出了更高要求。七月至九月，劉少奇作為中共中央工作委員會書記，在河北省平山縣西柏坡村主持召開了全國土地工作會議，制定了《中國土地法大綱》。

《中國土地法大綱》明確規定，中共將「廢除封建半封建剝削的土地制度，實現耕者有其田的土地制度」。廢除地主土地所有權，對國家的所有土地統一平均分配，歸個人所有。一九四七年十月，《中國土地法大綱》正式實施，在共產黨控制區內，展開了更大規模的土地改革。土地改革的實施使幾千年以來的封建地主土地所有制被完全廢除，億萬農民獲得了土地。大多數農民更加擁護共產黨，跟著共產黨，積極加入共產黨，有力地支持了共產黨領導的武裝鬥爭，從而為奪取全國勝利創造了有利條件。

中華人民共和國成立後，劉少奇當選為中央人民政府副主席，他主持制定了國家的政治、經濟、文化、教育、科技以及外交等領域的方針政策，規範了政府的行政秩序。一九五四年在第一次全國人民代表大會第一次會議上，劉少奇作了《關於中華人民共和國憲法草案》的報告，並當選為全國人民代表大會常務委員會委員長。一九五九年，劉少奇當選為中華人民共和國主席，從而走上了人生道路的巔峰。

人生道路的急轉直下

從六〇年代初期開始，毛澤東與劉少奇對於如何治理國家產生了一些分歧。劉少奇認為新民主主義革命時期應該有一段比較長的過程，毛澤東則認為應該儘快實現社會主義與共產主義；劉少奇認為應該大力發展經濟、促進生產，毛澤東則認為應該堅持階級鬥爭、堅持無產階級專政、不斷革命。一九六二年，毛澤東提出必須開展社會主義教育運動，劉少奇實施了這一運動，但毛澤東認為劉少奇採取的是「形左實右」的錯誤路線。

一九六六年初夏，毛澤東發動了文化大革命以後，又隨即離開北京去外地視察，因此文化大革命的具體領導由在北京的劉少奇負責。劉少奇派出工作組進駐高校指導文化大革命，又遭到了毛澤東的嚴厲批評，並且認為劉少奇就是資產階級司令部，就是中國的赫魯雪夫，就是黨內最大的走資本主義道路的當權派。因此，劉少奇必須被打倒。在毛澤東的縱容下，年已七十的國家主席劉少奇遭到了紅衛兵的無情批鬥與殘酷迫害。

一九六八年八月，中共八屆十二中全會依據偽證，認定劉少奇是「叛徒、內奸與工賊」，一致通過了撤銷劉少奇黨內外一切職務、把劉少奇永遠開除出黨的決定。一九六九年十月，劉少奇在重病中被押解至河南開封軟禁，十一月十二日在被囚禁的陰冷小屋內孤淒逝世，死後用劉衛黃的化名匆匆火化了事。

文化大革命結束以後，經歷了十一年的時光，一九八〇年，中共十一屆三中全會又作出了《關於為劉少奇同志平反的決議》，撤銷中共八屆十二中全會強加於劉少奇的一切誣陷之詞以及對於劉少奇的處理決定，恢復劉少奇的名譽。

如今在毛澤東的家鄉，後人為劉少奇建造了一座更輝煌、更大於毛澤東的紀念館。（陳先元）

謝東閔（1908-2001）

謝東閔：開啟台籍菁英從政之路

謝東閔（一九〇八—二〇〇一年），原名謝進喜，自號求生，彰化廳北斗支廳二八水區二八水庄人（今彰化縣二水鄉光化村）。中華民國第六任副總統，是台灣省籍人士中第一位擔任此要職者。晚年被人們尊稱為謝求公。

治國強調「文化立國」

一九七八年，台灣將進行中華民國第六屆總統的選舉，第五任總統嚴家淦是接替蔣介石逝世後未完的任期，他在前一年就清楚表示不競選第六任總統，並向國民黨中央舉薦由時任行政院長的蔣經國代表國民黨競選第六任總統，獲國民黨全國代表大會通過。

蔣經國在思維第六任總統任期的人事時，就考慮到由台籍人士出任副總統的問題，那時候推動「吹台青」政策已經有一段時間，台籍菁英開始逐步進入政府的高層，最高到了五院院長及省主席的層級，因此，蔣經國希望有台籍菁英出任他的副手，擔任中華民國第六任副總統。

在蔣經國的口袋中有兩、三位候選人，但在他正式向國民大會推薦副總統人選當天，媒體披露了某位最資深台籍菁英將出任副總統的消息，而當天下午宣布的人選卻是當時的台灣省政府主席謝東閔；他也在之後的副總統選舉中順利地當選了中華民國第六任副總統，也成為第一位台籍副總統，距離他擔任第一位台籍省主席的時間，整整六年。

這一段歷程有一些傳言，有人信誓旦旦地說，由於消息提前曝光，令蔣經國十分不悅，使得原定人選「見光死」，臨陣換將，謝東閔因此出線。不管這種說法真實性如何，謝東閔出任首位台籍副總統，也確實是實至名歸，因為在全力拚經濟、穩定社會的民國六〇年代，他在省政府的施政確實成就非凡。

在謝東閔出任第九任省政府主席之前，有長達十六年的時間，台灣省主席均由軍事將領出任，謝東閔不僅是第一個本省籍人士，而且是平民出身的省主席，他的作風大為不同，勤跑基層，到處走透透，成為政治人物勤政愛民的典範。此外，他的創意無窮，提出許多高瞻遠矚且具體可行的措施，包括「客廳即工場」、「屋頂即花園」、「化雜草為牧草」、「公墓公園化」、「媽媽教室」和「小康計畫」等政策影響深遠，鼓勵民眾勤奮努力，也促使台灣社會經濟逐漸穩健發展。

謝東閔以身作則，指示清除主席官邸後方山坡雜草，改栽種牧草，並搭建牛舍，又從省農會大甲牧場運來牛隻親自飼養，這個舉動除了以行動提倡養牛事業，更打破了以往省主席與民眾的距離，許多人都對他的親民留下深刻印象，而他也以卓著政績開啟了台灣省籍精英從政的坦途。

台灣省文獻委員會曾經邀請省府各廳處局，及長年居住在中興新村的一百八十位耆老，分批舉行十組口述歷史座談，編成「省府中興新村耆老口述歷史」，以做為歷史見證。書中對主政中興新村的歷任省主席都有評價，對於謝東閔的描述是：「謝東閔，很平易近人，也生性勤儉，開會吃便當，反對興建高爾夫球場，提倡小康計畫，對改善省民經濟大有助益。」

謝東閔長子謝孟雄接受訪問時表示，謝東閔以我國固有的政治哲學——修身、齊家、治國、平天下為其處世原則，在省政府主席任內提倡的小康計畫、消滅髒亂、消滅貧窮等，都是本著修齊治平的理想致力於社會、國家的基礎建設。以消滅貧窮為例，為了改善民眾生計，謝東閔推動了客廳即工場措施，以客廳做為家庭副業的工作場所，民眾生活很快地獲得改善，並且奠定了台灣中小企業蓬勃發展的基礎。台灣許多企業就是從家庭即工場開始，一步一腳印地茁壯，締造了台灣的經濟奇蹟。

平凡而非凡的一生

說謝東閔出身平民一點都不錯，但由於能夠在關鍵時刻做出重要的抉擇，掌握每一個機會貢獻才能，並在每一個工作崗位上努力求開創，因此成就了他平凡但非凡的人生。

一九〇八年，謝東閔出生於台灣彰化縣二水鄉，乳名進喜。幼時家境小康，個性堅毅好強，他是當地第一位考上台中一中的學生，但就讀中學時因不滿學校的日籍歷史老師經常以「支那豬」辱罵台灣人，激發出其強烈的民族意識，因此以「求生」為其字，也決定要離開台灣。

十九歲時謝東閔即經由日本至大陸就讀上海承天中學，之後進入東吳大學法學院就讀，曾經受業於徐志摩，徐志摩開明浪漫的思潮對他影響頗深，謝東閔晚年時常對兒孫們提起他上過徐志摩的課。謝東閔就讀東吳大學的隔年插班考上中山大學政治系，有位法學院教授為他改名「東閔」，期勉他成為東方的閔子騫，對於老師的期許，謝東閔謹記在心，並努力向上以不負師恩。但當時家道中落，雖然經常以麵包和白開水裹腹，可是求學意志絲毫不受困苦環境影響；由於他的日文造詣深厚，學校購置的日文書籍常請他翻譯。大學畢業後，中山大學破例聘請他擔任日文講師，困苦的生活也漸趨穩定。一九三三年他和潘影清共結連理，並開設「廣州日文專修館」從事教學工作，口耳相傳下，學生人數越來越多。

一九三七年謝東閔移居香港，並於英國政府郵電處工作，在此同時結識了一些文化界的好友包括李萬居、王芃生等人。一九四二年又由香港遷至廣西，隔年出任國民黨在福建漳州成立的台灣直屬黨部的委員兼宣傳科長，自此踏上了從政之路。

一九四五年五月，中國國民黨在重慶召開第六屆全國代表大會，謝東閔代表台灣出席會議，並在會中見到蔣介石和蔣經國父子，蔣介石私下告訴謝東閔一個重大的訊息：「你可以告訴台灣同胞，台灣光復的日子快到了。」謝東閔興奮地第二天就到中廣公司以閩南語向台灣同胞廣播這個好消息。

謝東閔是跨越兩個時代的風雲人物，一九七五年他以〈兩個時代，一個感想〉為題撰文提到：

我很不幸生在日本光復前的日據時代，有將近二十年的漫長歲月，是在異族暴政統治下度過，這一段血淚斑斑的悲慘遭遇，雖時隔五十年多，至今思之猶痛。

二次大戰結束後，一九四五年十一月謝東閔回台出任高雄州接管委員會主任委員，立即撥款修復被炸毀的曹公圳，曹公圳不僅有文化和歷史的價值，更是當地重要的農田水利設施，一經修護，立刻恢復了當地的農耕灌溉。一九四六年出任高雄縣首任縣長，隔年出任省教育廳副廳長，一九五二年任國民黨副祕書長，一九五四年出任台灣省政府祕書長、省議會副議長、議長，幾次省議員選舉皆以最高票當選，自此聲望隆著，其間也曾兼任《台灣新生報》發行人。

謝東閔一介不取，戮力從公。擔任《台灣新生報》發行人期間，曾赴日採購彩色印刷機，日人援例致贈的佣金被他全數退還，並要求把佣金抵減總價，其行事清廉的作風令日人非常敬重。

推崇〈禮運大同篇〉

謝東閔雖為一文人，但被譽為有武將的特質，這在他台灣光復之初接收高雄州時充分地展露，如果不是他的當機立斷，「二二八事件」可能提前在一九四五年就引爆。當時，謝東閔聽聞有民眾被移防的國軍士兵槍殺，經瞭解是調往花蓮、台東的部隊，在路經高雄、鳳山之間村莊時，有一士兵開槍打死一名百姓，民眾譁然，包圍部隊，謝東閔見事態嚴重，趕往鳳山軍營找林姓師長緊急溝通處理，林師長是廣東籍，謝東閔沒想到在廣州求學及工作練就的廣東話此時派上用場。經他協調，林師長應百姓要求，逮捕肇事的士兵，並當眾槍斃，眾怨才平息。謝東閔曾私下表示，一九四七年如果當時台灣行政長官陳儀也能像林師長那樣處理，把開槍者治罪，並出面安撫抗議民眾，相信不會有「二二八」這樁歷史傷痛。

「父親十分推崇《禮記禮運大同篇》，認為那是偉大的治國理念，他一直想建造一座石雕公園，把《禮運大同篇》雕刻在石頭上面。」謝孟雄說他父親事親至孝，注重人倫，常教誨子弟要「勤儉治家，克己待人」，而且公私分明。在接任省主席時，全家坐火車南下參加就職典禮，謝東閔特別指示，只能用公款買他一個人的火車票，家屬的車票不可以公費支出。而擔任公職期間，公務車從不讓家人使用。謝孟雄透露，謝東閔一九五八年創辦實踐家政專科學校（一九九七年改名為實踐大學），從未把學校的物品帶回家，反而是從家裡搬一些物品包括鋼琴等到學校使用。

實踐的校訓是：「一個觀念、三個習慣」。一個觀念是「勤勞是快樂」，三個習慣是「禮貌、整齊、物歸原處」。這完全體現謝東閔的生活態度，雖然簡單，卻創造了豐富的人生。

「傳家有道惟存厚，處世無奇但率真」是謝家的家訓，也是謝東閔一生為人處世的寫照。他的生活樸實簡單，對物慾要求極低，飲食力求清淡，喜歡走路；家裡能送人的東西都送走了，衣櫥裡只有幾件西裝，床底下兩雙鞋，子女要買衣物或鞋子給他，一定被拒絕，有時還會遭到責罵。謝家有個規矩，從不讓佣人盛飯、倒茶，謝東閔凡事不假他人之手，即使手受傷後，也不願麻煩他人。

一九七六年十月十日，一個郵寄的包裹炸斷了謝東閔的左手，並且傷了右手。但他毫無怨恨，後來兇手王幸男的父母向他下跪道歉，謝東閔要他們不要自責，還請他們吃飯使其寬心，此等胸襟表現出他不凡的寬容厚道。

不過，因為手受傷等因素，謝東閔只做了一任副總統，之後，他獲聘為總統府資政，從此逐漸淡出政治權力核心，對此轉變，他處之泰然，但是對國事和群眾的關心程度始終如一，每當有人向他請益時，他絕不批評檯面上的人物，總是呼籲大家團結奮鬥，有共同的方向，國家才能長治久安。至於如何精誠團結，他強調在上者「有容乃大」，在下者「不貪則剛」。所謂「不貪」，第一不貪權，第二不貪錢，第三不貪名。

二〇〇一年九月三日台灣省政府資料館特以「布衣主席的歸返」為主題，規劃了「東閔特展室」，推崇他是一位凡事順其自然的謙謙國之重臣，更是一位有新構想、全方位、腦筋不停在轉的理想家，一生不僅重視家庭教育，更致力倡導「文化大國」、「均富社會」與「研究發展」。可見謝東閔是一位深具創意構想的政治家，也是一位身體力行的教育家。

「實踐」大學理想

謝東閔最大的志趣是教育文化事業，除了創辦實踐家專（今實踐大學），念茲在茲的是要把台灣建設成文化大國，成立漢學研究中心是他的未竟之志。他生前常提到，漢學研究中心的成立，能夠有系統地保存和發揚中華文化，將古典作品翻譯成各國文字，影響全世界，如此，二十一世紀才會是中國人的世紀。謝東閔認為，文化是民族能否永續發展的因素，台灣在科技和經濟成就之外，應該努力發展文化成就；文化大國不是用喊的，必須採取積極作為。許多先進國家都成立了漢學研究中心，台灣對漢學研究反而顯得落後，是說不過去的。

唐朝龍牙禪師的一首禪詩，「木食草衣心似月，一生無念復無涯；時人若問居何處，綠水青山是我家」，此等樸實自在、明朗達觀的風範即是謝東閔的一生縮影。他始終保持一顆清淨的心，凡事不忮不求，對人寬厚仁慈。凡有人至其台北外雙溪的住處訪問，謝東閔總是笑容滿面，知無不言，言無不盡。他常說「青菜豆腐保平安」，他的飲食和衣著如此樸實無華，卻蘊含了許多哲理。哲人已遠，典型仍在，謝東閔寫下一頁傳奇。（張雨行）

朱　德（1886-1976）

朱德：一生戎馬鑄軍魂

朱德（一八八六—一九七六年），字玉階，原名朱代珍，曾用名朱建德，四川儀隴人。中國共產黨、中國人民解放軍和中華人民共和國的主要締造者和領導人之一，八一南昌起義的主要領導人，長期擔任中國人民解放軍總司令，中華人民共和國十大元帥之首，他為創建中華人民共和國立下了赫赫戰功。

反清反袁，救國護國

朱德一八八六年十二月一日出生於四川省儀隴縣琳琅寨朱家灣。朱德青年時期，正值國家政治腐敗、經濟凋敝、民族矛盾尖銳、階級對抗激化，西方列強覬覦中華大地。目睹國家危亡，朱德萌發了最初的反清救國思想。

一九〇九年八月，朱德離開四川儀隴家鄉，到成都與其好友秦坤會合後，兩人頭頂烈日，腳踏大地，爬山涉水，風餐露宿，經過七十多天的長途步行近千公里，最終到達了雲南省會昆明，考入雲南陸軍講武堂。朱德說：「這是我尋找多年的地方！……我一心一意投入講武堂的工作和生活，從來沒有這樣拚命幹過。我知道我終於踏上了可以拯救中國於水火的道路。」朱德在雲南講武堂學習期間參加了中國同盟會，從此開始了他一生顯赫的革命軍事生涯。

一九一一年八月，朱德從講武堂畢業，加入雲南新編陸軍。一九一一年十月，武昌起義爆發，全國紛紛響應，雲南一批革命志士於當年的農曆九月初九發動了「重九起義」，朱德積極參與其中，擔任連長，率部攻打雲南衙門。

一九一五年十二月，朱德積極投入蔡鍔領導的護國戰爭，率部入川作戰，為討袁運動取得勝利作出了貢獻，迫使當時的北京政府放棄了倒行逆施之舉。這幾年一系列的軍事活動，一方面顯示了朱德維護公平正義、嚮往民主共和救國救民的情懷，另一方面也初步顯示了他傑出的軍事天賦與卓越的作戰才能。因此，剛剛過了而立之年，朱德就晉升為滇軍旅長。

參加中共創建紅軍

辛亥革命以後，中國時勢複雜，世局紛亂，群雄四起，軍閥混戰。朱德的親身經歷使他認識到，如要救國救民，必須尋找一條新的道路。一九二二年，朱德離開雲南，來到上海、北京等地，先後與同盟會領導人、曾任中華民國大總統的孫中山，以及以創辦《新青年》雜誌宣傳共產主義而聞名的中國共產黨創始人陳獨秀會面。同年九月朱德遠赴歐洲考察，在德國經周恩來介紹加入了中國共產黨。

一九二五年，朱德向黨組織表示希望自己能夠到蘇聯學習軍事理論，日後以軍事工作為黨終身服務。同年七月，朱德在共產黨組織的資助下抵達蘇聯，進入莫斯科東方勞動者共產主義大學學習軍事理論，並進行實際軍事訓練。朱德認真研習了蘇聯內戰時期的戰鬥案例，並結合十餘年的軍事生涯，確立了自己的戰略戰術方法。朱德的主要軍事理論是「部隊大有大的打法，小有小的打法」、「打得贏就打，打不贏就走」。這些軍事思想對於中國共產黨開展的游擊戰來說，很有價值。

一九二六年朱德回到國內，被任命為國民革命軍第二十軍黨代表。一九二七年一月，朱德到達江西南昌，創辦國民革命軍第三軍官教導團，為共產黨培養軍事人才。他又兼任南昌市公安局局長，一方面打擊社會犯罪份子，維護社會安定；另一方面，又盡力支持與保護工農革命群眾運動。

同年四月，國共合作破裂，國民黨發動了「清共」運動，即清除國民革命軍內的共產黨人。國民黨逮捕並處決了一批共產黨人，使共產黨組織遭受了重大損失。朱德根據黨的指示，於一九二七年八月一日與周恩來等人一起發動了南昌起義，以武力對抗國民黨當局，由此建立起由中國共產黨人自己掌控的武裝力量，後來八月一日被定為中國人民解放軍建軍節。當然，由於各方面的因素，南昌起義實際上是失敗了。朱德率領起義軍餘部只能南下廣東，尋找出路。

十月，起義軍餘部與前來清剿的國民黨軍隊多次激戰，寡不敵眾、實力懸殊，最後僅剩下七百餘人，幾乎陷入了絕境。幾經苦戰，實力大減，這支碩果僅存的起義部隊到了生死存亡的危機關頭。

在贛南安遠縣天心圩的一個廣場上，朱德對部下的戰士們進行了思想動員。朱德說：「願意革命的繼續跟我走，不願意革命的可以回家。黑暗是暫時的，革命一定會成功！」透過天心圩的思想動員與組織整頓，部隊信心大增，精神煥發，提高了戰鬥力。一九二八年一月，朱德率部折返湖南，打敗國民黨許克祥部隊的多次進攻，智取宜章縣城，在湖南南部建立了共產黨蘇維埃政權，組建了若干支新的部隊，大大擴充了兵源，使南昌起義的餘部轉危為安、由弱到強。

四月，朱德與陳毅率領一萬多人的部隊走上井岡山，與毛澤東率領的秋收起義部隊會師，組建了中國工農紅軍第四軍，朱德任軍長，毛澤東任黨代表，朱德與毛澤東由此開始合稱「朱毛」。朱毛井岡山會師是中國共產黨歷史上的重大事件之一，朱毛會師使中國共產黨成功地建立革命根據地，成立了中華蘇維埃政府，實行革命的武裝割據。

一九三〇年，朱德擔任紅軍總司令，隨即和毛澤東一起領導紅軍擊退國民黨三次圍剿，鞏固了井岡山革命根據地。一九三三年，朱德指揮紅軍以大兵團伏擊戰的方法，消滅國民黨軍隊的三個師，取得第四次反圍剿的勝利。但由於共產黨內實行王明路線的錯誤，毛澤東等人被迫離開了紅軍領導崗位，未能粉碎國民黨後來發動的第五次圍剿，紅軍被迫長征。

運籌帷幄抗擊日寇

一九三七年七月七日盧溝橋事變爆發，抗日戰爭全面展開，國共進行第二次合作。中國共產黨領導的工農紅軍被編為國民革命軍第八路軍，朱德任八路軍總司令。九月，朱德率領八路軍到華北前線對日軍作戰。

一九三七年九月，入侵山西的日軍向平型關、雁門關一帶進攻，企圖奪取山西省會太原。八路軍預先埋伏於平型關東北公路一側，二十五日早上日軍第五師團一部進入伏擊區，八路軍突然開火，殲滅敵人一千多人，繳獲大批武器及其他軍事用品。八路軍取得平型關戰役的勝利，遏制了日軍的侵華勢頭。

一九三八年二月，朱德率領八路軍總部向太行山區挺進。四月，粉碎了日軍對於晉東南地區的進攻。隨即又指揮八路軍挺進冀南豫北以及山東平原地區，開展抗日游擊戰爭，建立抗日根據地。一九三八年至一九四〇年間，朱德先後兼任第二戰區東路軍總指揮與第二戰區副司令長官，指揮八路軍與部分國民黨部隊聯合對日作戰。一九四〇年五月，朱德從華北前線回到延安，和毛澤東一起從事中共中央的領導工作。七月，朱德與前方的彭德懷、左權等人一起部署百團大戰。集八路軍一百五十個團二十餘萬人的兵力，切斷日偽交通線，並摧毀交通線兩邊的日偽據點。至十一月份，殲滅日軍偽軍四萬六千餘人，有力打擊了侵華日軍的囂張氣焰。

一九四五年四月，朱德在中共七大上做了《論解放區戰場》的軍事報告，他從當時的軍事形勢出發，闡述了中國共產黨領導下八路軍的戰略戰術，這一報告，在中共現代軍事史上具有重要意義。一九四五年八月，日本宣布無條件投降，朱德以延安總部總司令的名義，向中國共產黨領導下的武裝力量接連發布七道命令，命令他們立即對日軍偽軍展開全面反攻，並接受日軍偽軍繳械投降。

胸有雄兵克敵制勝

一九四六年，內戰爆發，國共兩黨兩軍再次逐鹿中原。共產黨軍隊戰勝國民黨軍隊，最終中華人民共和國成立，迫使南京國民政府撤退台灣。

內戰開始階段，國民黨軍隊佔盡優勢，對共產黨管轄下的陝甘寧邊區展開了大規模進攻，大有黑雲壓城城欲摧的勢頭。但在毛澤東戰略思想的指導下，朱德指揮軍隊避開鋒芒，暫時從延安撤退，有效地保存了軍事實力。

一九四七年春天，朱德在華北地區組建了規模更大、戰鬥力更強的野戰部隊，提出「打大殲滅戰」的戰略方針。這是中國共產黨二十餘年武裝鬥爭史上前所未有的重大轉變，因為在以前較長的時期內，共產黨部隊的戰略主要表現為「敵進我退、敵居我擾、敵疲我打、敵退我追」的十六字方針，只是打小規模的騷擾戰、偷襲戰、游擊戰等等，在抗日戰爭時期，雖然共產黨部隊有過較大規模的戰鬥，但基本上還是以游擊戰為主。但在這一時期，共產黨軍隊已經與過去不可同日而語了。朱德指揮的晉察冀野戰部隊，從軍事實力來看，已經與國民黨軍隊旗鼓相當、勢均力敵，甚至超越了國民黨軍隊。

一九四七年十月，隸屬於共產黨的晉察冀野戰軍以十一個旅的兵力與國民黨軍隊五個師的兵力在河北定州清風店附近對峙。朱德運用運動戰的方法，指揮解放軍的野戰軍殲滅國民黨軍隊一萬七千多人，俘獲了國民黨軍隊第三軍軍長羅曆戎，一舉改變了華北戰場的軍事態勢。隨後朱德又親臨前線，指揮部隊以攻堅戰的方式奪取河北重鎮石家莊。這標誌著國共內戰的又一個重大轉捩點，說明共產黨軍隊開始從戰略防守轉為戰略進攻，國民黨軍隊開始從戰略進攻轉為戰略防守。攻克石家莊一役在政治上也具有重大意義，它標誌著中國共產黨領導的革命開始從農村轉向城市，毛澤東提出的中國革命必須走農村包圍城市的道路正在變為現實。

與此同時，朱德與彭德懷聯名發表《中國人民解放軍宣言》，提出了「打倒蔣介石、解放全中國」的口號。一九四八年九月，朱德與毛澤東一起組織指揮遼瀋、平津、徐蚌三大戰役，消滅國民黨軍隊一百四十多萬人；接著又進行渡江戰役，百萬雄師強渡長江天險，攻佔了南京，橫掃江南華南的國民黨軍隊。至此，國民政府大勢已去，共產黨依靠武裝鬥爭取得決定性的勝利。

中華人民共和國成立以後，朱德任中央人民政府副主席，中國人民解放軍總司令。一九五五年，被授予中華人民共和國元帥軍銜，獲一級八一勳章、一級獨立勳章、一級解放勳章。朱德一九五九年開始擔任中華人民共和國全國人民代表大會常務委員會委員長，直至一九七六年七月六日逝世。（陳先元）

李宗仁（1891-1969）

李宗仁：「一朝天子」腳踏兩條船

李宗仁（一八九一－一九六九年），字德鄰，廣西桂林人，生於臨桂西鄉村。中華民國陸軍一級上將，中國國民黨黨員。新桂系首領，曾任首任中華民國副總統、代總統。李並未赴台，一九五四年被彈劾罷職。後經瑞士回到中國大陸，一九六九年病逝於北京。

一九四八年五月二十日，是行憲後第一任總統副總統的就職大典，前一日，總統當選人蔣介石手諭副總統當選人李宗仁在就職大典上著軍常服出席，但在就職大典時蔣介石卻是著長袍馬褂的中國傳統禮服，在盛典中出現一文一武的著裝，十分不搭調，李宗仁副總統看起來就像是蔣介石總統的副官，有人說這是蔣介石有心為之，事實如何只有當事人心知肚明，但對李宗仁而言，卻是一份內心深處的恥辱。

但不管如何，李宗仁卻在整整八個月後出任了「代總統」，好歹也是「一朝天子」。

李宗仁的「代總統」雖然才半年多，在中國歷史上仍是一號人物；而李宗仁當時所代行的，正是蔣介石引退下野的職權，蔣介石之所以下野，以及與李宗仁之間的關係，似乎也頗為微妙，這段歷史讓人感到好奇，兩人相互爭鬥的政治故事也很精采。

在台灣曾被尊為「民族救星」的蔣介石，歌誦的「神話」很多，但在副手李宗仁的眼中，卻有著完全不同的評價，批評蔣不但不會打仗，而且忌賢妒能，寧饒敵人，卻不饒朋友，非常剛愎自用，「共軍之所以能席捲江南，淹有全國，並非他們有天大的本領能使我軍一敗塗地，實因蔣自毀長城開門揖盜之所致」。至於撰寫《李宗仁回憶錄》的歷史學者唐德剛，評論起李宗仁來也有很不堪的一面，說他是一個「口是心非、老奸巨猾、吃裡扒外、翻雲覆雨的小人」。

一九四七年十二月二十五日中華民國開始行憲，以總統取代國民政府主席一職，蔣介石則是於一九四八年五月二十日正式就任中華民國行憲後的首任總統。但迫於當時形勢，上任才短短八個月，就於一九四九年一月二十一日，以「弭戰消兵，解人民倒懸於萬一」的原由引退，李宗仁便依憲法代行職權；從當上史無前例空前絕後的「代總統」，直到一九四九年十二月七日中華民國政府播遷到台灣，滯留美國的李宗仁並未能獲得美國政府的支持，才又給了蔣介石復行視事的契機。

國家遇難「稱病」避走

李宗仁代理總統期間，沒有一番轟轟烈烈的事蹟，但與蔣介石之間的競合互動，倒也曲曲折折。有趣的是，李宗仁曾在一九四九年七月二十七日以「代總統」的身分，由福州搭機飛至台北，進行四天三夜的訪問，下野的蔣介石則以國民黨總裁身分到松山機場迎接昔日副手到訪，隔一天，還比照蔣介石伉儷一九四六年十月二十五日到台灣參加「台灣光復一週年紀念會」的規格，接受台灣省各界代表群聚台北中山堂的盛大歡迎會，隨後的一整天中，李宗仁與蔣介石數度「長談」，但未能達成任何共識，顯然，兩人仍存有芥蒂，相敬如「冰」，代總統最後悻悻然離台去了廣州。

一九四九年十月一日，中華人民共和國在北京建政，李宗仁自覺大勢已去，在十一月二十日以「就醫」名義自南寧飛往香港，據當時張群給蔣介石的電報稱：「李宗仁不敢回渝主政，深感進退維谷，情緒日形煩懣。」表面上說是就醫，實則是為「避難」。

李宗仁「稱病」避走香江，其實朝野都很清楚，他雖名為「代總統」，卻毫無國家元首的實權，完全無法掌控中央行政部門與部隊；蔣介石雖對外宣告引退，實際上仍以國民黨總裁的身分遙控整個大局，李宗仁形同魁儡，在忍無可忍之下，藉口胃疾復發，須出國治療，偕其妻及隨員七人，於十二月五日乘包機離港赴美，行前一天還刻意發表「赴美割治胃疾」的聲明。

「代總統」的出走，有人說此舉是中華民國在中國大陸「壓垮駱駝背上的最後一根稻草」，行政院就在李宗仁離開香港後三天、也就是十二月八日緊急決議遷都台北，國民黨中央黨部率先於十二月十一日遷至台北，沒有正副元首的中華民國總統府，也在一九五〇年一月九日遷入介壽館辦公，國民黨總裁辦公室則先於一月六日入主介壽館，蔣介石便於三月一日在台北宣布復行視事，並致電李，請其代表訪問美國朝野後從速返台。李宗仁深不以為然，認為蔣一九四九年下野時並沒有經過國民大會承認，他是「代行」而非繼位，蔣此舉違反憲法。三月二日，美國總統杜魯門接見李宗仁並共進午餐，並稱呼李為總統，駐美大使顧維鈞亦在場陪同，李宗仁接受美聯社訪問時則指，中共獲得政權，並非共產主義之功，而是蔣介石政府腐敗至極所致，對蔣介石的不滿溢於言表。

不過，形勢比人強，在外單人匹馬的李宗仁，沒人沒槍又沒財；而台灣擁有幾十萬軍隊，又有由大陸搬來的大筆黃金作後盾；政治畢竟要講究實力，無論李宗仁在外怎麼批蔣是非法總統，美國最後還是承認了蔣才是台灣唯一的統治者。兩人走到這個地步，關係已同水火。

蔣介石回敬李宗仁當然也不會客氣。國民大會先於一九五〇年五月，有七百一十一人提案罷免李宗仁，蔣介石於一九五二年一月十一日把李宗仁違法失職的彈劾案交至監察院，監察院旋即通過彈劾案，國民大會則於一九五四年三月正式投票表決，一致同意罷免其副總統職務。李宗仁被蔣介石免去副總統的職務後，頓成流落異鄉的一介平民，也不可能再到台灣。

從一九五五年開始，李宗仁反擊的力道更大，也漸與中國共產黨聯繫熱絡，並主張「國共和談」，最終導致晚節不保。去美十六年的李宗仁，終在一九六五年七月二十日演出一場「中華民國代總統投共」的荒謬行動劇。北京中央人民廣播電台在當晚播出這個驚人的消息：「前中華民國代總統李宗仁於當天乘坐專機抵達北京，中共頭目周恩來、彭真、陳毅、賀龍及葉劍英等人均在機場迎接。」李宗仁的投共，隨即在政壇掀起軒然巨波，也把自己逼上不歸路，背負起叛黨叛國的罵名。

取代老桂系任「廣西王」

事實上，在李宗仁代總統局勢危岌之際，蔣介石便亟思轉進台灣，並一手主導將黃金、故宮古物及人員遷移台灣。當時，美國亦曾備妥專機要接走蔣介石，但蔣的態度堅定，回以「可下野，不可去國」。回顧這段歷史，蔣介石當年如果選擇和李宗仁一樣出逃美國，台灣勢必很快就會被併入中華人民共和國；蔣介石未做李宗仁第二，這才保住了中華民國一隅，保全了台灣。

大陸東北師範大學歷史系教授郭彬蔚在《不是冤家不聚首：蔣介石與李宗仁》一書中，對李宗仁和蔣介石之間的相互合作與爭鬥有傳神的描述：一個憑武力稱雄、一個借武力一統，一個是伺機發難、一個是找茬整治，「民國這口鍋裡盛不下李蔣這兩個大軍頭」。

其實，李宗仁在年僅二十五歲時即有問鼎中原之志，憑藉出眾的能力取代老桂系，當上「廣西王」，但歷史也很會捉弄人，李蔣二人越是不合，越是糾纏在一起，兩人在合作中對抗、在對立中合作，如同硬幣之兩面，及至決裂之時，也宣告了一個時代的結束。

在李蔣關係中，不能不提到桂系的第二號人物「小諸葛」白崇禧，以及李的妻子郭德潔，還有時任李的祕書程思遠，都對李蔣關係產生不同程度的影響。李、白相連，成為新桂系的代名詞，兩人的命運也密不可分；李宗仁夫婦一九六五年投共，在台灣備受冷落的白崇禧也因此失去了對李的牽制作用，白崇禧曾經很痛苦地對身邊的人說：「德鄰（李宗仁字）投匪，我今後在台灣，更沒有臉見人了。」

而白崇禧之死，有一個說法指白是被特務設下美人計黸殺於床第。這個說法自然傳布極廣，但白崇禧之子白先勇直接否定了這些說法，他說父親的死亡不可能是蔣介石下毒手，因為在當時，李和白都已經對台灣的政局起不了任何作用，蔣沒有必要對白進行報復或懲戒。

綜觀李蔣關係，北伐初始，李宗仁的桂軍是第一個投效中央軍的地方軍閥，一九二七年起的清黨清共，桂軍支持蔣介石最為積極，殺了許多共產黨員之後，李宗仁與共產黨結下了很深的樑子。這時李蔣兩人關係最為密切，蔣介石是總司令兼第一軍軍長，李宗仁則是第七軍軍長，北伐軍行至長沙，二人互換蘭譜結成異姓兄弟；在處理東北軍的問題上，有些將領認為必須解散東北軍，但蔣介石接受李宗仁的意見，決定收編東北軍，因此造成了張學良的「東北易幟」，兵不刃血。但歷經十年內戰下來，蔣、馮、閻、李各霸一方，李宗仁與蔣介石關係也產生了微妙的變化，桂系參加了「中原會戰」，站在對抗蔣介石的一方，他們關係的變化，使得一九二八年蔣介石與宋美齡結婚時，李宗仁連賀禮都沒有送，是當時國民黨中央委員中唯一沒有送禮的委員。

抗日戰爭中，李宗仁是抗日名將，除了台兒莊大捷外，在許多重大的戰役中，桂系軍隊是重要的組成，犧牲也極大，尤其是在淞滬戰役中，桂軍老部屬幾乎損失殆盡，讓李宗仁十分生氣。

「牆頭草」的人生定位

李蔣關係到了抗戰勝利後持續惡化，對於國共東北四平會戰的決策，李宗仁認為蔣介石忌功而貽誤軍機，憤而決定參選行憲後的副總統選舉。一九四八年李宗仁在美國支持下（美國意在以李取代蔣）執意競選副總統，並以些微之差選勝了蔣所屬意的孫科，造成了兩人更嚴重的裂痕。

大陸淪陷後，中共評論戰犯時，蔣介石名列榜首、李宗仁緊隨其後。諷刺的是，二人一前一後如影隨形，卻貌合神離。李宗仁於一九六九年一月三十日以七十八歲之齡辭世北京，臨終仍不忘「祝願祖國繁榮昌盛」、「切盼台灣早日回歸祖國懷抱，完成國家的統一大業」。如今，李宗仁安息在大陸、蔣介石則暫厝台灣，彼此隔著台灣海峽相互對望；回顧這段歷史，令人無限感慨。

李宗仁的回歸大陸，說起來也是他生命中另一樁錯誤。一九六三年十一月，中共基於統戰和宣傳的目的，經過十年的互動後，認為歡迎李宗仁回歸的時機已經成熟，周恩來透過中間人向李宗仁提出「四不」及「過五關」的條件和要求，「四不」是：擺脫美國關係、不插手台灣問題、不和第三勢力攪在一起、不介入中美關係；「過五關」是：過好思想關、政治關、家族關、社會關、生活關，李宗仁都一一答應。於是，李宗仁偕夫人郭德潔於一九六五年七月二十日回到中國，毛澤東於七月二十六日在中南海住所會見李氏伉儷，還曾調侃說：「你這一次歸國，是誤上『賊船』了。台灣當局口口聲聲叫我們做『匪』，還叫大陸為『匪區』，你不是誤上『賊船』是什麼呢!?」毛澤東評論李宗仁和蔣介石就說：「他的腳踏在兩條船上，這就是他和蔣介石不同的地方。」由此可見中共雖然拉攏他返回大陸，但對他的基本定位仍然是牆頭草。

郭德潔返回大陸之後半年多，於隔年三月二十一日凌晨因乳腺癌在北京病逝。郭德潔去世後，為了照顧李宗仁晚年生活，北京一個醫院護士胡友松被介紹給李宗仁，李宗仁很喜歡，在經過周恩來同意後，二十七歲的胡友松與七十六歲的李宗仁在一九六六年七月二十五日完婚。胡友松據說是著名影星胡蝶的女兒，胡蝶離開大陸時未帶走，有人謠傳她是胡蝶和戴笠的私生女，但考察時間似又不對。

一九六七年，大陸公安部追查「梅花黨」，指李宗仁元配郭德潔是美國中央情報局組織的梅花黨負責人，派來中國做特務工作，以梅花型胸針作為聯絡標誌。當時文化大革命正如火如荼展開，國家主席劉少奇被嚴厲打擊，他的夫人王光美也被指稱是梅花黨的成員，李宗仁立刻陷於危險，後來周恩來出面保護李宗仁與胡友松，他們才倖免於難。

一九六八年八月以後，李宗仁身體狀況不佳，說是在美國已患肺氣腫，經常感冒發燒住院，同時又檢查出有十二指腸癌。一九六九年一月三十日，李宗仁病情惡化搶救無效，於深夜十二時逝世，享年七十八歲。據傳聞死因是慢性中毒，但這個傳聞一直沒有得到證實，直到一九七八年十一月九日，中共中央組織部部長胡耀邦在中共中央黨校講話，談到中共特工首腦康生的問題時，第一次提到李宗仁是中毒致死，他說：「我們肯定了李宗仁是慢性中毒死亡……李宗仁到底死在誰的手中，當然康生有最大嫌疑。」康生當時在中共中央排名第四，在毛澤東、周恩來、王洪文之後，是中共重要領導人之一，甚得毛澤東信賴，是文革期中的大黑手，被他指為反革命份子而被迫害的人無計其數，而由於針對梅花黨案的攻擊已經被周恩來阻止，所以轉而對李宗仁下毒，也是不無可能；另外，因為郭德潔的發病與死亡也很突然，因此在李宗仁被疑下毒致死後，也有人懷疑她的死因也不單純。

李宗仁在自己口述、歷史學者唐德剛撰寫的《李宗仁回憶錄》一書中，直指蔣介石當時集黨政軍大權於一身，作風縱橫捭闔，「其權力增漲的過程，實得力於權詐的多，得於資望功勳的少」。對於蔣奪權的過程，描述甚細。

指蔣介石「流氓治國」

李宗仁指蔣介石有「流氓治國」特色。一九一六年春，蔣在上海期間加入青幫，但因為入幫較遲，所以輩分不高。李說蔣後來衣錦榮歸，貴為革命軍總司令，以前的「阿兄」、「阿弟」們，自然都「雞犬升天」，周旋於黨國要人之間，而蔣「竟與這批流氓稱兄道弟，不以為恥。官箴全失，斯文掃地，以視北洋軍閥，猶等而下之，實堪浩嘆！」

「七七事變」後，蔣介石動用差不多全部國民革命軍精銳調往淞滬作戰。李宗仁對於這場歷時三月，抗戰八年中犧牲最大、戰鬥最慘的淞滬會戰很不以為然，也直指最高統帥犯了戰略上的嚴重錯誤，他認為淞滬戰場無險可守，根本不是決戰的地方，投入兵力太多，在日軍海、陸、空三軍火力完全壓制下，國軍根本無法還手，等於陷入一座人體大熔鐵，以血肉之軀來填入敵人的火海，每小時的死傷輒以千計。

李宗仁認為蔣介石以全國兵力的精華，在淞滬三角地帶孤注一擲是錯誤的，其動機可能是意氣用事，不惜和日本軍閥一拚短長，也可能是他對國際局勢判斷的錯誤。他更指責「蔣不知兵，以匹夫之勇來從事國際大規模戰爭」。

李宗仁認為蔣介石忌賢妒能，而且寧饒敵人、不饒朋友，他舉例說，一九四七年第二次國共內戰期間，東北的四平街會戰是國共爭取東北的第一個重要戰役，關係東北前途極大。首戰共軍指揮官林彪過分自信，傾巢而出，吃了一個大敗戰，當時國軍的主要策劃人白崇禧主張乘勢窮追，可能生擒林彪或摧毀共軍主力。但電蔣請示後竟獲「暫緩追擊」的命令，使得共軍得以從容北撤。李宗仁認為蔣並不是不想殲滅共軍，只是討厭這主意出自白崇禧，「蔣就有這忌賢妒能，寧饒敵人，不饒朋友的怪性格」。

李宗仁檢討蔣介石在政治上造成的過失也是相當不客氣，說他主政二十年，貪贓枉法之風甚於北洋政府時代。也對蔣引退期間架空他的執政懊恨不已，說他不僅在溪口架設七座無線電台，擅自指揮軍隊，且密令京滬衛戍司令湯恩伯親至杭州逮捕浙江省主席陳儀；到台灣之後，又命湯恩伯到福建挾持福建省主席朱紹良離閩，擅派湯恩伯代理福建省主席兼綏靖主任，他說這些都是「目無政府的荒唐行為！」

《李宗仁回憶錄》作者唐德剛教授曾說：「寫一個人的傳，你要比他自己還要瞭解他。」唐德剛說李宗仁是「忠誠厚道的前輩」、「溫柔敦厚的好人」，卻也是一個「口是心非、老奸巨猾、吃裡扒外、翻雲覆雨的小人」。諸如，李宗仁老是反覆強調「蔣介石要我出來，不過暫作他的擋箭牌，好讓他從容布置，布置好了，他就要促使我早日垮台……用盡方法，破壞我的計畫，使我不能以半壁河山與中共分庭抗禮」、「蔣是故意促成我早日垮台，越快越好。他唯恐我能守住長江，與中共周旋。時日延長，美國政府可能改變對華態度而大量助我……他斷不能坐視我取他而代之」、「在蔣幕後控制之下，守江謀和的計畫無法實施。結果，開門揖盜，天塹長江，一夕而失。凡此種種，均係蔣有意出此，讓我早日垮台」、「共軍之所以能席捲江南，淹有全國，並非他們有天大的本領能使我軍一敗塗地，實因蔣自毀長城開門揖盜之所致。此次江南之敗，似非由於他指揮低能之所致，細研全局，我深覺他是故意如此部署，以促使我早日垮台」、「綜計此次西南保衛戰，尤其是全局關鍵所在的華中戰區的失敗，實係蔣一手造成。蔣深恐白崇禧在華中站穩了，美國乘勢改變政策對我大量援助，則他將永無重攬政權之望了。所以他要使我的政權早日垮台，好讓他在台灣重起爐灶，運用美援，建立一個小朝廷，以終餘年」等這些歸責於蔣介石之語。

嚴重的「受迫害」憤恨

從這些歸咎蔣介石的話，可以感受到他對蔣介石懷恨之深，即使事過境遷十餘年後，都還可以感受到他的憤恨難平，尤其所指涉者許多都是蔣介石對桂系的不公，充滿了他個人的推斷和偏見，也顯現了他嚴重的受迫害情結。

至於像對淞滬戰役的評論，從單純兵法戰術的角度上言，他的論述確實有道理，但斯時日本放言「三月亡華」，淞滬戰場基本上是由日本選擇，而我被迫應對，卻必須拖延時間，加速從兩江富庶之地後撤人員及器械、資材、裝備，更必須打破日本「三月亡華」的企圖，給國人信心，引起國際的重視。從這個角度上看，淞滬戰役在對日作戰上雖是慘烈，犧牲過大，但從大戰略上來看，確實也是一個成功的戰役。李宗仁在抗戰初期即提出「焦土戰」的戰略主張，這和蔣介石「以空間換取時間」的政策其實不謀而合，但卻在個人偏見下對淞滬會戰做了徹底的否定，也暴露了他雖有戰術，卻缺宏觀大戰略的能力。

一生以悲劇收場

長期接觸李宗仁寫傳記的唐德剛教授，對李宗仁有一些有趣的評價：

就個人治國用兵的能力來說，他是位不世之「才」；他基本上是個軍人，有將兵之才，無行政的本領。論謀略、論險詐如走偏鋒，李不如白（崇禧）；然御百萬之兵、進退有度、師克在和、將士歸心，則白又不如李。

以國民黨傳統數十位所謂「將才」來排序，桂系李、白兩位首領，應數一、二。

白崇禧是戎幕之才；李宗仁有威鎮三軍之「主帥」風範。

論統領大軍百十萬，轉戰千里，進攻退守，如在棋局之上，李宗仁勝於蔣介石，但他只受有限的「現代知識」訓練，身「在其位」，而識見不能「謀其政」，注定他一生事業以悲劇收場。

至於李宗仁在中國歷史上的地位，不論為善或作惡，還是遠不能和蔣介石、毛澤東二人並駕齊驅。（葉志雲）

張學良（1901-2001）

張學良：千古一人

張學良（一九〇一—二〇〇一年），字漢卿，號毅庵，乳名小六子，真正小名雙喜。中國奉天省（今遼寧）海城人，生於台安縣桑林。人稱「少帥」中華民國陸軍一級上將，奉系軍閥領袖張作霖長子，「民國四公子」之一，享嵩壽一百歲。

一九三六年十二月十二日，西安事變爆發。張學良遭蔣介石、蔣經國父子軟禁長達五十餘年，直到李登輝執政，才獲得自由。由於西安事變，中華民國政府官方歷史及中華人民共和國政府官方歷史對張評價不同。台灣公共電視在張不再被軟禁後，製作一部以其口述為主之紀錄片。張學良在台灣期間，先後曾居住於高雄壽山、高雄西子灣、新竹清泉。

一九三六年下半年，蔣介石「安內攘外」的政治及軍事目標即將達成，共產黨在延安只剩兩萬多名殘軍，並被革命軍團團包圍，眼看即將被全部殲滅，但在十二月十二日凌晨，作為革命軍副總司令及剿共軍主帥的張學良，與楊虎城聯手發動「西安事變」，以「兵諫」的方式，扣留蔣介石，要求蔣介石停止「剿共」，槍口對外，共同抵抗日本的侵略。

兩極評價

「西安事變」的結局以釋放蔣介石收場，也停止了對延安的清剿，共產黨得以喘息、發展、茁壯，最後並打敗國民黨，佔據大陸。因此，共產黨視張學良為「民族英雄」；但也因為「西安事變」埋下了國民黨及中華民國政府敗退台灣的種子，因此張學良被認為是中華民國的「歷史罪人」。一個人而得到兩種截然不同的歷史評價，張學良可謂「千古一人」。

事實上，張學良一直到了晚年，仍堅信自己當初的抉擇。他曾自嘆說：「我們張家父子，若不是為了愛國，會有這種下場嗎？」顯見他不顧一切後果，皆來自於他發動的西安事變，臨蓋棺前猶堅認是一樁愛國的行動，不得不發。顯然，歷史如果能重來一遍，西安事變還是會上演。

在台灣，有不少人直指張學良是「賣國賊」，中國國民黨的黨史更是直批「張學良身為國民黨將領，不僅沒有積極剿共，還以非常手段挾持統帥，這種行為幾乎就等於是『軍事政變』，應該受到嚴厲制裁，不可能被容忍，更沒有所謂『平反』的問題」。直指若沒當年的西安事變，也就沒有後來的中華人民共和國。

張學良出生於一九〇一年六月三日，為奉系軍閥領袖張作霖的長子，人稱「少帥」，軍職做到陸軍一級上將。他從軍甚早，父親張作霖擔任東三省巡閱使時，他是巡閱使署衛隊旅第二團的團長，東北陸軍講武堂一九一九年恢復開辦，張學良也奉命受訓，並以砲兵科第一名的優異成績結業，而晉升為衛隊旅旅長，負責保衛張作霖的人身安全，以及維持奉天（現今遼寧）的治安。

一九二二年，第一次直奉大戰爆發，張作霖自任奉軍總司令，張學良被派為東路軍第二梯隊司令，開始展現軍事長才，此次戰役奉軍大敗，只有他在霸縣戰鬥和山海關的阻擊戰獲得勝利，是奉軍唯一打贏的部隊。

為了一雪敗戰之恥，張作霖回到奉天成立東三省陸軍整理處，張學良擔任參謀長，負責整個東北軍的調度整訓與軍紀，經過兩年多的「整軍精武」，東北軍的軍威大振，張作霖發動第二次直奉戰爭，終於一舉殲滅直系軍隊，躍居北洋軍閥領導人，奉系軍的實力臻於頂點，勢力從東北經山海關進入到中原，並到達安徽江浙，幾達半個中國。張學良也再被擢升為京榆地區戍衛總司令。

面對國民革命軍北伐，一九二八年六月四日，張作霖節節失利，由燕京退守山海關外，乘火車返奉天途經皇姑屯車站時，被日本關東軍炸死，史稱「皇姑屯事件」。張學良深懷日本關東軍殺父之仇，承繼父親遺志堅守中國領土，宣布東北地區服從國民政府領導，撤下北洋政府的五色旗，改升上南京國民政府的青天白日滿地紅旗，東北易幟，國民革命軍總司令蔣介石形同統一了中華民國。

一九三一年九月十八日，日本關東軍發動震驚中外的「九一八事變」，張學良認為東北既無抵抗之力，亦無開戰的理由，而下達「不抵抗」命令，令東北軍避開衝突，勿進行軍事抵抗，導致東北淪陷，日軍建立「滿洲國」傀儡政權，很快即佔據了東三省全境。

要脅聯共抗日

一九三四年，蔣介石在江西圍剿紅軍時，擔任豫鄂皖三省剿共副總司令的張學良卻公開倡言國共合作、共同救國，和蔣並不同調。次年，蔣介石命張圍剿中國工農紅軍遭到挫折，兩個整編師被殲滅，張學良開始對蔣介石的調遣有所反感。一九三六年一月十七日，張學良與中國共產黨的代表密晤，中共明言願擁張為西北抗日聯軍的總司令，並暗示可以獲得蘇聯的軍火援助；張學良四月到陝西延安與周恩來見面，周亦勸張反蔣，但張學良並不為所動，反過來勸周聯蔣，不過，張學良也說，若他勸蔣聯共不成，會在西北另立新局。張學良堅持的聯蔣抗日，中共中央不得不採納，遂達成「停止內戰、共同抗日」的協議，張學良為此還拿出一大筆私款，作為紅軍冬季補給衣食之用。當時，張學良與中國共產黨交好，甚至要申請入黨，但因父親張作霖當年曾殺共而被拒絕。

一九三六年十月二十二日，蔣介石飛抵西安，當晚張學良仍懇勸蔣聯共抗日，兩人為此爭辯不休，雖以「如不抗日，東北軍將士恐怕難以指揮」作要挾，仍是遭拒，還被痛罵一頓，讓張相當不滿，力諫失敗後，心意已決，只有「兵諫」一途。

當時，西安各界倡言團結抗日，學生在十二月九日舉行紀念「一二九」運動一週年遊行請願活動，中國共產黨也展開大規模的群眾遊行示威，蔣介石緊急下令張學良派兵制止，張學良則擔心這場學生運動會影響到他密謀的軍事政變行動，極力勸阻學生，並承諾「在一星期之內，我一定用事實答覆你們！」西安事變顯已箭在弦上。

蔣介石在西安是以位在城東的臨潼華清池作為行館。一九三六年十二月十二日，西安事變爆發前的幾個小時，張學良召集幹部會議，下達逼蔣抗日行動，旋即扣押蔣介石，並殺害其身邊保安及中央機關人員。

這個事變震驚中外，宋美齡並親自飛抵西安營救，經過一再的磋商，直到蔣介石表示「停止剿共、一同抗日」，才獲得釋放，並在十二月二十五日親送蔣、宋飛回南京。

西安事變落幕後，張學良遭到審判，判決如下：「張學良首謀夥黨，對於上官暴行脅迫，判處有期徒刑十年，褫奪公權五年。」蔣介石沒殺他，反為張說情「應得罪刑予以特赦，並責令戴罪圖功，努力自贖」。一九三七年一月四日，國民政府召開委員會，會議一致通過特予赦免張學良，發布命令：「張學良所處十年有期徒刑，特予赦免，仍交軍事委員會嚴加管束。」也宣告張學良從此失去自由。事實上，張學良此後大半輩子也都過著被幽禁的生活。張學良晚年曾表示，蔣介石原本確實要槍斃他，是因蔣宋美齡為他求情，才保住一命。

原民救助，番薯充飢

張學良被囚禁的地方多次變更。一九三七年一月十三日，先在戴笠陪同下，由南京搭乘專機飛到浙江奉化溪口鎮、位在雪竇山上的中國旅行社招待所，後來到妙高台、湖南郴州蘇仙嶺、湘西沅陵鳳凰山、貴州修文縣陽明洞。在貴州時，夫人于鳳至因病赴美治療，紅粉知己趙四小姐趙一荻趕來照料。

一九四六年十一月一日，張學良和趙一荻被送到台灣，住到新竹縣五峰鄉的清泉部落。「二二八事件」發生時，情勢緊張，張學良的住所曾遭封鎖，甚至下令若被暴民劫持，當即殺掉張學良。當時，張學良與他的警衛隊曾經面臨糧食補充不及的斷炊窘境，他在口述回憶時說，幸好靠著當地原住民給予番薯，才有東西可吃。張學良於一九四九年一度搬至高雄壽山，隔年又重返清泉部落，直至一九五八年。

一九五七年初，張學良受蔣之命，開始撰寫回憶錄，四月二十二日完成，名為《雜憶隨感漫錄》。文中，張學良指責中共「包藏禍心，別有所圖」而讚揚蔣在西安事變中「剛正嚴厲」，並自貶「行動魯莽，思想幼稚，可恥而又可笑」。回憶錄所言顯非由衷，但卻得到蔣介石高度評價，且親自做了修改，並要張親筆重抄一遍，改名《西安事變反省錄》。

蔣介石後來召見張學良，張再度自我檢討：「我先前一直存著一個幻想，誤認共產黨也是愛國份子，希望國共合作了救中國。」「我是幼稚愚魯，我不怨恨任何人，只恨我無識。」

「西安之事，對於國家損失太大了。」那一陣子，連蔣經國也接見他，而讓張學良燃起一絲重獲自由的希望；據看守的人回憶，當時張學良確以為要釋放了，「那興奮的樣子，真是手舞足蹈」。

蔣宋美齡在一九五九年七月二十五日與張學良長談時，也坦言相告：「你的問題，時間還要久啦。須要有忍耐。我人一切都是上帝的安排，願多作禱告。」張學良自此才對自由不再懷抱幻想。

重獲自由，結縭趙一荻

張學良在一九六一年解除「管束（軟禁）」，可以外出旅行、購物、上館子和會客，但須事先請示，且仍受到監視。被解禁後，移居到台北市北投區自行選擇的一座日式庭院，但不管到哪裡，還是被看管著；該住所後來改建為主題公園「少帥禪園」，供遊客遙想當年張學良和趙四小姐的生活，以及品嚐兩人生前最愛的美食。

張學良與旅居美國的元配于鳳至離婚後，一九六四年七月四日，在台北和紅粉知己趙一荻舉行簡樸而隆重的婚禮，主婚人是與張學良同庚的國民黨前聯勤總司令黃仁霖，證婚人是百歲高壽的牧師陳維屏，婚禮邀請的嘉賓雖僅十二人，卻個個有來頭，如蔣宋美齡、總統府祕書長張群、名畫家張大千等人。

張學良原本篤信佛教，也看佛經，在新竹時還會與法師一起討論佛法。蔣宋美齡有次去看張學良，發現他對佛教有興趣，便試圖改變他的信仰，說要引導他接受真理，先感化了趙四小姐成為基督徒，慢慢地，張學良也信了基督，而在一九六四年正式受洗。

一九八八年李登輝執政，張學良繼續被看管三年之後，終於重獲自由。台灣各界人士於一九九〇年六月一日在台北圓山飯店隆重為張學良舉行一場盛大的九十壽宴；張學良受訪時喟歎：自己虛度了九十年，對國家社會人民毫無建樹，真是慚愧萬分！

張學良在一九九三年十二月十五日攜夫人趙一荻前往夏威夷定居。二〇〇〇年六月一日是張學良百歲華誕，壽誕過完不幾日，夫人病重入院，延至二十二日十一時十一分逝世，享年八十八歲；趙四小姐走後一年，二〇〇一年十月十四日，張學良亦在夏威夷首府檀香山辭世，享壽一百零一歲，走完輝煌精采的百歲人生，當時的總統府並發由陳水扁總統明令褒揚。

一生謎團重重

終張學良一生，圍繞在他身邊的都是一些謎團，引起世人好奇追究，有些已有答案，有些可能再也無法澄清，這些謎團包括：「不抵抗將軍」之說、于鳳至與趙一荻、與蔣介石及宋美齡的關係、弟弟張學思之死，以及張學良對自身的評價。另外，張學良自三十六歲之後被管束達六十三年之久，除了是非纏身之外，到底對國家有否貢獻？

一九三一年「九一八事變」後，東北軍不抵抗而撤回關內，輿論大譁，說張學良是「不抵抗將軍」。一九三一年十一月二十日上海《時事新報》上發表廣西大學校長馬君武的詩作〈哀瀋陽〉：「趙四風流朱五狂，翩翩蝴蝶正當行，溫柔鄉是英雄冢，哪管東師入瀋陽。告急軍書夜半來，開場弦管又相催，瀋陽已陷休回顧，更抱佳人舞幾回。」暗示「九一八」當日張學良正在舞廳與當時的社交名媛趙四（一荻）小姐、朱五（湄筠）小姐及名影星胡蝶飲酒跳舞作樂，因此東北軍不戰而退。此文一出，更是激起民憤，而日本通訊社更藉以大肆宣傳，因此張學良「不抵抗將軍」之名不脛而走，一時騰傳天下。

事實後來已經大白，一九三一年「九一八事變」時，朱五已嫁為人婦一年有餘了（嫁給張學良的副官），且事變時人正處瀋陽危城中驚險度過，根本不在北平；影星胡蝶當時正隨劇組赴北平拍攝電影外景，曾禮貌性拜訪張學良，並無其他關係。而事變當時，張學良患傷寒病初癒，尚在協和醫院療養。那一夜，攜夫人于鳳至與趙四小姐，在前門外中和戲院看梅蘭芳的《宇宙鋒》。忽得瀋陽事變消息，立即退場，回到他的公館，召開幕僚會議。

馬君武這首詩，對張學良、朱五小姐及胡蝶都帶來了極大的傷害，而且以訛傳訛很長的時間，雖經澄清但仍議論紛紛，對他們的個人傷害也很大，這件事成為胡蝶一生的陰影，她終生耿耿於懷，後來在她晚年的回憶錄中，還發出這樣的感嘆：「該結束這段莫須有的公案了吧？」而張學良晚年在接受唐德剛採訪時說：「我最恨馬君武的那句詩了！」

至於不抵抗的命令是誰決定的呢？有些歷史學家提出證據說，當初張學良的軍事會議曾請示南京軍事委員會如何應變，覆電「日軍此舉，不過是尋常挑釁性質，為免除事件擴大，絕對不准抵抗」。蔣介石於九月二十三日也說：「暫取逆來順受態度，以待國際公理之判決」。因此依據這些資料，證明對日軍「不抵抗」的責任在於蔣介石而不在張學良。

但是，張學良在獲釋後旅居美國期間，曾在出訪紐約時對《世界日報》清楚地答覆說：「是我們東北軍自己選擇不抵抗的。我當時判斷日本人不可能要佔領全中國；我沒認清他們的侵略意圖。我想盡量避免刺激日本人，不給他們藉口擴大戰事。我們採取『打不還手，罵不還口』，但最後不能『殺不出血』。殺到全中國來了，我們只能拚死一搏。」

對張學良晚年的自由表述，可能有兩種狀況，一是張學良和蔣介石兩人英雄所見略同，都認為當時時機未到，還是不抵抗為佳；二是因為時間差的關係，南京軍事委員會覆電到時，東北軍其實已先不抵抗而撤退了。

但是以張學良對「不抵抗將軍」這個帽子深惡痛絕的程度，他還能自承是東北軍決定不抵抗，而沒有把這筆帳算到蔣介石頭上，也足見張學良這個人的是非觀清楚和正義不曲。

張學良元配于鳳至是張作霖為他決定的婚姻，對他的幫助很大，但張學良年輕好動，異性緣很好，他在一九二七年於天津結識了趙一荻，經常一起跳舞，一九二九年十月，趙一荻逃家，隻身前往瀋陽與張學良同居，趙父登報脫離父女關係。趙四來到瀋陽，于鳳至很不高興，拒絕接受。經過張學良及趙四一再懇求，于鳳至勉強同意讓她在張學良身邊，但約法三章：對外沒有夫人名份、對外國人稱是祕書、對中國人稱為侍從。

趙一荻就在這些條件下安分地留在張學良身邊，不爭不求，後來于鳳至發現趙一荻對張學良確實是真心，不僅聰慧過人，而且精通英文，又善於交際應對。同時因為自己需要打理帥府內外一應事務，確實需要一個可資信靠又有能力的人常常陪伴在張學良身邊，自己才能放心，經過一段時間的觀察，而趙一荻對她也頗為尊重，因此終於應允，之後兩人感情日甚，甚至親如姊妹，經常兩人或三人同進同出，趙一荻並在一九三〇年生一子張閭琳。

與趙一荻的「一生情」

西安事變之後，張學良雖被特赦，但仍被軍事委員會監管，這時夫人于鳳至從海外趕回，隨侍在旁，跟著不斷地遷徙監管的地方，自一九三七年至一九四〇年，在貴州時，于鳳至被診斷患了乳腺癌，必須赴美醫療，於是張學良徵得軍事委員會同意，由趙一荻來接于鳳至的工作。當時，趙一荻帶著十歲的兒子在香港生活，所有人都預測她不可能來。但是跌破大家眼鏡的是，趙一荻竟帶著兒子飛赴美國託人照顧後立刻就趕赴貴州。這一去，就陪同了一生。

于鳳至是一個了不起的女人，她長張學良四歲，雖是父母決定的婚配，但她持家有方，尤其在張學良接掌東北軍之後，更是他的重要政治軍事參謀，像東北易幟、中原大戰及東北軍的整頓，都有她的重要貢獻；她並於一九三〇年在上海發起賑災運動時，即認識了宋家三姊妹，不僅情同姊妹，甚至還拜了三姊妹的母親倪桂珍為乾娘。張學良發動兵變時，她正攜子女從義大利轉往倫敦，有一說是，如果當時她人在國內，張學良不可能發動西安事變。但她一聽消息後即刻動身回國，陪同張學良度過將近四年不斷遷徙的軟禁歲月。

到了美國之後，于鳳至的病情很嚴重，經過美國當時最好的名醫醫治了一年多後情況好轉，但已瘦得不成人樣。為了一家生活的所需，她先讀書學好英文，並開始買賣股票，賺了第一桶金之後，轉戰房地產，積累了很大的財富，因此在洛杉磯最昂貴的豪宅區購置了相鄰的兩套別墅型豪宅，布置得如瀋陽張家的氣氛，一套自住，一套準備讓張學良獲釋後與趙一荻居住。

但是張學良的獲釋遙遙無期，又有訊息說獲釋無望，于鳳至接受他人建議，在美國動用各種關係包括媒體，試圖營救張學良，但也因此奠下了和張學良離婚的因子。

由於風波鬧得很大，造成中華民國政府在國際間形象的損傷，當時張學良不能獲釋的最大考量因素是擔心張學良獲釋後旋即返回老家，成為共產黨宣傳的利器，對國府極為不利。至於如何解決于鳳至在海外的攻擊和宣傳，最後的策略是讓于鳳至失去為張學良奔走的資格，於是在商得張學良及趙一荻的同意之下，由當時的總統府祕書長，也是張學良及趙一荻好友的張群前往美國，勸于鳳至與張學良離婚，于鳳至十分生氣，但她一向以張學良之命是從，終於在張學良親自和她通信之後同意簽字離婚，於是才有一九六四年七月四日張學良與趙一荻的結婚，當年張學良六十四歲，趙一荻五十一歲，距一九二九年趙四小姐投奔張學良時已過三十五年，距一九四〇年離開獨子無悔奔赴貴州陪同張學良的幽禁歲月也已二十四年。

于鳳至在張學良九十大壽之前的三月二十日於美國洛杉磯逝世，享壽九十二歲，距離一九四〇年三月離開貴州赴美治病，整整五十年，未再與張學良見過一面。

與宋美齡之間的「謎」

至於張學良與蔣介石及宋美齡之間的關係，當然是大家所關切的，這可以從三個階段來說，第一階段是張作霖被刺殺之後，張學良接下東北軍，很快地東北易幟，投向國民革命軍，這時年輕少帥擔任國民革命軍的副總司令，在軍閥舊勢力和南京政府對抗的反蔣行動所爆發的激烈「中原大戰」中，選擇和蔣站在同一邊，並派出數萬東北軍入山海關，進行武裝調停；這一階段可說是張學良與蔣介石最為水乳交融的時候，而于鳳至夫人也和蔣宋建立了極好的關係。

從剿共開始，兩人的見解開始有了分歧，蔣介石在面對日本的野心時，主張「先安內再攘外」，因為當時中日軍事實力相差甚遠，且中國新式軍人還在訓練之中，軍官極為有限，還必須假以時日加強訓練，而剿共是在對內統一思想，同時培養黃埔軍人的作戰能力。但張學良則認為當時只有國共合作「攘外」，以攘外的目標結合，才能「安內」，這個見解的不同，最終導致「西安事變」。

而西安事變之後，蔣、張的關係當然是走向了另一個階段，蔣雖赦張，卻又軟禁張，為什麼既不殺張又不釋張？

不釋張的問題是因為與共產黨鬥爭的政治考量，但何以不殺張，一般都認為與當初宋美齡營救時蔣宋張三人會談時的一些承諾有關，但現在這三人都不在了，宋、張兩人生前都絕口不提此事，且都不對西安事變作任何書面或口述的記錄，可以說真相已隨他們的死亡而埋葬了。

不過，張學良始終認為，西安事變後，蔣介石之所以不殺他，是因為有宋美齡的「保護」，他說，他後來曾看到美國駐華公使Johnson寫的一份文件，文件寫道：宋（指宋美齡）對蔣說，「如果你對那個小傢伙（即張學良）有不利的地方，我立刻離開台灣，還要把你的事情全都公布出去」。

在這個軟禁的階段，張學良後來雖說自己是罪有應得，但心情應該是不會愉快的，尤其元配于鳳至期待他的獲釋赴美團聚而不可得，當然更是痛恨，不過，宋美齡對張學良及趙一荻卻是時相往來，並經常有所餽贈，宋美齡每年並給于鳳至寄聖誕賀卡，而且在她與張學良離婚之後，還是稱于鳳至為「張夫人」。

與蔣介石「情同骨肉」？

張學良說過許多次，說蔣介石和他除了政見不同之外，卻是情同骨肉，幾十年對他呵護倍至，這從蔣介石逝世時他所送的輓幛可見一斑：「關切之殷，情同骨肉；政見相爭，宛如仇讎。」

在離開台灣定居夏威夷之後，張學良曾到紐約一趟，這一行接受了紐約《世界日報》與一些東北老鄉的會面長談，在完全自由的身分下，他曾談到對蔣介石的評價，他說：「我最推崇兩個人，一個是我父親，一個是蔣。但他倆很不相同，我父親這個人有雄才無大略；蔣有大略無雄才。如果他們倆攜手合作，中國恐怕不是今天的樣子。」這個評價，恐怕是蔣介石死後張學良對蔣關係的又另一個階段了。

張學良有一個同父異母的弟弟張學思，最獲得張學良的喜愛，而且一直跟著張學良做事，張學思加入共產黨很早，一九四九年四月負責創立海軍學校，中華人民共和國成立後，任大連海軍學校副校長兼副政委。一九五三年被任命為海軍副參謀長，一九五五年被授予少將軍階，一九五八年自俄國留學三年後回國，任海軍第一副參謀長、參謀長。

有張學良這樣的兄長，張學思在共產黨內應該是飛揚騰達的，但在文革時，張學思被打為東北幫的首領，被指是反黨、反革命份子而被關押起來，而因為他之前曾經得罪過林彪，因此被大加整肅，雖挨餓受刑卻不願意對紅小兵的指控認罪；據他的夫人謝雪屏多年後透露，她獲准去探視時，張學思已瘦成像骷髏一般，眼窩深陷，張學思的小女兒一見都嚇壞了，張學思後來因全身血行擴散性結核、肺原性心臟病、重度營養不良，於一九七〇年五月二十九日去世。被關押虐待期間，號稱是張學良好友、在文革中救了許多人的周恩來未置一詞，據晚近的資料顯示，張學思之死，除了林彪外，跟周恩來也有關係。

張學思死後很久，張學良才獲知這個消息，他疼愛這個弟弟，認為這個弟弟個性和他最像，「很正」、「很講正義」，因此對張學思之死心痛不已。

開展東北軍的空軍事業

張學良因西安事變造成中華民族歷史的鉅變，因此受到多少人的指責，但是張學良也有一些重要的成就，卻淹沒在西安事變的陰霾下。

一九二四年，張學良從法國進口了一部水上飛機，開展了東北軍的空軍事業，他還親自學開飛機，並在一次從瀋陽到營口的試飛中，順便攜帶一些郵件，無意中開創了中國航空郵件及民用航空的先河；他認為必須發展航空，於是在東北成立航空學校，積極培訓航空人才，這些培養的人才在後來中日戰爭中提供了許多飛行員，陳納德將軍飛虎隊中的華籍飛行員，有一半以上都是出自於這個航空學校，張學良可以說中國航空事業的重要奠基人之一。

東北易幟後，生產兵工武器的工廠業務量減少，就從美國買來軍車，請工程師拆卸研究，共拆得零件一千七百多個，其中七成可以自製，三成必須進口，張學良就撥了七十萬元進行自製軍車的開發，確實就製成了第一部自製率七〇％的國產汽車。

張學良在東北興辦或支助許多學校，他本人又喜好運動，因此對體育項目的支持不遺餘力，一九三二年七月三十日，在美國洛杉磯舉行的第十屆國際奧運會向中國發出了邀請函，張學良獲知消息，就提供八千大洋，派了一些人前去參加，那時國內跑最好的是瀋陽的劉長春，將代表參加一百及兩百公尺的競賽，可惜因為旅途勞頓，初賽就出局了。這是中華民國第一次參加國際奧運會，詳細地記載在奧運會史當中。

魯莽操切，膽大妄為

張學良年輕時是紈褲子弟，一九一六年他十六歲時，在基督教青年會聽南開大學張伯苓校長的演講中說：「中國不會亡，因為有我在。」大為感動，決心救國，他對自己的性格有八個字的評價：「魯莽操切，膽大妄為」，「我正是這種性格才會闖下大禍，做了那麼多搗亂的事」。

晚年的張學良有百分百的自由之身，但他終生避談西安事變，「我是絕不會說的，到死也不會說」。他仍堅持他的「攘外安內」的政見是對的，但也認為他自己的方法錯了。對於一生所作所為，以至於外界的毀譽，他表現得豁達、不計較，一切留與後人評說。（葉志雲）

閻錫山（1883-1960）

閻錫山：一言難盡

閻錫山（一八八三—一九六〇年），字百川，號龍池，山西五台縣河邊村（今屬定襄縣）人，人稱「山西王」。一九一一年十月領導辛亥太原起義並獲得成功，被推選為山西都督，後歷任山西省省長、太原綏靖公署主任、山西省主席等職，從辛亥革命開始統治山西達三十八年之久。一九四九年太原解放後，出任遷往廣州國民黨政府行政院院長兼國防部部長，十二月隨國民黨退守台灣，最後長眠台灣，榮辱集於一身，是個人的奮鬥還是時代的折射，當真一言難盡。

被遺忘的抗戰功臣

閻錫山出生在五台縣一個普通的農村，十九世紀八十年代末期是中國幾千年封建王朝行將結束、民主共和國制度即將誕生之際的轉折時期，他順應時代的要求，接受了民主革命的思想，參加民主革命的組織同盟會，響應辛亥武昌起義，推翻清王朝在山西的統治，二十九歲便當選為山西都督，成為統轄一省長達三十八年之久的封疆大吏。

閻錫山率領下的晉綏軍事集團是民國時期沙場鏖戰的重要角色，他對這些家鄉子弟兵傾注了大量心血，創造性地改革部隊編制，單獨設立迫擊砲團、手榴彈旅，外加九個手榴彈營，僅此兩項創舉，便創造了中外歷史的先河。這種編制在抵抗北洋軍閥和日本敵軍的入侵時都發揮了重要作用；晉綏軍的主要軍事將領有商震、徐永昌、李服膺、張蔭悟、周玳、楚溪春、楊澄源、楊愛源、王靖國、傅作義、孫楚、李生達、陳長捷、郭宗汾等。這些人物大都出身保定系，這些人物也大都是閻錫山的「十三太保」，如李服膺、張蔭梧、楚溪春、李生達、傅作義等。

這些將領中，最具有代表性的人物是傅作義——當年被閻錫山由太原陸軍小學保薦到北京清河陸軍學校的十五歲少年。畢業於保定陸軍軍官學校第五期步兵科後即回山西，由少尉排長連升至少校團副的傅作義，在討馮玉祥國民軍的戰鬥中，由於守天鎮指揮有方，一年之內，傅作義由上校團長升到中將師長。這在晉軍、晉綏軍歷史上是沒有過的。晉綏軍的戰鬥力就是以傅作義的三十五師及其後來發展為三十五軍為典型代表。後來另起爐灶的傅作義，更是在抗戰時期和解放戰爭時期出盡風頭。

閻錫山率領下的晉綏軍為民族抗戰事業作出了卓著貢獻，寺內壽一大將、阪垣師團、東條英支部，都曾遇到晉綏軍將領率部進行的英勇抵抗，吃了晉綏軍的不少苦頭。一支地方部隊能有這樣的表現和成就，這在近現代史上恐怕只有桂系可以與之一比；一支地方部隊能出這麼多的人才，這在近現代史上恐怕沒有一支地方部隊可以與之相比，包括桂系。

模範省長，建設山西

在隆隆的汽笛聲中，山西過去的歲月隨著一道道鐵軌越行越遠。

作為貫穿山西南北的交通大動脈，山西同蒲鐵路的建設對於改善當地交通條件意義重大。閻錫山經歷了中原大戰的失敗之後，把主要精力放在「培力」，即把「培軍事、經濟實力」當成了主要目標，因此，早修、快修鐵路成為了閻錫山的當務之急。在向國民政府請求無望下，閻錫山深感要修成此路只能依靠山西人自己的力量，於是設立晉綏兵工築路總指揮部，閻錫山親任總指揮。

以當時的山西之力來修築同蒲鐵路，工程浩大，任務艱鉅，資金短缺，閻錫山精打細算，在修同蒲鐵路北段時，技術人員對設計方案產生分歧，他騎著毛驢沿七嶺河親自踏勘，最終確定由高村經忻縣至原平的方案。事實證明，這條線路比原設計里程短，節約兩百多萬元。

從一九三三年五月一日開工到一九三七年八月停工，經過四年四個月的艱苦修築，同蒲鐵路築一〇四三公里全線通車。它的建成，奠定了山西鐵路的大框架，至今仍發揮著效能，對山西經濟社會的發展起到重要作用。

除了修建鐵路，在經濟發展上閻錫山也殫精竭慮，他的許多政策和措施也烙有鮮明的閻氏印記。以農業發展為例。從一九一七年開始，閻錫山重拳出擊，推出「六政三事」（「六政」：水利、種樹、蠶桑，禁菸、剪髮、天足；「三事」：種棉、造林、畜牧）來發展農業。

在推行「六政三事」的過程中，閻錫山有兩點對後世產生深遠的影響與教育意義。一是政策非常靈活。為解決水利建設中資金不足的問題，他允許先貸款後償還；在發展蠶桑業時，他不僅設置專門機構，還向農民提供技術和管理服務；其二，閻錫山在推行經濟政策的同時，特別注意把政治教育糅合其中，向農民不斷灌輸儒家思想和軍國主義思想。這樣做的結果就是，農民在實現經濟自足的同時，閻錫山也建立起一個有利於自己統治的社會秩序。閻錫山因此成為第一個在全省範圍內把政權滲透到村一級的人。

在閻錫山的治理下，山西的實力走在了全國的前頭，建成了可以製造步槍、手槍、衝鋒槍、輕重機槍、手擲彈、迫擊砲、山砲、野砲、重山砲及其所用彈藥的太原兵工廠；創建了包括採煤、採礦、煉焦、冶金、電力、機械、化工、建材、毛紡、皮革、麵粉、火柴、造紙、印刷等廠礦的西北實業公司；整頓了山西省銀行，新設了鐵路、墾業、鹽業等銀號及其實物準備庫，發行鈔票；總資產達到二億銀元。當時社會安定，經濟繁榮，物價穩定。「作為山西的『模範督軍』，閻錫山實際上處在一個獨立王國之中。儘管當時晉西南地區還存在糧食短缺，但閻錫山為一千一百萬人帶來了繁榮，在中國，他們最富裕，因而他便顯得出類拔萃。」這些溢美之詞出自美國《時代》雜誌。直到現在，閻錫山都是山西人最認可的「省長」。

理論探索：中庸思想與公道主義

在中原大戰失利以後，閻錫山開始總結自己的思想，核心即為中庸，在兩個矛盾點之間尋找一個平衡，為此，閻錫山廣泛涉獵各類書籍，大量閱讀馬克思的著作，對共產主義和社會制度了然於胸。閻錫山本人是反共又聯共的，其理論和實踐辦法是最接近於中共的，包括土改和村民自治運動，他將自己的統治力量深入到中國的最基層。而在共產黨之前，沒有任何的政治力量可以抵達這一個層次。

閻錫山曾說：「各取所需是聖人制度。各取所值是賢人制度。勞資合一是常人制度。私產生息是盜賊制度。常人多只好行常人制度，賢人多可行賢人制度，聖人多始可行聖人制度。」這句話顯然包含閻錫山對共產主義、資本主義中經濟制度的理解。他認為共產主義是好的制度，但是是要在聖人多的時候方才可行，不然，會給暴君和貪婪之人造成藉口，此話至今還有很深刻的經驗意義。

閻錫山曾經在山西舉辦了為期二年的理論大討論，即每週兩次集會的進山會議，參加討論者，最多達五百人，不僅有山西本省的，還有全國的學者，包括大儒梁漱溟在內。一九二三年十月二十一日，會議正式宣布結束，最後形成文字紀錄兩百餘萬，並公布了討論成果，即何為「適中的制度」：一、「公道主義」，只有主張公道，才能超越地域、國家、人種的界限，達到「世界大同」；二、實行「資公有」、「產私有」、「按勞分配」。

這是閻錫山在理論方面的探索和準備，而且起步非常早。那個時候，共產主義在中國也剛剛起步。

最後的歲月：絕聖棄智，大盜乃止

一九四九年十二月八日，國民黨行政院院長閻錫山率副院長朱家驊、總統府祕書長邱昌渭等人，在一片風雨中，乘專機飛抵台灣。從此別祖離鄉，再沒有回過大陸故土。

當時的台灣，猶如驚濤駭浪中的一葉孤舟，處於嚴重的危機與混亂之中。閻錫山到了台灣後，仍想重展「山西王」風範。他向蔣介石提出了「保衛台灣海南島收復大陸計畫方案」，方案卻被蔣介石束之高閣。特別是閻錫山還留戀大陸的舊夢，他寫信要李宗仁回台灣繼續當總統，他繼續擔任行政院長。這就為蔣介石所不滿，決心將他趕下政治舞台。

一九五〇年一月，蔣介石一手策劃成立了「國民黨改造案研究小組」，把閻錫山擠出台灣的權力中心。三月一日，蔣介石在宣布引退一年又兩個月後，復行總統職權，宣布將重組政府，作為李宗仁代總統時期的行政院將被新政府所取代而成為歷史，行政院長的寶座將易人。於是，識時務的閻錫山只好率全體行政院閣員向蔣介石提出總辭職，獲得批准。

離職前，行政院召開了一個小型茶話會，為閻錫山辭行。會後，有人將老子《莊子．取筮》裡的兩句話「絕聖棄智，大盜乃止」送給閻錫山，閻錫山意味深長地說：「無珠寶而爭珠寶，不是不爭，是無所爭；有珠寶而不爭，是自己心上無珠寶，才足為奇。人不污辱你，不和人爭，不是不爭，是無爭；人污辱你，你不和人爭，才是不爭。」閻錫山的這番話，表明了自己決心與世無爭的心態。從此，閻錫山深居簡出，將自己關在家裡著書立說。

半年後，閻錫山又由麗水街搬往台北市郊陽明山邊的菁山居住。菁山原來是日本人佔領台灣期間興建未成的農場，地處偏僻，交通不便，平時進城要步行三十分鐘才能到達公路。附近沒有村落，也沒有電燈、電話、自來水。小道兩旁雜草沒膝，人到之時，野兔四處逃竄。

閻錫山在菁山一住就是十年，這十年中，他起居很有規律。每天早晨七時起床。早餐後便開始寫作；午飯後，休息兩小時，然後會客、座談、看書或思考；晚飯後，他喜歡一個人到野外散步，呼吸新鮮空氣，欣賞陽明山暮色中綺麗的風光；回來後，便拿出一部《易經》來，慢慢閱讀。歲去年來，逝者如斯，他長住在此，怡然自得。

一九五九年，七十七歲高齡的閻錫山因心臟不適前往醫院就診，醫生診斷出來已經患有嚴重的心臟疾病，因記掛他尚未完稿的《三百年的中國》一書，閻錫山短住之後即返回菁山，次年病情加重，雖經醫生大力搶救，但最終回天乏術，宣告無治身亡，時年七十八歲。

夫人將他的日記打開，見上面寫著：

> 義以為之，禮以行之，遜以出之，信以誠之，為做事之順道，多少好事，因禮不周，言不遜，信不孚，致生障礙者，比比皆是。
>
> 突如其來之事，必有隱情，惟隱情審真不易，審不真必吃其虧。但此等隱情，不會是道理，一定是利害，應根據對方的利害，就現求隱，即可判之。

閻錫山的墓地就選在他生前居住的菁山草廬地區後面。這裡茂林修竹，遠山如屏，淡水、基隆兩河流左右縈繞，山下的台北市燈火闌珊，閃耀著這位「山西王」不平凡的一生。（孟濤）

吳國楨（1903-1984）

吳國楨：直諫的民主先生

吳國楨（一九〇三－一九八四年），字峙之、維周，湖北省建始縣人。曾任上海市市長、台灣省主席等職，是塑造現代台灣的關鍵人物之一，亦以公開大膽地與蔣經國激烈爭執而著稱。

吳國楨自小接受完整的私塾教育，熟讀《三字經》、《百家姓》、《龍紋鞭影》等，十一歲考取張伯苓所主持的南開中學，後來十八歲從清華大學畢業，前往美國留學。一九二六年，二十三歲的吳國楨取得普林斯頓大學博士學位；一九三二年，成為漢口市市長；一九三九年，成為重慶市市長，當時的中國正處於對日抗戰當中，北方及沿海半壁江山已失，重慶在當時的地位是「陪都」，是非常重要的行政中心。

上海市長任內

抗戰後的中國，國民年收入的五七％都來自於上海，上海市長的位置，重要性僅次於總統和行政院長。在這樣的條件下，一九四六年五月十四日，行政院第七四二次會議，將這個位置交給了吳國楨。當時的吳國楨直接面對著三個大問題：交通、罷課、經濟。

交通的混亂，被當時的《申報》稱為「最為上海之恥辱」，吳國楨上任後，一方面限制、疏導當時上海市內過多的車輛，一方面重整因為租界規劃不當，以及在戰時受到破壞的公共設施。不到一年的時間，他就主持修復了一七〇萬平方公尺的市區幹道，也拓寬了許多道路，大大的緩解了上海的交通問題。

而在罷課的問題上，由於當時國共關係處於緊張狀態，很多的學生運動當中，都有共產黨學生團體聯合會的身影在其中，因此蔣介石特別指派了陳立夫到上海協助吳國楨，希望能夠同時透過黨務、特務並行，以及武力鎮壓的方式解決問題。但吳國楨卻不希望這麼做，他認為國民黨依然有機會，以理性勸說獲得民眾的支持，因此他面對當時上海大同大學學生的罷課學潮，親自前往現場，和帶頭的學生代表當面針對議題進行辯論，換取群眾的理解。甚至在辯論過程當中被群眾以歌曲干擾發言時，他只是停下來，靜候歌曲結束，繼續闡述自己的立場。就這樣，他得到了中立學生的支持，成功瓦解了大同大學內的反對勢力。

一九四八年一月，為了回應同濟大學學生的請求，吳國楨親自來到有千餘學生聚集的同濟工學院，卻被群情激憤的學生包圍，甚至被以拳腳棍棒圍毆。處境艱險的當下，他一面承受眾人的毆打，一面卻是高聲對著外面的軍警疾呼：「不要開槍！」被警察救出時，他已是滿身泥濘。可對於這群學生，他卻只是指揮警察逮捕十一名領導學生，對其他學生則是以「出具悔過書……不追究既往，絕對保障其學業與安全」作為處理。

在他看來「愛國必先讀書，不可以糾眾鬧事為能事」，因此他肯定學生們的愛國心，並盡力傾聽其觀點，也總是以讓學生們回到學校，專心於學業為首要任務。

令吳國楨遺憾的是，他無法挽回蔣介石、翁文灝（時任行政院長）、俞鴻鈞（時任央行總裁）、王雲五（時任財政部長）、蔣經國所主張的金圓券改革政策，他雖然提出：「如果照這樣推行，上海大部分廠房得倒閉！」但未經採納。因此他眼看金圓券在上海造成物價飛漲，讓民生受到強烈衝擊。這樣的打擊以及和蔣經國的不合，迫使他多次向蔣介石請辭，終於在一九四九年四月請辭獲准，吳國楨前往台北。

然而這次的請辭並未讓他從此離開政壇，事實上，僅僅八個月內，他就接任了台灣省主席。

接任省主席經過

在吳國楨到台北以前，國民黨軍隊已是節節敗退。當時美國也開始重新評估是否繼續援助將要退至台灣的國民政府，建立一個「非共黨的中國地方政府」。甚至派了駐華大使館參事莫成德來台考察。

當時的美國，很快就確定蔣介石所率領的政府一定會守住台灣作為反擊基地，但另一方面卻對於是否加大援助的投入陷入爭議。因為當時檯面上的省主席候選人，除了在任台灣省主席的陳誠以外，就是奉命在台南練兵的孫立人將軍，而美國真正希望的是，能夠有一位領導人將美援用於非軍事方面的用途，而是更多使用在對於台灣人民本身有利的政策，不僅滿足台灣人民的經濟需求，更增加台灣人從政的積極度，最終使台灣能成為一個自給自足的經濟體。

整頓財政

吳國楨四月份到台灣之後，由於其和陳誠的交情，多有機會能提出建言。因此積極走訪各方，甚至六月份便完成了一次環島旅行，勤於在第一線接觸民眾的吳國楨，甚至立下一條規矩：對於任何人，絕不拒見！即便在他當上了日理萬機的台灣省主席以後，仍對此奉行不悖。當時他便主張：「台灣最重要的問題是經濟，而非軍事；只要少量的軍隊，就可防衛台灣；台灣經濟最大的問題，就在於軍隊太多。」甚至提出多項包含「解除出口管制」、「推動土地改革」、「軍事不得干預文官運作」、「台灣人民自治」等等政策方向。

六月二十四日，吳國楨被蔣介石任命為總裁辦公室設計委員與第二組組長，引此有了更多和美國代表會談的機會，帶給美方相當好的印象，因此十一月司徒雷登大使在和鄭介民常務次長晤談後，便向蔣介石建議指派吳國楨為台灣省主席。而後來美國甚至直接在援助台灣的計畫中，指明了由於吳國楨過去擔任市長時，對於糧食分配、工人就業、工業復興及非暴力維持紀律的功績，他應該是「主持台政的理想人選」。因此在一九四九年十二月十五日，吳國楨接任陳誠成為台灣省主席。

那時剛隨國民政府撤退來台的軍民約有兩百萬，蔣介石當時要求，他不干預台灣省政府任何事務，但是撤退來台的軍隊，每月要餉四千兩百萬新台幣。在此之前向陳誠省主席要的金額，不過每月一千五百萬，巨大的財政負擔是擺在省主席面前的第一個大難題。

但是吳國楨答應了，只是提了一個條件：每個軍人都得有身分證。由此杜絕了當時自打國民政府接收日軍資產以來浮報「紙上士兵」的貪腐情況。同時嚴令查緝走私，讓出口交易恢復正常，使得歲入增加，再加上拍賣從日本政府手上接收的房產、物資，暫時可以不用繼續印鈔票，成功緩解了通貨膨脹。美國本來以為國民政府將在一九五〇年三月因財政崩潰而垮台，但當時的吳國楨，以及財政廳長任顯群（台灣統一發票之父）穩定了局勢。甚至後來他們藉由發行「儲蓄券」，向全台灣人民借貸，成功度過了當年七月份短缺七千萬元的財政危機，讓台灣的經濟一直支撐到韓戰爆發，美援到來。

除此之外，在吳國楨任內還推動了勞工保險、修建營房及新校舍，讓不得已佔用學校的軍隊撤出校園，也讓所有學齡兒童都能回到校園。「這是日本人在他們五十年的統治中，也未能辦到的事。」吳國楨在晚年受訪時這麼說。

推動民主化

吳國楨的另外一個改革，就是推動台灣人的自治。

他反省國民政府在大陸失敗的經歷，認為是因為沒有積極取得民眾的支持。他認為，如果不是由台灣人自己治理自己，那麼他們永遠覺得自己是被統治者，仍然不會真心效忠國民政府。因此他自己組建省政府委員時，大量啟用台籍人士。雖然在啟用「二二八」領袖蔣渭川一事上引發巨大爭議，後來也沒能讓蔣渭川留住原本的位子。但接任的楊肇嘉也協助推動了台灣縣市長的直選。結果是壓倒性的，十五名當選的市長當中，有十三名台籍人士。此舉沒有造成蔣介石所擔心的「台籍人士不願效忠」，相反地，更多在過去由於「二二八」及「白色恐怖」而埋沒的人才投入政治，開啟了台灣的民主化進程。

但民主的推動絕不只是辦理一次選舉就能輕易達致的。一九五二年，吳國楨突然發現，來訪的人當中出現了大量素昧平生的台籍人士，他們都為同一目的而來：親友無故遭逮捕。吳國楨一查，原來竟有九百九十八人被捕，這些人都是各地的民眾領袖，被當時的特務機構抓走，目的是要讓反對派人士無法透過選舉威脅國民黨政權。

後來吳國楨設立專案小組徹底調查，將少數十幾個有輕微犯行的交給法院，其餘全數釋放。甚至後來在基隆，為了營救被特務機關綁架的兩名議員，對市長下令：「帶警營救，如遇抵抗，必要時可格殺勿論。」後來成功營救出議員，也下令開除綁架的特務，但兩天後，總統的特別命令卻將這名特務升了職，這讓吳國楨一直以來和蔣經國所主持的特務系統衝突突顯，也讓他產生求去之意。

與蔣氏父子衝突

吳國楨上任省主席之後，不顧陳誠的反對，堅決要求自己必須兼任「保安司令」，原因是當時的一省保安司令，其權限可以在一省之內逮捕任何平民，他不願意看到這樣的情況，甚至認為：「如果不給我這個職權，我就當不好省主席！」後來他正是透過這個權限，讓自己隨時得以要求當時擔任副司令的彭孟緝調閱案卷，或者要求提出逮捕人的具體證據。

一九五一年，一位火柴公司經理王哲甫被捕，原因是他所屬公司的所有人吳老闆，在第一任主席陳儀任內，於大陸取得這家公司產權（他甚至沒有到過台灣），而這位吳老闆在大陸投資了一部醜化蔣介石的電影《民國四十年》，王與吳老闆前一次的碰面，則是在上海落入中共手中以前。吳國楨為了證據是否充足的問題，和蔣經國激烈爭論，甚至最後丟下一句：「經國，擔任『省主席兼保安司令』的，是你還是我？」氣走蔣經國（時任總政治作戰部主任）。

在那個盛行秘密審判並處死的年代，吳國楨不斷藉由扣發逮捕證的權限以及任命警務處長的權力，盡其所能地制衡特務機關。儘管蔣介石曾向他示好，暗示其與蔣經國合作，但此舉違背其民主理念，因此他從未妥協，也多次為此向蔣介石請辭。

辭官以後，爭執不斷

在那樣的時代，吳國楨這樣一個有政績、有聲望卻不能符合當權者意志，無法被同化的人，注定了和統治當局是「一山不容二虎」。在他請長假至日月潭養病期間還差點遭到暗殺，當時若非他的夫人堅持中飯要在台中找家餐廳用餐，其司機和保鑣藉機檢查座車，發現輪胎螺絲安全帽皆被鬆動，若是開上丘陵地形的日月潭，勢必輪胎脫落，全車人都將墜入萬丈深淵，凶多吉少。他自感身家性命堪憂，以至於後來他將要赴美國避禍時，還找了一位即將返美的記者阿瑟·戈爾，將其在台灣受到的威脅、與蔣氏父子的衝突，以信件託付。若他發生任何意外，信件將直接送到羅伊·霍華德（斯克里普斯—霍華德報業集團總經理）、羅伯特·麥考密特上校（隸屬《芝加哥論壇報》），以及魏德邁將軍手中。就連出國避禍也顯得如此困難。

更加著名的就是蔣介石透過王世杰案，指控其套匯五十萬美元，且指出透過尼克森總統轉述，其在美國生活奢華，飯店每日租金高達一九八美元的「吳國楨事件」，吳國楨於是直接去函當時的國民黨祕書長張其昀，以及美國總統尼克森積極闢謠，後來也證明了這些指控的確是子虛烏有。然而他更進一步，在美國發表〈你的錢正被用來建造台灣的警察國家〉、〈上總統書〉等批評台灣當局的文章，因此被國民大會撤職並永久開除黨籍。甚至引發其與胡適之一連串的筆戰。

直言敢諫

吳國楨的英文名字縮寫為 K. C. Wu，在美國友人戲稱「開水壺」。不單因為發音，更因為吳國楨向來直率、火爆的個性。這並非從他在美國期間才開始，早年間，他就曾經三次對蔣介石提出建言。

一是在抗戰結束後，提議蔣介石應該在馬歇爾於中國協調國共衝突的條件下，委託他人繼續談判，自己去美國乃至於全世界更多的民主國家看看，世界上偉大的民主國如何運作。

二是當面向蔣介石說：「我所認為最偉大的人物，是美國的喬治·華盛頓。」並解釋美國革命後，權傾全國的華盛頓本能夠成為終身總統，甚至美國國王！但他選擇在自己做完第二任總統後發表告別演說，並且呼籲未來美國不應該有任何連任三屆的總統。正是這般急流勇退的作為，成為了美國民主的拱心石。吳國楨對蔣介石說：「我真誠希望，閣下成為中國的喬治．華盛頓！」

三是一九五〇年，台灣政局大致安定，在蔣介石陰曆生日時，吳國楨前去角板山別墅拜訪，席間他建議：是時候鼓勵組織反對黨了！以後對國家政事都能公開批評，讓國家能逐漸發展為真正的民主政府！

回看歷史，倘若這些建言能被採納，歷史的車輪也許將在更早以前，走上不同的道路。

一九八四年六月六日，吳國楨於美國病逝。這位曾經受到蔣介石器重，擔任諸多重要職位的人物，卻淪為國民黨盡全力要消除的痕跡，蔣介石一九五五年出版的《瀘濱日記》，當中便隱去了其姓氏，只以「X市長」稱之。而在吳國楨過世那年，本來策畫撰寫《吳國楨傳》，筆名江南的旅美作家劉宜良，甚至被國防情報局買凶刺殺身亡。儘管吳國楨走過的每一段任期都如此短暫，影響卻十分深遠，因此歷史仍留下了他的足跡。（**曹惟理**）

李　煥（1917-2010）

李煥：經國路線的忠實執行者

李煥（一九一七—二〇一〇年），字錫俊，漢口市人。畢業於上海復旦大學法律系，並於抗戰期間參加中央幹部學校研究班，美國哥倫比亞大學教育學碩士，於國立政治大學擔任教授。曾經擔任中華民國行政院院長、總統府資政、教育部部長，並負責籌辦國立中山大學的在台復校事宜，並任復校後首任校長，為中國國民黨的資深黨員，長期受到蔣經國的器重。

一九三七年「七七事變」後，中共以「到延安去」的動人口號召喚知識青年投入共黨的抗日運動。國民黨為了爭取青年認同，旋於七月九日在武漢成立了「三民主義青年團」（簡稱「三青團」）。初時以短期的「青年幹部訓練班」培訓幹部，直到一九四三年七月九日，三青團決定在重慶成立中央幹部學校（簡稱「中央幹校」），長期培育青年人才，下設研究部（大學畢業生報考）與專修部（高中畢業生報考）。蔣介石親自出任中央幹校校長，蔣經國則擔任教育長一職。

時年二十七歲的李煥，於一九四四年報考錄取入學中央幹校研究部第一期，從此與蔣經國結緣，此後四十四年的歲月，李煥獲得蔣經國的信任與授權，歷任黨政各項要職，李煥忠實地執行每一項工作，成為經國路線的忠實執行者。

經國路線的首要工作——培育青年人才

一九四五年十月，蔣經國任命李煥兼任大連市三青團書記。抗戰勝利後，一九四八年，國民黨成立青年部對抗中共的學運，李煥調回南京參加青年部工作，從事安定學校的任務。鑑於大陸失敗的經驗，當時許多知識青年為馬列主義迷惑，期待中共帶來「窮人翻身」的人間天堂，國民黨節節敗退。一九四九年國民政府撤守台灣，一九五〇年四月二十七日由各大專院校代表成立「中國青年反共抗俄聯合會」，從事團結反共的活動。

這些青年的救國熱忱受到政府重視，一九五二年青年節，蔣介石提議成立「中國青年反共救國團」，同年十月三十一日救國團正式誕生。蔣經國擔任救國團首任主任，繼大陸時期在中央幹校、三青團及青年軍的歷練，再度擔負起安定青年、培育青年的責任。從救國團成立第一天起，李煥即擔任主任祕書長達十餘年，後又於一九七三年繼蔣經國之後擔任主任，在救國團二十六年之久，忠實地執行蔣經國教育青年、培育青年的路線。

從救國團成立到民國七〇、八〇年代，台灣許多青年都參加過救國團的活動，救國團的團歌：「時代在考驗著我們，我們要創造時代，革命的青年大家團結一起來……重建三民主義新中國，讓青天白日大地普照。」曾經響遍天涯海角。當時每當寒暑假，在高山、在海邊、在學校，都可看到救國團的團旗揮舞，由於學校中的青年菁英都被吸納到救國團的活動中，接受救國團的教育、訓練與培育，使得救國團的青年活動對當時台灣政治、社會、校園的安定與人才的培育，產生了巨大的貢獻。李煥作為一個長期協助蔣經國推動青年教育、訓練和人才培育的幫手而言，自是功不可沒。

經國路線的第二項重點——教育興國

一九七九年七月，李煥受命籌備中山大學。蔣經國告誡要以「尊重教師，愛護學生」為辦學主旨。當時，重點大學多在北部，高雄被笑稱文化沙漠，李煥在高雄籌備大學，對高雄學術文化的提升有極大之貢獻。根據中山大學許多校友的反映，李煥當時為南部募集到許多資源來辦學，並到海內外延聘許多學者菁英，且整合當地政治力量，使中山大學籌辦順利。李煥辦學除募集許多資源，積極延聘一流師資與招募學生外，同時也極力避免政商關係干擾辦學，加上與師生密切互動，幾乎是以校為家，甚得中山大學師生之敬愛。著名詩人余光中就是李煥從海外延聘回中山大學教書，余光中在李煥辭世時提到：「國喪大老，我失知音，仍令人臨風北望，不勝神傷。」

一九八四年五月，李煥接任教育部長，在任內特別提到三民主義的教育理想：

一、教育應該以培養具有民族精神而德、智、體、群四者健全發展的國民為目標；

二、國家應保障國民受教育的機會一律平等，並提供免費的基本教育及推行社會教育。

三、中央與地方的教育文化經費均不得少於規定的比例，對於教育文化的基金與產業應予以保障。

四、國家應促進各地區的教育均衡發展，對於邊遠及貧瘠地區的文教經費應予補助。

五、國家應監督全國公私立教育文化機關，並保護古蹟古物。

六、國家應保障教育、科學、藝術工作者的生活；對於科學的發明創造，學行俱優無力升學的學生，成績優良的資深教育人員，以及績優的私立或僑民教育事業，應予以獎助。

同時強調教育應配合國家整體建設的需要，也應掌握世界教育思潮的趨勢，更應適應國家未來的目標。他認為，中華民國建國的最後目標是要發揮濟弱扶傾的精神，盡我們民族的天職，促進世界大同，以實現人類永久的和平。李煥認為，孫中山這種本於我國王道文化的偉大胸懷和崇高理想，應從兒童開始就涵養在每一個中華兒女的心中。

經國路線的第三項重點——本土化人才培養

李煥是本土化政策的主要執行者。本土化政策有其內外因素，在外，民國六〇年代我國退出聯合國，在內，台灣因經濟發展使地方財團與民營資本興起，要求重新分配政治資源的呼聲四起，黨外勢力也逐漸興起。為鞏固執政地位，起用本省青年成為重要政策。

李煥是在一九七二年五月擔任中國國民黨組工會主任，當時許信良和張俊宏都在黨部任職，許信良在組工會，是李煥的部下，張俊宏則在文工會，兩人又在《大學》雜誌中擔任委員，經常對國民黨有所批評。李煥對許信良等人並未苛責，反而提名了許信良競選省議員，並順利當選。一九七七年「中壢事件」發生，許信良陣營因謠傳選舉作票事件，聚集群眾包圍中壢分局並放火焚燒，導致最後許信良當選桃園縣長。

李煥因提拔許信良及為「中壢事件」負責而黯然下台，其實他提拔本土人才不遺餘力，除許信良外，謝東閔、邱創煥、吳敦義、許水德、施啟陽、趙守博、高銘輝、莊懷義、高育仁、王玉雲、張豐緒、林豐正、陳奇祿等多位政壇本土人才，都與李煥的提拔有關。有人因為許信良而責怪李煥識人不明，但也有許多人認為李煥在執行蔣經國的本土化政策和拔擢本土人才有功，這對緩和當時的省籍矛盾及維護政治穩定有極大貢獻。

經國路線的第四項重點——推動民主轉型

一九八七年七月一日，李煥奉命接任國民黨祕書長一職，到職之初，李煥向蔣經國請示工作方針，蔣經國希望李煥能協助完成三大心願：第一是革新黨務，爭取民眾對國民黨的支持；第二，解除戒嚴，恢復民主的正常體制；第三，促進兩岸交流，在自由、民主政體下，追求統一。其實，一九八六年十月七日，蔣經國接見美國《華盛頓郵報》發行人葛蘭姆（Katherine Graham）時，告知台灣很快會解嚴，並允許成立新政黨。李煥是在蔣經國決定後到中央黨部，主要就是要安排解嚴後的各項準備事宜。

一九八七年七月十六日政府宣布解除戒嚴，一九八八年元旦，政府再宣布人民可以自由組黨，自由辦報，台灣開始由威權體制轉型到民主體制。尤其是在政黨政治方面，一九八六年九月二十八日民進黨突破禁令宣布成立，當時情治單位許多人主張要依「戒嚴法」嚴辦，但蔣經國採取了寬容立場，默許民進黨的成立，實質上也同意了台灣邁向政黨競爭的方向。在台灣民主轉型過程中，當時蔣經國身體健康已逐漸惡化，在此關鍵時刻，台灣能夠從威權體制平穩過渡到民主體制，擔任國民黨祕書長的李煥厥功甚偉。

蔣經國於一九八八年元月十三日過世，國民黨的接班問題頓時受到考驗。當時李登輝依憲法接任總統一職，但對於誰接掌國民黨主席一職，黨內意見紛歧。就當時國內政治情勢而言，許多國民黨中常委，包括黨內重量級本省大老，都傾向由李煥接任黨主席。同時，當時蔣夫人宋美齡也反對李登輝接任黨主席。李煥一方面由於受到蔣經國「隱藏哲學」的影響，習慣於謙虛、隱藏、埋頭工作，另一方面，綜觀全局，總統接黨主席似乎較能穩定政局，最終李煥決定協助李登輝登基。這一決定是台灣民主轉型能平穩過渡的一個重要因素。

蔣經國過世後，李煥在一九八九年六月任行政院長，繼續貫徹蔣經國的願望，以容忍和理性的態度來處理當時風起雲湧的政黨抗爭運動，使萌芽中的政黨政治逐漸成形。一九九〇年三月發生的「野百合學運」，李煥也親自到中正紀念堂廣場看望學生，政府對「三月學運」的態度也是採取包容與接納，最後促成了「國是會議」的召開，以及國會全面改選等多項政治改革。

經國路線的第五項重點——開啟兩岸交流，逐步促進兩岸統一

蔣經國於一九八〇年六月提出「三民主義統一中國」的主張，一九八二年十一月成立「三民主義統一中國大同盟」，由何應欽將軍擔任首任會長。蔣經國交代李煥的第三個心願，就是要透過交流來促進以「自由、民主、均富」統一中國的願望。一九八七年十一月二日，政府開放台灣同胞赴大陸探親。當時許多老兵和榮民絡繹不絕地到大陸探親，開啟了兩岸交流的大門。從那時開始，兩岸交流的工作就再也無法阻擋。

一九八九年六月，李煥接任行政院長，任內繼續推動兩岸交流工作。李煥接任院長時，已有五十多萬人前往大陸探親，大陸同胞來台探病奔喪者以及傑出人士、海外學人、留學生、民運人士來台參觀者亦達五千多人。李煥任內又進一步開放更多不涉機密業務的公務員前往大陸探親，也開放廠商赴大陸考察參展，開放民間團體到大陸參加國際會議或活動，同時決定成立大陸委員會，並完成「台灣地區與大陸地區人民關係暫行條例」的研擬。總之，李煥在黨部和

行政院任內積極推動兩岸關係，並在「六四天安門事件」發生期間，積極聲援大陸民主運動，希望能繼續完成蔣經國的第三個願望。

李煥在卸下黨政職務後，也曾擔任過「三民主義統一中國大同盟」理事長一職，希望以民間身分繼續推動蔣經國交代的工作，可惜因身體健康不佳，未能完成蔣經國的第三個願望。但是，兩岸交流多年後，在中國大陸於二〇一一年十月九日舉行的「紀念辛亥革命一百週年大會」暨二〇一六年舉行「紀念孫中山一百五十歲誕辰」時，中共總書記、國家主席胡錦濤、習近平都說：「中國共產黨人是孫中山先生開創的革命事業最堅定的支持者、最親密的合作者、最忠實的繼承者。」於是，蔣經國和李煥以三民主義統一中國的願望，在此似乎看到了曙光。

經國路線的第六項重點——清廉自持

蔣經國對幹部要求甚嚴，尤其是對幹部的清廉甚為重視，常常在未告知的情況下到幹部家中訪查。據李煥家人告知，約在一九六三年左右，某日有人到李煥永和家中按鈴，問應門的小女孩：「李煥先生在否？」小女孩不知此穿著平常之人的來意，答道：「不在。」此人在窗口向內探視一會兒後離開。隔天，蔣經國告知李煥，昨天有到家中探視。一九六九年，蔣經國又到李煥安東街家中按鈴，長大的小女孩這次認出是蔣經國，邀請蔣經國到室內稍坐片刻，蔣經國探視未久後離開。晚上女孩告知父親此事，李煥說：「經國先生重視部屬品德，常到幹部家中觀察是否居家生活奢華。」李煥一再告知家人，絕不可貪污，從政者一定要清廉自持，家人也不可隨便收禮。過去，中央第六組主任陳建中就是因為蔣經國發現其生活奢華，而遭到解職。

李煥因是蔣經國在中央幹校時的得意門生，所以極受倚重。他以隱忍、謙遜、廉潔受到識者甚高的評價，在公職上曾任行政院長、中央黨部祕書長、教育部長等要職，但他因「中壢事件」沉潛。多年來，他不求出鋒頭，永遠追求「第二」哲學，以終生報國、報師恩為職志。

可用一句話來形容李煥一生：「蔣經國意旨的最佳導體」，也是經國路線的最佳執行者。蔣經國相信他、重用他，他也全力輔佐蔣經國，唯蔣經國意旨為依歸，兩者相輔相成，彼此成全。蔣經國過世，李煥有機會「做自己」，但是，他秉承蔣經國耳提面命的「隱藏哲學」，推辭了眾人要他獨當一面的請求，繼續輔佐李登輝。

在李煥擔任行政院長的那一年，台灣經濟成長率達到七．一八%，較預期的七%為高。失業率降至一．六%，為一九八二年以來最低水準。當時地下投資公司猖獗，許多民眾受害，李煥嚴加取締，使原來之一百八十家減為四家，避免可能造成之經濟風暴。當時又在加速推動十四項建設，積極興建第二高速公路，並規劃延長國民教育為十二年，當時的台灣欣欣向榮，充滿了希望。李煥雖然一生忠實地執行經國路線，但當他有機會獨當一面時，即使是短暫的時間，他的治世長才仍然展露無遺。

李煥在《九十書懷》中的詩句表達了自己一生的情懷：「生懷世亂歷憂勞，履險投艱慎慮操，從政辛勤常自省，立身清正勉兒曹。吾民吾土心相繫，忘我忘私志亦豪。歲耄猶懷滄海念，溯流願共揵長嵩。」（郭石濤）

李登輝（1923-今）

李登輝：反反覆覆、撲朔迷離的元首

李登輝（一九二三年—今），生於台灣日據時期台北州淡水郡三芝莊下的埔頭坑聚落「源興居」，福佬客家人。台灣政治人物，農業經濟學家出身，曾任農村復興委員會薦任官員簡任扶正、行政院政務委員、台北市長、台灣省政府主席、副總統等職，並於一九八八年至二〇〇〇年擔任中華民國總統及中國國民黨主席。為第一位出生於台灣、首位全國公民直選產生的中華民國國家元首。曾在任內推動民主改革，被《時代》雜誌稱為「民主先生」。

一九八八年元月十三日，蔣經國總統過世，副總統李登輝隨即依據憲法規定繼任為中華民國總統。過了兩週，也就是元月二十七日，中國國民黨舉行臨時中常會，在宋楚瑜副祕書長「沖天一怒」的激烈陳詞後，通過了由李登輝接任中國國民黨主席。從這一刻起，李登輝表面上掌握了黨政大權，成為台籍人士中達到最高權勢的第一人。

在此之前，他雖然擔任過行政院政務委員、台北市長、台灣省主席，也擔任過副總統將近四年的時間，但在蔣經國的強人體制之下，絕大多數的民眾對李登輝這個人並沒有什麼深刻的印象，也不覺得他有多麼偉大的政績。民眾唯一記得的是，他在蔣經國面前，椅子只敢坐三分之一，雙手不知所措地在腿上來回搓動。

這件事情發生在一九八四年三月二十二日下午，當天上午，第一屆第七次國民大會在陽明山舉行第七屆副總統選舉，國民黨提名的李登輝以八百七十三票獲選，得票率八二．〇五％；前一天，蔣經國則以一〇一二票九五．一一％的得票率，獲選為第七屆總統。依據慣例，李登輝必須在獲知當選後，前往蔣經國總統的大直官邸謁見總統敬致謝忱；隨後，蔣經國再驅車前往李登輝在台北的寓所，也就是位於大安路的省政府主席台北宅邸，向李登輝及其家人表達恭喜之意。蔣總統到達之後，李登輝在門口恭迎，並陪同蔣經國進入客廳坐定，這時李登輝的媳婦張月雲由夫人曾文惠陪同以托盤送來茶水，李登輝坐在蔣經國側面，並側坐椅子三分之一，雙手在腿上來回搓動，唯唯諾諾似乎不知所措的樣子，同時張嘴「嘿嘿嘿」地笑著與蔣經國交談，因為是禮貌性的儀節，只是閒話家常，但李登輝所表現出來恭謹無措的姿態，透過電視的播出，成為全國民眾最深刻的記憶。

從那時起一直到蔣經國過世之前，李登輝給國人的印象就是恭恭謹謹，唯唯諾諾。而在一九八八年元月十三日和二十七日，李登輝在意想不到的情況下，分別掌握了政府和黨的大權，雖然實權尚未在握，但從這一天開始，李登輝展開了「做自己」的旅程，而中華民國及國民黨也走上了分崩離析的第一步。這一年，李登輝六十六歲。

說李登輝到了六十六歲才展開了「做自己」的旅程，是因為在六十六歲以前，李登輝是活在戒懼戒慎、小心翼翼、不斷揣摩上意的日子中，將他的自我深深埋在內心深處，如果沒有接任黨政大權，這個謹小慎微的李登輝就一直存在，世人將見不到翻雲覆雨的李登輝，那麼何以六十六歲區隔了兩個截然不同的李登輝？這要從李登輝的身世說起。

撲朔迷離的身世

李登輝的父親李金龍曾依據他家的族譜資料表示，他們家屬李氏隴西堂，由中原移居福建的先祖是李火德公，至於來台始祖第十四代的嵩文、崇文公兩兄弟，他們在清乾隆年間自淡水登岸後，就深入三芝鄉陳厝坑內山墾荒，到了崇文公的孫子乾聰公，終於購下三芝鄉埔坪村的「源興居」，這個資料說明李金龍是李姓入閩始祖李火德公的二十五代裔孫，照說，李登輝應該是第二十六代裔孫，有趣的是，新加坡前總理李光耀也是入閩始祖李火德公一系，算來是二十八代裔孫，照輩分上，李光耀還得叫李登輝為叔祖。

這個譜系確定是李金龍的，但是不是李登輝的譜系就有人懷疑，李登輝日本名字為「岩里正男」，因為晚近有人說李登輝是日本人的兒子，後來託擔任日本警察的李金龍收養，這種說法的根據有幾個：

從外型上看李登輝高壯，李金龍瘦小，面容上兩人亦無相似之處；李金龍生前和李登輝關係不是很密切，他居住在外，經常到帝一火鍋店吃火鍋喝酒；且李登輝從未提及其母；李登輝對日本毫無道理也毫無保留地讚嘆；李登輝對國土的主張，一面倒地傾向日本。

對於李登輝是日本人的說法為一位學者所提出，當時只是一種推論，相信的人並不多，但隨著李登輝一再出現極端媚日傾日的言行之後，存有疑心甚至相信的人逐漸增加，尤其後來的一些研究發現，日據時代出生在台灣的日本人，在台灣光復遣返時，一批人回到日本之後其實並不是很適應，他們是日本人，卻有很濃重的台灣情結，也受到日本人的排擠，這批人通稱為「灣生」，現在年齡也都七十歲以上，經常組團到台灣回憶兒時時光；另外有一批人知道回到日本後必然生活困頓，就留下來歸化為台灣人，或將子女委託台灣人撫養，這其中還有在台灣的私生子，更不可能帶回日本，這一批人絕大部分都已不存世，但他們的下一代都已經是正式的台灣人，卻有很濃重的日本情結。這些新資料的逐漸被爬梳出來，使得認為李登輝是日本人後代的人更多且更堅信了。

在李登輝二十二歲以前，他自稱是日本人，當時確實是日據時代，台灣光復後，他於一九五二年前往美國愛荷華大學取得碩士學位，歸國後先到省農林廳工作，隨後到合作金庫及農業復興委員會任職，一九六〇年，他因為曾經參加共產組織的問題，受到調查局約談並拘禁了四個多月，被農復會的主委沈宗瀚及祕書長蔣彥士所解救，獲無罪釋放；因為這個問題，他於一九六五年欲前往康乃爾大學攻讀博士學位時，也遭受到一些障礙。

四十九歲入閣

一九六八年他自康乃爾大學學成歸國，博士論文獲美國農學會全美傑出論文獎，在農學界已經逐漸成名，一九七〇年他獲邀出國參加國際會議，但因早年的紀錄，以及在康乃爾就學期間，接觸了許多當時所謂的「海外異議份子」，因此出國的申請被禁止。

這次被禁止出國，反而成為他人生的轉捩點，沈宗瀚認為他已經是國際聞名的農業專家，應該經常出席國際會議，為此特別於一九七一年八月將他介紹給時為行政院副院長的蔣經國，結果兩人相談甚為投契，蔣經國建議李登輝加入國民黨，很快地就由經濟學者王作榮擔任介紹人，於同年十月將李登輝引進國民黨，第二年，蔣經國出任行政院長，組閣時就請李登輝擔任政務委員，當年他四十九歲，是最年輕的閣員。

李登輝自就業以後到四十九歲擔任政務委員這一段時間，在學術研究上雖然有所成就，但也有許多不如意，主要是因為他的背景在那個時段是有「問題」的，時時受到有關單位的「關注」，使得他必須戒懼戒慎，謹言慎行。

出任政務委員之後，李登輝可謂一帆風順，從政務委員到台北市長，到台灣省政府主席，再從沒有部會首長經歷的情況卻被欽點為副總統，這段歷程既順遂也是一段奇蹟。但是一直到擔任了副總統，李登輝還是如履薄冰，因為他很清楚，雖然他是一人之下，但這個副總統的位置向來就是台灣省籍人士的代表而已，不具任何權力的意義，而蔣經國個性深沉，天心難測，因此他勢必要低調再低調、小心再小心，不時要揣摩上意，又怕揣摩錯誤，心境自然不會好過。所以說，到他登大位之前，他其實過的是小媳婦小心翼翼、不敢有主見的日子。

李登輝能夠如此沉潛三十多年，除了自保的因素，他對自己未來更上一層樓的發展也有所期待，曾經協助李登輝開展「兩岸密使」的國學及佛學大師南懷瑾認為，李登輝是一個「偽善」的人：「他這種偽善的工夫有如王莽，王莽是歷史上一個厲害的角色，出身世家，但父親早死，靠在伯父大將軍王鳳面前裝出一副老實忠厚的樣子而得到王鳳的好感和信任。王莽的太太，在外人前也是穿著樸素，而王本人也曾經做過大義滅親的事。但當王莽大權穩固後，他對政敵則採無情的打擊。」

而能夠支持李登輝低調謙遜，沉潛過日子的原因，主要來自於他自年輕時期學習的日本劍道。日本劍道，是在日本地理文化領域內產生的武士精神，是以日本刀為核心，以刀劍的使用技術為載體，以日本民族歷史文化傳承為靈魂的武道。具有高度的「對抗性」，模擬對抗雙方持刀劍器械的打鬥實戰。劍道訓練可以提高眼力、步法、應變能力，富含深遠的哲學內涵，尤其蘊藏了東方哲學的智慧，講求氣、劍、體一致，以靜制動、不變應萬變、後發制人、以弱勝強、以柔克剛等等；它同時還很強調精神力量，以處變不驚、心靜如水的沉著來應對危機，沉靜地看定對手的弱點，不動聲色的倏然一擊中的，快、狠、準，是出手的不二法門。觀察李登輝每一次對政敵出手，都不脫日本劍道的精髓。

李登輝接任黨政大權時，很清楚知道他並不是真正的大權在握，他也知道在傳統的國民黨高層人士眼中，他只不過是一個幸運的台籍門面看板，要做到真正號令黨政根本不可能，因此，他必須攏絡國民黨內一些有勢力的人，和一些思想比較進步的菁英，這些菁英認為權從體制而來，政治必須依體制而行，不應再依人而治。

國民黨內的主流與非主流之爭

李登輝仍然是謙遜地和老國民黨員周旋，他的低調和委曲求全達到兩層意義，一是事情可以好做，二是以小媳婦的姿態讓台籍本土性民眾覺得他被欺負而產生疼惜。最終，這種謙遜和讓步也無法讓老舊勢力滿足和平衡，終於爆發了所謂「二月政爭」，也就是倡議改革的「主流派」與維持傳統的「非主流派」之爭。

主流與非主流之爭其實自一九八八年元月二十七日李登輝接任國民黨主席之際即已開始醞釀，一直到一九九〇年三月二十二日第八任總統副總統選舉結束才算落幕，主流派大獲全勝，非主流派被分化而分崩離析，造成國民黨第一次分裂。在這次政爭中，李登輝運用了高度的劍道精神，開始嶄露了縱橫捭闔的高段技巧，這初試啼聲之作，也在日後進行黨內外鬥爭時不斷地運用，而且愈發成熟有效，李登輝開始做自己了，而這也正是國民黨分裂的開始。

李登輝的縱橫捭闔技巧包括了幾個面向：

形塑台籍總統被外省人欺負的形象，團結了不分藍綠的台灣省民眾，進一步發酵成國民黨的外省人欺負台灣人，也因此製造台灣民眾對外省人的不滿甚而仇恨，這個技巧屢試不爽，包括到後來把國民黨打成了「外來政權」。

假革新進步之名，將傳統的國民黨老舊勢力打成腐敗、落伍、不思進取，進而加以剷除，並以此將國民黨二分，造成分裂，這個手法也一再運用。尤其在進行修憲時，國民黨在修憲國代的選舉中大獲全勝，李登輝卻在總統選舉方式臨時拋出與國民黨不同調的「公民直選」方案，再度造成國民黨的嚴重分裂。這種伎倆的一再運用，把原本團結的國民黨一再分裂，先有「集思會」和「新國民黨連線」，後有「新黨」和「親民黨」的出走。

凝聚分散的多數，對抗團結的少數。國民黨的菁英能力很強，也創造了在台灣執政的經濟成就，但畢竟是少數菁英，且多為外省籍，而本土派的黨員雖多，卻一向都在基層，李登輝透過對外省籍的醜化及污衊，團結了人數較多的本土黨政人士，再透過所謂的民主機制，翻轉了權力的結構。

借力使力。針對一些議題，任激情群眾集會反抗，李登輝則順勢借勢，凸顯改革的必要性及迫切性，以民氣可用，進行大幅度的改革，在「二月政爭」中，同時也發生了「野百合學運」，學生對政治及社會現象尤其是萬年國會的不滿進行絕食抗議，李登輝藉此民意推動國會改革，終結萬年國會。這確實是重大的政治改革，對台灣的民主發展具有重要意義，但對李登輝的更大意義是，從此台籍民眾的政治勢力大幅增長，反轉了過去由外省籍人士近乎壟斷的政治資源，而這些資源則立刻集中到第一個台籍總統手上。

以權交換。「權」在民主政治中是最為神聖的資源，但在李登輝手中卻是效用最大的籌碼，可以酬庸，也可以交換出許多對他有用的目的。李登輝接黨主席時，黨祕書長是李煥，也算扶立有功，同時又擔心李煥把持黨機器，就讓他接行政院院長；「二月政爭」時，蔣彥士邀請八大老，分化了非主流派有功，加上早年曾有救命之恩，給他擔任總統府祕書長；為了徹底瓦解非主流派，以行政院長職務收買軍系的郝柏村；為了感謝宋楚瑜在代理黨主席一事上的「沖天一怒」而「定鼎江山」，給他擔任末代的台灣省主席；為了報答王作榮引介進入國民黨，給他擔任監察院長；為了感謝沈宗瀚救命之恩，請他的兒子沈君山出任政務委員（當時沈宗瀚早已過世）。

李登輝的以權交換或報恩還有幾個特色：

一是敢冒天下之大不韙。將不應該給的職務或權力大方交換，越冒天下大不韙表示價值越高，像行政院長是行政最高主管，是百分之百的文職，由軍人出任不僅破壞體制，也在國際間造成不好的形象，但為了徹底瓦解非主流，他就敢讓四星上將出任行政院長，社會反彈聲浪越高，表示這個交換的價值越高；台灣省主席自謝東閔以來，一直都是台籍人士的保障名額，李登輝就敢大方地給一個湖南人宋楚瑜擔任末代省主席，完全不管他人的非議。

二是一刀兩刃。李登輝的大酬庸，其實也是將被酬庸者送進風口浪尖，讓他們獨自去承受紛至沓來的各種攻擊，同時也因為籌碼太大，反而可以創造一些附加價值，李登輝從來都是大贏家，不僅一舉兩得，有時候甚至是一舉多得。如郝柏村的出任行政院長，一舉瓦解了二月政爭時的李（李煥）郝結盟，也抵銷了軍方對他的不友善，雖還不能收編，但至少穩定了軍方；同時，因為民間對軍人尤其是向來極為強勢的郝柏村出任閣揆，反彈聲浪不停，李登輝也順勢地讓郝柏村卸下軍裝，交出兵權，可以說是「全勝」。

三是情義歸零。當李登輝將「權」交換或酬庸出去的那一刻，對李登輝來說，目的已達，恩情已報，互相兩不欠，一切關係從頭開始，而且是歸零開始，今後一切都照他的規矩來，不再有情義牽絆。蔣彥士及沈君山一段時間之後就下台了；王作榮不久便與李登輝翻臉；郝柏村也因為對軍政軍令的分界和分際問題，與李登輝產生嫌隙，郝柏村暴露在朝野及民間的輿論攻擊之下，李登輝並未支持他，反而希望他辭職，郝柏村終於在一九九三年二月二十七日請辭，任期一年九個月。

至於宋楚瑜搶了台灣省主席的位置，自然也如入虎口，其實這也是李登輝所樂見的，沒想到宋楚瑜不到兩年卻走遍了台灣三〇九個鄉鎮，政績受到台灣省民高度肯定，並代表國民黨參加首任台灣省省長的選舉，大獲全勝，宋楚瑜的民間聲望達到最高點，這些都出乎李登輝的意料之外，但之後就發生了「凍省」事件，李登輝決定將台灣省虛級化，有人說這是因為「葉爾欽」效應的緣故，李登輝要架空宋楚瑜。從此李、宋兩人的關係從「肝膽相照」、「情同父子」，馬上降到冰點，有如寇讎。

對台灣民主化的貢獻

台灣的民主化進程，大致上可分為三個階段：一九九二年「萬年國會」告終算是第一階段，這個階段促成了「國是會議」的召開，進行修憲，這都是挾民意之力完成，李登輝大刀闊斧，體現了高度的個人意志力；第二階段是一九九四年台灣省、台北市、高雄市長選舉的實現；第三階段則為一九九六年總統選舉直接民選的實現。這三階段改革都是在李登輝總統任期內完成，對台灣的民主化確實有很大的貢獻，也受到了世人的肯定，李登輝被譽為「民主先生」，完成「寧靜革命」也應該是實至名歸。李登輝這些民主化進程，其實最重要的意義是「台灣人做主」，他以崇高的「主權在民」理念包藏他更大的心機。他借力使力，縱容外在不斷升溫的壓力加速改革的步伐，如利用「野百合運動」迫使老民代的退職、召開國是會議及推動憲政改革，也趁機逼退他欲除之的政治對手。他在前往母校康乃爾大學演講時的題目是：〈民之所欲，常在我心〉；在他的著作《台灣的主張》也提到：「政治家的工作是一而再、再而三地去傾聽國民的聲音，然後積極尋求改善之道。」這正是他理念的忠實體現，只是這個「民」之所指，已經逐漸框定為本土台灣人，而日後不斷發展發酵的結果，變成外省人是一種原罪。

李登輝上任以後，改變了國民黨「漢賊不兩立」的僵化思維，摒棄了蔣經國與中共「不接觸、不談判、不妥協」的三不政策，開始承認中華人民共和國政府的合法性，開始了與大陸的對話與交流。一九九一年二月二十三日，國家統一委員會第三次會議修正通過了《國家統一綱領》。《國統綱領》確認「一個中國」的目標，強調「大陸與台灣均是中國的領土，促成國家的統一是中國人共同的責任」。

《國統綱領》認為，在國家統一的目標下，為增進兩岸人民福祉，大陸地區應積極推動經濟改革，逐步開放輿論，實行民主法治；台灣地區則應加速憲政改革，推動國家建設，建立均富社會。

《國統綱領》還設想了中國統一的三個階段。首先，兩岸應摒除敵對狀態，並在一個中國的原則下，以和平方式解決一切爭端，在國際間相互尊重，互不排斥，以利進入互信合作階段。其次，兩岸應建立對等的官方溝通管道，開放兩岸直接通郵、通航、通商，共同開發大陸東南沿海地區，並逐步向其他地區推展，以縮短兩岸人民生活差距。最後，成立兩岸統一協商機構，依據兩岸人民意願，秉持政治民主、經濟自由、社會公平及軍隊國家化的原則，共商統一大業，研訂憲政體制，以建立民主、自由、均富的中國。

《國統綱領》出檯後，在國統會、陸委會和海基會的大陸工作系統的主持下，兩岸交流進入一個新階段。一九九二年十一月，大陸的海峽兩岸關係協會與台灣的海峽交流基金會在新加坡舉行兩岸四十多年以來的第一次面對面會談，大陸汪道涵會長與台灣辜振甫董事長親密握手，開創了中華民族歷史上的又一個新階段。兩岸達成了以口頭方式表達的共識，即：一、雙方均堅持一個中國的原則；二、兩岸努力謀求國家統一；三、台灣方面認為一個中國的含義認知各有不同；四、大陸方面認為一個中國原則在事務性商談不涉及其政治含義。這就是著名的「九二共識」。所有這些，都是在李登輝任上完成的。

立場曖昧備受質疑

修憲之後，李登輝其實已經站穩腳步，他開始可以完全做自己了，因為國民黨在他幾次運作下已經分裂，非主流派從字義上已經被定位為改革的阻力，本土勢力迅速興起，他成為本土勢力的共主。有趣的是，因為「本土勢力」這個名詞其實也吸納了主張台獨的綠色勢力，而且李登輝也在他腳步站穩之後，開始和所謂的本土派人士經常接觸，甚至在民進黨財力困窘的時候，曾經提過應該讓國民黨資助民進黨，幫助民進黨成為健全的反對黨，這個主張也是冠冕堂皇，不過話被一位黨官傳出去之後，反應不佳，也造成這位「洩密」黨官的調職。

與民進黨關係的曖昧，一直使李登輝受到國民黨人的非議，認為是他台獨思想的反射，最嚴重的是，一九九四年第一次省市長民選，台北市長候選人國民黨提名當時的官派市長，也是李登輝子弟兵的黃大洲，國民黨內因為不滿李登輝而出走另組的「新黨」（一九九三年八月成立）推舉趙少康參選，民進黨則是陳水扁參選，這次選舉十分激烈，尤其新黨展現的群眾號召力、動員力、組織力、團結一致的行動力和清新的風格，令人耳目一新，也震撼了台灣民眾，國民黨內一些人轉而私下支持，所謂「人在曹營心在漢」的人數也暴增，而本土性的人物則大為驚懼，擔心若新黨成了氣候，會有「法西斯」的傾向。

這裡值得注意的現象有兩個，一是所謂「人在曹營心在漢」的說法已經甚囂塵上，代表國民黨在一般社會上的定位從「漢營」轉為「曹營」，國民黨的核心價值已經受到極大的扭曲；其次，因為民進黨和國民黨的所謂本土派勢力擔心新黨的崛起，而陷入了嚴重的集體焦慮，李登輝就是典型的代表，因此他寧願犧牲自己人黃大洲，在投票日前運作「棄黃保陳」，表示黃大洲已經當選無望，要支持黃大洲的選民票轉陳水扁，這個「棄保」效應發酵，陳水扁得利當選，讓國民黨的支持者對李登輝更加不滿，也更加證明李登輝和主張台獨的民進黨勾結。

至於李登輝是不是台獨份子，從早期的撲朔迷離，到這次台北市長的選舉，已經被高度認定，這對一九九六年第一次總統直選國民黨的選情產生極大的影響，而李登輝則一再撇清，說他不是台獨，他曾說：「我已經說過一百三十多次我不是台獨，你們怎麼都不相信？」但是這個問題確實困擾了他，到底要如何因應總統大選呢？當時的選舉民調中，有三五％左右的未決定選民，這一部分選民最後的投票行為將決定選舉的結果，尤其在首次總統直選中有四組候選人，這三五％的選票動向就益形重要。

李登輝一直希望有方法解開這個潘朵拉的盒子，後來輔選單位提出一個極為昂貴的調查方式可能達到這個目的，這是引用美國商品使用者滿意度的研究方法，轉介到政治人物民眾滿意度的調查方式，研究對象必須是現任且知名度足夠的政治人物，李登輝剛好符合這個條件，但民調的進行很繁複，樣本數也很多，要價三百五十萬，大概是當時一般標準規模民調費用的十五倍以上，最後由一家支持李登輝的大型民間企業的基金會出錢進行。這個研究可以釐剔出影響候選人的各種條件，並細緻到影響的程度。調查結果顯示，「台獨」這個議題對李登輝的影響不大，但「個人特質」這個變數的影響極大，多展現一分個人特質可以增加多少支持率都被詳細地計算出來。

李登輝是學農業的人，農業經濟學裡很重要的一門學科是統計學，注重統計數字，國民黨內人才濟濟，博士滿街走，但只有李登輝對民調的結果最為關注，他深入研究這個民調後，改變了選舉策略，從此不再回應任何有關「台獨」的問題，而開始展現個人魅力，那種鄉土的氣息，加上大陸對台灣大選的「文攻武赫」下，李登輝在這次大選中獲得極高的選票當選。

一九九六年之後的這一屆民選總統任期，李登輝擁有廣大民意基礎，對他個人意志力的展現就更加積極和強勢，因此有後來所謂「特殊的國與國關係」也就是「兩國論」的論點，透過德國之聲公開向全球宣示，將兩岸關係導引到緊張的狀態；又在二〇〇〇年的下一屆總統選舉中，以不作為的方式未能促成連（戰）宋（楚瑜）合，徒然又給陳水扁製造機會當選總統，民進黨聲勢達於頂點，國民黨哀號連連，為此，他被迫離開國民黨，隨即又在二〇〇一年八月十二日支持台灣團結聯盟（台聯）的新政黨成立。他雖未入黨，據說創黨及運作所需的資金則是由他所提供或號召募集，因此台聯將他視為精神領袖，言聽計從。而台聯的宗旨號稱本土化，卻一直反對國民黨，將民進黨視為友黨和親密的戰友，經常聯手修理國民黨。

推動「本土化」改革

離開總統職位後，李登輝更為自由，講話經常反反覆覆、變來變去，有時候認同台獨，有時候又說「台灣早已獨立，名字就叫做中華民國」，經常顛三倒四，讓人莫衷一是；對當初選總統時否認是台獨澄清一百多次，之後又自承台獨時，曾有這麼一句經典之語：「誰教你要讓我騙」，令人啼笑皆非。

對於李登輝台獨的問題，說來也實在弔詭，一九八〇年代末，兩岸交流已經十分熱絡，兩岸關係改變，勢必要有一些新的安排和法令，於是在一九九〇年十月七日成立了國家統一委員會，立即積極展開「國家統一綱領」的研訂，並很快在一九九一年二月二十三日訂定，只花了四個多月的時間。這都是李登輝督促完成的；而在這件事情之前，一九八九年十一月九日柏林圍牆倒塌，東德崩潰，兩德迅速進行整合，並在十一個月後就統一了。

李登輝對這件事情極為關注，對這兩個嚴重分裂的國家能夠如此迅速統一也覺得不可思議，立即派遣政大國際關係研究中心研究員前往德國進行專題研究，發現西德很早就開始進行統一的研究和規劃，因此能夠迅速完成整合。李登輝立即要求國民黨的革命實踐研究院籌辦「國家統一研習班」，積極培訓國家統一所需要的人才；而一九九六年競選首次總統直選時，甚至公開宣示「逐步實現國家和平統一終極目標」，這些事件都呈現了李登輝積極投向國家統一的路線和規劃，這就更讓人搞不清李登輝葫蘆裡到底在賣什麼膏藥，是他「老番顛」（陳水扁罵李登輝言詞反覆之語）了嗎？還是他故弄玄虛呢？

比較合理的解釋是，李登輝早期雖然對共產黨有迷夢，也有深厚的日本情結和台灣的本土意識，這些都在充分執政前被隱藏得好好的，一旦接了國民黨這個巨大的歷史政黨，他應該對擔任這個大廟的當家有所期許和理想，希望讓國民黨在台灣及他個人在國民黨內有其合理性和正當性，這就勢必要進行改革，這個改革就是「本土化」，「本土化」其實不同於「台獨」，但它們是鄰居，分居統獨光譜中線的兩邊，李登輝因為站在本土化這邊，經常被國人和大陸指責是台獨，尤其在一九九五年前往康乃爾母校演講之後，到一九九六年選舉大陸的文攻武赫等等，迫使他不自覺地向中線的另一端游移，以尋求溫暖。

二〇〇七年一月，李登輝接受台灣《壹週刊》記者的專訪時又表示，他不是台獨教父，統獨爭議在台灣已經變成一個假議題，他從沒主張台獨，也認為沒有追求台獨的必要。李登輝還說，中國大陸有很多人希望他去訪問，如果能成行，他最想走孔子周遊列國之路。李登輝還主張大膽開放中資來台，讓更多的大陸遊客到台灣觀光。李登輝這種左右搖擺的政治傾向，被人認為是一種掩人耳目的政治權術或政治伎倆。

任內擴張黨營事業，貪瀆風氣猖獗

除了台獨問題外，李登輝還有兩件事很受質疑：

一是對黨營事業的擴張和濫用。黨營事業雖然有其存在的背景，也未必全部是國庫通黨庫，歷來黨營事業都是低調經營，李登輝掌權之後重用劉泰英管理黨營事業，劉泰英是財經專家，認為那麼龐大的黨營事業應該好好經營，使得資產最大化，這個論點對財經專家來說基本上沒有錯，經營的效果相當好，資產大幅增長，增長的結果是與民爭利和與民聯手，爭利會造成民怨，聯手的另一個說法是勾結牟利；最壞的事情是以金錢達到一些目的。

在李登輝時代，透過財務運作做了許多事：挹注垂危的民間企業、合作進行大規模的投資等等，而劉泰英對李登輝任何交代都毫無保留地執行，因此造成了許多弊案，包括新瑞都案、中影公司弊案等，後來給劉泰英招來許多官司甚至坐牢。而李登輝對黨營事業和黨產的任意處置，也造成國民黨極大的財務損失，據估計失血達四百多億元。

另一件事是帶來黨政及社會的奢糜、貪婪和貪瀆風氣。蔣經國時代對官員的操守特別重視，官員的生活習慣都受到嚴格監督，並大力鼓吹民間簡樸生活。李登輝完全掌權之後，開始從口腹之慾發展個人的生活習慣，他喜歡吃魚翅鮑魚，甚至連香港的鮑魚大師都被請來官邸為他做糖心鮑魚，一時上行下效，社會上已經是無鮑不宴。有一次，已經退休而曾經擔任過經濟部長、對台灣經濟發展有極大貢獻的趙耀東，應邀出席一次官式餐宴，鮑魚端出來後，他氣得拂袖離席而去，丟下一句話：「這樣吃，國家要被你們吃垮了。」趙耀東家道殷富，但自律甚儉，退休後出入都搭公車，算是老一輩清廉自守的官員典範，也是受到民間尊敬的官員，他的激憤顯示了政治及社會風氣的墮落，也反映了一些人的不滿。

「我是他們的老闆，他們還以為是夥伴」

李登輝掌政以來，得到許多人的幫忙，得勢時圍繞在他身邊的人也很多，但最後一些重要的左右手卻都離開殆盡；李登輝是一個本土意識很強的人，基本上也不喜歡和所謂的「外省人」交朋友，但命運安排他得到一些外省人的幫助，他也是有恩報恩，不過報完恩就情義兩了，像沈宗瀚、蔣彥士、王作榮、宋楚瑜等，對他的幫忙、恩情都很大，但都沒辦法成為長久的朋友，甚至還割袍斷義。

至於本省籍的朋友或部屬，也都一個個遠離。長榮集團前總裁張榮發也是一個本土意識很強的企業家，他在李登輝剛崛起時，用盡個人國內外的資源全力支持，但後來為了李登輝「戒急用忍」的大陸政策與之決裂；黃昆輝從他在台北市長時就一路追隨他超過三十年，在擔任台北市教育局長時因為外雙溪水庫放水造成下游十五名高中師生溺斃，在任台灣省教育廳長時因為豐原高中禮堂倒塌事件，都請辭負責，算是替李登輝扛下了政治責任，李登輝擔任中華民國總統後，黃昆輝歷任陸委會主任委員、行政院政務委員、內政部部長、總統府祕書長、國民黨祕書長、李連教育基金會董事長等職，李登輝支持台聯之後，台聯有幾年時間發展一直不見起色，黃昆輝在二〇〇七年接受李登輝的邀請出任台聯主席，而這個工作也啟開了李、黃的嫌隙。

本來小黨在台灣藍綠對決的氛圍下就很難生存，台聯的定位又與民進黨難以區隔，二〇一〇年在直轄市議員選舉中一敗塗地，當時李登輝就對黃表示過不滿，兩人已經漸行漸遠，到了二〇一六年立委選舉慘敗後，黃昆輝請辭負責，但對繼任人選的問題和李登輝相左，李登輝便撤除黃昆輝在李登輝基金會的董事職務，並公開痛斥黃昆輝把台聯的黨產敗光，關係如同冰點。

劉泰英遭遇最慘，他於一九六七年赴康乃爾大學攻讀博士，一九七一年獲博士學位，而李登輝於一九六五年至一九六八年間也在康乃爾大學就讀，期中有所重疊，因此有人說，李登輝的博士論文是劉泰英幫忙寫的，這個說法並不合理，因為兩人所學不同，代寫論文的可能性不高，尤其李登輝的論文還獲得美國農學會全美傑出論文獎，較有可能的是，李登輝的英文書寫能力並不是很好，劉泰英幫助他英文的潤飾。但不管如何，他們兩人自一九六八年前後已經在康乃爾大學認識是不爭的事實。劉泰英在有關國民黨財務問題及政府涉外金援的問題上多方協助李登輝，引出許多弊案，包括了所謂「國安密帳」案。奇怪的是，李登輝在本案被傳訊的時候，竟然說他和劉泰英不熟，令劉泰英為之氣憤，但他也認了，坐了幾年的牢。

另外還有一個外號叫「小蘇子」的蘇志誠，他是李登輝獨子李憲文的同學，李憲文生病時他百般照料，很得李登輝夫婦的喜愛，李憲文過世後就跟在李登輝旁邊做事，從李登輝擔任台灣省主席起，他一直做機要的工作，直到李登輝進入總統府。在李登輝完全掌握黨政大權後，蘇志誠的影響力水漲船高，他還經常透過放話影響政局，一九九〇年代，並曾透過南懷瑾的牽線，成為代表李登輝的「密使」，與中共官員對話，包括與楊尚昆的代表楊斯德見面，之後與汪道涵見面，促成辜汪會談，也曾與江澤民的親信曾慶紅會面。

當時李登輝對蘇志誠百般信賴，蘇志誠影響力也越來越高，達到一人之下萬人之上的地步，有人傳出在李登輝不在的場合，蘇志誠會對部會首長頤指氣使，甚至當場指責。

李登輝在二〇〇〇年五月二十日卸任總統後，轉任台灣綜合研究院名譽董事長，蘇志誠則擔任行政副院長，但二〇〇一年四月李登輝計畫訪日，蘇志誠不贊成，那時候兩人關係即生變，加上李登輝對台聯的過度熱衷，蘇志誠聯合李登輝家人反對，令李十分生氣，於是在二〇〇二年六月台綜院的董事會中，以女兒李安妮替代了蘇志誠的台綜院行政副院長職務，正式宣告兩人的決裂，此後十餘年兩人鮮有來往。李登輝甚至很不滿地批評說，「我是他們的老闆，他們還以為是夥伴」。

李登輝雖然反反覆覆，但他卻是一個認真好學的人，日語和台語是他的母語，一般都認為他的日文（文字和語言）強於台語，台語強於英文，英文又強於國語。

他的閱讀也很廣，許多書都看，一九九六年對大陸政策曾經有「戒急用忍」的指示，在公文上也曾經有「著毋庸議」的批示，這些文謅謅的用語引起國人許多好奇和議論，不知語出何處。其實真正的出典是，在一九九〇年代初期，當時二月河《康熙大帝》、《雍正皇帝》等著作剛在台灣出版，但尚未熱銷，國民黨文宣單位就送了一套書到總統府上呈李登輝，李登輝從《雍正皇帝》這套書中學到了這兩個詞，並且很快地就用到了政策宣示和公文批示中，可見他讀書廣而雜。

長期以來，李登輝仍然以指導者的身分，對台灣政局不時發表意見，對執政者造成困擾，而民眾也對他遲遲不肯放下「權力」，印象深刻。（李耀時）

林洋港（1927-2013）

林洋港：不忮、不求、不懼

林洋港（一九二七—二〇一三年），生於日治時期台灣日月潭畔的頭社，暱稱「阿港伯」，因愛養牛，又有人稱「水牛伯」，以一口特殊「台灣國語」知名於媒體。在蔣經國提拔台籍菁英期間擔任台北市長、司法院長等重職，一九八〇、九〇年代活躍台灣政壇。

南投縣魚池鄉日月潭畔頭社村的一處農家，門前有兩隻巨獅雄峙的四合院，就是林洋港的故居。他歷任南投縣長、建設廳長、台北市長、省府主席、內政部長、司法院長等要職，一九九〇年代，國民黨政爭期間，他與李登輝曾經有一段流傳很久的瑜亮情節，兩人分為國民黨主流、非主流盟主。一九九六年，台灣首次總統直選，林洋港與郝柏村搭檔參選，敗在李登輝手下。

完整的政治資歷

被稱為有一口獨特「台灣國語」聞名政壇的林洋港，他的政治生涯非常璀璨，台大畢業便進入稅捐機關當基層公務員，後來又擔任民政局行政科長、南投縣政府祕書，之後一路當到台灣省政府祕書等要職，尤其是國民黨雲林縣黨部任主任委員這個職位，幾乎可說是「呼風喚雨」，他手握提名大權，更有「地下縣市長」之稱。

林洋港擔任雲林縣黨部主委期間，以最優秀的黨工人員獲蔣介石召見，一九六七年，林洋港用最少的錢贏得最多的票當選縣長，震撼政壇，也被美國觀選團譽為模範選舉，同年三月，蔣介石特別在日月潭的涵碧樓單獨與林洋港見面。

出任縣市首長

一九六八年林洋港被提名競選南投縣長，並獲當選，四年任期屆滿，並未競選連任。他的施政特點在於，有完整的人事制度，知人善任、律己甚嚴，一切人事升遷都依據個人的年資和學歷，嚴禁關說行為，和一般提拔自己班底的作風大有不同。

不只升遷制度完善，對部屬也很敬重，為了拔擢人才，林洋港認為，不論所擔任的職位高低，只要對施政上有任何見解，都可以提出，也就是所謂的「舉才建議」。

林洋港的為政之道在於以誠服人，雖然他任內遭遇到國姓鄉乾峯大橋改建工程的舞弊案，以及縣府大樓興建貪污案，但事後都證明他是清白的。

一九七六年，林洋港出任台北市長，當時為了要興建水庫來解決台北都會區自來水匱乏的問題，費盡千辛萬苦。因為工程浩大，加上水庫淹沒區和集水區規定不能蓋房屋和開墾，關係到市民間的利益衝突，經過多次的內外折衝，最後翡翠水庫才得以完工。直到現在，翡翠水庫仍是供應大台北地區最重要的水庫之一。

蔣經國的「吹台青」政策

在半世紀前，國民黨政府開始「吹台青」政策，「吹」指的是口才好，會說話；「台」指的是台籍；「青」便是青年人，以此提攜台灣籍青年。林洋港是當時最亮的一顆星，鋒芒畢露甚至幾乎「功高震主（蔣經國）」，由此可見當年之炙手可熱。

謝東閔從台灣第一位省主席升任副總統後，蔣經國原本要選拔李登輝接任，但認為李登輝缺乏政務實務及與議會相關經驗，此時台灣省議會又湧進共約十四名的「黨外議員」，各個頭角崢嶸，李登輝這樣的「書生博士」恐怕難以應付，乃指派辯才無礙的林洋港出任。

林洋港主席為弱勢農民、衰敗農村講了不少話，做了不少事，例如水租減半到後來的廢除，稻米管制及物價管制的放寬、一百多億基層建設的推動等，都為農民所讚頌。

這股「林洋港旋風」，深具群眾魅力。「阿港伯」甚至在公務上可繞過行政院長孫運璿而「直達天聽」。

一九七九年十二月十日，高雄發生美麗島事件後，全台「黨外」勢力為之重挫，當時黨外勢力集結地的省議會，有林義雄、張俊宏兩核心省議員被逮捕，黨外黨團遂陷於分崩離析，林洋港在此事件中，角色混沌不明，但以他當時在蔣經國心目中之重，應受到相當程度的諮詢，尤其像隔年發生「二二八林宅血案」，林義雄被放出來料理後事，不久卻在要返省議會收拾個人物品時，被「有心人」密報林義雄要返回省議會強行開會，遂在高速公路泰山交流道攔截，重新抓回監獄，而以軍法審判處重刑。林洋港對此事件究竟扮演什麼角色，社會總有疑慮。

一九八七年五月一日，林洋港轉任司法院長，開始了與他以往從政生涯截然不同的經驗。儘管司法院長被認為是遠離政治權力核心，但他曾以雄心壯志發下豪語，「三個月內讓鐵窗業蕭條」。雖未收實效，但林洋港在強化司法組織、健全司法人事、革新訴訟制度等方面也都頗有建樹。

李林瑜亮情節

林洋港在司法院長任內，長達七年又四個月，這期間的前後，他和李登輝「不搭軋」是眾皆所知之事。此後，李登輝不只獲得小蔣的信任，更擔任了副總統，又在人算不如天算的機緣下，小蔣猝逝，李登輝在驚濤駭浪中接下權柄，捷足先登。加上李登輝走的是「台灣優先」的本土潮流派，而林洋港則是選擇和國民黨傳統勢力串連的大中國隊伍，這對於他們兩人日後政治決鬥中，有莫大的影響。

林洋港與蔣緯國，曾結盟郝柏村，聯合在一九九〇年總統大選的黨內提名時曾力爭出線，但被黨內蔣彥士等八大老勸退。在這股長年醞釀於民間既同情又期待的氣氛之下，林洋港遂成為一個特殊的政治性象徵符號。

一九九六年，李登輝競選連任，在黨內引發極激烈的「二月政爭」，李登輝「起立派」獲勝，林洋港遂結合外省軍頭郝柏村搭檔競選正副總統。共有李登輝與連戰、彭明敏與謝長廷、林洋港與郝柏村、陳履安與王清峰等四組人馬競選，最後由國民黨李登輝組大勝，林、郝組獲十五％選票，排行第三，這是林洋港一場「明知不可為而為」的最後一戰。

事後林洋港深表遺憾，認為自己實在「倒楣」。但這並不表示林洋港將放棄再進一步的打算。事實上，他正努力找機會表現他的影響力，建立他的聲望。

時不我予，淡出政壇

林洋港的反應機智，也令識者讚嘆他的無數名言，例如：被批台灣戒嚴世界最久，他回答，「台灣的戒嚴沒有影響民眾生活，只有戒了三％」；民代質詢情治單位竊聽，他立刻回以，「白天不做虧心事，半夜敲門心不驚」；立委問他，台灣法令多如牛毛，林洋港迅即回答，「我出身農家，我知道，壯牛毛才多！」；與李登輝相爭不下時，記者問他是否會參選總統，他回以，「不忮、不求、不懼」。他在當時台籍政治人物中，被譽為是最具明星氣質的一位。

在用人方面，他主張應該尊重法定制度，非常反對親疏好惡，他曾說：「我並不要對我死忠一味愚昧的部屬，無論我錯與對都一律擁護到底，我希望的是『智忠』，依照理性與智慧，來共同面對處理問題，合力把事做好。」

林洋港無論去哪個單位工作，都不任用私人，也不自營班底，因為「班底再怎麼多也是少數，私人的智囊團也不容易整體合作。」儘管如此，他的好人緣仍被有心人士理解為「組班底」，與李登輝的「無子」（獨子李憲文早逝）之不被懷疑，形成不同印象

林洋港從政幾十年，一直是守法、守紀、守分而且守時。他強調「誠信原則」，不論活動安排多麼密集，出席任何場合，一定準時，而且他相信身教重於言教，長官一定要以身作則。天下雜誌為他所出版的一本書，便是以《誠信》為名。

雖然林洋港在人生的後期淡出政壇，但是還是相當關心台灣政治，他留下令人印象最深刻的是他的「台灣國語」和「表面張力」（喝酒酌滿）。

林洋港於二〇一三年辭世，享年八十六歲。他是一個傑出的台籍政治人物，只是他的見識與性格，左右了他的大走向，終留遺憾向黃昏。（沈筱禎）

林　彪（1907-1971）

林彪：從叱吒風雲到折戟沉沙

林彪（一九〇七—一九七一年），原名林祚大，字陽春，號毓蓉；曾用名育容、育榮、尤勇、李進，湖北黃岡人。中國著名軍事家、政治家，中華人民共和國元帥。國內戰爭時期，林彪指揮過若干重大戰役，為建立中華人民共和國立下赫赫戰功。文化大革命期間任中共中央副主席，一度是毛澤東的親密戰友，黨章規定的毛澤東的接班人，僅次於毛澤東的中國第二號人物。

軍事天才叱吒風雲

林彪於一九〇七年十二月五日生於湖北黃岡林家大灣，原名林祚大。九歲入私塾學習，十三歲起入浚新學校學習。一九二二年轉入武昌共進中學學習，一九二三年加入中國社會主義青年團，一九二五年投身於武漢的「五卅」反帝運動。同年秋天中學畢業後，南下廣州，考入黃埔軍校第四期，改名為林彪。

一九二八年一月，林彪參加湘南起義，改任中國工農紅軍連長。這時候不到二十一歲的林彪就顯現了他傑出的軍事天賦，創造了內戰史上「一個連打敗一個師」的以少勝多戰例。那年春天，桂系軍閥李宗仁派遣一個師的兵力，進攻駐在湖南耒陽的朱德、陳毅等率領的湘南起義軍。朱德與陳毅因為情況緊急，匆忙撤退，所以沒來得及通知林彪帶領的連隊一起撤退，而當時林彪率部駐紮在耒陽城東北十五公里的敖山廟一帶，交通不便。林彪與大部隊失去了聯繫，找不到主力，不得已只能率領他那一個連的兵力以及部分農民赤衛軍，抗擊實力數倍於自己的敵人。這時有一團的兵力攻打林彪部隊。

林彪經過計算研究，果斷採用伏擊戰的方法，以弱勝強。他決定先放過前面兩個營，集中兵力消滅敵人的後衛營。林彪認為伏擊戰最具突然性，容易打亂敵人陣腳，可以趁敵人未組織起有效抵抗時就消滅敵人。而且一旦無法取勝，也可以迅速撤離戰場。但是打這種伏擊戰對指揮員和部隊的要求都很高，要保證隱蔽好部隊，又不能離戰場太遠。特別是要先把敵人主力放過去，保持冷靜，保持克制，不動聲色，不開一槍，對於那些沒有戰鬥經驗的年輕戰士來說，很不容易。一旦走火暴露了目標，在敵強我弱的情況下，很有可能遭致全軍覆滅。

林彪對手下的戰士進行了嚴格訓導，使戰士們領會指揮員的作戰意圖。林彪還對火力進行了周密地分布配置，使自己一個連的火力能得到最充分發揮。結果，戰鬥的實際發展與林彪的設想十分吻合。在戰鬥打響後的第一時間，林彪就指揮戰士一陣排槍打死了敵人的營長，還未等敵人反應過來，林彪便指揮部隊發起衝鋒，全殲了一個營的敵軍。一九三〇年六月，年僅二十三歲的林彪就擔任了中國工農紅軍第一軍團第四軍軍長。

抗日戰爭勝利之後，林彪出任東北野戰軍司令員和中共東北局書記等職。遼瀋戰役以後，共產黨在東北戰場上的勝局已定，林彪的軍事才能在其中起了決定性的作用。據說，林彪一生的特點就是集中全部精力，專注於研究軍事思想、分析各種戰例、具體布置戰略戰術，與打仗無關的其他事物一概沒有興趣。美酒美食美女美景，他幾乎絲毫不沾，衣服樸素，生活簡單，只管帶兵打仗。在任東北戰場指揮官時，林彪幾乎終日倒騎著椅子面對牆上的地圖，一個人細細觀察和深入思考，謀劃戰略戰術，絕不容許別人的打擾。林彪布置戰術計算十分精確，他對戰場兵力的計算可以精確到一個營甚至一個連。他從不打無把握之仗，他要計算到有全勝的把握，在此基礎上還要留出退路。在國共戰爭的五年征戰中，林彪指揮大兵團作戰，其戰爭規模最大時可集結數十萬人。在數十次較大規模的戰役中，由於謀劃準確，決策果斷，指揮得力，因而幾乎是每戰必勝。

崛起政壇浮光一現

中華人民共和國成立後，林彪任中南軍政委員會主席、中南軍區兼第四野戰軍司令員、中共中央中南局第一書記。但是據說林彪由於常年南征北戰，身體虛弱，有怕光、怕聲、怕風、怕冷、怕水的「五怕」毛病。其起因於一九三八年一月一日，林彪穿著繳獲來的日軍大衣，騎著東洋戰馬，帶著師直屬隊十餘人，路經國民黨閻錫山部隊的第十九軍防區。該軍哨兵誤以為林彪一行是日軍，向其開槍射擊。子彈擊中林彪，傷了脊神經。中華人民共和國成立以後，林彪這一毛病越來越重，因此開始休養。

一九五〇年六月二十五日，韓戰爆發，以美國為首的聯合國軍隊阻擊了金日成的南向攻勢，反而把戰線向北推進到中朝邊境鴨綠江一帶。十月二日，毛澤東決定出兵參戰，支援朝鮮抗擊聯合國軍。毛澤東希望林彪擔任中國赴朝鮮軍隊的總司令，但林彪卻不願意掛帥出征。林彪表面上的原因是身體不好，無法適應出國作戰的環境。但實際上很有可能林彪認為中共無法打贏這場戰爭，因此不願受命。林彪之所以被稱為軍神，是因為他精於計算戰爭雙方的實力，而中共軍隊與美國軍隊實力非常懸殊，這一點林彪非常清楚。林彪認為，無法戰勝敵人，那就沒有必要打仗。

林彪深居簡出，修養生息，通常不參加各種社會活動。有人認為，這是因為林彪醉心於打仗、癡迷於打仗，而和平時期無仗可打，而且他的確身體不好，當然就只能在家賦閒了。其實並不如此，林彪生性機敏睿智，無論對於政治人物與政治現象，都有很高的洞察力、很深的理解力、很強的執行力。

從上世紀六〇年代初期林彪主持中央軍委工作開始，就在軍隊中掀起了學習毛澤東著作、高舉毛澤東偉大紅旗的運動。林彪開始大樹特樹毛澤東及其思想的絕對權威。林彪指令解放軍要帶著問題學習毛澤東著作，「活學活用，學用結合，急用先學，立竿見影」。林彪下令解放軍總政部選編了小紅寶書《毛主席語錄》，軍隊人手一冊，天天進行學習。到了文化大革命時全國人手一冊，全國成了紅寶書的紅海洋。

林彪高度評價了毛澤東與毛澤東思想，他寫道：「毛澤東同志是當代最偉大的馬克思列寧主義者。毛澤東同志天才地、創造性地、全面地繼承、捍衛與發展了馬克思列寧主義，把馬克思列寧主義提高到一個嶄新的階段。……毛澤東思想是全黨、全國、全軍一切工作的指導方針。」林彪還說：「我國有六億人口，需要有一個統一的思想、革命的思想、正確的思想，這就是毛澤東思想。」、「毛澤東是中國幾千年、全世界幾百年才出的一個偉大天才」、「毛澤東的話一句頂一萬句」、「毛主席的指示理解的要執行、不理解的也要執行。」林彪的這些言行，把對毛澤東的敬重變為了崇拜，又把對於毛澤東的崇拜變為迷信，得到了毛澤東的大力提攜。

一九六九年四月，中國共產黨舉行第九次全國代表大會，林彪作為毛澤東的親密戰友，被選為黨的副主席，被黨章規定為毛澤東的接班人，政治聲望到達了巔峰，如日中天。

折戟沉沙暴屍荒郊

但是，僅僅過了兩年時間，到了一九七一年九月，這位幾乎權傾天下的中國政治巨人從中國政壇上消失了。

林彪從政壇上迅速崛起、叱吒風雲到折戟沉沙，暴屍荒郊僅僅過了兩年時間。究竟是什麼原因造成林彪的命運如此大起大落？雖然時間已經過去四十多年，雖然歷史學家們做出了無數點評，但其真相至今似乎還是撲朔迷離，一頭霧水。

林彪與毛澤東的矛盾，實際上起始於一九六九年中國共產黨第九次全國代表大會。雖然在這次會議上林彪被選為中國共產黨的唯一副主席，被指定為毛澤東的接班人並寫進黨章，聲望達到了頂峰，但林彪在一些具體問題上與毛澤東還是有著分歧，兩人並不一致，因此這次會議是林彪由盛而衰的一個轉捩點。

九大還未召開之前，因為林彪要在黨的全國代表大會上宣讀政治報告，所以他讓陳伯達先起草了報告的草案，主要內容是認為中共九大的召開，標誌著文化革命勝利結束，以後黨的工作重心要轉向國家的經濟建設。這份報告馬上被毛澤東否定了，又讓張春橋起草了另一份報告，這份報告根據毛澤東的意見，認為還要繼續進行文化大革命，因為文革的任務還遠遠沒有完成。

林彪不同意張春橋起草的報告，對於毛澤東沒有採用陳伯達寫的報告也頗為不滿，所以當張春橋把報告寫完，毛澤東予以肯定，報告已經定稿，讓林彪在大會上去宣讀的時候，林彪事先看都不看，就匆匆忙忙拿著它走上台去念了。

一九七〇年八月中共中央九屆二中全會開幕，林彪與毛澤東就在這一問題上發生了分歧。隨後又和毛澤東所支持的江青、張春橋等人在九屆二中全會上發生了關於「三個副詞」的爭論。林彪在《毛主席語錄》前言中說毛澤東「天才地、創造性地、全面地繼承、捍衛和發展了馬克思列寧主義」，張春橋依據毛澤東自己的一些看法，認為這是在諷刺毛澤東，應該刪除「天才地、創造性地、全面地」三個副詞，林彪當然不能同意。於是林彪讓陳伯達彙集了馬克思主義經典作家有關稱「天才」的語錄，向大會散發。

在林彪與陳伯達的鼓動下，與會者紛紛要求毛澤東擔任國家元首，甚至各省的黨委領導也紛紛寫信給中央，要求毛澤東擔任國家元首。毛澤東看到如此眾多的幹部都聽從林彪、陳伯達的指示來向他建議，對此非常不滿，於是寫了〈我的一點意見〉一文，嚴厲批評陳伯達等「採取突然襲擊，煽風點火，唯恐天下不亂，大有炸平廬山，停止地球轉動之勢」，提出「不要上號稱懂得馬克思，而實際上根本不懂馬克思那樣一些人的當」、「至於無產階級的天下是否會亂，廬山能否炸平，地球是否停轉，我看大概不會吧」。毛澤東這篇措辭嚴厲的文章，足以置陳伯達於死命。但當時陳伯達實際上是按照林彪的意思辦事，毛澤東打倒了陳伯達，實際上也嚴厲地批評了林彪。林彪心知肚明，毛澤東與林彪之間的分歧愈發明顯了。

毛澤東與林彪的矛盾，有一件小事中也可見一斑。一九七一年五月一日國際勞動節晚上，天安門廣場燃放禮花，毛澤東與當時流亡北京的柬埔寨國家元首西哈努克親王等登上天安門城樓觀看煙火，以示慶賀。因為毛澤東登上了城樓，所以周恩來打電話請林彪也去，但林彪根本不想去。

一九七〇年廬山會議以後，由於與毛澤東之間一直心存芥蒂，林彪的情緒一直非常低沉，哪裡也不想去，幾乎整天就是一個人坐在沙發上，不與任何人交談，也不聽講文件。經過周恩來多次電話催促，經過妻子葉群的勸解，林彪才極不情願地離開家裡，登上天安門城樓。但他僅僅與毛澤東、西哈努克等人一起坐了幾分鐘，就對毛澤東說有點頭疼，於是匆匆離開了天安門城樓。這一個細節，說明了毛澤東與林彪兩人已經貌合神離了。

至於四個月以後，林彪怎麼會倉皇出逃蒙古，墜機死在溫都爾汗，至今似乎還沒有披露真相，中共中央檔案中的有關資料，由於歷史條件的限制，也可能不一定客觀真實。而目前網路上流傳的許多說法，也是真真假假，難以辨別。林彪之死這一個歷史之謎，或許只能留待後人來細細揭示了。（**陳先元**）

連　戰（1936-今）

連戰：得天獨厚，一生富貴

連戰（一九三六年—今），字永平。生於中國陝西西安，祖籍台灣台南，祖父為台南文人連橫，著有《台灣通史》，父親連震東曾任內政部長。連戰曾擔任中華民國副總統、行政院院長、台灣省政府主席與中國國民黨主席。中國媒體常在報導中尊稱他為連爺爺，被視為海峽兩岸重要的溝通橋樑，與前後任中共中央總書記胡錦濤、習近平交誼不淺。

二〇〇〇年三月十八日傍晚，國民黨總統候選人連戰，在競選總部召開第十任總統副總統選舉的選後記者會，面對中外數百名媒體記者，連戰承認敗選，然後以其一貫雍容的態度，四平八穩地說：「來日方長，後會有期！」連戰的臉上仍然是那副沒有表情的表情。然而，這看似平淡的一刹，卻是台灣政壇翻天覆地的開始。

這場敗選，造成中華民國行憲以來的第一次政黨輪替。中國國民黨自一九四九年播遷來台，首度因為選舉失敗而失去中央執政權，結束了在台灣半個世紀的執政，成為在野黨。

這場選舉敗得非常慘痛，連戰與蕭萬長作為執政黨提名的總統、副總統候選人，得票數與得票率居然名列第三，遠遠落後於代表民進黨參選且當選的陳水扁與呂秀蓮，以及脫黨自行參選的宋楚瑜與張昭雄。國民黨傳統的外省籍支持者全部倒向宋楚瑜，而國民黨本土的台灣省籍支持者則轉向支持陳水扁，連戰被極左與極右兩邊給架空了。當時的立法院院長王金平兼任連蕭競選總部主任委員，他事後表示，這是「棄連保宋」與「棄連保扁」兩邊棄保效應同時發酵。

連戰這個矜貴無比的豪門公子，落入凡間成為平民。不過，二〇〇〇年時的國民黨雖然在野，卻仍是台灣第一大黨，其黨員人數最多，其在立法院的席次是絕對多數（一一三席），而且國民黨還有龐大的黨產與黨營事業作為財務後盾。

這一年連戰六十四歲。他人生的大風大浪才要出現。

富貴雙全的公子時期

連戰在六十四歲之前，被喻為天下最好命的人。他名列台灣四公子（也稱為「國民黨遷台後四公子」）之一，與陳履安（前副總統陳誠之子）、錢復（前中央研究院院長錢思亮之子）、沈君山（農業專家沈宗瀚之子）同為國民黨政要之子。連戰是四公子中唯一一位台灣省籍，然而他的官職做到最高、家裡的資產最豐厚。

連戰的祖父連橫（字雅堂）是著名文史學家，曾到北京參閱台灣相關史料典籍，返台後編纂《台灣通史》，一九三六年六月二十八日病逝於上海。其父連震東加入中國國民黨，官至中華民國內政部部長。連橫病逝後兩個月，連戰出生於陝西省西安市，並就讀於西安作秀小學（今西安市後宰門小學）。一九四六年，十歲的連戰隨母親趙蘭坤搭船回到台灣。

連戰因其祖父、父親與中國大陸的深厚淵源，被稱為「半山仔」（台灣的政治術語，特指在日據時代前往中國大陸旅居，二戰後返台的台灣人，大多是國民黨黨員。此詞原意為「半唐山的本省人」，「唐山」是台語對中國大陸的代稱）。國民黨內的「半山仔」是一個特殊的族群，第二次國共內戰失利後，國民黨政府播遷到台灣，其統治體系中勢必納入台灣本地人，與大陸有淵源的半山仔自然成為首選。但也因為半山仔在台灣擁有某些政治與經濟的特權，導致台灣人對其有偏見，這是「原罪」。

連戰自台灣大學政治系畢業後，在一九六五年獲得美國芝加哥大學政治學博士。一九六五年九月五日，連戰與方瑀在美結婚。方瑀祖籍江西，一九四三年出生於重慶，一九四六年舉家遷來台灣。方瑀是美國康乃狄克大學生化碩士。大學二年級時，她曾參加中華民國「第三屆中國小姐選美比賽」獲得冠軍。這也是連戰另一個被人稱羨之處，家有美妻。

連戰與方瑀育有兩子兩女，依出生順序為：連惠心、連勝文、連勝武、連詠心。一九六八年，時任台灣大學校長的錢思亮邀請連戰回國任教，任台大政治系主任，學生中有蔣孝勇。

三十九歲時連戰轉入官場，第一個公職就是特任官，一九七五年被任命為駐薩爾瓦多大使，次子連勝武就出生於薩爾多瓦。三年後調回台灣，出任國民黨中央黨部青工會主任，之後在國民黨官僚體系中步步高昇，先後擔任行政院青輔會主委、交通部長、外交部長等職。

為官之道，連戰師承其父連震東。連震東曾告誡連戰，在中國官場不要太出風頭，要少說話多做事，多拉關係，並特別以騎腳踏車為例，「為官要如騎腳踏車，頭要不斷地點，腳要不斷地踩，才不會跌下來」。連戰除了家有庭訓，還有豐厚的家產。

依胡潤排行榜二〇一五年公布的排名，連戰的身家財產，以人民幣六十一億元（約台幣三一一億元），排在全球富豪榜第一九一一名，他是台灣唯一入榜的政治人物。連戰辦公室稱「這個數字是錯誤的」，胡潤後來也承認錯誤。但連戰不是普通地有錢，而是非常地有錢，則是不爭的事實。依連戰過去的財產申報資料，他的財富是以土地及房屋等不動產為主，據稱其資產得力於母親趙蘭坤生前持家理財，以及長期精準投資的收益。連戰這個人在政壇的份量，也因為非常有錢而增添了更多的砝碼。

連戰在交通部長任內，推動鐵路地下化，在其任內無發生任何事故，在當時的技術與歷史背景下相當不容易。然而，連戰在政壇脫穎而出的一步，是當台灣政壇正陷於主流與非主流的鬥爭時，李登輝決定以連戰取代郝柏村出任行政院院長。當時，以總統李登輝為首的主流派，代表的是國民黨內台灣籍的本土勢力；以行政院院長郝柏村為代表的非主流派，則是國民黨內傳統外省籍官僚體系，兩大派系的傾軋，從行政系統到立法部門，從府院之爭變成統獨的路線之爭。連戰這個半山仔是兩大派系妥協下的產物。一九九三年二月二十三日，立法院通過連戰的提名，他是最後一位經由民選立法院行使同意權任命的行政院院長，也是中華民國行憲以來第一位台灣省籍的行政院院長。「李連體制」於焉成立。

李連的恩怨情仇

連戰接任行政院院長後，事事以李登輝為尊，尤其是李登輝宣示的三大總統職權——國防、外交、兩岸，更是謹守分際，絕不逾越。因此，連戰在國民黨中生代接班梯隊中立即排名第一。當李登輝推動總統直接民選時，連戰是當然的副手搭檔。

一九九六年，中華民國舉行第一次公民直選總統副總統，中共當局雖在台灣海峽進行飛彈試射，李登輝與連戰仍以五百八十一萬三六九九票、五四％得票率，當選第九任總統副總統。這場選舉李登輝是唯一的主角，一天要跑十五至二十個選舉場子，數百名中外記者隨行採訪，全球矚目。除了必須與李登輝同台的場合，連戰的選舉行程有時一天不到五場，這或許就是李登輝特別喜歡連戰的地方。

李連高票當選後，行政院院長一職引發國民黨中生代激烈的卡位之爭，李登輝一度想提名當時的中研院院長李遠哲出任閣揆，企圖以諾貝爾化學獎的光環擺脫中生代的鬥爭，不過，國民黨佔絕對多數的立法院堅決反對。李登輝只好讓已經當選副總統、正在擔任看守內閣的連戰繼續做下去，以副總統兼任行政院院長，連戰可說是鴻福齊天。

但在野的民進黨強力杯葛副總統兼任行政院院長，讓連戰無法到立法院進行施政報告。隨後更提出釋憲案，質疑行政院長與副總統有憲法備位關係，不得為同一人。一九九六年十二月三十一日，司法院大法官釋字第四一九號解釋公布，認同在野黨觀點，副總統兼任行政院院長不符憲法本旨，宜分由不同人擔任。

連戰在行政院院長任內，最重要的政績是在一九九五年三月開辦「全民健保」，這項強制性醫療保險實施至今，雖然有很多問題，但在維護台灣民眾的健康上貢獻良多，而且享譽國際。這是國民黨政府一個長期規劃的政策，而連戰是最後拍板的人。

此外，連戰在外交上勉力跟隨李登輝的腳步，李登輝以「務實外交」作為蔣經國「彈性外交」政策的延續，重點在不計較國家名稱與交流形式，但重視實際的交流內容，追求實質的外交權益。一九九五年李登輝訪問美國，是為務實外交的代表作，也是李登輝在一九九六年參選時最重要的政治資本。連戰同樣也以訪問非邦交國來營造個人聲勢。

連戰陣營為求成事，都是秘密作業並封鎖消息，以迴避中共的打壓，但又要新聞曝光，為其造勢。所以，連戰每每一面「偷跑」、一面放話。有時在正式行程後暗藏一個非邦交國的訪問，有時在無預警的情況下忽然出國，連戰幕僚則以出訪行程的訊息作為操作媒體之籌碼，使得台灣媒體草木皆兵，為採訪連戰出訪行程疲於奔命。

一九九五年六月，連戰訪問非邦交國奧地利、匈牙利、捷克；一九九六年八月，到多明尼加訪問後又轉往非邦交國烏克蘭訪問；一九九七年一月，連戰赴尼加拉瓜參加新總統就職典禮後，轉往台灣在歐洲唯一的邦交國梵帝崗，再到非邦交國愛爾蘭訪問；一九九七年十月，連戰訪問非邦交國冰島、西班牙，西班牙受到中共當局的警告而未能成行。連戰在行政院長與副總統任內共計訪問過十五個非邦交國。

當連戰在大大小小的非邦交國間與中共當局捉迷藏時，台灣發生了三大社會案件：一九九六年十一月十二日，發生桃園縣縣長劉邦友血案，迄今尚未破案；一九九六年十一月三十日，發生民進黨婦女部主任彭婉如命案，迄今也未破案；一九九七年四月十四日，發生藝人白冰冰之女白曉燕命案，到一九九七年十一月十八日才讓三名兇手全部伏法或逮捕。

白曉燕命案尤為關鍵，因為兇手作案手法殘忍，在被追捕期間還持續犯案，強姦搶劫殺人，警方數度圍捕，卻屢屢被逃脫，甚至警方也有死傷。連內閣面對台灣社會的變局，因無力回應，導致民情激憤。民進黨藉此發動倒閣案，要求連戰為治安敗壞下台負責，因為國民黨在立法院是絕對多數，倒閣沒有成功，但李登輝對連戰已頗有微詞。釋憲案雖也出爐，然受囿於立法院的閣揆同意權，李登輝仍然讓連戰繼續擔任行政院院長。直到一九九七年七月，李登輝聯合民進黨進行的第四次增修憲法條文（把行政院長由立法院同意產生，改為只由總統任命行政院長）過關，一九九七年八月李登輝提名蕭萬長繼任組閣，連戰專任副總統。

專任副總統後，政治情勢對連戰而言日益嚴峻，首先，不兼任行政院院長，就沒有龐大的行政資源可以運用；再者，國民黨內群雄並起，當時的台灣省省長宋楚瑜另立山頭，不像李連參選時全黨一心；第三，三大社會案件發生後，一九九七年十一月的縣市長選舉中民進黨首度獲超過半數席位，得票率也首度超越國民黨，一九九八年十二月直轄市市長選舉（台北市與高雄市），國民黨丟失了高雄市，初露敗象。

這時候的連戰，只剩下李登輝的支持了。但李登輝有他自己的算盤，如果連戰在二〇〇〇年當選總統，李登輝還是國民黨主席，他將可以用執政黨主席的身分繼續操控政局，據瞭解，李登輝選前已經在布置國民黨中央黨部的主席辦公室，準備選後從總統府搬到中央黨部繼續辦公。因此，社會對連戰是否是一位獨立自主的領導者引發質疑。

二〇〇〇年總統選舉就是連戰的一場夢魘，憑藉著國民黨龐大的黨政資源，花錢如流水，鈔票撒下去卻不知選票從哪裡來（前國民黨投管會主委劉泰英在二〇一六年爆料，連戰於二〇〇〇年選舉花了一百二十億新台幣）。這訊息一出，引發社會非議。

李登輝雖然在選前最後一晚，出席連戰的造勢晚會站台輔選，並公開罵陳水扁是「豎仔」（台語，意思是癟三、小混混）。但部分人士堅信，李登輝在選舉後期發現連戰已難以取勝，而把所能掌控的資源輸送給陳水扁，以防宋楚瑜當選，換言之，操作「棄連保扁」的就是李登輝。選後，李登輝全力協助陳水扁從國民黨長期執政的手中順利接掌政局，一手促成「扁李體制」。

連戰敗選後，國民黨的傳統支持者於三月十九日凌晨，包圍位於總統府正對面的國民黨中央黨部，以及當時總統李登輝的官邸，並向中央黨部大樓丟雞蛋洩憤，要求李登輝辭去國民黨主席為敗選負責。李登輝面對國民黨支持者街頭抗爭，在二〇〇〇年三月二十一日約見連戰，詢問連戰他是否該辭黨主席，據說連不但回應「應該辭」，還說「越快越好」。李登輝強調，連戰的「逼宮」讓他「相當心寒」。連戰則在後來出書自白，表示當時回答李登輝「越快越好」，所指不是李登輝卸任黨主席「越快越好」，是「解決國民黨中央被包圍越快越好」。李登輝在三月二十四日請辭國民黨主席，由連戰代理。李連自此分道揚鑣。

連戰自受李登輝提拔以來，一直事李至恭，處處顧忌，未嘗不是想以長久的忍耐，換來真正當家做主的一天。因此，對於這次的敗選，連戰方面認為非「戰」之罪。

連宋從對抗到結盟

連戰接任國民黨主席後，宣布舉行國民黨黨員重登記。並於二〇〇一年以同額競選中國國民黨主席，經由國民黨黨員投票成為首任以黨員直選方式產生之黨主席。而奉李登輝為精神領袖的台灣團結聯盟，也在二〇〇一年成立，國民黨決定開除李登輝黨籍。

連戰切割了李登輝，也就切割了國民黨內的極左勢力，部分李登輝的支持者離開國民黨加入台聯，但國民黨內大部分的本土勢力並未離開。就資源來看，國民黨的黨員人數與黨產，甚至連戰個人的身家財產，比諸李登輝還是多很多的。為維持國民黨繼續作為一個大黨，連戰明顯地向右轉，向右拓展政治版圖，也就是迎向二〇〇〇年囊括國民黨傳統支持者選票的宋楚瑜。宋楚瑜在敗選後即另組親民黨，不過親民黨與台灣團結聯盟類似，都是屬於個人的政黨。同樣地，就資源來看，親民黨也遠遠不及國民黨。

連宋在二〇〇〇年之前，雙方都不願意合作，因為各自都想贏了全拿；二〇〇〇年之後，雙方願意合作，因為認清了政治現實，分裂的國民黨是無法打敗民進黨的。尤其是李登輝離開國民黨後，連宋有了共同的敵人，加上共同的政治利益，二〇〇三年二月，國民黨、親民黨決定共推一組候選人，以連戰、宋楚瑜角逐二〇〇四年總統大選，「連宋配」這個泛藍民眾心中的夢幻組合終於實現！

連宋配自宣布之日起，其民意調查一路領先尋求連任的陳水扁、呂秀蓮，情勢一片大好！不料，在第十一任總統副總統選舉投票的前一天、二〇〇四年三月十九日發生槍擊案。陳水扁在其大本營台南掃街行程中突然中槍，連宋配的領先優勢瞬間瓦解，當晚的民調已呈現平手，連戰並未對槍擊案多做評論，雖曾試圖到總統官邸探視陳水扁但遭拒，連宋競選總部決定暫停當晚的造勢活動，但不推遲選舉日期，希望儘快投票減少影響，然而，這樣的方式不足以因應這個突發的政治變局，國民黨在台灣中南部的選票一夕崩盤，坐等的結果是，再敗！

連戰不能接受陳水扁僅以兩萬多票險勝的結果，開票當晚即在國民黨中央黨部前宣布將提起選舉無效之訴，要求重新驗票與重新選舉，連宋與大批泛藍民眾走到總統府前廣場靜坐抗議。二〇〇四年十一月，台灣高等法院做出裁決，重新驗票與重新選舉兩項要求都敗訴。

其實，連宋自結盟後就認為篤定當選，其內部為了尚未拿到的政治利益，彼此已經發生矛盾，陳水扁畢竟已執政四年，在議題操作上民進黨一向優於國民黨，民進黨拋出公投法，又與台聯合辦「二二八牽手護台灣」，在二〇〇四年二月二十八日集結兩百萬人手牽手連成五百公里的人龍，活動非常成功，形同為陳呂造勢。連宋民調雖一路領先，但差距逐漸縮小，三一九槍擊案是壓垮駱駝的最後一根稻草，陳呂在最後一晚逆轉勝。

連宋抱團取暖的結盟，在柴火燒盡後，只留下灰燼。

跨越海峽創造歷史

連戰在第二次敗選後，再次改變了他的政治方向。這次他決定跨越台灣海峽，迎向國民黨五十五年前的政治對手——中國共產黨。

選前，在二〇〇三年三月發表兩岸政策白皮書時，連戰就曾表示，將在當選後即刻訪問中國大陸。由於陳水扁在二〇〇二年十一月提出「一邊一國」的主張，觸及中共當局的紅線，二〇〇四年連宋翻盤未成，陳水扁連任，因此，中共全國人大在二〇〇五年三月通過《反分裂國家法》，首次明確提出在特定情況下將以軍事手段進行國家統一。台海情勢再次陷入詭譎多變之中。

選後，國民黨派遣多個高層代表團訪問大陸，跳過民進黨政府與中共當局展開接觸。二〇〇五年三月，國民黨宣布將藉由國父暨國民黨總理孫中山逝世八十週年的機會，在適當時機由連戰率團訪問大陸。

二〇〇五年四月二十六日，連戰偕同夫人方瑀經香港轉機抵達南京。第二天前往中山陵敬謁孫中山靈寢，受到超過三十萬的南京民眾夾道歡迎，人頭鑽動、萬人空巷，這是連戰從政以來不曾享受過的群眾熱情，台灣民眾大多認為連戰高高在上難以親近；同樣地，夫人方瑀也藉此盡情展示其華貴的名牌服裝與皮包，獲得大陸媒體的報導與讚揚，成為此行的「嬌」點。

四月二十九日，連戰在北京會晤時任中國共產黨中央委員會總書記胡錦濤。這是國共兩黨自一九四五年以來的首次會晤，也是國共內戰後兩黨最高領導人的首次會晤，開啟所謂的「第三次國共合作」，雙方建立了國共兩黨定期溝通平台。台海情勢為之緩解，此行也被譽為「和平之旅」，這是連戰對兩岸關係的最大貢獻。

二〇〇六年四月連戰卸下國民黨主席一職，首次以國民黨榮譽主席身分訪問大陸，再次會晤胡錦濤，他帶領了大批台灣企業家同行，包括與陳水扁關係密切的工商界人士。

二〇〇八年馬英九當選第十二任總統，國民黨拿回中央執政權，獲得馬英九授權處理國共溝通平台的代理人是吳伯雄而非連戰。連戰曾致力於發展亞太營運中心計畫，於是馬英九連續四年委託連戰代表出席亞太經合會非正式領袖高峰會，連戰得以在此國際場合會晤胡錦濤。

連戰本人年年走訪大陸，遊山玩水、參加活動，每年還去不只一次，大陸的重要人士來台訪問，也必定要到連戰辦公室拜會，並接受連戰設宴款待，儼然成為台灣與中共當局間最暢通的管道。連戰曾經有一次到北京大學不看稿演講，仍扣人心弦，影響中共領導人在發言時避免看稿演講。連戰至此不但歷史留名，而且風光無限。

習近平於十八大接任中國共產黨中央委員會總書記，二〇一三年二月，在連戰主動要求下，習近平在北京會晤連戰，但總統府出面強調，馬英九並未委託連戰任何任務，此行是「民間交流」；新華社雖然發稿報導習近平會晤連戰，但並未報導連戰的談話內容，這顯示中共當局也心知肚明。二〇一四年二月，習近平再次於北京會晤連戰。

二〇一五年一月，馬英九因二〇一四年地方選舉大敗而請辭國民黨主席專任總統，經過補選，新北市市長朱立倫當選黨主席。朱立倫上任後，以黨章沒有榮譽主席為由，撤除榮譽主席這個頭銜。

二〇一五年九月，連戰受邀赴北京參加中共當局紀念對日抗戰勝利七十週年的閱兵典禮。行前，馬英九與台灣朝野一致希望連戰不要參加，不希望連戰為共產黨的抗戰歷史觀點背書，但連戰仍執意前往，並在閱兵前第三次會晤習近平。

連戰此舉在台灣引起不分藍綠的譴責，認為他在兩岸的天平上，過度向中國大陸傾斜，以個人利益為優先，跨越海峽拓展兩岸關係的初衷盡失。只是，連戰會如此做也不令人意外，從他開展第三次國共合作開始，十年來，縱橫兩岸，在大陸所到之處備受禮遇，真正的收益絕不只有表面上的尊榮。他在兩岸發展歷史上，是有貢獻的，也留下值得肯定的一頁。此後，民進黨政權把連戰視為眼中釘，更將其祖父連橫所撰〈台灣通史序〉於教科書中除去，不為意外。

連戰最大的挫折是兩次總統選舉失敗，最大的遺憾是沒能做過總統。不過，雖然敗選，但有貢獻於兩岸和平，不容抹煞，而其個人富貴不失，能夠一生富貴，也算得天獨厚。（**孟真**）

吳伯雄（1939-今）

吳伯雄：為國民黨贏得光榮大勝

吳伯雄（一九三九年—今），生於日治台灣新竹州中壢郡（今桃園市中壢區）。現為國際佛光會中華總會榮譽總會長。曾任總統府祕書長、內政部部長、台北市市長、政務委員、桃園縣第七屆縣長、中國國民黨主席、中國國民黨副主席、中國國民黨中央委員會祕書長。亦曾擔任國際佛光會世界總會副會長、國際佛光會中華總會總會長。吳伯雄為國民黨重用的台籍人士（桃園客家人），祖先來自福建省永定縣。吳伯雄的伯父吳鴻麒為「二二八事件」受難者、遭謀殺身亡。父親吳鴻麟曾任第四屆桃園縣縣長。長子吳志揚曾為第十六屆桃園縣縣長，現任國民黨不分區立法委員。

二〇〇八年五月二十七日南京中山陵，一大早就萬頭鑽動、人聲鼎沸，因為，當時的中國國民黨主席吳伯雄從台灣到此謁陵。國民黨相關黨政人士不時有人到此謁陵，但這一天有點特別，因為吳伯雄是以執政黨黨主席的身分，來向國父孫中山、也是中國國民黨的創始人報告，國民黨重新拿回了執政權。

這是兩岸自一九四九年隔海分治以來的第一次，也是吳伯雄從政以來最光榮、也最激動的一刻！

中山陵晉謁孫中山陵

國民黨政府遷台後，不曾有黨的領導人到過總理（國民黨對孫中山的尊稱）靈前；二〇〇五年四月連戰以中國國民黨主席的身分訪問中國大陸，為五十五年來首位重返中國大陸的國民黨主席，連戰曾特地到中山陵謁陵。但國民黨因接連在二〇〇〇年、二〇〇四年的總統大選失利，當時的連戰是在野黨主席。

直到二〇〇八年三月二十二日，馬英九以七六五萬九〇一四票當選中華民國第十二任總統，並在二〇〇八年五月二十日宣誓就職。因此，吳伯雄是在國民政府遷台後以執政黨黨主席身分到中山陵謁陵的第一人。

吳伯雄在恭謁孫中山陵寢後表示：「經過兩次重大的選舉，我們重新取得執政權，來這裡稟告總理在天之靈，讓他可以安心，我們會好自為之。」吳伯雄在中山陵前寫下「天下為公、人民最大」八個字。

隨後，二〇〇八年五月二十八日在北京，吳伯雄會晤了時任中國共產黨總書記胡錦濤。這是海峽兩岸首次執政黨的領導人會晤。事實上，自馬英九上任後，吳伯雄曾經會晤過胡錦濤五次，原則上一年一次，中共總書記改由習近平出任後，吳伯雄在二〇一三年六月十日代表馬英九到北京會晤習近平。

這是海峽兩岸展開接觸以來，關係發展得最順利的一段時期。然而，這段期間在中共當局的面前，吳伯雄是唯一獲得馬英九授權的台灣當局代表。因此，吳伯雄在大陸也就有相當高的知名度，拜訪他的大陸各界人士絡繹不絕，這一段時間，他在接待大陸人士時很喜歡講一個他個人的經驗。

那是兩岸還敵對的時代，金門砲戰密集砲火，以及隨後很長一段時間單打雙停的時候，吳伯雄正在金門服兵役，擔任陸軍預備軍官，並被選拔為三民主義巡迴教官。「如果我在那時的砲戰中被打死了，今天就沒有我了，那是中華民族多大的損失啊！」吳伯雄每次這樣說，都引來很熱烈的掌聲，他用親身的經歷和戲謔的口氣，清楚地闡述及轉達了兩岸不應再兵戎相見的理念，確實深入人心。

吳伯雄在政壇的形象，以親和圓融、口才便給著稱，特別是他的歌聲，如果他要說是第二名，那政壇就沒人敢稱第一名了。吳伯雄最愛唱也最常唱的歌是〈客家本色〉，這首客家歌曲主要在描繪從唐山來到台灣的客家人，身上沒有半毛錢，兩三百年來努力打拚、勤儉傳家的客家精神。有時在選舉場合、有時在客家慶典，吳伯雄都大聲領唱這首歌，他的客語標準、歌聲宏亮，帶著滿滿的笑容，讓人印象深刻。也因為吳伯雄長期打歌的效應驚人，〈客家本色〉不但成為吳伯雄的招牌歌曲，也成為客家流行音樂的代表曲。

最年輕的內政部長

吳伯雄祖籍福建省永定縣，是客家人。伯父吳鴻麟為「二二八事件」的受難者。父親吳鴻麟曾任第四屆桃園縣縣長。長子吳志揚曾為第十六屆桃園縣縣長，現任國民黨不分區立委。

他出身於台灣中壢的政治世家，備受蔣經國的器重與栽培。一九六八年獲國民黨提名當選台灣省議員，是省議會中最年輕的省議員，年僅二十九歲；一九七三年再獲國民黨提名當選第七屆桃園縣長，年僅三十四歲；一九七六年縣長任期尚差半年屆滿，又被延攬出任台灣省菸酒公賣局局長。

雖然在一九七九年因為菸酒調漲價格政策，導致吳伯雄之前宣示不漲價的承諾跳票，吳伯雄因而請辭以示負責。但在一九八二年，吳伯雄由蔣經國親自告知重獲任用，出任國民黨中央黨部祕書處主任，更在一九八四年俞國華組閣時，被蔣經國欽點出任內閣第一大部內政部部長，年僅四十五歲，是中華民國行憲以來最年輕的內政部部長。

國民黨內對於蔣經國這項人事任命是頗有意見的。吳伯雄說，黨內大老宋時選曾告訴他，蔣經國問宋時選對於內閣改組的看法，宋時選說：「大致上大家都認為合適，就是吳伯雄會不會太快了一點？」蔣經國說：「你讓他幹幾個月，再來看！」一九八四年十一月十二日，吳伯雄在警政署宣布展開「一清專案」，針對黑社會幫派、流氓進行掃蕩，成績斐然，蔣經國就說：「你看不錯吧！」

事實上，這與蔣經國執政後期在台灣推行的「吹台青」政策息息相關。蔣經國與其父蔣介石在台灣執政時最大的不同在於，蔣介石一心想反攻大陸，凡事皆為反攻做準備；蔣經國則已知反攻無望，決定根留台灣、建設台灣，因而全力推動「本土化」。所謂「吹台青」，「吹」是流行、潮流，「台」是本省籍、即台灣省籍，「青」是青年。蔣經國在位後期開始啟用並培養台籍青年，讓台籍青年進入當時以外省籍為主的國民黨官場，蔣經國的主要考量是為了「省籍平衡」。吳伯雄是台灣世家子弟，且為客家人，極具代表性，自然成為蔣經國培養的重點人物。

一九八八年蔣經國去世，由副總統李登輝接續未完的任期，李登輝本人即為蔣經國培養的台籍接班人之一，而且他也是客家人。因此，吳伯雄在蔣經國時期的榮寵，悄悄有了變化。一九八八年七月李登輝調任吳伯雄為台北市市長，一九九〇年被轉調為行政院政務委員，但一九九一年郝柏村組閣時又回任內政部部長。

剩下阿里山也要選省長

據吳伯雄自己表示，在他的想像中，以為從內政部部長轉任台北市市長後，接下來應該就是安排他出任台灣省省主席。這是蔣經國培養林洋港、李登輝的模式，先任台北市市長，再轉任台灣省省主席。這一屆的台灣省主席尤其特別，為實施「省縣自治法」，台灣省政府主席依法改為民選的省長，預訂一九九四年舉行第一屆省長選舉。這一屆台灣省主席是末代省主席，但也形同是第一屆民選省長的國民黨提名人。

吳伯雄出身省議會，自然把目標鎖定在參選首屆台灣省省長。然而，國民黨內有相同想法的人絕不只吳伯雄一個。

當時擔任國民黨中央委員會祕書長的宋楚瑜，在一九九二年台灣舉行首次國會全面改選時，因國民黨得票率大幅下降至五三％，而辭去黨祕書長一職以示負責。但是，隨即在一九九三年三月，宋楚瑜被派任擔任末代官派台灣省主席，並積極準備競選台灣省省長。

雖然如此，吳伯雄並沒有放棄爭取首任台灣省長的國民黨黨內提名。一九九三年八月國民黨第十四屆全國代表大會上，吳伯雄經黨代表投票選舉以第一高票當選中央委員。吳伯雄也公開表示，「到目前為止，民選省長絕對是我唯一的選擇」，並發出「即使選到剩下阿里山也要選」的豪語。

不過形勢比人強，一九九四年七月，國民黨台灣省黨部召開黨代表大會，替宋楚瑜造勢，吳伯雄身兼內政部部長與國民黨中常委，卻進不了會場，大熱天站在門口向黨代表握手爭取支持，台灣省黨部主委鍾榮吉還開玩笑地說：「伯雄兄，你在這曬太陽幹什麼，替我看門啊！」最後，看到李登輝攬著宋楚瑜的腰走出來，吳伯雄明白大勢已去。

此時，吳伯雄的父親吳鴻麟一直勸他「算了」，吳鴻麟甚至說了重話：「不選省長不是什麼丟人的事，可是不能做對不起國家及黨的事，尤其不能拖累這麼多朋友，我們做人的道理不能丟！」佛光山星雲大師則以「退一步想，海闊天空」加以開示。

一九九四年七月十二日，吳伯雄宣布退出省長選舉。事後，李登輝親自拜訪了吳鴻麟，並說：「伯雄就交給我好了！」吳鴻麟則說：「那以後，這孩子還要請您多照顧！」吳伯雄表示，李登輝是福建永定的老鄉，跟他父親一樣是日本留學生，李登輝又當上了總統，對他父親來說，是一定要支持的。因此，當父親跟他講的時候，他知道「不能再爭了」。

吳鴻麟在一九九四年三月因病過世，距離吳伯雄宣布退選只有半年，因此，吳伯雄一直很慶幸，在父親最後在世的時日裡，有聽爸爸的話。吳伯雄的「孝順」之名，可謂實至名歸。

宋楚瑜當選台灣省省長後，一九九四年年底，李登輝任命吳伯雄出任總統府祕書長，一九九六年轉任國民黨中央委員會祕書長。這是兩個非常重要的職務，負責黨政協調、總綰全局，顯示李登輝對吳伯雄的倚重，但同時也顯示李登輝對吳伯雄在政壇發展的規劃，是定位為核心幕僚而非接班人。

在李登輝執政後期，黨內，連戰、宋楚瑜因接班卡位而發生激烈鬥爭；黨外，民進黨陳水扁的氣勢已露端倪。吳伯雄在退出省長選舉後，也形同退出了國民黨中生代的接班梯隊，反而在國民黨另一顆政治明星馬英九的升起過程中，扮演了關鍵性的角色。

國民黨為防堵陳水扁在政壇繼續坐大，計畫在一九九八年陳水扁競選台北市長連任時一舉將其擊潰，黨內均看好馬英九是唯一可以擊敗陳水扁的人選。可是，馬英九卻一再表示不願參選，甚至自己說過「說了兩百多次不選」。其實，馬英九未嘗沒有心動，只是缺乏促成參選的最後一股衝動。一九九七年，已轉任總統府資政的吳伯雄多次且大力地鼓勵馬英九，馬英九終於在一九九八年五月三十日宣布參選台北市市長，吳伯雄出馬擔任後援會會長。馬英九雖如預期獲得勝選，但敗選的陳水扁索性直攻二〇〇〇年總統大選，國民黨因連宋分裂而敗選，造成台灣首次政黨輪替。馬英九就此成為國民黨中興的唯一希望。

二〇〇四年總統大選，連宋合體再戰陳水扁，但未竟全功，馬英九在二〇〇二年連任台北市市長，並在二〇〇五年當選國民黨黨主席。不料，二〇〇七年馬英九由於民進黨立委的檢舉而因特別費案被起訴，二〇〇七年二月十三日馬英九被起訴的當天，他宣布辭去國民黨黨主席一職，同時宣布參選二〇〇八年總統。此時，吳伯雄再度扮演關鍵性的角色，他以國民黨首席副主席的身分代理黨主席一職，並隨即宣布參加黨主席之補選，後來順利當選。

為國民黨取得大勝

吳伯雄這個黨主席當選在「最好的年代，也是最壞的年代」，二〇〇八年舉行的總統選舉與立法委員選舉，是國民黨重返執政必經之路，吳伯雄手上最大的籌碼是有個超級政治明星馬英九，但是馬英九正受困於司法案件之中。

吳伯雄首先主持臨時中常會，把「起訴不能提名」的「排黑條款」修正，以因牴觸黨章規定，回歸依黨章辦理，為馬英九解套，排除馬英九因特別費被起訴的參選障礙。隨後，展開黨內整合，全台奔波輔選立委候選人。到了選前最後一夜，為了因應突發狀況，吳伯雄甚至夜宿國民黨中央黨部，終於在總統與立委選舉都獲得壓倒性的勝利，總統得票大贏二百多萬票，立委拿下超過三分之二的席次，國民黨不但完成第二次政黨輪替，還重新取得完全執政權。

勝選之夜，吳伯雄熱淚盈眶，他在記者會上率領總統當選人馬英九、副總統當選人蕭萬長，深深一鞠躬，向選民感謝，感謝人民給了國民黨絕對的權力。吳伯雄公開宣示，人民讓國民黨完全執政，就要完全負責，國民黨絕對不會有一黨獨大的心理，因為「人民最大」。這也是吳伯雄在孫中山靈前所講的話。

吳伯雄遨遊官場、一生順遂，若有什麼遺憾的話，大概就是未能在台灣省省長選舉中一展身手，但是，後來卻讓吳伯雄在更大型的選舉中斬將搴旗，被認為是歷任國民黨主席中，戰果最輝煌的一位，黨史留名。由此，人生的得與失，實在難以一時的成敗為定論，公平與否，往往在冥冥中自有定數。（孟真）

馬英九（1950-今）

馬英九：大道無術與為政以德

馬英九（一九五〇年—今），祖籍湖南衡山，出生於香港，後隨家人移居台灣。台灣大學法律系學士、紐約大學法學碩士、哈佛大學法學博士。曾任台灣法務部長、行政院大陸委員會副主任委員、行政院研究發展考核委員會主任委員、台北市市長等職。二〇〇八年任中華民國總統，二〇一二年獲得連任。曾兩度當選中國國民黨中央委員會主席。

作為優異生的馬英九

馬英九，一九五〇年七月十三日出生於香港，祖籍湖南省衡山縣。祖父馬立安曾在當地曾經開設多家工廠，早先家境殷實，後來家道中落。父親馬鶴凌是國民黨的幹部，一生為國民黨盡心盡力。母親秦厚修是名門之後，深得真傳，知書達禮。

一九六八年，馬英九以第一志願考上台灣大學法律系。在台大就讀時，馬英九嶄露頭角，在眾多學生中脫穎而出，擔任台中成功嶺大專軍訓集訓班的宣誓代表，接受時任國防部長蔣經國的授槍。

一九七一年一月，馬英九獲台大學生黨部提名推薦參加「亞太地區學生領袖訪美活動」，以七十多天的時間走訪美國二十多個州，參訪美國著名大學，並與美國學生座談，交流各自看法。這是馬英九第一次出國，應該說非常不易。因為當時國民黨控制校園之嚴，入出境管制之嚴，能以學生身分出訪美國非常罕見。馬英九等人當年能出訪美國，正是國民黨當局出於培養青年幹部的考量。而馬英九的美國之行，也豐富了他的經歷，增加了他的知識，對於他政治素養的提高，也有著重大作用。

馬英九自美返台後，恰好趕上了風起雲湧的「保釣運動」，馬英九便立即投身運動，參加了「六一七大遊行」。按照當時戒嚴法規定，國民黨當局禁止學生從事校園運動，遊行示威當然也屬於禁止之列。而馬英九發起參與的台大學生「六一七大遊行」，遊行隊伍竟然行至美國及日本大使館進行抗議，而未遭到國民黨當局的禁止，可見遊行本身一定具有官方背景，也可見馬英九等人當年與國民黨當局的關係非同一般。當然，透過這些活動，馬英九得到了非常難得的運作政治活動的實際歷練。

一九七四年二月，馬英九獲得國民黨當局中山學術獎學金，轉赴美國紐約大學攻讀法學碩士。一九七六年，在紐約大學政治系教授熊玠的指導之下，獲得紐約大學法學碩士學位。畢業後馬英九又考取哈佛大學法學院博士班，專攻國際經濟法與海洋法。

馬英九在哈佛讀博士期間，適逢中美建交的協商談判階段，中國大陸、台灣與美國之間的三角關係相當微妙。馬英九一邊讀書，一邊參與《波士頓通訊》編採工作，並在《波士頓通訊》上持續發表許多政論文章，講述自己對於時政問題的看法。馬英九所參與的《波士頓通訊》是一分國民黨當局資助的內部刊物，每期都會寄往台北，供台北高層參閱，以便瞭解各種情況。馬英九出身國民黨黨務世家，對於國民黨忠心耿耿，經常為了當局的政策與左派份子激辯，國民黨當局也視馬英九為骨幹黨員。

一九八一年，馬英九在孔傑榮教授的指導下通過了論文答辯，獲得哈佛大學博士學位。哈佛畢業以後，曾任美國馬里蘭大學法學院研究顧問、波士頓第一銀行法律顧問、美國華爾街科爾迪茲律師事務所實習律師等。但這些經歷都十分短暫，僅僅幾個月而已。

當時國民黨當局經常在海外成立一些組織，召開會議，以便加強與海外學人的關係。馬英九也經常參加這些活動，特別是參加政治外交方面的會議。馬英九在會議上提出一些有價值的意見，獲得在台高層官員的重視，特別是蔣經國祕書周應龍的重視。周應龍認為馬英九有德有才，有洞見，有建言，應該回台參政，效力國家。周應龍透過其岳父梁孝煌的關係，找到馬英九的父親馬鶴凌，要求馬英九返台擔任蔣經國侍從祕書。在此背景之下，一九八一年九月，馬英九回到了台灣。

作為政治家的馬英九

一九八一年九月十七日，時年三十一歲的馬英九走馬上任總統府第一局副局長，負責各類公文的校勘、審閱、核定與上呈等事務。據馬英九自己回憶，兩個月以後的一天，總統府祕書長馬紀壯出席美國在台協會辦事處處長葛樂士舉行的一個午餐會，請馬英九隨同擔任翻譯。這次翻譯實際上是一次考試，旨在考察馬英九能否勝任政府首腦重要的翻譯任務。當然，馬英九輕鬆地完成這一任務，通過了翻譯考試，得到了馬紀壯的好評。

經馬紀壯向蔣經國彙報以後，蔣經國立即召見馬英九，明確宣布由馬英九擔任蔣經國的英文祕書。在此後的兩三年間，馬英九的主要工作就是擔任蔣經國會見客人、參加會議以及其他政治活動的英文翻譯，包括記錄、整理、審校、歸檔等一系列事務。這些事務也非常繁忙，但馬英九做得井井有條，從未出過差錯。蔣經國曾經把馬英九稱為「一個沒有缺陷的年輕人」，台灣民間也把馬英九稱為「蔣經國學校的關門弟子」。

一九八四年六月，馬英九經蔣經國提名，接替陳履安擔任國民黨中央黨部副祕書長，負責政黨外交。蔣經國的這一人事安排舉措，在台灣引起了眾多議論。因為馬英九年僅三十出頭，他在國民黨內的地位竟然超過了錢復、宋楚瑜等國民黨資深人士，確實非同尋常。他在自己的回憶錄《薪火相傳、任重道遠》寫道：「我聞訊惶恐萬分，因為當時我還不到三十四歲，家父也還是中央黨部考紀會副主委，在形式上成了我非直接的部屬。當然，蔣經國的安排，主要考慮是為刷新國民黨百年老店的老邁形象。他用心良苦，我當然要勉力以赴。」

據《青年參考》報導，島內分析人士指出，自蔣經國一九八八年病逝後，馬英九每年都去謁陵，每次都飽含深情，因為蔣經國對馬英九有知遇之恩，馬英九對蔣經國崇拜有加，兩人已突破了上下級關係，「有一種別樣的『父子情』」。

推動兩岸和平交流

一九九八年，經多人勸進與其父馬鶴凌的勸說，馬英九參加台北市長選舉，並擊敗了陳水扁與王建煊等對手當選台北市長。二〇〇二年十二月，馬英九連任台北市長。他在台北市長任內，頗有政績。在基礎建設方面，台北捷運六條路線完工通車，任期內每日載客量增長六．三倍；建成信義快速道路與復興北路車行地下道；環東大道的通車；南京東路正氣橋的改建、萬華車站鐵路地下化，以及一大批橋樑的改建與景觀改善工程也相繼完工。

二〇〇七年貓空纜車完工通車，兼具觀光以及大眾運輸功能，成為台灣的熱門新景點。在經濟投資方面，整合了東區商業資源，舉辦各式展覽招商。全力推動台北內湖科技園區與南港軟體工業園區的建設與管理，營收大幅度增加。

在文化設施方面，設立了台北市文化局，龍應台擔任首任局長，通過台北藝術中心開發計畫，推動舉辦大型文藝活動。台北市議會通過了樹木保護自治條例之立法，讓台北市的老樹、大樹、有意義的樹，都獲得法律的保障。將國民政府時期要員故居如士林官邸、七海官邸、孫運璿故居、李國鼎故居、嚴家淦故居、錢穆故居等列為市定古蹟，進行文物保護。

在體育設施方面，在原台北市立棒球場位置興建了台北小巨蛋，整治既有的體育場館，設立五個體育運動中心；建成一百二十公里自行車道，供台北市民健身與交通之用。

在公共衛生方面，有效改善了大台北地區的河川污染問題。與水費分開收取的垃圾費隨袋徵收實施，提高了台北市資源回收率。推動市立醫院整併，將十家市立醫院整併成一家市立聯合醫院。市立聯合醫院整併之後，因為議價能力提高，一年的藥價成本節省了六億五千萬元。

二〇〇八年，馬英九代表國民黨競選成功，就任中華民國總統。四年之後，馬英九順利連任。在馬英九任內，台灣海峽兩岸出現了前所未有的祥和氣氛。馬英九對於兩岸關係的基本策略是「不統、不獨、不武」。不統，對於島內民眾有所交代；不獨，對於對岸大陸方面有所呼應；不武，對於兩岸以及國際形勢都是一種制約。這無疑是一種權宜之計，但在一定社會歷史條件下也不失為一個最大的公約數。馬英九的這十六字箴言與「九二共識」一樣，構建了兩岸關係的基本框架，創造了台海和平的政治條件，在一定時期內為兩岸人民帶來了福祉。

作為中華民國總統，馬英九採取各種措施，大力推進兩岸關係。他恢復並強化大陸海協會與台灣海基會的協商機制，使兩岸交流更加頻繁，兩岸問題的處理更加有效。截至二〇一五年，兩岸兩會簽署了二十三項協議，包括具有重大經濟影響的《海峽兩岸經濟合作框架協定》（ECFA）。兩岸每天航班從零增至一百二十班，來台陸客累計超過一千八百萬人次；來台就讀陸生增至三萬五千人，增長四十多倍。兩岸透過和解交流，建立了對等互惠的合作模式。雙方兩岸事務主管部門聯繫溝通機制有效運行，為推動兩岸各領域交流合作發揮重要作用。兩岸加強溝通協調，共同打擊犯罪，處理兩岸企業權益糾紛和涉及兩岸民眾的重大突發事件，努力維護兩岸同胞權益，維護兩岸交流往來的正常秩序。另外，馬英九扭轉了島內去中國化的傾向，重新恢復「中華郵政」的名稱，重新掛上「中正紀念堂」的牌匾，修改「九八課綱」，增加中小學中國史的課程時間等等。

二〇一五年十一月七日下午三時，是中華民族現代歷史上的又一個重大節點。中華人民共和國主席習近平與中華民國總統馬英九假座新加坡香格里拉大酒店舉行馬習會，他們同時步入會見大廳。在數百名中外媒體記者的矚目下，在響成一片的快門聲中，兩岸領導人的手緊緊握在一起。然後，習近平、馬英九先後致辭。馬英九表示，他與習近平的握手「握著兩岸的過去與未來，也握著中華民族振興的希望，深具歷史意義」，並提出了維繫兩岸和平繁榮現狀的五點主張：

一、鞏固「兩岸共識」，維持和平現狀。
二、降低敵對狀態，和平處理爭端。
三、擴大兩岸交流，增進互利雙贏。
四、設置兩岸熱線，處理急要問題。
五、兩岸共同合作，致力振興中華。

馬英九與習近平的歷史性會面，獲得了世界輿論的一片讚揚之聲。

作為社會人的馬英九

馬英九是台灣的一位政治明星。在他身上既有現代的民主政治理念，又有中國傳統文化品格，而且兩者非常和諧地結合在一起。就其馬英九個人道德來說，他無疑是一位社會的楷模。無論大政，還是私德，幾乎均無懈可擊。有鑑於此，馬英九的政治生涯，大概可以用中國古代的「大道無術」與「為政以德」兩句話來加以概括。當然，現代政治不僅需要講究倫理道德，也需要一定的藝術技巧。馬英九在政治技巧或政治手腕方面還稍嫌稚嫩，因此在波詭雲譎的政治風波中並非事事順心，處處如意。

馬英九在美國哈佛大學讀書期間，與周美青結婚，育有兩個女兒：馬唯中與馬元中。周美青畢業於台灣政治大學法律系，後赴美國紐約大學攻讀碩士學位，與馬英九相識、相戀直至結婚。她處世行事極為低調，直至馬英九參選台北市長前，人們並不知道她的姓名。馬英九自從政以來一直是台灣政壇人氣最旺的偶像，號稱師奶殺手，但夫人周美青卻稱馬英九不是她的偶像，坦言：「所有做丈夫的缺點，馬英九都有。」

馬英九像苦行僧或清教徒一樣在生活上節儉自律，現代社會光怪陸離的物質享受完全與他無關，衣食住行莫不如此。

馬英九的內衣要穿到破了才換新的，手錶是結婚時岳父送的禮物，藍襯衫是大姊在三十幾年前送他的，球鞋還是十幾年前當法務部長時買的，而且鞋底已用飛機胎補了好幾次，西裝也是十幾年前的老古董。馬英九有次拍競選廣告，穿的舊西裝實在太皺，以致無法拍攝。而且這身舊西裝後來還被鞭砲炸破過，但馬英九花了三百元修補了一下，竟然又穿著參加了總統就職典禮。為馬英九訂作西裝的永泰西服店老闆曾透露，馬英九的西裝穿了十幾年還在改來改去、補來補去。

馬英九被稱為是台灣的便當超人。有人做過統計，馬英九在擔任台北市長期間，三年內吃的便當有兩千個，幾乎每日的中餐和晚餐都是吃便當。二〇〇八年五月二十日，馬英九參加完總統就職典禮，宴請某祝賀團的首次午餐，採用的正是排骨便當，這讓對方留下深刻印象。一些官員本以為這是馬英九的刻意安排，沒想到一年來，每次開會還真的必吃便當。

馬英九的便當會，不但台灣當局相關高層都吃過，立委也不例外。有一次，有人瞄見國民黨立委洪秀柱面前的竟然是盤餐，大呼特殊待遇不公平，只見有「小辣椒」之稱的洪秀柱不甘示弱地高分貝回答：「這只是把便當盒子拿掉換鐵盤而已，菜色哪有不同？」官員吃便當，連遠道而來的貴客也不例外。二〇〇九年五月重金禮聘美國經濟學教授克魯曼來台，特別安排了一場午餐座談，就是用便當招待的。

馬英九職務無論有什麼變化，依然住在自己破舊的老屋中，從來沒有想過要住大別墅、新洋房。台北市文山區普通民宅區裡一座老舊公寓樓的三樓，就是馬英九一住二十五年的家。即使是擔任法務部長、台北市長，馬英九也沒有搬進政府提供的官邸，而是同普通百姓一樣居住在公寓樓裡。這套房子，是馬英九當年從美國返台工作時父親馬鶴凌為他購置的，面積大概只有一百多平方米。整個三樓，南面一套是馬英九夫婦，北面一套住著他的母親秦厚修。直到當選總統以後，僅僅出於安全考量，馬英九才搬到了中興寓所居住。

馬英九就職總統前曾透露，原先希望上任後，能夠從中興寓所騎自行車到總統府上班，但特勤人員出於安全考量堅決反對，他只好放棄了原有打算。他也向軍方多次表示，往後將減少搭乘總統座機「空軍一號」的次數，儘量多坐高鐵，原因是飛機的耗油實在太貴，為了他一個人下鄉，起降一次就得花費百萬，這是他所不能接受的。

馬英九每天工作十六個小時以上，不抽菸、不上酒家、不跳舞、不賭博，三十四年來，他總共捐血達一百四十六次，平均每年捐血達四次以上，自稱是「血馬」一匹。他奉獻的鮮血挽救了多少人的生命與健康，他從來沒有計算過。他還簽下了多張器官捐贈卡，約定死後把軀體捐給慈濟公德會，為社會、為他人做一次最後的貢獻。

成敗由歷史驗證

馬英九雖有許多優點，但治理台灣卻未能完全成功，甚至令初就任時的高民調大幅下滑，令政權為民進黨所取代。

何以故？有人說，因為馬英九不僅未能掌握民意，還經常「自我感覺良好」。他偏好起用自己「小圈圈」裡的高級知識份子，而且信賴有加，營造出一種「孤鳥」的形象；反倒是與其他重要政治人物的來往上缺乏手腕，例如與立法院長王金平的「政爭」，成為壓垮其民調的稻草。他始終缺乏判斷時勢的政治智慧，未能拉大自身格局，真正具備領袖氣質，因此與民眾頗有一段距離。

再加上台灣的經濟近年來少有起色，在種種原因下，老百姓捨棄了馬英九，換人做做看，他個人的功過成敗，還需要歷史來驗證。（**陳先元**）

吳敦義（1948-今）

吳敦義：吳敦義的十字架

吳敦義（一九四八年—今），第十三任中華民國副總統。生於台灣台中縣南投區草屯鎮，畢業於國立台灣大學歷史學系。畢業後曾任《中國時報》記者，一九七三年獲中國國民黨推薦參選台北市市議員並當選，從此開啟從政之路。後任南投縣長、南投縣立法委員、高雄市長、行政院長。二〇一一年六月成為第十三任副總統候選人。此外，吳敦義曾擔任中國國民黨台北市黨部主委、中國國民黨中常委、中央評議委員會團主席、祕書長、第一副主席至代理主席等。二〇一七年五月二十日當選中國國民黨主席，著有《台大人的十字架》、《草根下的聲音》等書。

一九九四年十二月三日，高雄市長例行的「記者時間」，大批記者湧入市府，打探吳市長是否「心不在高雄」，向中央遞出辭呈。吳敦義面對台下的記者與里長，從口袋掏出一張寫給國民黨李登輝主席的報告書，當場唸給記者聽，請記者判斷這算不算辭呈。

當他唸到第二段時，忽然聲音哽咽，眼中泛淚。停頓一陣子後，眼淚仍不禁落下，一時之間氣氛凝重。待情緒平復後，吳敦義說，這應該不算辭職書，而是向中央提出一份懇切的建言。他又說，李主席見到他時，即把報告書塞回他的口袋，並表示，主持高雄市政能充分獲得市民肯定，是非常難得的！希望他「繼續留下來為國家、為民眾做事」。

來自南投鄉間的一頭水牛

一九四八年，吳敦義在南投縣草屯鄉的一個農村出生，在祖父輩時，家裡很貧窮。他的祖父靠著幫雇主挑鹽、做工過日子，祖母也幫人做工、洗衣服，讓他父親吳奚得以到日本留學。

吳奚先在日本研數學館（相當於高中）讀書，後又在早稻田大學研修法政，但書還沒念完，就因母親生病而返台，在草屯鎮新庄國小（當時稱「國民學校」）任教。後任大台中縣（當時的台中縣、台中市、彰化縣、南投縣）社會課長，常與當時縣長于國禎在地方巡視，非常照顧農民及貧戶。直到大台中縣分化為四縣市後，吳奚又任南投縣第一任農會總幹事，並兼任南投縣議會第一任議員。當時吳奚對三七五減租、耕者有其田等政策執行最徹底，為農民全力奔走呼號、嘔心瀝血，得到貧苦大眾的欽佩與肯定。

「二二八事件」後，接連而來的「清鄉」運動，吳奚被誣為匪諜案最高負責人而入獄，所幸曾栽贓吳奚的嫌犯在服刑（即槍斃）前，突然良心發現，咬破手指在囚衣上寫下遺書，證明吳奚的清白。而當時一位名叫李烈的軍事檢察官受託調查案情，終還吳奚清白，因此吳敦義自懂事起，每年李烈生日，都會向這位「救命恩人」表達謝意。

吳奚雖經歷諸多苦難、見證時代的悲劇，但卻不主張仇恨。他「律己嚴、待人寬」的襟懷，以及處處關心農人與貧戶的心情，給吳敦義帶來深刻印象。吳敦義回憶地說，父親連任多屆里長，生病住院未拉票都能選上，對他來說，盡忠職守、耿直善良、關心老百姓的個性，是父親給他最珍貴的無形資產。

小時候，吳敦義過著農耕生活，偶爾幫忙插秧、施肥，家裡也隨著季節作物而忙碌。在那個穿麵粉袋內褲、赤腳上學的年代，平日缺零用錢時，他就幫忙剝瓊麻皮賺零用錢；鄉間的精神生活很充裕，孩子們的玩具都取自於「大自然」。長大後參與選舉時，目睹許多候選人浮誇貪腐的作風，不以為然地表示：「很多是金牛，要不就吹牛，難能可貴的是真正服務的水牛。」後來媒體就把勤勞樸實的吳敦義比喻為「來自南投鄉間的一頭水牛」。

台大人的十字架

求學階段，吳敦義的家人都希望他從醫，但他始終並未選擇走上學醫之路，相反地，吳敦義在人文科學方面一直都得心應手。

升大學時，台大歷史系是他的第一志願，但他並非一舉考上，而是先考上政大東語系，隔年再轉學到台大的。吳敦義入學政大那年，參與一年一度的「新生盃辯論比賽」。在過去，這項比賽一直是外交系的天下，然而吳敦義硬是幫東語系拿了個冠軍回來。當年外交系的辯論對手之一，就是曾任台中市長的胡志強，因此兩人私交甚深。

轉學到台大歷史系後，也參加過台大健言社。當時，台大健言社社長是謝長廷，當年度健言盃演講比賽第一名就是吳敦義，之後更因為一場演講比賽而被挖角參與「大學新聞社」。

一九六八年四月十七日，吳敦義主持《大學新聞》編務時，寫了一篇〈台大人的十字架〉。他認為，台大學生應當以國家興亡為己任，擁有學術尊嚴，校園內享有學術自由，師生更應肩負傳統文化。然而當時女生宿舍「偷窺狂」出沒；車輛進出校園橫衝直撞；自行車屢屢失竊，吳敦義遂提出「關心」、「同情」、「奮起」三項價值與台大人共勉。

〈台大人的十字架〉先是在校園引起廣大迴響，繼又被《中國時報》、《中央日報》、《聯合報》等國內各大報刊紛紛轉載。同年，《自立晚報》也以〈中國青年的十字架〉為題，將範圍擴大至整個社會，點出當時社會風氣奢靡，引發青年問題。並認為改進之道應努力培育健全的下一代，讓青年具有遠大恢宏的抱負，肩負復國建國的十字架。〈台大人的十字架〉竟能一再喚起學界、新聞界的共鳴與反思，顯見吳敦義主持《大學新聞》的獨到之處。

五月二十四日，吳敦義蒙當時救國團主任蔣經國召見，受到蔣經國很大的鼓勵。而後，蔣經國以國防部長身分主持成功嶺大專集訓班時，再度提到〈台大人的十字架〉這篇社論，勉勵全國有志青年應走這條正路與活路。〈台大人的十字架〉提到的「關心」、「同情」、「奮起」不僅成為當時台大人的座右銘，更成為他日後施政的準則。

畢業前夕，閻振興接任台大校長，上任隔天，吳敦義即在《大學新聞》刊出一篇相當震撼的社論，名為〈辭去兼職，辦好台大！〉。原來當時閻振興不但兼任行政院部會首長，又兼任中山科學院的院長。吳敦義認為：這三項工作各由一個人去做，都未必做得好，而閻振興竟集三項重大任務於一身，我們可以預見到，你這個台大校長絕對幹不好！最後他說：「我們經過再三考量，借箸代籌，你應該立即辭去台大以外的其他職務，以完全的心、精神，全力投入台大校長這份工作。」於是閻校長在一個月內辭去其他兩個職務，專心辦學，爾後兩人亦成為好友。

昨日新聞，今日歷史

畢業後，吳敦義獲得三個工作機會，分別是：中國電視公司從事編審工作、《中國時報》擔任記者、到台中擔任中學老師，其中報社記者是吳敦義寫信毛遂自薦來的。吳敦義在學期間已相當優秀，更因幾篇社論而饒富盛名，再加上他所主持的《大學新聞》也廣受好評，引起當時《中國時報》老闆余紀忠的愛才之心，余紀忠更特別要他退伍後立刻到報社上班。

當時三份工作中，報社記者的待遇最少，但卻是他最愛的工作。剛上任那個月領薪水當天，他身上只剩下十元，七元給同住的父母吃飯，三元給自己跟太太吃午餐，晚上到報社領薪水給太太去付房租、買米，他自己則是留在報社福利社吃免費晚餐。當時生活非常拮据，所幸家人不反對，太太也甘之如飴。

學歷史的吳敦義志在從事考據工作，追尋真相，並能「究天人之際，通古今之變，成一家之言」，懷抱著對國族的使命感與熱忱，在新聞領域上屢屢能夠深入民間，並以犀利的筆鋒針砭時弊，為民喉舌。

當時，台北市第一條高架道路由重慶南路通往永和，在施工後要向沿路地主收取工程受益費。這費用乍看合理，但是高架道路的施工卻恰恰相反，原本平面道路車水馬龍，做生意特別方便，但一建高架道路卻擋住採光，對生意影響頗大，還要另外課稅，使得老百姓怨聲載道。吳敦義發現法令與實際情況互相矛盾，所以費了很大工夫做專題報導，分析問題，體察民眾的苦處。吳敦義透過報導形成輿論，讓問題被政府看見，讓民眾的聲音形成輿論，讓輿論成為政府改善的原動力。在吳敦義的記者生涯中，像這樣主持正義的故事，可說是不勝枚舉。

在歷史的薰陶下，吳敦義往往能考察民心、洞悉問題。他寫的報導有骨有肉、擲地有聲，總能體民所苦，為民發聲。

走上「政」途

吳敦義在報社期間體察民意，文章則多有益於百姓，漸漸被視為「正義之筆」。在參選之前，古亭區的老議員周財源，推薦他擔任義警隊副中隊長，與三百名義警建立深厚感情。報社的張屏峰主任知道他有意願參選議員後，亦特別指名要他在報上開闢「區裡點滴」專欄，每週上報一、兩次，由於曾跑過市政新聞、採訪議會，所以對市政有全盤瞭解，再加上為了寫「區裡點滴」，與區里長這些「樁腳」建立關係。在專欄中，更時常向政府提出建言，為老百姓做了不少貢獻，同時建立起他的形象與民眾對他的認識。

一九七三年，時任行政院長的蔣經國在除夕談話上誠懇地說：自他擔任行政院長一年，感覺到有很多事情沒做，很多事情沒做好，因此他抱著「對國家、同胞負一筆很大的精神債務的心情，在過除夕這一天」。吳敦義內心異常感動，他認為全國上下政府官員若可以用「還債」心態來服務民眾，對民眾、對國家而言將會是一大助益，因此更加深了吳敦義參選的動力。

在競選活動中，台北市信義路四段整建戶十個代表，到吳敦義競選辦事處堅持要他收下三萬元現金和一百條長壽香菸。原來是一年多前，吳敦義擔任記者時，為多達四百多戶的整建戶仗義執言，解決他們的住宅被不肖廠商偷工減料而造成漏水的痛苦。當時吳敦義到菜市場拜訪，也因為攤販曾受「正義之筆」的幫助而熱烈歡迎他。同年十二月一日，吳敦義以「年輕牌（二十五歲）」殺出重圍，當選台北市第二屆議員。

吳敦義選上議員後，余紀忠知道吳敦義身為公眾人物，很多時候需要額外的開支作為再競選、人脈建立與維持的經費，同時期許他能夠保持乾淨、清廉的風格，不受社會上不良風氣污染，於是特別改聘吳敦義做撰述委員，給他一份額外的薪水。吳敦義表示，他相當瞭解余紀忠的苦心，這是「養廉」，既然薪水已夠養家餬口，就沒有後顧之憂，「無欲則剛」，必能成一番事業。

在議會八年，吳敦義首創改建眷村模式，提出與國防部合作，將眷村改建為國宅，改善國軍眷屬的生活環境；開創「門診時間」，專門在公園內處理選民拜託的事，目標做到「案必有辦，辦必能結」。

為民喉舌的百里侯

一九八一年，吳敦義由第三屆市議員轉任南投縣長，希望回到自己的故鄉為民服務。在任期間，吳敦義雖然面臨南投縣的「四大皆空」，但仍努力發展南投縣無煙囪觀光事業，發展對外交通，打通公路建設；設立「縣民時間」，凡是南投縣民，無論身分地位，皆可不經預約，直接找縣長。曾經有一次李登輝總統找他週三上午去談話，吳敦義向來電的侍衛長婉言解釋：不能失信於民，請總統改個約談時間，結果李登輝真的為他改了時間。

「縣民時間」的業務幾乎無所不包，曾有一位青年要求吳敦義幫他提親，追問之下才知道，原來他女友有了身孕，準岳父母震怒，不許兩人見面，這年輕人苦苦哀求，準岳父氣沖沖地說：「除非縣長來提親。」於是吳縣長走了一趟女方家裡，準岳父母才接受「提親」。

一九九〇年，吳敦義獲李登輝與國民黨祕書長宋楚瑜的重視，轉任高雄市長，雖然曾被高雄市議員杯葛、連署抗議。但他強調不會以「過客」的心態來主政，同時積極拜會地方人士、議員，一一打通關；加上吳敦義在議會辯才無礙，化解一連串的尖銳質詢，終於獲得認可。

主政高雄市期間，吳敦義勤跑基層，拉近與市民的關係，市民甚至會用「阿義仔」來稱呼他。在熱心公益方面，他最早響應器官捐贈，讓人類的愛心得以延續。在政界引起一陣風潮，在他捐贈一年後，才開始有林洋港、郝伯村、許信良、胡志強、馬英九、翟宗泉、謝深山、沈富雄等人跟進簽下同意書。市政方面，吳敦義改善自來水品質，讓澄清湖再次澄清；推動「港市合一」，讓高雄市擁抱高雄港；協助長年忍受污染的大林蒲居民遷村；打破高雄市文化沙漠，推廣文化教育，並破天荒讓故宮國寶南巡。

一九九四年，吳敦義在第一屆民選高雄市市長競選中，以四十萬票擊敗對手成功連任，任內推動高雄中區、南區焚化爐的建設計畫，徹底解決高雄市垃圾掩埋問題。一九九八年，再度競選連任時，因被誣指與某媒體女記者有曖昧而敗給民進黨謝長廷。

義不容辭

二〇〇二年，吳敦義參選第五屆南投縣立法委員，以第一高票當選，第六屆、第七屆立法委員亦以最高票連任。

二〇〇九年八月八日，莫拉克颱風重創台灣中、南部地區，造成嚴重損失，引發民眾對於當時行政院長劉兆玄指揮救災行動的質疑與不滿，最後劉院長負起政治責任宣布內閣總辭。

二〇一一年，總統馬英九與行政院長吳敦義一同出席競選連任辦公室舉辦記者會，正式宣布與吳敦義搭檔參選第十三任正、副總統選舉，並於二〇一二年當選中華民國副總統。

二〇一四年，經主席提名，吳敦義成為中國國民黨第一副主席。

二〇一七年，吳敦義以十四萬最高票當選國民黨主席。

吳敦義當選中國國民黨黨主席後，鄭貞銘教授（文大終身教授）撰〈吳敦義的十字架〉一文中提到：吳敦義背起「關心」、「同情」、「奮起」的十字架，做正義的化身，體民所苦，為民喉舌；拾起「報恩」與「清廉」的良善之風。他說：吳敦義是一位能自恃的人，自恃不同於自信，自恃者能使其能力充分實現，自信猶如一方大理石，漫想天使的姿態如何美妙，自恃卻是執了刀子去雕刻天使。

南投鄉間的一頭水牛，奮起肩負台灣青年的十字架，在歷史中找尋真相，在新聞中體民所苦，在從政中實踐理想。吳敦義強調，台灣政府上上下下不只需要有「還債」心態，更應「敦品勵學，愛國愛人；義不容辭，為民喉舌」。

目前是國民黨最衰弱的時期，吳敦義面對的是最嚴重的挑戰，在紛亂的時刻，他擔起重整國民黨的使命，在迷途中找尋方向，在黑暗中尋覓光明，究竟能不能復興國民黨，歲月終將證明一切！（楊智閔）

關　中（1940-今）

關中：畢生的學習與實踐

關中（一九四〇年—今），字一中，出生於天津市，原籍安東省鳳城市（今遼寧省丹東市鳳城縣）。東北關姓源自滿族大姓瓜爾佳氏，在八旗中屬正白旗。曾任政大國關中心主任，中國國民黨青工會副主任、組工會主任、副祕書長、台北市黨部主委曾，考試院院長。對外交問題研究甚深，著述甚多。

幼年時，父親關大成於東北從事地下抗日工作，關中有一段身陷日軍監獄的童年過往。抗戰勝利後，隨即爆發國共內戰，一九四九年，關中隨家人從東北一路撤退至台灣。童年便已飽經戰爭的浩劫和顛沛流離的苦難，抵台前仍未受過正規或正式教育。

因緣際會

戰亂中成長，關中將國家興亡視為己任，自小充滿愛國情操，曾立志成為空軍飛行員以報效國家。初中時因近視，讓這空軍健兒的夢想幻滅；高中時，讀到「大丈夫生不為將，得為使」這句名言，使關中再次燃起興邦之志，對外交工作產生憧憬，便以「政大外交系」為目標，並順利考取。

大學畢業後服役階段，遭逢家庭變故，對青年時期的關中而言，無疑是人生最重大的打擊。然而，痛苦的人沒有悲觀的權利，命運的崎嶇，並未使關中低頭，反而更加奮發上進。隨即投入軍旅生涯，又是一場新磨礪的開始。

由於分發到的服役單位正在厲行整頓，關中平時除須接受嚴格的體能及戰技操練外，還要兼任授課的任務，授課範圍遍及論語、英文及三民主義等科目。即便再忙再累，關中不改精益求精、實事求是的作風，扎實用心的備課，除厚實同袍素養，更累積自身學術研究上的穩健實力。

退伍後考上台灣大學政治學研究所及外交領事人員考試，關中得以實踐從事外交工作的夢想。外交部工作第二年，考取中山獎學金赴美國塔夫茲大學（Tufts University）佛來契爾國際關係學院（The Fletcher School of Law and Diplomacy）攻讀碩士學位（一九六七至年一九六九年）。返國後，至政治大學東亞研究所任教並擔任國際關係研究中心資料組組長。

一九七二年到一九七四年，取得國科會獎學金，再次出國留學，攻讀國際關係博士學位。學成歸國後，當時台大政治系主任連戰希望能聘請關中到台大任教，惟關中念及自己以政大講師身分申請國科會獎學金，當飲水思源回政大任教，決定在政大東亞所擔任副教授，亦同時在台大兼課，以回饋連戰的厚愛。

轉換跑道

一九七七年，中國國民黨徵召關中從事黨務工作，關中時年三十六歲，從此刻起，關中的生涯，雖歷經幾番轉折，但始終未脫「政治」的範疇。關中回想當時的抉擇，無非是感念受國民黨中山獎學金的栽培，本該投桃報李。原以為短期內即可回任教職，卻從此踏上從政的「不歸路」。雖學術生涯中斷，但關中在業餘，仍孜孜不倦於研究學問及著述寫作。

一九七七年一月到一九八一年四月，關中先後擔任國民黨青年工作會副主任和中央政策會副祕書長，學界的出身，讓關中在這兩項職務有亮眼的表現。

這段期間，關中更將政治學的研究方法和學術思維帶入國民黨。為求客觀，關中特別委託無黨籍的學者，如楊國樞、黃光國等心理學領域學者專家，針對大學生心理和政治態度進行調查。不僅促進國民黨對時下青年族群的鏈結，更能精確調整並擬定符合時宜之青年政策。此外，關中透過擔任中國政治學會祕書長的機會，擴大與國內外政治學者的聯繫與合作，使國民黨在學術界的人脈變得更加豐沛、活躍。

嶄露頭角

中美斷交後，關中調到國民黨政策會工作。當年，美國與中共建交，對我國造成重大衝擊，國民黨在召開臨時中全會後，進行人事大幅改組。總統蔣蔣經國原本屬意由關中規劃「黨務革新」工作，但為穩定國家局勢，改由關中負責更為重要的「政治溝通」工作。

針對政治反對運動，國民黨開始以「政治溝通」來尋求「化解對立」。擔任政策會副祕書長是關中受到總統蔣經國器重、提攜的開始，「政治溝通」工作，包括對當時的「黨外」瞭解其想法、觀念，坦誠交換意見等。由於和黨外、無黨籍與社會人士的溝通，關中建議以成立專案小組的方式，定期邀集相關單位交換意見，形成共識，並使黨內能先規劃政策與改革方向，蔣經國不但同意並大力支持此一構想。

革新黨務

一九八一年五月到一九八七年三月，關中在國民黨台北市黨部、台灣省黨部工作。投身選舉輔選的工作經歷，達六年之久。關中在台北市黨部的第一次輔選工作並不順利，由於當時遇到台北市行政區域調整，原本八百多個里，縮減為六百多個里，造成地方上極大的反彈，也衝擊到市議員選舉，導致國民黨多人落選。

首次輔選失利，並未讓關中氣餒，反倒積極展開一九八三年立法委員的增補選全程規劃，把選舉區隔、形象塑造、行銷策略等新觀念帶進黨部。在黨內各方努力下，一九八三年的選舉締造「七喜」（seven-up）佳績，被稱為「戰將」，因就當時台北市選民結構而言，八席名額中，國民黨候選人囊括七席，可說是達成不可能的任務。

省黨部時期，關中經歷一九八五年縣市長及一九八六年立委選舉，均能達成預期目標，但在離開省黨部前，一九八七年監察委員選舉，卻遭無妄之災和非議。當時國民黨監委選舉是十二席全上的亮眼成績，但卻遭指摘不給無黨籍人士機會，且有賄選的傳聞。實際上，間接選舉採用限制連記法，黨外人士在此次監委選舉缺乏團結，才是敗選主因。就在這次監委選舉後，關中也離開省黨部。

一九八七年五月，關中到行政院青年輔導委員會擔任主任委員，半年後出任國民黨組織工作會主任。在組工會兩年半的期間，除規劃準備一九八九年縣市長、省市議員及立委的三合一選舉外，最重要的任務即是協助當時的國民黨祕書長李煥推動「黨務革新」工作。

「黨務革新」工作上，關中的提案原預定於第十三次全國代表大會中提出，但一九八八年一月蔣經國逝世，鑒於提案內容在黨內初步討論時曾有爭議，顧及十三全會的和諧，便延後辦理。然而，在一九八八年七月召開的十三全仍有兩項大突破，一是十三全大會黨代表由黨員直接選舉產生，二是建立黨內初選的制度。

一九八九年十二月縣市長與北、高市議員選舉，國民黨挫敗，除候選人、輔選策略等因素外，蔣經國逝世後黨內局勢不穩，黨外人士更加凝聚成立民主進步黨，皆影響著選情。一九九〇年一月及六月，關中先後辭去組工會主任及副祕書長，為此次地方選舉敗選結果負責。

離開黨務工作後，關中出任中國廣播公司董事長，一九九〇年十一月更籌組成立「財團法人民主文教基金會」，其宗旨為「以學術發揚民主，以民主再造中國」，希望結合產官學界的力量，使台灣的民主深化和鞏固，進一步在兩岸的關係上，以學術交流來帶動大陸的民主化進程。

由於關中離開中央黨部後，有不實謠言攻訐，為證明清白與維護名譽，於一九九二年立法院全面改選之際，關中決定藉由參選第二屆立法委員，用選舉之炙焰，接受大眾之檢驗。以當時的政治環境和氛圍，逆勢操作能順利當選實屬奇蹟。關中以學者嚴謹的態度，不但帶動起專業問政的風氣，同時在立法院推動國會再造，並不斷出版問政實錄，深獲好評，並經媒體評選為最優質立委。

一九九四年九月，考試院長邱創煥推薦關中出任銓敘部長。銓敘部主掌國家文官制度，關中以治學心態投入我國文官制度的研究與革新。一九九六年九月，關中被任命為考試院副院長，二〇〇〇年三月，國民黨總統大選首度敗選，鑒於與民進黨之政治理念不同，儘管考試院副院長尚有兩年多任期，關中仍毅然辭職、掛冠求去。

國民黨總統大選敗選後，二〇〇〇年八月成立智庫機構「國家政策研究基金會」，關中獲聘擔任該會董事及內政組召集人。關中這段期間的工作重點，在於結合理念相同的學者專家，除規劃、研擬國民黨的各項政策主張，並監督、檢討執政黨的政策及施政。同時，開始赴大陸地區，與對岸大學或若干研究團體進行學術交流。

二〇〇二年九月，關中出任國民黨國家發展研究院院長，負責黨內的人才培訓工作。國發院的前身：「革命實踐研究院」是國民黨培育政治人才的搖籃，栽培許多黨內重要政治菁英。

改制後，國發院同樣肩負為黨發掘人才及培育人才之重責大任，關中院長扮演著黨中興再造與重返執政的幕後推手，二〇〇五年八月，馬英九當選國民黨主席，隨即獲派出任國民黨副主席，協助黨的重振之路。

改革文官

二〇〇八年台灣再度政黨輪替，國民黨重返執政，總統馬英九提名關中擔任第十一屆考試院院長，經立法院通過任命。關中將健全文官制度喻為「建築工程」，可分成「基礎工程」、「結構工程」和「修繕工程」三大部分。

在「基礎工程」部分，主張制定《公務人員行政中立法》、《公務人員基準法》及《政務人員法》；在「結構工程」方面，舉凡任用、考績、升遷及訓練等機制，應在制度上有合理的連結；而「修繕工程」則是指若干已不合時宜的法規或個案解釋，應主動檢討改進。

關中的文官改革思維，主要包括：建立完善的考績制度、重視人才培訓與發展、推動年金制度改革。他認為我國文官制度中，人才甄選及退休保障方面等尚稱妥善，但發展性和激勵性的機制不彰，使公務人員趨向消極和保守，未能與時俱進，甚至給外界官僚和不夠負責的負面形象。因此，他在考試院長任內，一方面推動客觀和公正的考核制度，減少因資歷或關係取向影響考績的公平性；另一方面成立「國家文官學院」、推動高階文官發展性訓練，重視訓練和人才培育，以期公務人員的觀念和能力皆能與時俱進。

至於年金改革，則是由於我國面臨財政壓力和人口結構的急速改變，年金的永續性遭到嚴峻的挑戰，在力求兼顧國家財政、公務人員權益及世代正義的前提下推動改革。

貫徹始終

二〇一四年九月，關中考試院長任期屆滿，為其四十八年公職生涯劃下圓滿句點。關中歷經學界、黨務及政府部門，學而優則仕，各項工作的表現，得力於扎實的學術基礎。此外，凡事莫忘初衷，堅持到底、持之以恆，也是關中勝任的關鍵。

無論擔任何種工作，關中始終維持著讀書研究、寫作著述的習慣，數十年如一日，研究範圍主要包括國際關係、美國外交政策和中美關係，在銓敘部及考試院任職期間又增加了文官制度改革，不斷提升自我，貢獻所學於社會與國家。

關中的人生閱歷可歸納為三個階段：第一，「階段人生」，人生不同階段有不同目標，當全力以赴。第二，「舞台人生」，自己所處的舞台，應確實掌握，扮演好自己的角色。第三，「羅盤人生」，人要瞭解自己，常常提醒自己是什麼，不是什麼？能做什麼，不能做什麼！要認識自己、相信自己、掌握自己的命運，如此，才能做最好的自己。

個性開朗、豪邁又樂於助人的關中，身邊總是圍繞、聚集許多年輕後輩；退休後的他，返璞歸真，率性自然，奉行「不為難自己，也不為難他人」的人生哲學，每天有孫女 Amber 陪伴，共享天倫，閒暇之餘遨遊書海之中，並不吝時常將學習心得、人生體悟與後進及親友分享，生活坦然、愉悅、充實。（林政緯）

宋楚瑜（1942-今）

宋楚瑜：唯一的台灣省省長

宋楚瑜（一九四二年—今），生於湖南省桂陽縣。出身軍官家庭，以擔任行政院長蔣經國祕書一職開始其政治生涯，並於其後升至行政院新聞局局長一職。台灣省政府精簡化之前，在一九九四至一九九八年曾擔任台灣省唯一一任的民選省長。曾四度參選總統未能勝選。現任親民黨主席，並獲聘為中華民國總統府資政、台北市政府首席顧問，於二〇一六年起擔任中華台北 APEC 領袖代表。

一九八八年一月十三日，中華民國第七任總統蔣經國去世，宋楚瑜當時是國民黨中央委員會副祕書長。蔣經國所留總統一職，依中華民國憲法由副總統李登輝接任。

在當年，國民黨主席才是權力領導中心，而李登輝為台灣省籍的農經學者，作為副總統只是聊備一格，並未進入國民黨權力核心。蔣經國去世兩週後，一九八八年一月二十七日的國民黨中常會，為是否該處理國民黨代理主席一案，事前已暗潮洶湧。蔣夫人宋美齡去函國民黨中央委員會祕書長李煥，主張此事不宜太急。當天中常會輪到《中國時報》創辦人余紀忠主持，會前他和李煥、行政院院長俞國華商量，李煥和俞國華都主張先緩一緩，因此代理主席一案並未列入議程，李登輝也未出席這次中常會。

不料，宋楚瑜在會上突然起立要求發言。他說，「大家都簽名同意的事，為什麼還要拖下去？如果這個時候不通過，對國家的傷害將一天大過一天，這個案子不提出來，我就辭職不幹了！」

宋楚瑜慷慨陳詞，甚至講到落淚，說完即拂袖而去。余紀忠遂提議處理代理黨主席案，其他中常委也無人反對，當即通過由李登輝代理黨主席。這可謂為宋楚瑜政治生涯一個驚天動地的代表作！

這個驚天之舉，將李登輝推上了台灣政治的舞台核心，也決定了中華民國及國民黨之後二、三十年的政治紛擾，更從此改變了台灣的政局。

許多人對當年宋楚瑜此舉有許多不同的議論，他是從黨國利益出發，擔心拖延確立代理黨主席會造成台灣政局的動盪，因一時義憤挺身而出？還是從內廷鬥爭著眼，經過深思熟慮，決定把個人政治生涯的籌碼全部押寶李登輝身上？

答案如何，唯在宋楚瑜的心裡，任誰也說不清。但是，我們也不能因為李登輝後來的言行和發展，來評斷當時宋楚瑜的這「沖天一怒」。

宋楚瑜這一驚人之舉，造成李登輝立刻成為中華民國黨政第一人，當然使李登輝感恩在心，因此對宋楚瑜言聽計從，一般都認為李宋兩人從此水乳交融，甚至宋楚瑜自己也認為如此，所以有「情同父子」及「肝膽相照」的說法出現。但事情的發展卻不是如此。

蔣經國時期如魚得水

回顧宋楚瑜的政治生涯，是始於蔣經國時期。一九七四年，宋楚瑜結束美國的學業返回台灣，經錢復推薦，擔任蔣經國的英文祕書，貼身跟隨蔣經國近十四年。

一九七八年十二月十六日凌晨二時，時任行政院新聞局副局長、同時擔任蔣經國與美國政府間聯繫窗口的宋楚瑜趕到大直寓所，叫醒熟睡中的總統蔣經國，報告美國大使安克志緊急求見。當時安克志奉命告知蔣經國，美國將於數小時之後宣布自一九七九年一月一日起與中華人民共和國建交，並特別交代在美國宣布前，中華民國政府必須對此訊息保密。

一九七八年十二月二十七日，美國派遣副國務卿克里斯多福率領代表團來台進行斷交談判，宋楚瑜參與了這次談判，並主持會後記者會。宋楚瑜當時年僅三十六歲，中英文俱佳，儀表堂堂，除了義正辭嚴地代表台灣向美方表達不滿外，並在記者會中清晰地說明談判狀況，作為政府發言人的儀態，讓台灣人民眼睛為之一亮！這是宋楚瑜第一次在台灣人民面前精采表現，立刻擄獲台灣人民的心，被認為是一顆明日之星。

隨後，宋楚瑜就任新聞局局長，他邀請國際巨星參加金馬獎頒獎活動，把金馬獎推向國際，同時也將廣播電視金鐘獎及出版金鼎獎改造成廣播電視界及出版界的重要獎勵和年度盛事；在宣傳方面，他引進新的創意思維，改變了傳統的國內及國際宣傳作為，並將宣傳刊物

《光華畫報》轉型成具有極高可讀性的《光華雜誌》，連在電影院開演前的「國歌」都融入了各種不同的創新元素，展現了寶島台灣各行各業的進步與新知。一時之間，行政院新聞局搖身一變成為年輕化的政府機關，而宋楚瑜更是全民耳熟能詳的政治明星。

李登輝時期肝膽相照？

宋楚瑜的政治生涯在李登輝時期攀上巔峰。李登輝從一個代理黨主席，到第一任民選總統，經過八年激烈的黨內鬥爭。宋楚瑜從一開始就名列李登輝的核心「兩宋一蘇」（還包括當時的國安局局長宋心濂、總統府辦公室主任蘇志誠）之中，李登輝與國民黨外省籍舊勢力鬥爭時，宋楚瑜這個出身舊勢力的外省籍新貴，立場鮮明，無役不與。

一九八八年七月二十七日，李登輝正式成為第二屆國民黨主席；十個月後，宋楚瑜代理國民黨中央委員會祕書長，約一年後真除。但是，一九九二年年底的選舉中，國民黨挫敗，宋楚瑜負起敗選責任，辭去祕書長。

那時已經確定一九九五年要舉行第一次的總統直選，而第一次的台灣省長要提前一年在一九九四年選舉，意味著末代台灣省主席必須在一九九四年底結束。因此，宋楚瑜向李登輝表達擔任末代省主席並在任內競選首任台灣省長的想法。

宋楚瑜當然如願擔任了末代省主席，並在五百多天後高票選上了首任的台灣省長。他能高票當選省長，是許多人難以想像的事情，李登輝當然也是其中一人。

一九九三年三月二十日，宋楚瑜正式接任第十四任台灣省末代省主席職務之後，立刻師法蔣經國全台走透透的為政之道，他宣布要在任期中踏遍全台灣省二十一個縣市的三〇九個鄉鎮。他以一輛九人座的廂型車做為「旗艦」，這是他「行動式管理」的行動基地，車上備有行動電話與傳真機，省府祕書長，以及各廳處首長，視需要與行程在車上陪同。宋楚瑜在車上開會、批公文，也同時坐著車子在全台灣跑透透。

宋楚瑜從縣市深入到鄉鎮，造橋鋪路，水電交通，樣樣都親自處理，而且「不分藍綠」，對民進黨籍縣市長、省議員的要求亦不打折。宋楚瑜掛在嘴上的是：「民眾的小事情，就是政府的大事情」。而每次出巡發現的問題也都立刻列管追蹤，限期完成，並定期將改善及實施情形向省民揭露。

在省長選舉前，宋楚瑜以不到五百天的時間，完成了三〇九鄉鎮市走透透，這是歷來唯一走遍轄區各鄉鎮市的省主席，而這些風塵僕僕的行程，讓他深入瞭解全台灣省各地的政情與社會，更認識了廣大的基層民眾，他經常在許多五、六百人以上聚集的競選活動中，直接叫出許多各鄉鎮基層農會、水利會人士的姓名，並清楚點出當地的問題和改善的狀況，對問題的深入瞭解和發展狀況的掌握，以及人名的熟悉，讓台灣省民眾印象深刻。

就是這樣的勤政和用心，宋楚瑜以四七二萬六〇一二票當選第一屆台灣省省長，比民進黨提名的陳定南多了一百四十九萬多票，跌破了許多政論家的眼鏡。

譽之所在，謗安隨之

接任第一任省長之後，宋楚瑜維持全省走透透的習慣，以「一張票、一世情」的情懷，繼續和全省各鄉鎮的民眾做最親近的接觸「搏感情」，總計他在主席及省長的五年多任期中，總共走了二十五萬多公里的視察行程，比繞地球六圈還多。

但是「譽之所至，謗亦隨之」，由於宋省長掌握著巨額的省府預算，有若聞聲救苦的觀世音菩薩，有求必應，還親自把錢送到縣市鄉鎮的手上。宋楚瑜大手筆撥付地方建設經費，有人稱他為「散財童子」，也有人說他是「要五毛給一塊」，譏諷宋楚瑜濫用行政資源以收買民心。宋楚瑜即使是有意的作為，但台灣省省民的確「有感覺」。時至今日，宋楚瑜在台灣地方所做的基礎建設，仍然深受民眾肯定。當時，宋省長的施政滿意度高達九〇％，聲勢如日中天。

一九九六年三月二十三日，李登輝與連戰搭擋以五八一萬三六九九票當選第九任總統副總統。宋楚瑜雖也賣力輔選，但選後的政治現實是，李登輝的民意基礎超越了宋楚瑜。

一九九六年十二月二十七日，在李登輝主導下召開的國家發展會議，由副總統連戰主持，做成台灣省精簡化的決議，即為「凍省」（台灣省虛級化的簡稱）。「凍省」之立論基礎在為提升行政效率，事實上，台灣省面積佔整個治權所及領土的九八％以上，四級政府（中央、省、縣市、鄉鎮）實為疊床架屋。只是，面對宋省長的輝煌政績，李登輝當頭澆下一盆冰水，政治權謀之說不脛而走。

四天後，一九九六年十二月三十一日，宋楚瑜在第十屆省議會第四次大會總結報告時，宣布請辭黨、政職務。宋楚瑜的辭呈，李登輝沒有批覆。一九九七年一月二十一日，宋楚瑜公開宣布「請辭待命」。連續出擊，這是宋楚瑜政治生涯的第二個代表作。

李登輝主導下的「凍省」，有許多說法，一說是為了行政制度考量，這是檯面上的理由，但此制度行之多年，且李登輝和連戰都擔任過省主席的職務，當時從未提過有嚴重扞格之處，因此此說難免受質疑；另有一說是，當初省議員的素質良莠不齊，向省屬行庫大幅借貸、超貸的情況十分普遍，而且藍綠一同，呆帳越來越多，舊債未還新債又起，只要繼續擔任省議員，就可以對省屬行庫予取予求。這是一個私下說明的理由，從不敢端到檯面上講，怕省屬行庫呆帳太多引起金融風暴和政治衝擊。

另外一個流傳最廣的說法是，當時宋楚瑜在台灣省甚至全國的聲望如日中天，李登輝的總統得票數雖很高，那是因為多了台北及高雄兩院轄市數百萬選票的因素，但在台灣省的影響力卻不如宋楚瑜，李登輝是不是擔心「葉爾欽效應」？這個答案在李登輝的心裡，無人知曉。但宋楚瑜從「請辭」到「待命」，已讓李登輝坐實了打壓台灣省省長之罪名。

李登輝還宋楚瑜人情

從表面上看來，宋楚瑜認定李登輝是針對他的，遂憤而請辭。不過「請辭待命」四個字是很有玄機的，「請辭」是提出辭呈，表明要辭去職務；但是，長官尚未批准，所以，在批准之前，仍暫留在原職務上等待，即為「待命」。實際的情況就是選擇「留任」，但因他強調「待命」，表示情況隨時可能變化，是為等待長官命令，要表達的卻是不戀棧之意。這是宋楚瑜首創的名詞，後來多次被其他的台灣政治人物所引用。

宋楚瑜想出這樣一個欲走還留的方式，繼續留任省長，一方面掌握著台灣省的行政資源，另一方面，又自我形塑成為功高震主的被犧牲者，有人認為他這樣做，除了對省民及選民必須負責外，還可累積一些有形與無形的政治資本，發展他未來更大的政治舞台空間。

一般都認為「凍省」是李登輝和宋楚瑜關係的分水嶺，但是事實不然。李登輝是一個省籍觀念很重之人，他從來就沒有外省籍的朋友，也從來不信任外省人，在他的公職生涯中，曾經得到一些外省人的眷顧，他都在得權之後找機會用「公器」回報，但回報之後也就兩不相欠，就是關係歸零的開始。

李登輝在懵懂之際，得到宋楚瑜「沖天一怒」的影響而坐上了國民黨大位，當時他羽翼未豐，在外省人為多數的權力高層中，必須抓一些人合作及借重，宋楚瑜當然是其中可以最親近、最有能力而且關係最不錯的人選，更何況長年在蔣經國身邊建立起來的人脈和影響力，這都是李登輝當時必須重用宋楚瑜的理由。

但是讓宋楚瑜出任末代官派省主席，卻是一個很大的問題，因為自一九九三年三月謝東閔出任的第九任省主席起，這個台灣省主席的職位，一直是由本省籍人士出任，有台灣人自治的意涵。二十多年來已經形成慣例，打破這個慣例必然要引起很大的政壇紛擾，在當時這是很值得深思也很棘手的問題，尤其宋楚瑜雖擔任過國民黨的祕書長，之前也擔任過行政院新聞局長，政治經歷及歷練不錯，政府行政資歷卻差一點，然而，李登輝卻一口答應，其實這正凸顯了李登輝敢於冒天下之大不韙，以國家公器做賭注酬庸的習性。

李登輝打破二十多年由本省籍人士出任台灣省主席的慣例，其實是一口氣還清宋楚瑜的人情，同時也把他推到風口浪尖，讓他自行去面對台灣省民及惡狼般的省議會，且第一屆民選台灣省省長，國民黨內有意於此者甚眾，宋楚瑜要在短短一年多的省主席任期中樹立政績，其實也極不容易。

沒想到宋楚瑜五百多天的拚命創造了奇蹟，李登輝不得不再度支持湖南省籍的宋楚瑜代表國民黨參選。李登輝曾經說：「湖南省籍的宋楚瑜當選台灣省省長，是我的民主夢想。」這是李登輝對當年宋楚瑜臨門一腳的又一次回報，但同樣也是將他送到最危險的戰場，因為當時民進黨提名的候選人是素有「青天」之稱的陳定南，他在社會上形象既好又高，到開票之前聲勢都看好，一直被認為將會打敗宋楚瑜。

因為根本沒有所謂的「情同父子」及「肝膽相照」，因此「凍省」之議後，宋楚瑜與李登輝幾同決裂，與國民黨則漸行漸遠，埋下後來國民黨分裂的伏筆。

總統大選屢敗屢戰

一九九九年，李登輝欽點提名副總統連戰代表國民黨參選二〇〇〇年總統大選。宋楚瑜與國民黨攤牌的時刻到了。

雖然國民黨內有促成「連宋配」的聲音，力主李登輝以黨主席身分出面協調。但連、宋兩人都沒有意願，尤其是宋楚瑜不願意當連戰的副手，宋楚瑜對於自己的能力與省府的政績頗為自負，也對於連戰的能力與政壇表現，時時流露輕蔑之意。而且，自國發會做成「凍省」決議開始，連、宋兩個陣營就互相放話攻訐，早已勢同水火。最後，連戰選擇當時的行政院院長蕭萬長為副手。

省長任期的最後兩個月，宋楚瑜舉辦台灣頭尾走透透感恩晚會，算是卸任前對地方的最後巡禮。實際上，這就是台灣選舉中的「綁樁」（樁腳是指支撐房屋的木樁，被延用作為特定候選人拉票固票的人，樁腳在地方上有其影響力，會利用各種手段使其支持的候選人當選，候選人則給樁腳某些利益以交換開出更高的選票）。宋楚瑜把樁腳打好了，再綁緊了，做足了準備，然後，宣布以無黨籍身分自行參選。國民黨分裂了。

民進黨則由陳水扁代表。選舉之初，宋楚瑜的民調遙遙領先，連、扁難以項背。無奈的是，變局驟起。

一九九九年十二月九日興票案爆發。國民黨不分區立委楊吉雄開記者會揭發，宋楚瑜之子宋鎮遠自一九九二年在中興票券開戶，購買一億六百多萬元票券，當時宋鎮遠僅二十四歲，資金來源可疑；無黨籍立委林瑞圖同時揭發，宋鎮遠在美國擁有五棟房產，媒體隨即接獲熱心人士提供的房產資料與照片。這些記者會雖由立委出面，但幕後負責媒體操作的則是總統府祕書室主任蘇志誠。

宋楚瑜第一時間沒有出面，他透過發言人，先說不清楚，再說是「長輩」給宋鎮遠做生意的資金，又說不能透露長輩的身分。五天後，宋楚瑜發出聲明，說是奉李登輝之命成立「祕書長專戶」，作為照顧蔣經國後代之用。隨即遭李登輝公開否認，並指責宋楚瑜侵佔國民黨公款。接著興票案進入司法程序，最後在選後以不起訴結案，但已嚴重打擊了宋楚瑜。

宋楚瑜面對興票案，第一時間沒有處理好，明顯地猶豫、拖延、不敢回應，這不是民眾所熟悉的那個思路清晰、果決敢言的宋楚瑜。而且，把公款（即使是國民黨的錢而非政府的錢）放進自己帳戶這件事，宋楚瑜怎麼講也講不清楚，這與勤政愛民、盡職幹練的宋省長形象，落差太大。宋楚瑜在總統大選的聲勢明顯受挫，從一枝獨秀變成連、宋、扁三足鼎立。

親民黨時期大起大落

二〇〇〇年總統大選由民進黨陳水扁當選。這是中華民國播遷來台後的首次政黨輪替。三組候選人的得票數為：陳水扁四九七萬七七三七票、宋楚瑜四六六萬四九三二票、連戰二九二萬五五一三票。

由於興票案嚴重影響選情，因此在選舉後期，宋楚瑜明知大勢已去，但仍拚命拉票固票，他必須選贏連戰，以事實證明國民黨的敗選是因為提名錯誤，而非由於他的參選所致。最終宋與扁僅差三十一萬多票，二〇〇〇年三月十八日開票當晚，宋楚瑜競選總部群情激昂，支持者高喊：「組黨！組黨！」二〇〇〇年三月三十一日，宋楚瑜正式宣布成立親民黨。而在隔年二〇〇一年的立委選舉中，因有國民黨、新黨的多位立委、議員前來投靠，在二二五席中拿下四十六席，成為國會第三大黨。宋楚瑜看似攀上另一個巔峰，可惜巔峰之後就是下坡。

二〇〇四年總統大選，在泛藍勢力的堅決要求下，宋楚瑜與連戰大和解，國民黨與親民黨合作參選，卻因為三一九槍擊案，以些微的二五五六三票再度輸給陳水扁。這是藍綠對決最激烈的一次，但是選後因為許多原因，宋楚瑜與國民黨的裂痕繼續擴大；二〇〇五年二月，宋楚瑜又有驚人之舉，與陳水扁大和解，親赴總統府與陳水扁對話，並致贈「真誠」兩字，遭到泛藍民眾強烈抨擊。二〇〇五年五月，宋楚瑜受陳水扁之託訪問中國大陸，會晤當時的中共總書記胡錦濤。

二〇〇六年宋楚瑜參選台北市長，僅得五三二八一票，得票率四．一四%，選後宣布退出政壇。

二〇一二年又出馬第三度參選總統，二〇一二年一月總統大選投票前，宋楚瑜罹患癌症的妻子陳萬水，撐著病體為他拍競選廣告，陳萬水二〇〇六年罹患大腸癌，已開刀五次，結果宋楚瑜得票三十六萬九五八八，得票率二．七七%。陳萬水在二〇一二年七月二十七日病重去世，宋楚瑜悲痛不已。可是，二〇一六年的總統大選，宋楚瑜仍然第四度參選，得票一五七萬六八六一，得票率十二．八％。

這一次選舉，泛藍人士對他也有一些期待，而據說他也有意要在競選活動最後一週宣布退選，讓支持者將選票轉給馬英九。但在最後關頭，國民黨內操盤的人刻意激怒宋楚瑜，他湖南騾子的脾氣一發不可收拾，堅持參選到底，使得最後一次和國民黨和解的機會消失了。

宋楚瑜就這樣屢敗屢戰、屢戰屢敗。

他是一個認真、努力而且聰明的人，他在政壇的際遇也好得令人羨慕，而且他的全身都是政治細胞，精於計算是他的天賦，機巧多變是他的異稟。他會算、別人也會算，結果就「機關算盡」。最近幾年，他代表蔡英文出席亞太經濟合作會議（APEC），力求表現，十分耀眼，但卻評價兩極。因此，他雖叱咤風雲於一時，卻止於一方之霸，難成大家主流；縱橫台灣政壇四十多年，卻始終未能坐上總統寶座，這應該就是所謂「個性決定命運」的真實寫照。（孟真）

汪精衛（1883-1944）

汪精衛：幻滅的英雄夢

汪精衛（一八八三—一九四四年），本名汪兆銘，表字季新，別號精衛（亦為其筆名）。祖籍浙江山陰（今紹興市柯橋區），生於廣東三水縣（今佛山市三水區）。清末秀才、官費留學生，畢業於日本法政大學。為近代政治家、革命家，是中華民國開國元勳。青年時期曾參與革命組織中國同盟會。早年擔任孫中山的祕書及文膽，歷任國民政府主席、軍事委員會主席、行政院長、國防最高會議副主席及中國國民黨副總裁等。直到抗日戰爭初期，仍是蔣介石主要政治對手之一，後來主張和平救國，與日本合作組建中華民國南京國民政府，遂被貼上「漢奸」罵名。

一九四六年一月十五日深夜，國民政府陸軍總司令何應欽在黃埔陸軍總部，召集南京市政府、憲兵司令部、陸總工兵隊、七十四軍負責人等密會。為的是在蔣介石還都南京以前，「遷掉」某個他看了會不高興的東西。三天內，梅花山中山陵至明孝陵路段被封鎖，工兵隊帶足了一百五十公斤的ＴＮＴ，在一月二十一日，炸毀了一座墳墓，挖出棺材，將墓地填平。

至於屍體，便和棺木一同被送走燒毀。儘管棺、墳皆被毀得無影無蹤，但這被焚毀的屍體仍沾著「漢奸」的污名，留存到今天——他就是汪精衛。

艱苦的出身

汪精衛，本名汪兆銘，生於一八八三年，廣東省三水縣人，家中排行第四。出生時，其父年已六十二歲。汪精衛號稱「幼好讀，尤好新書及小說家言」，這讓一生功名不就的父親對他寄予厚望。自幼起每天教其誦讀王陽明《傳習錄》和陸游、陶淵明詩，為他打下了深厚的國學基礎。在汪精衛往後重要的人生階段，也經常以詩詞描述自己的心境。

汪精衛的母親和父親先後於一八九五年及一八九六年去世，當時汪精衛尚不足十四歲，隨著兄長搬到粵北，並作了詩一首：

> 茱萸悵觸思親感，碑版勾留考古心。
> 咫尺名山時入夢，偶逢佳節得登臨。

失去父親的督促，汪精衛並未懈怠學習，一九〇四年，考取廣東省官費留學資格，至東京法政大學就讀。這段旅程，讓他的思想和人生發生重大轉變。

在日本，西方的政治法律知識、自由、主權在民等思想大大感動了年少的汪精衛，就其自述：「從前的所謂君臣之義，撇至九霄雲外，固有的民族思想，勃然而興，與新得的民權思想匯合起來，便決定了革命的趨向。」就在這個時候，他遇上了正在爭取留學生參與革命的孫中山，便懷抱著滿腔的熱血與使命感，於一九〇五年加入同盟會。當時的汪精衛憑藉其文采，不但是公推的同盟會章程起草人，更隨後擔任評議部部長，在孫中山總理之下，地位與黃興、鄧家彥並列。

為了爭取更大的「話語權」，同盟會創辦《民報》。汪氏開始以「精衛」為筆名，在《民報》上與立憲派《新民叢報》展開論戰，當時年僅二十二歲的他，即便面對梁啟超這樣的對手也絲毫不遜色，甚至逼得後者節節敗退，使得革命思想愈發受到支持。

一九〇七年，汪精衛隨孫中山前往南洋，為革命宣傳及募款，憑藉其優異的演講才能，受到各地僑社的歡迎。他強調：「政治為人民生命、自由等等之保障」，強調在舊時代，人們上足了將自己的幸福交給昏君保障的當，因此將權力收回來，自己保護自己，此為民主。此時的中國必須要徹底地推翻滿清，建立民主的政府，才有機會抵抗列強帝國主義的瓜分，才有機會還給人民真正好的生活；另一方面，持續撰文駁斥當地立憲派論調。連孫中山都稱讚：「拜讀精衛革命可杜瓜分之論，不禁五體投地，神聖奉之。」

汪精衛精湛的演說，不僅對革命事業大有助益，也讓他得到陳璧君的青睞，兩人後來共結連理，從此結髮一生。

慷慨歌燕市

雖然在海外的活動風生水起，但在國內革命活動接連失敗，使得革命黨處境益發艱難，甚至被梁啟超譏諷「遠距離革命家」、「徒騙人於死，己則安享高樓華屋」。

於是憤恨的汪精衛，偕同一群革命志士，在一九一〇年回到北京，意圖暗殺攝政王載灃（溥儀之父），但失風被捕。在獄中，汪精衛除了寫下了千字的供詞外，也寫下了他著名的詩句：

> 慷慨歌燕市，從容作楚囚。
> 引刀成一快，不負少年頭。

此時的少年英雄，一心渴望的便是追隨此前犧牲的革命先烈而去，以烈士之名成就革命。然而這時的清廷為「標榜立憲，緩和人心」，不僅沒有處死他，甚至在獄中相當禮遇，直到武昌起義後將其釋放。可汪精衛不但沒有慶幸，反而因此有些消沉，寫道：

平生慕慷慨，養氣殊未學。
哀樂過劇烈，精氣潛摧剝。
餘生何足論，魂魄亦已弱。

折衝樽俎各方的總理繼承人

武昌起義的成功，並不意味著革命黨使命的結束，此時革命黨眼前最大的問題，是袁世凱。當時袁世凱一方面被清廷寄予消滅革命黨的厚望，一方面和革命黨談條件要推翻清廷。在革命黨內部，也存在暗殺及對抗袁世凱的聲音，但皆被汪精衛否決。

他在〈國事共濟會宣言〉中提到：「以保一君主為目的，而使全國流血，民主立憲黨所不忍出也；以去一君主為目的，而使全國流血，民主立憲黨所不忍出也。」他一改此前革命烈士的形象，積極主張北方清廷與南方臨時政府和談。

他甚至展現了出色的政治手腕，同時被南北兩方的和談代表唐紹儀、伍庭芳任命為議和參贊，顯示其自如斡旋於南北兩方間。為求雙方不動武，甚至達成共和，多次接觸袁世凱，向其表明：「中國非共和不可，共和非公促成不可，且非公擔任不可。」甚至在孫中山主張「革命目的未成，不可談和」時反駁：「你不贊成和議，難道是捨不得總統嗎？」使得孫中山妥協，袁世凱令清帝退位。

可惜他力主的「和平」，沒過多久便被袁世凱推翻。後來孫中山寫給蔣介石的信中，評價其「長於調和現狀，不長於徹底解決」。儘管到了二次革命期間，汪精衛仍力主調停，但最終失敗。他於是漫遊世界各地，賦詩寄情。

低首空濛裡，心隨流水喧。
此生原不樂，未死敢云煩。

直到一九一七年的護法運動，汪精衛才再次回到廣州。剛回來，便為孫中山向當時的廣東省長朱慶瀾爭取到了一支軍隊，後交由陳炯明統率，是孫中山此時最重要的武力基礎；後來更在孫中山意圖北伐時，負責主要協調當時的皖系段祺瑞、奉系張作霖與孫中山結為三角同盟，共同對抗北京直系政權，再次展現其優異的交涉手段。

直到一九二四年，二次革命期間整整四年在革命事業的空白彷彿不存在，汪精衛的地位好似又回到了辛亥革命前。這一年，他被指派為國民黨第一次全國代表大會宣言起草人，並當選中央執行委員會宣傳部長。

同年，孫中山健康狀況每況愈下，此前汪精衛已經常代表對外發言，而在孫中山病危時，他更是少數能直接接觸孫中山的人，其地位可見一斑，最後更擔任孫中山遺囑的起草人及記錄者，人們所熟知的總理遺囑前段「余致力國民革命，凡四十年，其目的在求中國之自由平等。積四十年之經驗，深知欲達到此目的，必須喚起民眾及聯合世界上以平等待我之民族，共同奮鬥」，便是出自汪精衛的手筆。同時他又擅長調和各方勢力，令各派人馬對他均無惡感，因此能夠輕易擠下廖仲愷，成為新的左派領袖。

種種的待遇和各方的期待下，汪精衛成了當之無愧的「總理繼承人」。因此於一九二五年選舉國民政府主席時，他以「全票」當選，除擔任國民政府主席之外，同時兼任軍事委員會主席。而其主要政治對手廖仲愷、右派領袖胡漢民、許崇智，又先後因不同原因離開政治舞台。甚至在一九二六年重重打擊了國民黨右派所主持，主張反共的西山會議，主持者鄒魯、謝持被開除黨籍。

至此，汪精衛儼然已是全黨最高權威，但隨著許崇智下野，以及其他國民黨右派的組織，他的另一個政敵正要登上歷史舞台。

與共產黨的愛恨情仇

綜觀汪精衛的一生，無論對於什麼彷彿都是可以妥協的。身為革命志士，他可以認同不推翻清廷的主張；身為革命黨，他也並不堅持討伐袁世凱；甚至作為「總理的繼承者」，他也並非總是追隨在孫中山身邊。

他似乎堅持和平？二次革命期間，消沉的汪精衛並未參與當時的中華革命黨，而是在海外雲遊。曾經有一次，吳稚暉嚴肅地想將一頂軍帽交給他，說道：「你戴上吧！今後要革命，要救國，要實現主張，要貫徹主義，一定要依靠武力，我希望你成為一個軍事家，來領導同志。

你如能挺身以當大任，我第一個就願意向你磕頭。」汪精衛卻以「對軍事沒興趣」的理由一口回絕。

在他而言，軍人，就是一群無法溫飽的農人、失業的工人、失學的學生或老師，也因此他幾乎從未認真培養屬於自身的軍事實力，直接導致此後其與蔣介石，乃至於日本人的博弈皆居劣勢。

然而在跟蔣介石對抗時，他也經常試圖去聯繫各方反蔣軍事勢力。然而汪精衛的後半生，卻有一個至死捍衛的堅持：反共。

汪精衛原本因遵循〈總理遺囑〉，堅持容共，也因此打擊了西山會議派。然而蔣介石藉著接管許崇智地位，以及其身為黃埔軍校校長的實力，逐漸成了軍事實力上的強人。

一九二六年三月二十日，蔣介石發起「中山艦事變」，宣稱共產黨人是叛亂，逮捕共產黨人士，並且驅逐了以周恩來為首的共產黨員，宣布戒嚴。汪精衛被迫引咎辭職，旅居法國。但此時國民黨內依舊留有許多擁護汪精衛的人士，一九二七年，汪精衛在一片歡迎當中來到南京，重掌國民黨政權。這時的汪精衛，是蔣介石、吳稚暉、蔡元培等人公認的元首。

然而當其與陳獨秀聯名發表了〈告兩黨同志書〉，其中隱含「國共聯合治理」意味，卻導致蔣介石、吳稚暉等人不滿，李宗仁甚至主張將其軟禁。汪為此回到依然擁護他的武漢，希望多爭取一些支持，此時的他仍深信，自己能夠像過去一樣，藉由高明的手段「左右」逢源。然緊接而來的蔣介石「清黨」，卻令汪精衛再不能保持其一貫中立之立場，宣布開除蔣介石黨籍，而後南京國民政府成立，寧漢正式分裂。

在武漢初期汪精衛仍堅持「聯俄、容共、農工」理念，甚至打出了「革命的往左邊來」口號，爭取支持。然而在武漢被動員起來的群眾運動，卻未能如汪精衛所想像的被控制，而是完全失控的打、殺、搶，導致武漢經濟大受打擊，各地軍人因此開始「自行反共」。種種困境，使得汪精衛不得不在七月十五日宣布分共。至此，第一次國共合作正式結束，而汪精衛也從此走上了反共的道路。

此時在政治的舞台上，汪精衛所面對的挑戰，已不是他青年時期所面臨的那樣，而是更加地複雜凶險。然而汪精衛即便經歷這些，依然對自己協調各方的能力充滿自信，他仍然相信，自己靠著演說、說服的長才能夠帶來和平，卻也為日後埋下了禍根。

步步踏入命運的深淵

從對日正式抗戰前，汪精衛就一直是反戰立場。一九三二年「一二八事變」過後，汪精衛發表談話：「對民眾抗日之言論、行動稍涉激烈者均予禁止……」、「盡可能範圍內，極力忍耐、極力讓步」。從頭到尾，他都認為對於日本，中國是沒有抵抗能力的，抵抗也是徒勞。甚至說道：「……因為我們是弱國，我們是弱國之民，我們所謂抵抗，無他內容，其內容只是犧牲。」當時詩作亦透著悲觀：

黃花嶽路兩聯綿，此日相望倍惕然。
百戰山河仍破碎，千章樹木已風煙。

這樣的心境持續到抗戰期間，儘管由於全國上下抗戰情緒醞釀已久，因而造就軍民奮力抵抗，粉碎日軍「三月亡華」的狂語，但汪精衛仍然認為這是一場必敗的仗。此時日本調整親為政策為「日、滿、中」攜手合作，正中汪精衛下懷。

從而開啟了私下與日本的「重光堂密約」以及後來公告全國的「艷電」，以「善鄰友好」包裝成立偽滿州國，甚至同意日本在中國的駐兵權及近乎壟斷的經濟利益，昭示著他與日本談和的心願。坐上日本人的船前往上海時，他寫道：

淒然不做零丁嘆，檢點平生未盡心。

他自己解釋，詩中引用文天祥的「零丁洋裡歎零丁」，認為報國並不是一死可以一了責任的。據說他曾留話給蔣介石：「君為其易，我任其難。」說的是蔣介石帶領抗戰容易，而他要去和日本人談判，為民族減少犧牲，換取和平才是最大的艱難。

然而在日本佔領區，汪政權卻無絲毫實權，凡事皆受制於日本，陶希聖描述說：「其始也覺日人之易與，其繼也覺日人之可親，其終也覺日人之可畏，而已晚矣。」在抗戰晚期，每每分析到當前的國際形勢、國家前途時，汪精衛總是哽咽道：「完了。」他想藉由自己縱橫各方的才能，成為民族英雄的夢，完了，走出日本佔領區，等待著他的，只有罵名。

六十年無一事成，不須悲慨不須驚。
尚存一息人間世，種種還如今日生。

他雖抱持希望至最後，然而歷史沒有再給他機會，一九四四年，六十二歲的汪精衛病逝於日本名古屋。死因傳說甚多，其中之一說是被日本人暗地謀殺。屍體被帶回國內，葬於孫中山陵墓旁，卻被刨去，歷史也不願意承認他曾為「總理繼承人」的地位，留下的只有「漢奸」罵名。（**曹惟理**）

陳水扁（1950-今）

陳水扁：錯過歷史機遇又身陷囹圄

陳水扁（一九五〇年—今），支持者暱稱阿扁，台南市官田人。律師出身，台灣民主進步黨籍政治人物。曾任海商法律師、民主進步黨第十屆、第十一屆主席、台北市議會議員、立法委員、台北市市長、第十及十一任中華民國總統，任內推動「一邊一國」、台灣正名運動以及台灣入聯運動，經貿方面採取「南向政策」。因涉及弊案而被判刑二十年，三審定讞發監執行，二〇一五年核准保外就醫至今。

陳水扁曾經貴為最有權力的「台灣之子」，連續做了兩任共八年的中華民國總統，下台後卻因撈錢貪污而鋃鐺入獄，從權力的最頂峰高高摔落，非常狼狽不堪。陳水扁在獄中被關了六年多，後來雖得以保外就醫，仍難獲赦免其罪；曾經喊出「有夢最美、希望相隨」名言的陳水扁，竟也成為貪腐的代名詞，而陳水扁這大起大落的一生，都和陳水扁的夫人吳淑珍有關，正是「成也夫人，敗也夫人」。

陳水扁從南台灣鄉下三級貧戶的孩子，一路由律師、市議員、立法委員及台北市長做到總統，從政之路原是最勵志的題材，可以創造一番不朽的功業，在青史留名，可惜被權力腐化，權力越攀越大，聚斂亦越來越多，終讓自己陷入萬丈深淵，變成「台灣之恥」。

市井小民以貪腐奚落阿扁的輕蔑言詞不絕於耳，坊間甚至有人將「阿扁ㄚ（其自稱）」列入「中華民族歷代昏君排行榜」的笑談，而且名列第一名，比追隨其後的秦始皇、商紂王、夏桀王、隋煬帝等都還要厲害。笑評文尤令人拍案叫絕，文曰：「性情剛愎自用、急功好利，誑語成習，貪而無厭，……短短八年罷黜七位丞相，內舉不避親外舉不避嫌，大肆延攬無才無德之親信居要職，其妻珍后垂簾聽政，干預國事，圖利財團收賄賣官，太子奢靡成性，長期周遊列國，封號『安樂侯』，太子妃一句『太超過』，足可媲美晉惠帝的『何不食肉糜？』列入中國歷代皇室經典笑話之一。公主驕縱剛烈憤世嫉俗，駙馬仗勢斂官視錢如命，此乃得到珍后之真傳。至於朝中皇親國戚佞臣宦官，貪贓枉法者眾，皆已移交刑部審理判刑，多人鋃鐺入獄身陷囹圄。綜觀匾皇在位八年期間，朝綱不振、國力頹圮，治國無方，玩法弄權，導致百姓生活困苦民不聊生，昏庸顢頇無德無能，放眼古今無人能及，禍國殃民罪狀罄竹難書，史稱『兩顆子彈之亂』。」真是一段話道盡了陳水扁一生及一家之恥。

阿扁貪瀆的國際認證

更難堪的是，陳水扁的貪腐，還獲得了「國際認證」。二〇一六年七月八日，台灣的主要媒體都報導了來自美國司法部所發布的重要訊息：「將把中華民國前總統陳水扁家族用賄款在美國紐約和維吉尼亞州房產拍賣後的一百五十萬美元歸還台灣。」報導中，同時引述了美國司法部罪犯處助理部長卡德威爾（Leslie Caldwell）的談話：「高層腐敗倡議（The Kleptocracy Initiative）是用來避免貪腐領導人把美國當做他們不法所得的避風港。」

美國司法院在新聞稿中，更是清楚地交代為何沒收、拍賣扁家在美國的資產。指出二〇〇四年陳水扁政府任內，元大證券交付兩億元（約六百萬美元）給第一夫人吳淑珍，據傳用來確保陳前總統用其權力，好讓台灣當局不會反對元大併購一間金控公司。

新聞稿中並提到，這個台灣前第一家庭使用香港與瑞士的銀行帳戶、空殼公司及一間聖克里斯多福及尼維斯的信託，將賄賂所得轉買位於維吉尼亞州凱斯威克（Keswick）以及紐約的房產，「這些房產皆由台灣前第一家庭透過兩家有限公司擁有。」此外，二〇一二年十月，維吉尼亞州地方法院及紐約地方法院在房產的登記所有人未反對情況下，已裁定沒收這兩處房產；美國將把拍賣房產獲得的約一百五十萬美元收益交還台灣。

美國司法部還產台灣的舉動和卡德威爾這段話，更明確地讓陳水扁、吳淑珍夫婦成為美國司法部認證的貪污領導人和第一家庭。在台灣內部對貪腐扁家由反感漸嫌乏味之際，美國這個認證，無疑又把陳水扁及第一家庭紛亂如麻的貪腐圖像爬梳出一道更清晰的輪廓。

事實上，國際上認定的陳水扁貪腐，除了美國司法部之外，隸屬聯合國的世界銀行「遭竊資產追回倡議」（STAR）中，也詳細敘述了扁家當年是如何透過公司和銀行帳戶，將貪腐所得用來購置維吉尼亞州的房產。

美國的還產台灣，對台灣來說，儘管司法正義得到某種程度的伸張，但代價卻也無比慘重；台灣前總統的貪腐行徑再度遺臭國際，更賠上了台灣的聲譽。扁珍成了國際認證的外國貪腐第一家庭，無異成了十足的「台灣之恥」。

儘管美國司法部以實際行動定義陳水扁為「貪腐的外國領導人」，陳水扁貪污一事也已獲得「國際認證」，但扁家人仍否認當年的貪污行徑，國內也還有一群人認為阿扁是遭受到政治迫害。陳水扁對於他的貪腐，亦一直堅持不肯認錯，從沒有對自己的行為向國人認罪道歉，即便成了階下囚，仍力圖數度絕食抗議，訴求是「司法迫害，政治追殺」，但是二〇〇八年接任他的國民黨籍總統馬英九，始終強調「依法辦事」，兩任八年任期內，也從未曾考慮過特赦陳水扁的問題。這個燙手山芋，終究還是回到民進黨身上。但是蔡英文總統二〇一六年五月二十日上任後，面對挺扁人士持續不斷施加的赦扁壓力，仍是敬而遠之，採取一貫冷處理的態度。

成也夫人，敗也夫人

陳水扁的人生轉折，總是大起大落，而太太吳淑珍每每扮演重要的關鍵角色。一九八五年，陳水扁辭去台北市議員職務，回到故鄉代表黨外人士參選台南縣縣長。競選非常激烈，陳水扁的激情演出更是炒熱選情，諸如他以腹痛宣稱被當權的國民黨下毒，而吊著點滴躺在擔架上於政見發表會場發表演說，最終以約一萬票的差距敗給國民黨籍候選人李雅樵。敗選翌日，吳淑珍在陪同謝票的行程中，意外遭到平民張榮財所駕駛的拼裝車撞傷，導致下半身永久癱瘓，胸部以下喪失知覺。從此，坐輪椅的阿珍，便成為阿扁從政之路最吸睛也最感人的溫馨畫面。不管推輪椅或是抱著太太出場，總是為他帶來最熱烈的掌聲以及最多的選票。陳水扁很懂得社會同情弱者的心理，利用吳淑珍車禍的悲情作為最佳廣告，幫助他選舉無往不利。

這一場車禍，最後的司法調查雖然已經清楚地證明，是平民張榮財的失誤所造成，且張榮財一直是陳水扁的鐵桿支持者。但從此之後，被陳水扁及民進黨定位為國民黨的「政治迫害」，每次選舉都要拿出來做文章，爭取選民的同情票，有如沒有限額的提款機。這件事情，讓張榮財形同是國民黨收買的「殺手」，一再澄清卻依然故我，令張榮財十分無奈。

而吳淑珍這一次受傷，卻成了日後陳水扁競選成功的功臣，吳淑珍也因此恃「功」而嬌，高度涉入政治事務，收賄辦事、收賄賣官。而兩個子女乃至親家，都分別靠山吃山、靠海吃海，甚至將官邸變成貪腐的交易所。陳水扁若有不從，吳淑珍即以各種不配合要脅，逼得陳水扁逐漸陷入貪腐的深淵。因此，對陳水扁來說，吳淑珍對他真是「成也夫人，敗也夫人」。

市長落選，直攻總統大位

一九九八年的台北市長選舉，陳水扁以四年市長任內施政滿意度超過七成的政績尋求連任，殊不料仍輸給講了一兩百次不參選的國民黨籍馬英九。然而，誰也沒想到，這個落選市長竟然一個轉身躍進了總統府。

陳水扁是在首都市長選舉落敗後，進總統府見李登輝總統，當時也是中國國民黨主席的李登輝因公開推薦了一篇〈從摩西到約書亞〉的文章給陳水扁，而引發輿論對「誰是李登輝的約書亞」的廣泛討論，也開啟李是否支持扁角逐大位的話題。果真，陳水扁在一九九九年推出一本《台灣之子》的自傳書，開始為參選二〇〇〇年的總統大選進行鋪路。惟當時民進黨有所謂「四年條款」的內規，規定黨內同志不得在四年內參選不同公職，陳水扁之前已選擇參選連任台北市長，依規當然不能再參加總統大選的黨內初選，但陳水扁的聲勢正如日中天，擁有高度民意，且無任何公職在身，某些民進黨人士為此積極運作，為陳水扁修改四年條款。

陳水扁本人表面上雖公開籲請黨內同志勿為其一人量身訂做規定，也表態支持許信良出馬，但卻私下運作大老黃信介及一些有力人士為其解套。民進黨最終仍通過修改「四年條款」而使陳水扁得以參選。一九九九年七月，陳水扁在黨內初選勝過許信良而獲民進黨提名為總統候選人，許信良嚥不下這口氣，憤而脫黨參選。

二〇〇〇年的總統大選，陳水扁的勝算原本不大，適巧遭逢國民黨分裂，加上李登輝主席使出殺手鐧，透過黨籍立委揭發興票案，打擊脫黨參選民調卻最高的宋楚瑜，結果陳水扁漁翁得利，而以三九．三％的得票率當選總統，勝過第二名宋楚瑜的三六．八％，國民黨的連戰僅拿下二三．一％。陳水扁於五月二十日就任第十任總統，中華民國也終有首次的政黨輪替及政權和平轉移。

提出「四不一沒有」主張

陳水扁二〇〇〇年執政後，確實也想有一番作為，諸如為安定政局，安撫在立法院中佔有多數席次的在野國民黨籍立法委員，以及安撫軍方派系，首任閣揆就任用空軍一級上將的國民黨員唐飛。然因唐飛主張續建核四電廠，與民進黨政府廢核四的主張完全不同，不到五個月就去職。

再者，為緩和兩岸關係，陳水扁在就職典禮上提出「四不一沒有」的主張，宣稱「只要中共無意對台動武，本人保證在任期之內，不會宣布獨立，不會更改國號，不會推動兩國論入憲，不會推動改變現狀的統獨公投，也沒有廢除國統綱領與國統會的問題」，就兩岸立場作明確表態。一個月後接見外賓時，陳水扁也表示他願意接受「一個中國，各自表述」，對對岸繼續釋出善意。但為時不長，民進黨內部出現異聲，「四不一沒有」的政策也逐漸有所修正，二〇〇三年十月，副總統呂秀蓮提出，「四不一沒有」的前提是「中共無意對台動武」，總統府祕書長邱義仁亦指，中共的飛彈越買越多，此舉顯然不符合「四不一沒有」的前提。獨派大老辜寬敏更直批，「四不一沒有」等於放棄對國家的願景，完全違反國家尊嚴，國格也沒了，是民進黨最差的是兩岸政策，要求陳水扁第二任絕對不可以再提「四不一沒有」。

果然，二〇〇六年二月，陳水扁在召開國家安全會議結束後宣布「終止國家統一委員會運作，終止《國家統一綱領》適用」，沒有再次重申「四不」政策，僅強調目前仍維持台海現狀。二〇〇六年三月，陳水扁在《讀賣新聞》的專訪中更說，「四不一沒有」的承諾不再有效，因為當時宣誓「四不一沒有」的基礎已經不在，直指中國大陸瞄準台灣的飛彈，在過去六年來已經從兩百枚增加到七八四枚，侵略台灣的意圖昭然若揭。而中共則不理會陳水扁，繼續打壓台灣的國際空間，這也導致陳水扁政府及其領導的民進黨走向「激進去中國化」和推行台獨政策。

槍擊意外激化選情

陳水扁第一任總統的政績並不如台北市長出色，但他仍選擇和副總統呂秀蓮繼續搭檔代表民進黨力拚連任。二〇〇四年三月二十日的第十一任正副總統選舉，國親整合成功，由連戰、宋楚瑜搭配參選，情勢看好。殊不知，選前一日的下午，陳水扁與呂秀蓮的車隊於台南市區遊行掃街造勢途中，竟然發生震驚海內外的「三一九槍擊事件」，陳水扁的肚皮被一顆子彈劃傷，呂秀蓮膝蓋亦受傷，選情也隨著社會掀起的激情驟然逆轉。由於當時總統府祕書長邱義仁一直不願意宣布陳水扁的受傷情況，且陳水扁也一直躲在台南奇美醫院不露臉，在狀況不明的情況下，連宋當即決定停止競選活動，當晚最後的造勢活動也立刻停止，舉國上下都透過電視新聞不斷的報導關注槍擊案的進展。結果到半夜真相才知道，陳水扁僅受輕傷，但在運作之下，這關鍵性的幾個小時，傳說陳水扁受到極大傷害的訊息已遍傳全國，選情產生逆轉。當時邱義仁主持記者會時嘴上一抹詭譎的微笑，最後也成為經典。

次日的投票結果，陳呂配就以僅僅〇．二二八%些微之差險勝連宋，藍營人士質疑槍擊案內情並不單純，影響到總統選情，陳水扁才能連任成功，為此發動一連串的群眾遊行抗爭，國民黨並提出選舉無效及當選無效之訴。然而，高等法院最終仍判決連戰敗訴，讓藍營人士及支持者徒呼負負。

紅衫軍倒扁，全台遍地開花

俗話說「強摘的瓜不甜」，陳水扁因一場槍擊意外勉強連任，也引發社會的對立氣氛益發嚴重，第二任的施政屢遭頓挫，加以第一家庭的貪腐行跡屢有所聞，「倒扁」的社會運動逐漸醞釀成形。二〇〇六年八月十二日起，終於爆發最大規模的「紅衫軍」運動，提出「要求總統陳水扁應為國務機要費案、其親信及家人相關的諸多弊案負責，並主動下台」的明確訴求，由退出民進黨的前主席施明德發起的百萬人民反貪倒扁運動，更是如火如荼在全台各地延燒，在台北市大遊行的紅衫軍，甚至一度考慮要衝進總統府拉下陳水扁，最後被一些較理性的領導人勸阻。

「紅衫軍」運動風起雲湧之際，當時的社會氛圍確實都希望陳水扁能為第一家庭及其親信涉及的諸多弊案負責下台，陳水扁如果能夠體察時勢，主動請辭謝罪，或還能全身而退，後來纏身的諸多弊案，也許不至於一一被追訴，保住一個前總統的最後身影。

不過，輕易認輸畢竟不是陳水扁的個性，何況要他為包括自己在內的第一家庭成員及其親信的貪贓枉法認罪，簡直比逼他去死還要困難。就因為陳水扁的堅硬個性使然，硬撐到把四年任期做完，才會讓自己陷入絕境，最後成了階下囚。

前第一家庭深陷貪污風暴

二〇〇八年五月二十日，陳水扁卸下總統職務後一小時，就因國務機要費案遭到檢調機關偵辦，從此官司纏身，越來越多的證據也被一一揭露。國民黨籍立法委員洪秀柱八月十四日在記者會開了第一槍，出示駐瑞士代表劉寬平轉寄的瑞士檢方存證信函，揭發陳水扁家庭密帳案，直指陳水扁媳婦黃睿靚在瑞士以其個人與公司名義所成立的四個帳戶，因有洗錢嫌疑而遭瑞士聯邦檢察署凍結，並主動致函台灣請求司法協助。陳水扁迫於輿論壓力，旋即召開記者會承認「做了法律不允許的事」，辯稱他於二〇〇八年初才首次得知其歷來的選舉剩餘款並未誠實申報，太太吳淑珍暗中將他自一九九六年起共四次選舉的結餘款匯至海外帳戶。一味地飾詞狡辯，已難挽狂瀾。

二〇〇八年十一月十一日，特偵組終以國務機要費貪污被告身分傳訊陳水扁，這起「世紀大審」經五小時偵訊後，即向台北地院聲請羈押陳水扁，並於第二天早上七時裁定收押。陳水扁成為中華民國史上首位遭到收押的卸任總統。此後，在檢方積極的調查下，陸續追出數起有貪瀆之嫌的弊案，其資金來源與官商收受的關係網絡也一一被曝光。

二〇〇九年九月十一日，國務機要費案一審宣判，陳水扁被判無期徒刑，併科新台幣兩億元罰金，同時褫奪公權終身。此後此案上訴更審不斷，二〇一五年一月五日，陳水扁保外就醫後，就此案以因病不能到庭理由聲請停止審判，台灣高等法院更二審合議庭終於二〇一六年四月二十一日裁准陳水扁停止審判，其餘被告則繼續審理。

至於其他有罪的判決，尚有三審確定的龍潭購地弊案，陳水扁、吳淑珍各處徒刑十一年，併科罰金新台幣一億五千萬元；陳敏薰買官案陳水扁徒刑八年、吳淑珍徒刑八年；二次金改元大併復華案，陳水扁有期徒刑十年，併科罰金新台幣一億元，吳淑珍處有期徒八年，併科罰金新台幣八千萬元。三審定讞案件合併執行刑期，陳水扁有期徒刑二十年、併科罰金二億五千萬元，吳淑珍有期徒刑二十年、併科罰金二億元；所有貪污金額六億一八一萬元沒收，執行罰金刑及追繳不法所得，總計十億一七二萬多元。

陳水扁自二〇〇八年十一月十二日被羈押開始，及至後來第一個有罪判決，都被關在土城看守所，二〇一三年四月十九日轉送到台中培德病監，直到二〇一五年一月五日核准保外就醫，居住於高雄市「人文首璽」大樓，但被限制不能從事政治方面的活動。

蔡英文總統二〇一六年五月二十日的就職典禮，按照慣例，也邀請包括陳水扁在內的前總統參加，但台中監獄提醒，陳水扁如前往觀禮，表示病情已有改善，就必須回監服刑。陳水扁雖未與會，卻仍堅持出席二〇一六年六月四日晚上在台北舉行的凱達格蘭基金會感恩餐會。當天下午，陳水扁從高雄搭乘高鐵北上，不料途中被媒體拍到一段引起爭議的影片，直擊他一改平日放在腿上雙手抖動的動作，在列車上卻變成雙手環抱胸前，和醫療小組醫師陳順勝聊天，但當發現媒體拍攝時，他突然將雙手放下，右手大拇指又開始抖動不停，而被質疑是否在鏡頭前大拇指才會抖個不停。

青年才俊淪階下囚

陳水扁是聯考制度培養出來的青年才俊。一九七〇年重考以全系第一高分考入台灣大學法律系司法組，大三便以第一名佳績通過律師高考，成為全國最年輕的律師，並以第一名畢業，適逢美麗島事件，負責為主犯之一的黃信介辯護而聲名鵲起，其後也開始積極參與黨外運動。一九八一年，陳水扁初試啼聲參選台北市議員，即以高票當選；一九八九年進而當選增額立法委員，問政相當認真，獲評績效第一名，尤其在國防委員會期間，揭露包括拉法葉等多起軍購弊案，更與行政院長郝柏村口角，場面十分經典，後來還成為第一位在野黨的國防委員會召集委員。

一九九四年，台北市長首次直選，陳水扁在民進黨內初選擊敗對手謝長廷獲得提名參選，而以「快樂·希望」的競選主軸當選，成為第一位以在野黨身分贏得首都市長選舉的人。四年任內留下包括改善市容街景、台北捷運完工通車、鐵腕掃黃及全面大掃黑等政績，銳不可當。

當年民進黨從政都以清廉勤政自持，何以原是政治明星的陳水扁，一旦位居總統高位，便被洗錢、貪污等不堪的政治黑暗面所蒙身？陳水扁的大轉變，選擇偏離民意，除了「夫人」因素以外，有人認為阿扁在第二次的台北市長選舉失敗之後，深刻感受到政績並不一定保證連任，這個陰影也改變了他對政治的認知，想要「以權力換取金錢，以金錢保障權力」。

政治評論家楊憲宏的分析指出，陳水扁執政之後，感受到如果想要長期執政，政績根本不是重點，重要的是選舉是否多金，也就是「金錢不是萬能，可是沒有金錢萬萬不能」。陳水扁海外洗錢藏錢的目的，可能並不是只為求個人豪華的生活之需，而是為了要經營「陳水扁長期執政」的基礎。

陳水扁深陷貪腐淵藪，吳淑珍的貪婪是最大幫手，尤其在陳水扁大權獨攬之後，更是變本加厲。出身台南麻豆富裕醫生家庭的吳淑珍，一路幫阿扁打天下，但在阿扁拿下天下後，貪婪本性展露無遺，炒股、購物、理財完全不顧社會觀感，在國務機要費案中利用禮券報銷公款的過程，更是令人瞠目結舌。陳水扁雖貴為一國之君，卻十足「聽某嘴」，政商人士也都知道走「夫人路線」往往事半功倍；不論喬官位或謀取利益，只要吳淑珍點頭，無往不利。陳水扁從總統變成階下囚，可以說「成也阿珍、敗也阿珍」。

在陳水扁當選總統時，台灣有許多民眾都沒辦法相信，但很快地，大家對陳水扁卻有所期待，因為一則陳水扁過去的政績不錯，個人的台獨色彩也不算濃厚，因此爭取到中間選民的支持也是名正言順，在當時，兩岸關係在經過李登輝操弄之下，已經十分緊張，許多民眾因而寄希望於陳水扁，當時甚至有一種說法，要改善兩岸關係必須靠民進黨總統，因為如果國民黨執政時和大陸關係有所發展甚或突破，會被民眾認為過度向中共傾斜，國民黨的「原罪」將承擔「賣台」的指控而無法澄清，而民進黨就不會有這樣的顧慮，也不會被評為「賣台」，因此當陳水扁在就職演說中宣示「四不一沒有」時，讓許多人寄予厚望，認為務實的陳水扁也許可以為兩岸關係開拓嶄新的局面，進而創造偉大的歷史功勞。可惜，陳水扁無法掌握這個千載難逢的歷史機遇，卻因貪婪無狀而身陷囹圄，近來雖有許多要求特赦陳水扁的聲音，但蔡英文也不敢輕舉妄動，這也許是陳水扁的宿命。（葉志雲）

馳騁沙場

第二部
馳騁沙場

〈國防軍事人物篇〉

何應欽・俞大維・郝柏村
白崇禧・胡宗南・孫立人
高志航・張靈甫・謝晉元
張自忠・戴　笠・湯恩伯
胡　璉・王　昇・黎玉璽
賴名湯

主編的話／方鵬程（前國防大學副教授，前新聞系主任）

「男兒當自強」，或只是一句俗話，或是電影創作的主題曲。但在國破家亡的年代，則是拋掉小我，放棄家園，迎向敵人，頭可斷亦不容欺侮的大勇行徑。有如《三國志．蜀書》記述：「但有斷頭將軍，無有降將軍也。」這真是「驚天地，泣鬼神」的氣魄。

自清朝中葉國勢凌夷之後，為救亡圖存，迭有「海防（防日）」和「陸防（防俄）」之辯，但諸多仁人義士奮勇而起，從軍殺敵便是一條途徑，共同目標指向打倒帝國主義，以還中國的國際地位自由平等。軍人不僅是寄身的職業，更是頂天立地的志業。

唐代曹松《己亥歲》詩云：「憑君莫話封侯事，一將功成萬骨枯。」的確，一仗打下來，關係著多少人的生命，又攸關多少個家庭的圓缺，為人將者豈可僅以「封侯」為念！經過歲月和歷史的過濾，那種長存於軍人身骨的正氣，肯「為國」做出犧牲和奉獻，通常是「為家」情懷的擴充與昇華，即是所謂「沒有國，那有家」的精神發揚。

反之，如果家國遭難，卻畏縮孬種，或苟活於世，則不僅愧對祖先後世，甚至也會瞧不起自己。所以，我們可以讀到林覺民〈與妻訣別書〉寫著：「吾至愛汝，即此愛汝一念，使吾勇於就死也。」我們也可以看到淞滬會戰前，謝晉元發給妻子凌維誠家書如此訴說：「我心非鐵石，能無眷然！但職責所在，為國當不能顧家也。」

本篇「國防軍事人物篇」特別選取標竿軍事人物十六人，藉以突顯「為家與為國」的信念。信念會產生力量，會去付諸行動，這也是古仁人志士或愛國先烈捨生取義的動力所在。

何應欽（1890-1987）

何應欽：「黃埔八大金剛」之首

何應欽（一八九〇—一九八七年），字敬之，原籍江西臨川，出生於貴州興義。日本士官學校畢業，是黃埔系僅次於蔣介石的第二號人物。曾任黃埔軍校創校總教官、北伐時期東路軍總司令、軍政部長、盟軍中國緬甸地區陸軍總司令、國防部長、行政院院長（僅一個多月），遷台後擔任總統府戰略顧問委員會主任委員。

在一般民眾記憶裡，對何應欽最具印象的，是他於一九四五年九月九日上午九時，代表蔣介石接受日本降書，當時中外媒體鎂光燈齊開，這是何應欽作為軍人最感光榮的時刻。

早年何應欽留日和投身國民革命，此一背景和蔣介石相類似，但起初兩人尚未並肩。直到籌備陸軍軍官學校，蔣介石召何應欽來廣州，出任黃埔軍校總教官，從此開始兩人不平凡的際遇。

黃埔軍校嫡系有八位教官出身的重要將領，深得蔣介石的信任與重用，號稱「八大金剛」，以何應欽居首，其次為劉峙、顧祝同、張治中、錢大鈞、陳誠、蔣鼎文、陳繼承。在史學家吳相湘的眼裡，何應欽是蔣介石在東征、北伐和抗戰諸役最得力的助手。

蔣介石在大陸時期，曾因故三次引退，何應欽都挺身支撐，多能逢凶化吉，挽回頹勢。

在貴州與腐惡舊勢力奮鬥

何應欽七歲入讀鄉塾，十歲就讀於本鄉初等小學，十三歲入縣立高等小學。一九〇一年以考選第一名入貴州陸軍小學，畢業後升武昌陸軍第三中學。嗣應留學考試及格，一九〇八年由陸軍部派赴日本，進東京振武學校第十一期，並加入同盟會。一九一一年辛亥革命爆發，輟學返國追隨陳其美在滬軍都督府服務，旋派任江蘇陸軍連長，後升營長。一九一三年，二次革命失敗，重返日本振武學校繼續學業，繼入日本陸軍士官學校第十一期步科，於一九一六年畢業返國，任黔軍第四團團長，兼講武學校學生營營長；次年任貴州講武學校校長。

一九一八年，何應欽仿效義大利建國英雄馬志尼「少年義大利」的先例，創設「少年貴州會」，成為國民黨在貴州的外圍組織，並很快在全省八十一縣成立分支會，創辦機關刊物《少年貴州日報》，以與腐惡舊勢力奮鬥。不幸見妒於軍人政客，於九年秋單騎出走至昆明，貴州守舊派仍不放過，派刺客前往暗殺，槍中肺部，幸得一法國醫生急救，離滇赴滬休養。

追隨兩次東征，徹底消滅陳炯明勢力

一九二四年春，孫中山建立黃埔軍官學校，蔣介石出任校長。何應欽奉電至廣州謁見蔣，旋被孫中山任命為大本營軍事參議，協助籌建軍校。不久後又被孫中山任命為黃埔軍校總教官兼教訓部主任，擔負起軍校教育的實際責任。

一九二五年一月，大元帥府成立國民革命軍東征聯軍，何率教導第一團學生軍，隨蔣校長征討陳炯明逆部，先後攻克東莞、平湖、淡水，為東征首次大捷。繼而以一敵十，擊潰叛軍右路林虎部隊，史稱棉湖之役。五月，回師討伐滇軍楊希閔、桂軍劉震寰，一舉克復廣州，使革命政權轉危為安。

九月，又奉命隨蔣介石第二次東征，編組攻城特攻隊，督攻陳炯明老巢惠州城。此城形勢天險，三面環水，一面背山，夙稱「東江要塞」，自唐代以來未曾陷落。經四十小時激戰，遂為何應欽攻克。

血戰龍潭，擊潰孫傳芳

一九二六年七月，國民政府誓師北伐時，何應欽任潮梅警備司令、國民革命軍第一軍軍長。何由廣東潮州梅州攻福建，繞至永定，奇襲周蔭人大營，造成鬆口大捷。十月，何任東路軍總指揮，轄六個縱隊，以白崇禧為前敵總指揮，負責由福建而浙江，於一九二七年三月克復上海與南京。

一九二七年寧漢分裂，八月十二日，蔣介石宣布下野，以軍事委之何應欽。是時孫傳芳調集兵力渡江，何應欽、白崇禧指揮部隊在龍潭與孫傳芳部血戰七晝夜，全殲孫部五萬餘人，繳械四萬餘枝，並乘勝追擊，再克徐州。這是蔣介石因故不能執行職權，何應欽擔負扶危救傾，終於撥亂反正的第一次，在國民革命史上具有決定性影響。

一九二八年一月，蔣介石復職，將何應欽第一路改編為第一集團軍，蔣介石自兼總司令，何改任北伐軍總司令部總參謀長，留守南京，並任何為浙江省政府主席。六月，北伐軍進佔北京。北伐成功，何應欽特任訓練總監，並負責國軍編遣工作。

一九三〇年三月十日，何應欽就任軍政部長，此後不論政府多次改組，何始終擔任此一職務，為時約十四年。次年二月，任南昌行營主任；六月，任剿共軍前敵總司令兼左翼集團軍總司令官。「九一八事變」後，何應欽負責與日本交涉華北問題。

臨變領軍，扭轉西安危局

一九三三年三月，何應欽奉命北上，坐鎮北平，督同張學良，穩定華北局勢。張學良因熱河失守，引咎辭職。國民政府明令以何應欽代行軍事委員會北平分會委員長職權，藉與日本周旋，以爭取餘裕時間，充實抵抗日本的力量。

五月三十日至三十一日，在塘沽與日關東軍參謀副長等舉行會議兩次，在第二次會議中簽定所謂「塘沽停戰協定」，至是戰端遂息，而日軍以武力併吞華北陰謀，乃成泡影。

一九三六年十二月十二日，西安事變發生，蔣介石和重要軍事將領被張學良劫持，所幸何應欽仍在南京，國民政府令其職掌軍隊統帥權，國軍才不至群龍無首。十六日，國民政府正式下令討伐，特派何為討逆軍總司令，一方面中央各路大軍及空軍立即迅速集結，以強大壓力加於西安，再則配合中央，宣慰西北軍民，時局乃得以急轉直下，轉危為安。

其後，宋美齡飛往西安，張學良等人悔過，送蔣介石離陝返京，何應欽於是下令解嚴，並結束討逆軍事及其機構。這是何應欽在蔣介石因故不能執行職權，運用他的威望領軍，終於扭轉危局的第二次。

孫科辭職，李宗仁邀任行政院長

一九三七年抗戰軍起，何應欽任第四戰區司令長官，坐鎮廣州，爭取軍品得以自廣九與粵漢鐵路內運。二十七年元月，何升任軍事委員會參謀總長仍兼軍政部長，集作戰後勤重任於一身，執行長期抗戰國策，強化徵兵制度效率，並加強幹部教育。一九四二年四月，何應欽指導的中國遠征軍攻克緬甸仁安羌，擊破日軍且救出英緬軍九千餘人。

一九四四年九月，日軍以強弩之末，向我桂柳地區大舉進犯，貴陽及陪都重慶均感震動。何應欽臨危授命，趕赴貴陽督師迎擊，克復獨山，扭轉黔桂戰局，使貴陽及重慶轉危為安。

隨著戰局有利發展，何應欽有了新的使命。十一月解除了他主持近十四年的軍政部長職務，另在昆明就任中國戰區中國陸軍總司令，配合盟軍作戰。一九四五年初，中國遠征軍攻克緬甸苗斯，與滇西國軍在滇緬公路和史迪威公路連接處會師，何應欽親往主持升旗典禮，從此美援物資軍品大量輸入，裝備訓練何應欽轄下四個方面軍部隊。

日軍投降前夕，何應欽在廣西南寧前進指揮所，策定反攻廣州作戰方略，擬一舉而下東南，使敵軍首尾不能相顧，不意廣島長崎被投下原子彈而未實施。一九四五年八月，日軍無條件投降；九月九日，何應欽代表最高統帥蔣介石，在南京中國戰區陸軍總司令部（即陸軍軍官學校舊址）接受中國戰區日軍最高司令官岡村寧次正式投降（由日本「支那派遣軍」參謀長小林淺三郎中將遞交）。

一九四六年七月，赴美出任我國駐聯合國軍事代表中國代表團團長。一九四八年三月，奉蔣介石電召返國；六月，出任國防部部長。一九四九年一月二十一日，蔣總統宣布引退，李宗仁代理總統。三月八日，行政院長孫科辭職，李宗仁請黨國諸老，力邀何出任艱鉅。

何應欽數度堅辭，嗣奉蔣介石自奉化寄來手書：「只要於革命前途有益，使舊屬官兵有所依託而不致散亂，以保全革命碩果之基礎，則兄應毅然應命，更不必論職位之尊卑與個人之得失。」乃於三月二十三日正式就任行政院院長，這是蔣介石因故不能執行職務時，何應欽肩負挽回危局的第三次。但不像前兩次，此時已時移勢易，奇蹟沒有再度出現。

一個多月後的五月三十日，何應欽以形格勢禁，任務無法達成，辭卸行政院院長，旋隨政府轉進台灣。

八德俱備，完人之節

何應欽於一九五〇年五月就任總統府戰略顧問委員會主任委員，同時參與世界道德重整運動，幾次訪問日本、菲律賓、歐洲各國、南非、美國，並曾於一九八七年出任三民主義統一中國大同盟首任會長。

何應欽來台時不過六十出頭，從此便失去他的軍事與政治舞台，而於一九八七年十月二十一日病逝台北，享年九十八歲。真應了國民黨大老吳稚暉對他的評語：「具大將的才能，有福將的命運」。

研究中華民國史和貴州地方史的大陸學者熊宗仁在《何應欽：漩渦中的歷史》指出，在國民黨政軍界中，何應欽私下被叫作「何婆婆」，除了含有嫌他辦事因考慮周全而優柔寡斷的貶意外，大多是因他的涵養好，待人謙和，稱讚他有婆婆心腸。

《何應欽將軍九五紀事長編》序文則以「八德」，做了比較完整的綜合觀察：「其謀國侍上也以忠，其卻敵赴戰也以勇，其移俗化世也以德，其出處取與也以義，其臨民任事也以誠，其應對進退也以禮，其愛人惠物也以仁，其馭下率眾也以方；完人之節，實俱備矣。」（方鵬程）

俞大維（1897-1993）

俞大維：中國當代孫子

俞大維（一八九七—一九九三年），祖籍浙江紹興府山陰縣，美國哈佛大學哲學博士。曾任中華民國交通部部長、國防部部長等職，八二三砲戰時任國防部部長，為台海戰役中讓台灣轉危為安的關鍵性人物。

前國防部長、清朝名臣曾國藩外曾孫俞大維的事蹟，在李元平所撰《俞大維傳》和《一代國士：俞大維》一書有了較完整的呈現。這一位絕頂聰明的人，一生特立獨行，曾獲致無數讚譽。

二次大戰美國名將魏德邁（Albert C. Wedemeyer）推崇俞大維，將其和春秋時代軍事家孫武相提並論，譽為「中國當代孫子」；第四任美軍協防台灣司令史慕德（Roland N. Smoot）中將曾說：「如果將我平生所敬仰的偉大人物推砌成一座金字塔，那麼俞大維博士應居於金字塔的最頂端。」

公羊誤我，愛因斯坦教我

天資穎異的俞大維，五歲啟蒙，讀經書，習英文，過目成誦，有神童之譽。他很快就能背誦《公羊》，《公羊》對他，有幸，有不幸：「不幸的是害我的文章寫不好，所幸的是把我腦袋磨礪得像刮鬍刀那麼銳利。」

一九一八年十月，俞大維赴美入哈佛大學哲學系，在校成績優異，僅三年即取得碩士與哲學博士學位。三年十二門課，統統都拿A。他說：「簡單清楚最重要。每門考A，就是因為我答題簡單清楚。」這就是俞大維的「哈佛心法」。

一九二一年，獲哈佛大學獎學金資助，俞大維至德國柏林大學繼續深造，專攻數理邏輯與哲學，讀康得純粹理性批判，聽愛因斯坦（Albert Einstein）講「相對論」。在當時國人就讀哈佛大學者甚少，而能獲此殊榮者，更是鳳毛麟角。留德期間，因興趣逐漸轉向彈道研究，嗣成為彈道學專家，對兵學也由此奠定深厚基礎。

採購軍備，不收回扣

一九二八年，北伐成功，全國統一，政府著手軍經建設，乃設立「駐德使館商務調查部」，俞出任該部主任，這是受知於總統蔣介石之肇端。次年六月返國，任軍政部參事。十八年五月，再度赴德，負責採購軍備，並續習德國參謀教育。某次政府命其採購瑞典博福斯兵工廠（Bofors）所製的七五山砲，按值計量，可買十二門，迨運抵國門，卻變成為十五門。眾皆不解，詢其緣故，僅見他輕描淡寫地說：「是送的。」其實俞是將採購傭金，另購砲三門，在當時官場，殊不多見。

一九三二年，俞自德再度學成返國，蒙蔣介石召見，詢問歐洲情勢及一次大戰後有關戰略戰術與兵器問題，其卓越見解深受嘉許，擬派任參謀本部（參謀長是何應欽）少將主任祕書，但俞自願至中央訓練團任兵器總教官。次年一月，調軍政部兵工署長，並晉升陸軍中將，仍兼中央訓練團兵器教官。履新伊始，首即健全組織，堅強陣營，羅致專家學者參與，積極從事兵工整建與成本會計分析，以落實合乎時代的軍備工業，使兵工研究、製造、補給及保養等工作趨於一元化，在當時此一成效，可謂不亞於歐美先進國家。

抗戰軍興，我京滬及沿海地區，易遭日軍攻擊，為配合長期抗戰，遂將東南各地兵工廠陸續西遷，此項艱鉅工程全賴俞大維積極領導，以有限的人力、物力與獸力搬運，使三十餘座兵工廠、鋼鐵廠、材料廠及兵工技術單位，免於敵人破壞，在八年抗戰中繼續生產，使軍火供應不虞匱乏，實功不可沒。

一九四四年十二月，俞調軍政部常務次長，並兼中美聯合參謀部中國代表，負責與美方代表魏德邁將軍協商，爭取美國軍援，當時「阿爾發部隊裝備方案」，使國軍三十六個師換裝美式裝備，即為此達成之建議。一九四六年四月，參加國府、中共、美國代表之三人小組會議，協商戰後還都事宜；五月，獲國民政府頒授青天白日勳章，同月十六日，繼俞飛鵬出任交通部部長，任內對建立交通資料中心，全國鐵道狀況自動化，以及郵政開辦二十四小時服務等科學化管理政績，尤為國人稱譽；此期間，俞仍奉命繼續參加三人小組會議，周旋於馬歇爾、周恩來之間歷八月之久，一九五〇年一月，因病赴美療養。

「九三」砲戰出任國防部長，力陳撤守大陳

俞大維在美國養病，俞鴻鈞奉命於一九五四年五月組閣，任命他擔任國防部長。該年「九三」砲戰的第十六天，俞大維自美返國就職。抵台後還來不及晉見總統，就匆忙上了金門前線。當時金門防衛司令官是胡璉，司令部設在廟宇裡面，美軍首席顧問是一位砲兵上校。大擔島官兵傷亡，以露天解手不幸中彈的佔多數。

俞大維搭乘洛陽艦，續往馬祖、大陳與南麂等地巡視，三天後始回國防部，二十五日晉見蔣介石，並首次出席總統主持的軍事會談，坦誠向總統報告：「大陳不能守！」。

一九五五年，政府和美方執行「金剛計畫」，撤守大陳，其後俞大維致力於金馬防務，尤其金門太武山打洞為其中最重要一環。此事由五十二軍軍長劉玉章負責，約進行了四年，一九五八年八二三砲戰發生時，剛好接近大功告成。

坐軍刀機赴大陸上空偵察，斷定中共必攻金門

撤退大陳島所有軍民以後，總統蔣介石和國防部長俞大維都認為，共軍下一步軍事行動必

定是攻打金門馬祖。但接下來必須要判斷或確定的問題是：中共打金門，或打馬祖？

在每兩個禮拜召開一次，蔣介石親自主持的「軍事會議」中，俞大維力排眾議，認為共軍將攻金門，黃埔系將領則多持相反意見，認為共軍必打馬祖。後來事實證明，一九五八年「八二三砲戰」發生在金門，不是在馬祖。

「八二三砲戰」決定了台灣未被赤化、屹立至今的命運，但當初俞憑什麼敢舌戰黃埔將領，獨斷共軍必打金門？其實，講究科學證據的俞大維，為了掌握共軍後勤和補給線，他曾扮演偵察員，多次坐 F-86 軍刀機到大陸上空偵察，這可不是兜風，簡直是在玩命。因此他能親眼目睹共軍車輛、火砲、砲彈的實際運動情形。

俞大維接受李元平採訪時說：「八二三砲戰爆發前，敵人搞聲東擊西的老把戲，在馬祖外島鄰近海域舉行大規模演習，敵機也不斷飛臨馬祖上空騷擾；敵人企圖誤導我方：『攻打馬祖，迫在眉睫』。我方被誤導的，的確大有人在。」

爭取美援八吋榴彈砲，金門轉危為安

俞大維屢屢到金門視察，前後一百三十餘次，見金門火砲因缺少零件，廢棄在陣地裡。同一陣地，他下次再去視察，情形依舊無改善。他問這個陣地的官兵：「你們有沒有空的麻布袋？」官兵說有，並立刻取來多隻麻布袋。他又交代：「把你們的番號寫在麻布袋上！」官兵照著寫，但絲毫不知他的用意。他再次來時，帶回寫著陣地番號的麻布袋，裡面裝滿了多門火砲所需要的全部零件。

俞大維如不去金門，就往美國跑。他可以自由地見到他所想見的美國要員，包括國務卿、國防部長、參謀首長聯席會主席、太平洋艦隊司令、第七艦隊司令。俞大維爭取美援，所遵循的指導原則是：只需美方供應武器裝備，並不需要美軍部隊參與作戰。金門砲戰時，他出生入死，戰地負傷後顱骨還有未取出的彈片，更受到國人的敬愛與美國人的尊敬。

金門砲戰期間，他以「身體檢查」為名赴美多次，每次都讓他帶回許多「軍需」，如F104軍機、八吋榴彈砲，連剛研發出來的一種大型兩棲車輛都運到金門使用。八吋砲口徑合203mm，雖比155mm榴砲大不了多少，但此砲射程遠，威力大，足以震懾共軍陣地，有效壓制共軍火力，金門得以轉危為安。

在爭取美援裝備武器，以使我陸海空三軍脫胎換骨的同時，俞大維率部策訂了三個有關戰略的近程、中程、遠程作戰計畫，亦即防衛台澎地區的樂成計畫、美軍協防金門馬祖的太白計畫及我反攻大陸的藍線計畫。

俞大維說：「我只管戰略；三個作戰計畫，是戰略的計畫，戰術我根本不管。我將三個計畫呈報總統核定後，就再也沒有向總統呈報任何公事，也不再成天坐在辦公室裡紙上談兵，把心力都投放在外島前線。」俞大維的辦公室有一道門，可以直接和總統的辦公室相通，但是總統從不踏入俞大維辦公室，給他做任何指示；俞大維更不曾到總統辦公室請示這個，請示那個。

決策者貴在「快而準」

俞大維膺任國防部長達十年之久，任內秉承蔣介石的意旨與指導，擬定戰略作戰計畫，以「海、空軍控制海峽，台澎為主陣地，金馬為第一線陣地，從而加大防衛縱深」為指導方針，以期將台灣本島構成不可擊破的作戰基地。

五十四年初，因病辭國防部部長，並推薦副部長蔣經國繼任，自己則專任政務委員；次年五月，調總統府資政。晚年生活簡樸，以讀書自娛，舉凡從數理邏輯至西洋古典學術，從歷史、法理至音樂，從彈道學至戰略戰術，以及詩詞歌賦，無不為涉獵範圍，而研究戰史亦為日常工作之一。

他曾說，一個決策者所作的決定貴在「快而準」（quick and right decision），所以領導人不能太忙，才能保有一把能迅速做出正確決定的快刀。他說過他這把快刀不可以拿去劈材，才能保持鋒利，才能作快而準的決定。（方鵬程）

郝柏村（1919-今）

郝柏村：出將入相

郝柏村（一九一九年—今），字伯春，江蘇省鹽城縣郝榮村人。中華民國著名軍事將領及政治人物，曾任師長、軍長、總統府侍衛長、軍團司令及陸軍總司令等職，並為在位長達八年的參謀總長。卸載軍職後，擔任國防部部長、行政院院長、總統府資政、中國國民黨副主席。

「出將入相」，表示一個人允文允武，是國家棟樑，這一直是軍人報國的一種典型。整部中國歷史上，夠得上也是寥寥可數，郝柏村可說是當之無愧。

郝柏村常以身為軍人為榮，自陸軍官校畢業後即投身沙場，為保衛中華民國而戰。來台以後，走遍環島的每一個碉堡，與前線軍民同歷險境。

他擔任過中華民國最久任的參謀總長，卸下戎裝後，出任國防部長一年六個多月、行政院長兩年九個月，但在感情上，郝柏村自認「永不退役」，革命軍人的信念，未嘗一日中斷。

抗戰彈片還留在腦裡

六歲起，郝柏村讀私塾三年，接著到尚莊小學和鹽城縣立第二小學唸書，小學畢業後考取鹽城中學讀初中。一九三五年，十七歲的郝柏村考取常州中學高中部，因家境不寬裕，便放棄念高中的打算，投考陸軍官校。當時軍校分步兵科和砲科，郝柏村分在砲科。

郝柏村自陸軍官校十二期砲科畢業後，隨即加入抗日戰爭，參加過一九三八年的廣州之役、一九三九年的皖南戰役，後又參加印度遠征軍。郝柏村是目前兩岸極少數曾參與對日抗戰的高階軍事將領，二〇一四年曾三度自費前往大陸，走訪數十處舊戰場，完成《郝柏村重返抗日戰場》著作。次年七月，郝柏村作該書新書發表時回憶，在廣州抗戰時，腦袋被彈片擊中流血，幾十年來都沒事，但最近體檢腦部掃描，醫生發現金屬反應，原來彈片還留在腦內，他開玩笑說，「也許因為這個彈片，七十年前的事都還記得。」

在一九四八年國共內戰的遼西會戰（遼西戰役）期間，他從錦州前線被召回，成為顧祝同將軍的參謀。一九五八年金門八二三砲戰發生時，郝柏村在金門擔任第九師師長，奉命率部戍守小金門（烈嶼）有功，因而獲頒雲麾勳章與虎字榮譽旗。一九七七年四月，晉升陸軍二級上將，調升國防部副參謀總長。次年六月，掌陸軍總司令。一九八一年十二月晉任一級上將，並調升國防部參謀總長，在職八年。卸載軍職後，郝柏村擔任國防部部長與行政院院長，是繼陳誠之後，第二位曾出任參謀總長及行政院長的軍方將領。

戍守小金門，打贏「八二三砲戰」

「八二三砲戰」期間，中共對面積約一百五十平方公里的金門島群，發射二十二萬發砲彈，實為戰史所罕見。打了四十四天，當時樹都打光了，只剩下樹根。其中以小金門的落彈密度最高，郝柏村時任陸軍第九師師長，戍守第一線小金門禦敵，他帶領戍守的第九師，傷亡最慘重，五百七十八位將士陣亡。

小金門面積僅是大金門的十分之一，約承受中共將近一半的砲彈，如今他駐在的碉堡已經整修，桌椅、床鋪依舊，但當年郝柏村差一點就被擊中。

在《不懼》自序中，郝柏村形容：「本人以分秒之差，免於直接命中，深感人生苦短，必須散發最大的光和熱……。」他也將小金門當作就像是自己的家鄉。

郝柏村也謙稱，「我不是砲戰英雄，而是十萬分之一的參與者。」並且認為「八二三砲戰」為中國人打中國人最後一次激烈的戰爭，經過這場戰爭，守住金門，奠定台灣民主和經濟發展的基石。

參謀總長連任八年，甚得經國信任

一九八一年十二月，總統蔣經國晉任郝柏村為一級上將，並調升國防部參謀總長，在職八年。在此期間，正逢政治、軍事的重大轉型。台澎金馬由戒嚴到解嚴，兩岸由隔絕到接觸交流，國家領導人由蔣經國總統到李登輝總統。島內統獨爭論，則日趨尖銳。至於中華民國與美國的軍事關係，從八一七公報跌入谷底，而逐漸改善爬升。其間郝柏村致力於建軍思想制度與傳統的維護與強化、二代兵力和戰備的整建、國防科技的自立自強等。

郝柏村每個禮拜要到大直官邸去一次，每次和蔣經國見面談個把鐘頭。就拿把小凳子坐在床邊，報告國軍人員培訓計畫、預算制度進程、武器更新進度、IDF 研發、飛彈製造、M48 虎型戰車生產、佳山計畫進行等。

參謀總長八年期間，他和蔣經國談話報告事項大小有二千項，後來集結出版成《郝總長日記中的經國晚年》一書。從這些日記記載，約略可窺郝柏村甚得信任，所談之事不僅限於軍事範疇而已。

「六年國建」建構台灣生活圈

在擔任行政院長兩年九個月中，他對所屬部長充分授權與信賴，更為歷任閣揆所罕見。例如，他對經建會主委郭婉容草擬的「六年國建」、教育部長毛高文提出的「教育改革方案」、財政部長王建煊批准十五家新設銀行、經濟部長蕭萬長推動的經貿政策，儘管有些具有敏感性與爭議性，他的想法卻是公務員應該「多做不錯，少做多錯，不做大錯。」

郝柏村提出「六年國建」，被視為接續蔣經國「十大經濟建設」，總金額高達新台幣八兆二千億元，規模比「十大建設」有過之而無不及。郝柏村強調，六年國建其實就是「一個大的都市規畫」，縱以高速鐵路，橫由十二條快速公路，把台灣規劃成十八個生活圈，期以達到均衡區域發展、提升生活品質、提供有利的投資環境、增加國民所得等基本目標。

六年國建牽涉最大及最專業的應屬工程部分，郝柏村另成立「公共工程委員會」，親自負責主持會報。

恢復治安，終結金錢遊戲

李登輝提名郝柏村出任行政院長，原在社會治安上寄予厚望，軍人本色的郝柏村確實表現優異，一點都不含糊。

自一九九〇年六月五日起，他親自主持第一次治安會報起，三十三個月中主持了四十次會議。起初每週一次，國安局、調查局、警政單位的人都參加，要做進度和成果報告。

一九九〇年七月十日，以迅雷不及掩耳方式，警總、國安局和警政署聯手，一網掃下當時台灣的四大幫派——竹聯、四海、松聯和天道盟的主要人物二十四人。隨後警政署又公布，凡非法持有刀械，三個月內自首者可以建議減免刑責。

牽涉到全國二十萬人利益的地下投資公司，多年來一直是個毒瘤，大大小小二百家，總投資額高達二千四百億台幣。一九九〇年八月二十二日，股票跌到三千三百點，已是谷底。調查局的行動就在這一天展開，一千多名幹員在鴻源全省二十四個據點同時行動，拘提四十二位核心幹部，包括沈長聲本人。自此違法吸收資金達七年餘的地下投資公司，成為歷史名詞。

「軍人干政」和「台獨」的精采答詢

在郝柏村任內的立法院，花費最多時間，引發最多辯論，就是關於「軍人干政」和「台獨」的質詢與答辯。他曾對人言：「我做行政院長，並不是拿了槍桿子逼著李總統提名我，也不是拿了槍桿子到立法院逼他們同意我，還為此放棄了一級上將的頭銜，與軍隊脫離關係，這算什麼軍人干政呢？」以下謹錄最具代表性的兩則，都是關於陳水扁擔任立委時，和郝柏村的精采對話內容。

一九九一年三月，陳水扁說：「當軍人閣揆統攬政權一呼百諾之際，我們卻看到了彷若『希特勒的黑手』又隱隱揮動。」

郝柏村答覆：「希特勒是個獨裁者，我是不是像希特勒這樣，不是陳委員你這樣說到我身上，就為別人所接受的。談到希特勒，他對德國民主的戕害，最具體的一件事情，莫過他放火燒掉了國會；意圖放火燒這裡的是什麼人？是我嗎？」（指民進黨立委王聰松日前的點火事件）。

十一月，陳水扁質詢時指出：「我們要把『中華民國號』這條船比喻成為駛向獨立的『五月花』，不是航向毀滅的『鐵達尼』！」

郝柏村答覆：「『鐵達尼』是因為撞到冰山，葬身海底，中共政權就是冰山；搞台獨，就是要這條船往冰山衝。」同時指出：「在李總統船長掌舵之下，不要撞那冰山，而是採取務實的政策繞過冰山。」

心物合一的革命哲學：思想×武德×武藝

十七歲從軍的郝柏村，深受三民主義教育，一生信仰三民主義，認為三民主義的建國目標，就是要建立一個現代化的民主國家；三民主義的民生主義更在強調樹立一個公平均富的社會。郝柏村還將〈禮記禮運篇〉高掛在他的辦公室裡，也能脫口背誦，其中所述內容，被他視為人民安居樂業的最高境界。

至於力行層次方面，郝柏村尤重蔣介石所闡釋心物合一的革命哲學，並由此構成他的精神戰力和物質戰力相乘的理論基礎。乃至二〇一五年，亦即抗戰勝利七十週年，九十五歲高齡的郝柏村四處奔波演講，仍一再強調精神戰力與物質戰力的關係。其中一場在香港講述〈八年抗戰與第二次世界大戰〉時，就提及中國為農業社會，「利於持久戰，益以不屈的戰鬥意志，形成精神戰力的優勢，與物質戰力優勢的日本侵略者對抗。」

郝柏村特別強調「成於一」的戰力，認為「軍旅之事，成於一，敗於二三」；部隊在領導統御上要團結，團結就是為了「一」；教育訓練要使物質力量發揮到百分之百，還是「一」；革命的信念如能做到一，才能忠貞不二，始終如一。

郝柏村特重戰力包括無形戰力和有形戰力，由「精神」和「物質」兩個要素組合而成，此種組合是一種化合相乘的關係，而非混合相加的關係。亦即戰力的發揮，必須心物合一，是精神乘物質，這即是郝柏村主張的戰力基本理論。

郝柏村不只是精通軍事戰技的軍事將領，他經常藉用各種場合，闡述國民革命軍的精神戰力，而且喜歡運用數學概念來說明。例如，國民革命軍的整體精神戰力，係綜合思想（三民主義）、武德（智、信、仁、勇、嚴）和武藝（帶兵、練兵、用兵與從事戰鬥的本領）三個要素，其中只有武藝可以用數字或分數來顯示高低強弱，思想和武德則具有絕對的肯定性與否定性，應以代數裡的「正」或「負」顯示其「是」與「否」。他特別看重軍官或革命軍人，務須思想、武德和武藝三者齊備，缺一不可。（**方鵬程**）

白崇禧（1893-1966）

白崇禧：小諸葛

白崇禧（一八九三—一九六六年），字健生，廣西臨桂縣人。曾任中華民國首任國防部長等職，屬國民黨「新桂系」，地位僅次於李宗仁，有「小諸葛」之稱，著名作家白先勇之父。

在過去國高中或大學教科書所呈現的民國歷史中，白崇禧曾指揮北伐、對日抗戰和堅決反共的貢獻，並不被重視。

「從廣西鎮南關打到東北山海關」、「完成北伐第一人」，以及提出對日抗戰「空間論」的持久戰略、締造台兒莊等戰役大捷，這些事功都指向白崇禧，但許多人並不知道。

台灣發生「二二八事件」時，蔣介石曾派時任國防部長的白崇禧來台撫慰善後，白崇禧命令全省軍警單位停止濫殺，這一頁歷史也是空白，直到白先勇著《白崇禧將軍與二二八》，才被提出討論。

廣西三傑

清光緒二十年，白崇禧生於廣西桂林山尾村一個回民家庭，五歲入私塾啟蒙，熟讀《三字經》、《千家詩》、《幼學瓊林》、四書、《詩》、《書》、《禮》、《易》、《春秋》、《左傳》等教本，奠定中華傳統文化的深厚基礎。

十四歲時，白崇禧考入廣西陸軍小學，但入學不及三個月，因患惡性瘧疾，半年後申請退學。同盟會會員蔡鍔為當時總辦，宣傳革命思想，同學受其薰陶紛紛剪辮。

辛亥革命爆發時，白崇禧就讀廣西省立初級師範，立即加入廣西學生敢死隊，隨軍開赴湖北，這是白崇禧第一次上前線，親身參與武昌起義，見證中華民國的誕生。隨後進入武昌陸軍預備學校，為期三年，再升入保定軍官學校第三期，就讀兩年，畢業後返廣西省見習，調模範營，參與護法戰爭。

一九一七年至一九二二年，白崇禧任桂軍連長、營長。一九二三年被孫中山任命為廣西討賊軍參謀長。一九二四年，加入中國國民黨，任定桂討賊軍前敵總指揮兼參謀長，並赴廣州晉謁國父，獻策先攻陸榮廷後擊沈鴻英，於一九二五年結束舊桂系軍閥對廣西的統治。一九二六年三月，兩廣統一，桂軍改編為國民革命軍第七軍，白崇禧任參謀長，和李宗仁、黃紹竑並稱「廣西三傑」。在統一廣西的過程中，白崇禧以出謀劃策和傑出的軍事能力，被稱為「小諸葛」。

華南領兵攻入北京第一人

北伐軍興，白崇禧被蔣介石總司令任命為國民革命軍參謀長，重要戰役無役不與，尤其一九二七年八月龍潭戰役（南京保衛戰），關係北伐成敗。時因寧漢分裂，蔣總司令下野，唐生智有二心，革命軍徐州受挫，孫傳芳率五省聯軍（十一個師十餘萬人）反撲，威脅南京，形勢險峻。

白崇禧臨危受命，指揮黃埔第一軍劉峙、顧祝同師星夜西進，以及李宗仁的第七軍、第十九軍與何應欽所轄第一軍陳誠等三個師，和孫傳芳部決戰於南京城郊龍潭，經過六晝夜激戰，終於將孫傳芳徹底擊潰。

北伐後期，白崇禧任東路軍前敵總指揮，率領第四集團軍揮戈北上。一九二八年五月二十八日，蔣介石令督令京漢、京綏、津浦三線革命軍發動總攻擊；六月十一日，白崇禧與閻錫山聯袂領軍長驅直入北京，成為中國歷史上由華南領兵攻入北京的第一人，時年三十五歲。

九月六日，白崇禧率軍在天津誓師，十日佔領唐山，十三日佔領灤州，奉系軍閥張作霖之子張學良敗走大連。二十三日，白崇禧將直魯軍繳械，完全肅清關內。二十五日，白崇禧到達昌黎，灤河以東易幟。十二月二十九日，張學良在東北通電東北易幟，宣布效忠南京中央政府。

北伐成功，南京計畫裁軍，召開編遣會議。白崇禧由北平拍數千言長電至國民黨中央，請纓率領第四集團軍至新疆實邊，未受採納。一九二九年，發生蔣桂戰爭，掀起中原大戰序幕，中國再度分裂。中央派軍攻打廣西，白崇禧等人一度流亡安南，後再返回廣西展開兩廣聯盟，與中央對峙。

提出對日抗戰持久戰略構想

盧溝橋事變後，蔣介石在廬山發表「最後關頭」講話，號召全民族堅決抗戰到底。地方將領中，白崇禧首先飛抵南京響應抗日號召，出任軍事委員會副總參謀長，兼軍訓部長。當時日本報紙以頭條新聞報導：「戰神蒞臨南京，中日大戰不可避免！」

一九三八年初，國民政府和軍事委員會遷移武漢後不久，白崇禧率先提出「積小勝為大勝，以空間換時間，以游擊戰配合正規戰」的持久戰戰略構想，旨在把日軍拖入中國廣大內陸的泥淖裡面，拖長日軍的補給線，從而由軍事戰發展為政治戰、經濟戰，向敵軍發動長期總體戰。此一戰略構想為蔣介石所採納，成為國策和抗日最高戰略方針，對最後贏得整個抗戰勝利關係重大。

有人稱白崇禧提出的持久戰戰略構想，係受毛澤東一九三八年五月發表〈論持久戰〉的影響。但經大陸學者楊天石多方查證，毛的全文論述完全沒有談到空間、時間、小勝、大勝之間的關係，而蔣介石早在一九三八年二月七日，就已採用白崇禧提出的戰略構想在武昌發表演講說。若依據白崇禧之子白先勇編著《白崇禧將軍身影集》的說法，白崇禧的抗戰戰略構想來自於俄法戰爭中俄國人拖垮拿破崙軍隊的啟發。

另據史丹佛大學胡佛研究院研究員郭岱君在〈還原抗戰真相連接兩岸樞紐〉的說法，則是早於一九三六年十月，「軍政高層齊聚洛陽，明為賀蔣介石壽，實為策定抗戰大計。陳誠指出：『策劃抗戰大計，持久戰、消耗戰、以空間換取時間等基本決策，即均於此時策定。』」

締造台兒莊等戰役大捷

抗日期間，白崇禧銜命奔走於南北戰場，指揮過諸多著名戰役，包括徐州會戰─台兒莊大捷、武漢保衛戰、桂南會戰─崑崙關之役、長沙第一、第二及第三會戰等，其中尤以一九三八年台兒莊大捷，至為關鍵。

在白崇禧的建議之下，李宗仁命令孫連仲（影星秦漢之父）的第三十一師（師長池峰城）死守台兒莊，援軍湯恩伯部則向敵側背強力攻擊，將三萬餘日軍誘入重圍後聚殲。此次大戰，國軍中央軍和各派系地方軍精誠團結，血戰三路日軍，終於嚴重打擊日軍囂張氣焰。

台兒莊一役，被國際媒體稱為日軍近代史上最慘重的一次敗仗。捷報傳來，舉國歡騰，各地舉行祝捷會，大本營武漢超過十萬人上街遊行，卡車載著李宗仁、白崇禧兩人的巨幅照片為遊行隊伍開路。白崇禧登上《良友》畫報五月號封面人物，為首位登上該畫報封面的中國軍人。

斷然拒絕指揮徐蚌會戰

一九四六年五月，白崇禧任首屆國防部部長、華中軍政長官等職。一九四七年，曾提出「總體戰」口號，呼籲全民動員，同滅共黨。繼調戰略顧問委員會主任委員兼華中剿共總司令，駐節武漢。

在國共戰爭中，失敗原因固然多重，白崇禧在事前曾一再強調：「對中共問題，除武力外，別無解決辦法」。在《白崇禧口述自傳》，他亦認定軍事失利是全面崩潰的主因。本來政府軍隊有五百萬人，共產黨軍隊只有一百多萬，白崇禧、李宗仁主張先剿共而後整軍，極力反對戰後貿然裁軍，未獲蔣介石支持，裁軍計畫由參謀總長陳誠主導。裁軍後，大批官兵流離失所，眾多倒向共產黨軍隊。

一九四七年五、六月，國共在東北戰略重鎮吉林省四平街，開始第一次主力決戰。蔣介石派國防部長白崇禧到東北督戰，旋即政府軍隊攻進長春，林彪軍隊大敗，乘夜撤圍北竄，孫立人率新一軍追過松花江。是時，白崇禧又向蔣介石極諫，願意留在東北繼續指揮，徹底打擊林彪部隊，一舉拿下哈爾濱、齊齊哈爾、佳木斯、滿洲里等城。但由於受到馬歇爾停戰的壓力，蔣介石未能採信白崇禧的建議，以致片面下停戰令，林彪部隊因此敗部復活，此乃白崇禧一生的憾恨。

一九四八年底、一九四九年初的徐蚌會戰（淮海戰役），是國共最後決勝負的一仗。原本蔣介石屬意白崇禧指揮此次戰役，時任華中剿共總司令的白崇禧也提出「守江必先守淮」戰略方針，建議將軍隊集結於蚌埠，實行五省聯防，由華中剿總統一指揮。不料蔣介石卻將指揮權一分為二，任命劉峙為戰略位置更重要的徐州剿總司令，任命白崇禧為華中剿總司令駐守武漢。白崇禧飛抵南京出席軍事會議，認為政府軍隊戰略部署全盤錯誤，大軍分布津浦、隴海鐵路兩側，形成「死十字」陣形，判定敗局難以挽回，斷然拒絕指揮徐蚌會戰。其後，徐蚌會戰果然大敗，蔣介石下野，李宗仁出任代總統。蔣、白之間，又生嫌隙。

戰到最後一兵一卒

白崇禧一生中最難的決斷，莫過於一九四九年國難之時決定來台灣。臨行前，他的多年至交立法委員何遂勸其慎行，白崇禧回答說：「我自追隨蔣公北伐以來，殆逾二十載，既處遇順境，亦處遇逆境，一生一世歷史第一，我必對歷史有所交代，生死利害，在所不計，君勿為此喋喋也。」白崇禧再度捨棄跟蔣介石的個人恩怨，從海南島飛赴台灣。

白崇禧確實與中共軍隊打到「最後一兵一卒」，還在為黨為國堅持。那時他在海南島就是等著廣西的軍隊撤出來會合，然而隨後來台灣時沒帶一兵一卒。白先勇日後曾說：「我父親其實很清楚去台灣的境遇不會很好，但他覺得這一輩子就是追隨著國民黨，他決定有種願意『與國民黨共存亡』的悲壯。我體會他當時的心境，他的選擇就是為了向歷史交代。」

白先勇在〈新桂系信史〉一文中也指出：「父親白崇禧將軍與蔣介石總統的關係長達四十年，相生相剋，極為微妙複雜，恩怨難分，愛恨交加。」

關於「二二八事件」，奉蔣介石指示來台，為民眾止痛療傷，計有十六天處理經過，在《白崇禧口述自傳》第六篇〈戰後來台〉，他有大致完整的交代，其中一段提到：「奉主席指示來台宣撫，我自己的原則是中國有句俗話『大事化小，小事化無』，本來是件小事。我下令通緝謝雪紅，我來她即跑了，其他盲從的人，我都一筆勾銷了，不予深究，這個原則當然也合乎主席的指示。」白先勇和歷史學者廖彥博亦曾尋訪耆老，蒐集史料，出版《止痛療傷：白崇禧將軍與二二八》，還原關鍵十六天的史實真相。

晚年的白崇禧懷家國之憂，僅任戰略顧問委員會副主任委員、中國回教協會理事長等閒職，一九六六年十二月二日，因心臟病逝世台北，享年七十三歲。有一些朋友很不理解，但是白崇禧卻回答說：「大陸丟了，我們是現役軍人，負很大罪過，中央不處罰我，自己良心自責。台灣是復興基地，祖國領土就只剩這一點點，希望在這生根發展回去，除此之外，現役軍人死無葬身之處，跑到哪裡去？」（方鵬程）

胡宗南（1896-1962）

胡宗南：黃埔一期「大學長」

胡宗南（一八九六—一九六二年），祖籍浙江寧波鎮海，原名琴齋，字壽山，曾任浙江省政府主席及總統府戰略顧問等職。蔣介石的心腹之一，被時人稱「十三太保」。

在所有出身黃埔的眾將校中，胡宗南是唯一歷經東征、北伐、統一、平亂、抗戰、剿共、保台諸戰役的全程參與者。胡宗南於中華民國陸軍史上，創下黃埔軍校的五個第一：擔任軍長、兵團總指揮、集團軍總司令、戰區司令長官，乃至升任將軍均拔得頭籌，他也是唯一一位遷台前即獲得第三顆將星的黃埔生。

小他二十三歲的小學弟郝柏村（黃埔十二期）給他這麼評價：「功勛卓著，但似無赫赫之名。正如孫子所謂，善戰者無智名，無勇功，其尤足稱道者則為武德。」

郝柏村在《胡宗南上將年譜》序〈黃埔精神的典範：胡宗南上將〉，寫到：「胡宗南上將是黃埔一期最年長的學生，入學時已二十八歲（當時學生平均年齡應為二十歲），曾有社會經驗，毅然攜筆從戎，故在先天上，他是黃埔一期最成熟的學生。歷經四大戰役，他的升遷在黃埔子弟中首屈一指，畢業後兩年（一九二七年），就當了師長，從帶四十人的排長，升到帶一萬人的師長。爾後從第一師、第一軍到第一戰區司令長官，先後統兵達百萬，而在蔣介石心目中，直以接班人之勢期許之，乃因他是黃埔精神的標竿。」

在郝柏村心目中，胡宗南有「五忠」：忠於三民主義，忠於中華民國，忠於領袖蔣介石，忠於其職責，忠於其部屬。秉此「五忠」，故能以身作則，同甘苦，共患難，士兵不能享受者，他亦不享受。

黃埔同期同學黃杰悼胡宗南輓聯這麼寫：

> 其志潔，其行廉。數同學少年，惟衛霍相望。
> 遇上忠，遇下愛。萃平生風誼，在宗李之間！

東征北伐嶄露頭角

胡宗南生於浙江鎮海，畢業於浙江孝豐縣立高等小學堂、吳興中學校，一九二〇年入讀南京高等師範學校（後改為國立東南大學、中央大學、南京大學）暑期學校，因而結識張其昀（史地學家，曾任教育部長，中國文化大學創辦人）、繆鳳林等同學。

一九二四年六月，胡宗南投考黃埔軍官學校，曾因身高未達一米六，複試時未被錄取，經軍校黨代表廖仲愷特許，准予考試後錄取，畢業分發在軍校教導第一團第任少尉見習；其後第一次東征棉湖之役，何應欽率教導第一團與敵苦戰，胡宗南以機槍連排長，掩護該團作戰成功，自是即嶄露頭角，深為蔣介石所器重。北伐軍興，何應欽率東路軍平定閩浙兩省，胡宗南奉命由贛入浙，側攻滬杭之敵，所至迭建戰功。中原事起，胡宗南率第一師轉戰津浦、隴海兩線，菜油場一役，尤著聲威。其後，共軍竄擾西北，胡宗南率部進駐陝甘，成立天水訓練班。

一九三二年，胡宗南參與組織三民主義力行社和中華復興社，這是「擔負國家興亡，實現三民主義國家為最高目標」的組織，直接接受蔣介石指導，外界有以胡宗南居「十三太保」之首的說法。但據滕傑憶述，胡宗南雖然參加力行社，「但很少直接擔任團體工作，原因是他一直外面帶兵打仗，所以團體給他劃定的工作範圍是做掩護性的工作，也就是側面工作。」

一夫當關，支撐大西北半壁河山

抗戰期間，蔣介石把防禦和建設大西北五省（陝、甘、寧、青、新）的統合大任賦予胡宗南。肩負如此重責，胡宗南井然有序以對，東由潼關起，鞏固河防，與日軍對峙；北面對延安共軍，憑碉堡線封鎖監視；西面派部隊進駐新疆以防蘇俄。內部對地方勢力尤其是馬家部隊感召和安撫；這就是當時所謂的錦囊四訣：「東禦日寇」、「北制共匪」、「西防蘇俄」，「內服四馬」。在持久抗戰期間，踏實地鞏固和支撐了大西北半壁河山。

張其昀評論胡宗南的主要任務是：「鎮守關中，確保潼關。八年之間，日軍不敢以一兵一卒渡過黃河，關中盆地安然無恙。保陝西即所以保四川，功績之大，昭昭在人耳目。」

在抗戰最艱苦的時段，曾有和談的爭議；當時蔣介石力排眾議：「你們如果堅持要和談，那我一人單獨去西北，和胡宗南繼續抗戰到底。」可見其對胡宗南信任深切。

五日攻克延安

一九四四年，盟軍在太平洋戰場展開雙鉗攻勢，逐漸發展到最高潮，採守勢的日軍急需地面兵力和其他作戰資源的增援。日本中國派遣軍發動了同年春的中原會戰和同年冬的對貴陽攻勢。

中原會戰方面，日軍佔領洛陽後，繼續西進，窺伺關中。胡宗南親率三個軍兵力，在靈寶附近展開激烈的遭遇戰，激戰十餘日，終將日軍擊退，因此確保了潼關，穩定了關中。

貴州方面，獨山失守，日軍進逼貴陽，重慶震動，胡宗南奉命以所部劉安祺、胡長青兩個軍，出動了中美雙方運輸機兩百架，實施中國抗戰史上第一次大規模的空運增援，立即擊退日軍，收復獨山，由此扭轉戰局，確保貴陽，穩定了大西南的局勢。

一九四七年三月十四日，西安綏靖公署主任胡宗南奉准以八萬多兵力，分由洛川、宜川向延安發起雷霆般的攻勢。由於將士用命，三月十九日就攻克延安。

「五日攻克延安」震驚傳譽中外，因戰功升為陸軍上將並授予二等寶鼎勳章。其後，榆林、大荔、陝西涇渭河、運城、中條與臨汾諸役，胡宗南都能用兵如神，給予共敵鉅創。

轉進千里救援重慶與成都

此後，全面戡亂形勢逐次向不利的方向逆轉，蔣介石先後調動胡部救援許昌、太原、徐蚌被圍國軍，以致延安守軍孤立無援。在此為難之際，一九四九年十一月十八、十九兩日，胡宗南先奉命轉進成都，又奉命支援重慶。十一月二十九日，共軍逼近重慶，是夜蔣介石飛成都；十二月七日成都外圍展開激戰，蔣介石在胡宗南建議下，於十二月十日下午，離成都飛台。

蔣經國對胡宗南這一次的敵前大兵團轉進，投入救援蔣介石的關鍵性戰役，在他的《危急存亡之秋》有這樣一段記載：「……從六百公里與敵對峙的正面，轉進至一千公里長遠距離的目的地——重慶與成都，而竟能在半個月內，迅速完成，且主力毫無損失，亦戰敗中之奇蹟也。」

胡宗南達成勤王任務，並奉蔣介石指示，率部轉進西康，在大陸行最後之奮鬥，以致犧牲殆盡，蔣介石不忍其殉職，於最後時機接至來台。胡宗南來台後，蔣介石命其赴孤懸的大陳島指揮。以大陸曾任戰區司令長官上將之尊，做一個師長的工作，且艱苦備嘗，他亦欣然前往。一九五五年，胡宗南任澎湖防衛司令，駐於馬公，金門砲戰的勝利，即以澎湖為中繼地。郝柏村特別推許：「其臨危授命、不計權位的美德，正是崇高武德的表現。」

「苦行長老」過「清教徒生活」

黃杰在〈我與胡宗南將軍〉形容胡像似個「苦行長老」。

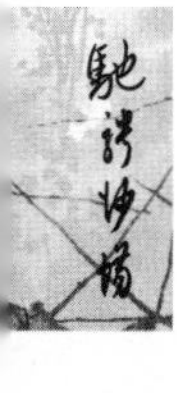

一九三六年西安事變之後，黃杰奉命慰問駐西北的部隊，特別到王曲去看胡宗南。當時天氣非常寒冷，胡宗南住在一個窯洞裡，既未著皮衣，也未生火取暖，手上臉上都凍得紅腫發爛。

黃杰埋怨他為什麼不加衣，不烤火，胡宗南說：「弟兄們享受不到的，我也不要享受，今天是需要我們上下一致來克服困難，身體髮膚的受煎熬，算不了什麼！」

段彩華的《轉戰十萬里：胡宗南傳》記述一則張其昀和胡宗南的故事。

張其昀描繪胡過的是「清教徒生活」，「不飲酒，不喝茶，不看戲，也不涉足一般的娛樂場所。」

那是一九三四年春天，張其昀路過甘肅天水，在胡宗南師部住了十多天。張閒時和隨從人員聊天，知道胡宗南非常儉約，早餐是稀飯饅頭，兩碟小菜。午餐和晚餐，僅僅是二菜一湯。招待朋友或與大家同吃時，也只是四菜一湯，二葷二素，偶爾加點肉排或鹹魚等。從沒有打過牙祭，總是刻板的青菜、豆腐、炒蛋，另一樣是滷菜。

張其昀還聽說，胡宗南常常曉諭部屬：「一個革命軍人應該戰勝敵人，更應該戰勝自然。」一本著這項原則，胡常穿灰布軍服，除嚴寒的冬天行軍外，從不穿大衣，更沒見穿過皮的。為了鍛鍊自己，儘管西北寒冷，仍常穿夾軍服。胡宗南說：「不這樣，將來遇到真正情況，如何在冰天雪地裡打仗？」因此，在冬季，他的臉上、手上、耳朵上，都是凍瘡。睡覺時，是一張木板床靠牆角放著，上面是兩條軍毯，鋪一條，蓋一條，天氣奇冷時，才加一條棉被。縱然在零下二十度，臥室裡也不生火。僅僅在客廳裡設置一個木炭火盒，是作為敬客用的。夏天，雖烈日高照，汗流浹背，卻從不肯脫掉軍裝。

「和士兵過同樣的生活」，是胡宗南勉勵自己的話。常言：「革命的人生觀，就是自我犧牲」及「事業以下層為大，英雄以無名為大」。

他要求每一個幹部，必須養成「作大人，無名為大；做大事，下層為大；成大勇，無我為大」的工作精神，要「像金人一樣封口，不叫苦，不吹噓，不發牢騷，埋頭苦幹，在工作中提高他人對自己的重視」。

胡宗南與葉霞翟（葉蘋）相戀十餘年，僅靠書信來往。葉蘋寫《天地悠悠》記述經過，感動許多年輕人，文化大學有「宗南堂」；國軍轉往台灣，胡宗南部隊轉往澎湖守衛，現在澎湖有紀念館。

一九六二年，胡宗南病逝台北，蔣介石痛惜不已，前往弔祭。**（方鵬程）**

孫立人（1900-1990）

孫立人：中國軍神

孫立人（一九〇〇—一九九〇年），字撫民，號仲能，安徽肥西人。畢業於清華大學與美國維吉尼亞軍事學院，曾任師長、軍長、陸軍總司令、總統府參軍長，有「中國軍神」、「叢林之狐」、「東方隆美爾」之譽。

日本侵華和二次大戰吃敗，日軍總司令岡村寧次向盟軍投降時，據傳曾要求見一個人，欲贈予身上佩戴有六百年歷史的皇家傳國指揮寶刀，此人即是一再讓日軍聞風喪膽的孫立人將軍。

翻閱諸多史書，卻乏明確記載，或僅是一傳說而已，但亦可略見孫立人在日人心目中之重。孫立人有「中國軍神」的稱號，這是日本人心服口服給的讚譽。倘若沒有這位「軍神」，中國對日尚且自顧不暇，何嘗能遠赴印緬，和盟軍會師作戰？或許他難免有一些弱點，還有非出自黃埔，血統不夠純正，以致上半生戰功彪炳，之後就在台灣「被幽居」了三十幾年。

他的遭遇，當然好於南宋的岳武穆，但報國的抑鬱不得志，則不下之。他的父親反對他從軍，也許是對的。但他從未向他父母坦然為何非從軍不可，這要從「一塊紅花石」的故事說起。

一塊紅花石：九歲萌生從軍志願

孫立人從軍的志願，和一般人有所不同。許多人是長大成人後「眼見」國家受辱，他則是在幼小時「親身受辱」，就種下報國心靈，起因是為了爭一塊海邊的紅花石。

孫立人父親孫熙澤在清朝末年中舉，派任為山東候補知縣，舉家遷住青島，當時青島為德國租借，孫立人只九歲。

一個星期天早上，孫立人在海邊玩耍，發現一顆紅色透明的石頭，歡喜得如獲至寶。這時旁邊一個德國小孩也在尋石子，見孫立人得了一塊好看的，便開口索要。孫立人不給，那德國小孩急哭了。

接著來了一個德國大人，不問原由，搶去那塊紅花石給自己小孩，還打了孫立人一記耳光，揚長而去。

這件事對孫立人影響極大，他在《孫立人將軍鳳山練兵實錄》回憶：「當時我挨了耳光，雖不敢告訴家裡父母，但我的心裡，就已經種下了決心學軍事，以期將來獻身國家，為國家爭光榮爭地位的志願。」

籃壇飛將軍

一九一四年，孫立人以安徽省第一名成績，考取清華學校（美國退還庚子賠款設立，今北京清華大學）留美預科。清華十分注重學生的體育鍛鍊，孫立人熱衷於籃球、足球、排球、網球、手球、棒球等球類運動。

孫立人當時擔任球隊的主力後衛，且獲有「籃壇飛將軍」雅號。一九二〇年，他任清華籃球隊隊長，率隊擊敗當時稱霸京津籃壇的北京高等師範學校，獲得華北大學聯賽冠軍。一九二一年，入選國家男子籃球隊，參加在上海舉行的第三屆遠東運動會。

當時籃球項目有菲律賓、中國、日本三國參賽，東道主中國隊經過激戰，先以三二比二九擊敗日本，再以三十比二七擊敗菲律賓，奪得遠東運動會籃球冠軍，這是中國在國際大賽中第一次獲得籃球冠軍。

後來，《中國時報》體育記者李廣淮評論賽事時經常提起：「中華民國籃球隊，在亞洲籃球戰史上（包括一九一三年起參加遠東運動會、亞洲運動會及亞洲盃籃球錦標賽，迄今七十五年），僅孫立人將軍代表的中華隊，於一九二一年參加第三屆遠東運動會贏得唯一的一次冠軍。」

淞滬參戰，日軍立下第一塊「恥辱柱」

一九二三年夏，孫立人自清華畢業。因為父親極力反對他讀軍校，遂入讀美國普渡大學土木工程學系三年級，畢業後再轉入維吉尼亞軍校三年級，接受嚴格軍事教育。一九二七年畢業後，遊歷歐洲，參觀英、法、德等國軍事。

次年返國，孫立人在南京中央黨務學校（今國立政治大學）任學生大隊副大隊長。一九三一年任陸海空軍總司令部上校侍衛副總隊長。一九三二年調財政部稅警總團（由財政部部長宋子文創建，是第一批接受德械裝備與訓練的部隊之一），任第四團上校團長。

一九三七年九月底，孫立人率團參加淞滬會戰，與日軍血戰，智取丁家橋，因功升任少將司令。隨即在周家橋破壞日軍機械化橡皮橋，七次擊退日軍強渡蘇州河，三天兩夜未曾闔眼休息。但為奪回友軍失去陣地，遭榴散彈擊中，身受十三處創傷，由其部屬背負救出，送醫上海租界，再後送香港。孫立人昏迷了三天，六、七個醫師開刀達八小時，猶有一顆子彈留在胸肋間未取出。

與孫立人殊死對峙的，是日本號稱「常勝軍」的第十八師團（即久留米師團），這兩支部隊的拚搏也延續到後來的緬甸戰場上。日軍佔領上海後，這個師團司令站在孫立人誓死奮戰的陣地，雙手合十為戰死者祈禱，並命令立下石碑，上書「遇華軍最激的抵抗於此」，這是侵略者在中國樹立的第一塊「恥辱柱」。

第一次中緬印作戰：仁安羌大捷

次年傷癒後，孫立人返回武漢，加入財政部重組的緝私總隊擔任少將總團長，又參加了保衛武漢的戰鬥，之後率部遷移到貴州都勻練兵。經過兩年餘的嚴格訓練，孫立人將緝私總隊由原本的三團殘兵擴張至六團規模。

一九四二年初，日本攻佔馬來亞後，開始攻打緬甸。二月，中華民國組成遠征軍，下轄第五軍、第六軍和第六十六軍。四月，孫立人率新三十八師進駐緬甸曼德勒，兼任衛戍司令，參加曼德勒會戰。四月十四日，西線英國緬甸軍步兵第一師及裝甲第七旅被包圍於仁安羌，糧盡彈缺，水源斷絕。十八日凌晨四時半，孫立人親率官兵發動攻擊，在火網中以白刃與敵肉搏，至下午六時許攻克日軍陣地，解除了七千英軍之圍，並救出被俘虜的美國傳教士、各國新聞記者及婦女五百餘人。仁安羌戰後，英國方面決定棄守緬甸，撤往印度，新三十八師奉命掩護盟軍撤退。

仁安羌大捷是中國遠征軍入緬後所締造聞名世界的戰役，也使盟軍在第一次緬戰中初嚐勝績。沒有飛機大砲的掩護，孫立人以一個團不滿一千的兵力，擊退數倍的敵人，救出近十倍的友軍。各國報紙均以頭條報導，英王喬治六世授予英帝國司令（CBE）勳章，一向目中無人的史迪威將軍大加讚揚，二戰後也成為美國國防大學與參謀指揮學校的典範教材。

第二次中緬印作戰：打通中印公路

一九四二年七月，在華盛頓和重慶雙方同意下，中國駐印度軍團成立，計畫訓練三十個師，全力反攻緬甸，並打開中印陸路交通，輸送美國援華作戰物資。國軍將領孫立人等陸續進駐藍伽訓練營整訓。

次年三月下旬，新三十八師進入中印緬未定界的野人山，由第一一四團掩護中美工兵修築中印公路，並開啟連續十八個月的不停戰鬥，共擊潰日軍五個師團及一個獨立旅團。

這是中國軍隊再度介入緬甸戰役，沿途氣候惡劣，森林蔽日，崇山峻嶺縱深四百多裡，平均高度八千公尺以上。不僅泥深沒膝，少有人跡，時須披荊斬棘，又得提神防患瘧蚊、螞蝗、蟒蛇等叢林蟲獸，可說克敵之前，要先克服大自然。

也因為出其不意，與之正面交鋒的宿敵日軍第十八師團，起初接到報告後誤判，以為只是掩護中美軍主力越境的一支先遣部隊，企圖將其各個擊破。不想交戰後才弄清楚，原來是孫立人率領的新三十八師，和過去在上海接觸過的中國軍隊完全不同，因而大驚失色。

孫立人以一萬之眾，採取主動迂迴包抄戰術，致使號稱「叢林作戰之王」的日軍十八師團死傷過半，狼狽撤出胡康。接著是十月底至年底的於邦之戰，這是反攻緬甸勝利的轉捩點，對日軍實施一次徹底且成功的殲滅戰。

一九四四年三月，中美聯軍乘勝向孟拱河谷進攻。八月三日克復密支那後，部隊進行休整擴編，孫立人升任新一軍中將軍長，下轄新三十八師和新三十師。緊接著，中國駐印軍由密支那、孟拱分兩路繼續南攻。孫立人率新一軍為東路，連續攻取緬甸八莫、中國南坎。一九四五年一月二十七日，新一軍與滇西中國遠征軍聯合攻克中國境內的芒友，打通了中印公路，次日兩軍於芒友舉行會師。孫立人再指揮各師團持續猛進，攻佔臘戍、南圖、西保、猛岩，消滅中緬印邊界所有日軍部隊。

「不反攻大陸，絕不掛上將軍階」

抗戰勝利後，新一軍調回國內，加入剿共行列。一九四六年五月，在四平、長春大敗共軍林彪部隊；十月，孫立人任東北第四綏靖區司令兼長春警備司令，擊潰共軍四次攻勢，當時林彪軍隊內部流傳「只要不打新一軍，不怕中央百萬兵」。不過因與東北九省保安司令長官杜聿明不和，孫立人被調回南京國防部，以代理陸軍副總司令兼任陸軍訓練司令，實際已遠離戰場。

一九四七年十一月，陸軍訓練司令部遷至台灣鳳山，孫立人主持新兵訓練，並編成女青年工作大隊、幼年兵總隊，整頓安置大陸來台青年和幼童遺孤，建立完善兵役制度與預備軍官制度。他一手訓練的新軍二〇一師，在古寧頭戰役又擊潰進犯金門的共軍一萬餘人。

孫立人於一九五〇年升任陸軍總司令，次年五月晉升陸軍二級上將，一九五四年六月任總統府參軍長。中央社曾報導，孫立人曾將肩上的一顆金星摘下，以認真語氣向同僚和部屬說：「不反攻大陸，我絕不掛上將軍階」，此後在任何場合和贈予部屬的戎裝照片，都可看到孫立人始終是佩掛中將軍階。

遭受誣陷，軟禁三十三年

總統府參軍長是最後的軍職，接下來有三十三年歲月，孫立人在台中市向上路寓所，過著遭人監視的軟禁生活。

一九五五年五月二十五日，孫立人舊部屬郭廷亮被捕，遭嚴刑拷問，引發「郭廷亮匪諜案」，牽連三百餘人。

政府以「縱容部屬叛亂」、「窩藏共匪」、「密謀犯上」等罪名，開革孫立人總統府參軍長職務，蔣介石指定陳誠與王寵惠、許世英、張群、何應欽、吳忠信、王雲五、黃少谷、俞大維等組織九人調查委員會徹查。另外監察院也由監察委員陶百川、曹啟華、蕭一山、王枕華、余俊賢等「五人小組」自行發動調查。

郭廷亮真是中共派遣的匪諜？郭廷亮企圖在軍隊中搞「兵運」是否具可能性？郭廷亮及其他涉案人和孫立人之間的關係又是如何？此皆為孫案有待釐清的關鍵。但當昔日部屬和各界爭先奔走為孫案平反，孫立人始終堅持「從無反過，何平之有？」

直到李登輝繼任總統後，《自立晚報》率先發表專訪報導，報章雜誌形成關注焦點，監察院在外界強力要求下公布當年五人小組孫案調查報告，認為孫案並未具備叛亂罪的要件。隨之國防部警衛人員撤離監視，孫立人才於一九八八年四月恢復自由。

孫立人在一九九〇年十一月病逝台中寓所，享年九十一歲。李登輝總統特頒褒揚令及旌忠狀，表彰其功勳。監察院人權保障委員會在二〇〇一年通過監委提案，函請行政院飭令國防部恢復榮譽，並對孫立人家屬給予補償。其後，馬英九總統亦親自到台中市為「孫立人將軍紀念館」揭匾，向一代名將致敬，惋惜遭受蒙冤。

心中有國家，沒領袖？

孫立人會遭誣陷的原因，許多看法偏向於「有政變意圖」或「美國欲以扶持，必要時取代蔣介石」，但前行政院主計長周宏濤（抗戰期間進入蔣介石侍從室擔任機要祕書，被視為「官邸派」）在《蔣介石與我：見證中華民國關鍵變局》憶述，則以孫立人堅決要兼陸軍軍官學校校長一事，指出「孫立人有把持陸軍的想法」，而且「從先前他和美方的秘密聯繫來看，他的堅持一方面不尊重蔣介石，另方面應也有厚植自己在軍方人脈及影響力的意圖」。

前駐泰代表、曾隨孫立人擔任祕書四年的沈克勤，在《孫立人傳》提出孫立人遭受整肅三大原委：美國人的偏愛、黃埔將領的排擠和政工人員的敵視。其中論及，有人指責孫立人訓練的軍隊沒有中心思想，只講「國家、責任、榮譽」，不談「主義、領袖」；有人指責孫立人不忠於領袖，在軍中對官兵講話，很少引述領袖的言論；有人指責孫立人有野心，在軍中製造私人勢力，子弟兵只聽孫立人的，不聽其他任何人指揮；有人指責孫立人用新軍軍歌來替代黃埔校歌，用新軍標誌「火炬」來代替黨徽……。

孫立人、馬歇爾和巴頓

不論如何，孫立人對二次大戰的貢獻獲得國際肯定，日軍在緬甸戰後史料上尊為「中國軍神」，歐美軍事家稱他為「東方隆美爾」。在維吉尼亞軍校校史館中，孫立人和另兩位二戰中的傑出校友——馬歇爾將軍和巴頓將軍並列，永久展覽孫立人生前所用的軍服、軍帽、馬靴、馬鞭、繳獲的日軍軍旗、畢業證書和畫像。（方鵬程）

高志航（1907-1937）

高志航：空軍戰魂

高志航（一九〇七—一九三七年），原名高銘九，字子恆，遼寧通化（今屬吉林）人。曾任瀋陽東北航空處飛鷹隊隊員、東北航空學校飛行教官、中華民國空軍上校司令，後追授空軍少將，世稱「中國空軍之神」。

一九三七年，抗戰軍興，爆發「八一三」松滬戰役，「八一四」中日空軍首次交戰，中國空軍在第四大隊大隊長高志航率領下，締造「六比〇」輝煌戰績，大開世人眼界。

令人婉惜的，在我空軍戰力相對弱勢的條件下，中國戰機和飛行員相繼折損，直到隔年武漢會戰，僅第四大隊就換了十幾位大隊長，飛行員陣亡超過兩百多人，平均陣亡的飛行員年齡不到二十三歲。

被國人稱為「中國空軍之神」的高志航，就是第一位壯烈犧牲的第四大隊大隊長。這位「東北漢子」的報國精神一直延續至今，流傳在中華民國空軍每一位飛行員的血液脈搏裡。

筧橋空軍官校十字水泥大道的正中央旗座上，銅鑄精神堡壘的鐫字是：「我們的身體、飛機和炸彈，當與敵人兵艦陣地同歸於盡！」中華民國空軍信條計有十二條，其中與視死如歸相關連者，至少有第一條「風雲際會壯士飛，誓死報國不生還」、第三條「空軍的決心，要與目的物同歸於盡」、第六條「空軍犧牲的精神，是要有不再生還的血性」及第七條「生而辱不如死而榮」。這一個個的「盡」與「死」字，都是踏入空軍行列時擺在心頭上的不悔誓語，高志航無寧是一批批為國獻身之士的先行者典型。

東北軍出身

一九〇八年，高志航生於東北遼寧省通化縣一個農戶家庭，八歲入通化縣立學堂；十四歲赴瀋陽市，就讀法國天主教堂所辦中法中學；十七歲考入東北陸軍軍官學校教育班砲科隊受訓，隨即考取選派赴法國牟拉納民航學校學習飛行。

一九二六年七月，高志航自牟拉納民航學校畢業，又轉赴馬賽附近的伊斯特陸軍航空學校受訓；十一月，被派往法國空軍第二十三團蘭錫空軍驅逐團見習；次年三月，就任瀋陽東北航空處飛鷹隊隊員；一九二九年春，調任東北航空學校飛行教官。

一九三一年六月，高志航加入中國國民黨。「九一八事變」後離開東北，入關抵平，進入國民政府軍政部航空署所屬第四隊任少校飛行員。一九三二年四月，調杭州筧橋中央航校高級班受訓，後留校任飛行教官。一九三六年初，任空軍驅逐第一隊少校隊長。

赴義大利考察空軍

一九三五年九月，蔣介石召見高志航，命令他前往義大利考察空軍，瞭解歐洲各國對於空軍獨立作戰的戰術，並吸收新知，研究「杜黑主義」，為期六個月。

所謂「杜黑主義」，是義大利一位將領杜黑（Douhet Giulio, 1869-1930）所主張的戰略思想。杜黑在一次大戰時，體認空軍發展的潛力，以及對戰爭的決定性，著有《制空權論》。該書提出戰略轟炸足以瓦解甚至消滅敵人的戰鬥力，立即引起義、美等軍事專家的重視。他還主張建立獨立的空軍，削減陸、海軍，統一全部武裝力量的指揮權。義大利尊他為「戰略空軍之父」。

一九三六年四月，高志航返國後，曾撰寫考察報告，其中幾項重點為：

一、我本軍人不宜問政之態度，認為法西斯及墨索里尼之作為似均不合中國國情。

二、我們應精研如何努力以建立為空軍大國。

三、我已擬妥腹案，提出計畫，請義國提供我大量航空練兵技術及其所需之器材，並洽商來華設廠。

四、已會見多位航空工程師、工廠廠主，請彼等代訓我國航空人員。

五、義大利之飛機性能，尚未達到世界標準，唯其所造之費雅特級木造型飛機，尚合我國國情需要。

六、杜黑主義以空軍為主，有黷武之嫌，倘以空軍一枝獨秀，則其他兵種，又將如何？

七、我國空軍正在萌芽階段，宜投下大量人力、財力，加緊訓練，努力建軍，應可接受未來挑戰！

沒多久，命令下來，派任高志航為空軍教導總隊的總隊附，協助總隊長毛邦初；下設兩個組，一為驅逐組，一為轟炸組，高志航兼任驅逐組主任。七月，高志航調任空軍第六大隊大隊長。十月，再調任空軍第四大隊大隊長。

一九三七年五月，高志航升空軍中校，率第四大隊在南昌集訓。經過他親自訓練、親自帶飛、親自測驗，培養出劉粹剛、柳哲生、董明德、李桂丹、鄭少愚、樂以琴、羅英德等優秀飛行員。八月，第四大隊調駐河南周家口。

「六比〇」首開得勝

一九三七年七月七日，日本在盧溝橋正式發動侵華戰爭，並揚言「三月亡華」，迅速在七月底併吞華北，進逼上海，而於八月十三日爆發松滬會戰。

日軍以其絕對優勢戰力，對我展開陸、海、空立體大作戰。軍事委員會委員長蔣介石急令駐周家口的空軍第四大隊，調防杭州，加強上海空防。

八月十四日傍晚，第四大隊二十七架霍克三型飛機剛抵達筧橋機場上空，防空警報隨即大作，大隊長高志航立即下令戰機升空迎敵，率先擊落第一架敵機，令我軍士氣大振，不到半小時，先後擊落敵機三架、擊傷三架，不僅寫下我空軍史上首度開戰即大獲全勝的紀錄，更打破日本皇軍不敗神話，成為抗戰史上我軍第一場勝仗。

「八一四空戰」大振我軍士氣，也讓國際對中國空軍刮目相看。日軍木更津與鹿屋聯隊為了雪恥，隨即在十五、十六、十七日連續三天，對我展開大規模報復性攻擊，結果再遭我軍痛殲四十餘架戰機，日軍將領也因此自殺謝罪。

廣播電台報導此一消息後，全國百姓欣喜若狂，一洩屈辱之氣，國民政府宣布八月十四日為「中國空軍節」，高志航大隊長被譽為「空軍戰神」。

中國飛行員贏在不怕死

「八一四空戰」是歷史上中、日空軍首度交鋒，才成立沒多久的中國空軍，竟然駕駛著裝備落後的戰鬥機，擊敗擁有先進戰機的日本皇軍。

當時日軍擁有新型戰機二千七百多架，飛行員一萬三千人；我方勉強可用的戰機只有二百二十架，飛行員七百人。

除了戰力懸殊，中國空軍的武器裝備及飛行技術也遠遠不如日軍，但是飛行員個個同仇敵愾、誓死報國。相對的，日本空軍之敗，主因在於「完全沒把中國空軍看在眼裡」。

前空軍副總司令李貴發於二〇一五年六月二十六日接受中央廣播電台專訪時指出：「你知道嗎？第一天來攻擊的十八架飛機全是轟炸機，九六式轟炸機。九六式還有一種戰鬥機，它戰鬥機居然沒有起飛，它居然不要護航，太瞧不起中國空軍了！當然轟炸機它還是有自衛武器的，可是轟炸機不靈活，所以戰鬥機對著它開槍，開完槍，戰鬥機就走了。」

李貴發分析：「空軍飛行員啊，因為同仇敵愾嘛，因為日本人太可惡了，所以士氣很高。那時候幾乎每一個飛行員心中都存著必死的決心，就是為了國家，就認了、就要犧牲了。而且他們想要犧牲，所以作戰的時候非常勇敢，打不過你，我如果負傷了，我就把你撞下去。所以其實當時在抗戰初期，對於日本來講，尤其是日本飛行員來講，這也是一個很大的威脅，他們發現中國飛行員不怕死。」

松滬會戰血戰三月，不僅是中華民國對日抗戰史上第一場大型會戰，也是戰爭規模最大、歷時最長、我軍犧牲最慘烈的一場戰役。當時中華空軍健兒在高志航領軍下，支援地面部隊作戰，空戰中擊毀、擊傷敵機，以及擊沉二十多艘日本軍艦。李貴發強調：「事實上，擊沉日本軍艦，造成日本軍需運輸中斷及部隊支援困難，對日軍的打擊更甚於在空戰被擊落的飛機。」

一九三七年九月，高志航升空軍上校，任空軍驅逐司令，仍兼第四大隊大隊長。

十一月，高志航奉命率毛瀛初、姜廣仁等一批飛行員，赴蘭州接收蘇聯售華的 E15、E16 驅逐機，其間因天候關係，過程並不順利。

他率新購的戰機，一路經西安、洛陽，抵達周家口，想再直飛南京，但因南京天氣惡劣，航空委員會主任周至柔急電命令，仍留原地待命。

周家口機場小，尤其要命的，警報系統又不夠靈敏，往往等到敵機已經靠近時，才得到消息。

十一月二十一日，周家口機場接到報告，有十一架日機向該機場飛來，高志航立即下令作戰，此時日軍戰機已飛至機場上空俯衝轟炸。高志航登上座機進入機艙，但是氣候潮濕寒冷，居然無法發動，三次「開車」失敗，隨即被日軍投下的炸彈擊中而殉國，時年三十歲。同時殉國的還有第四航空大隊馮幹卿、姜廣仁等六人。陣亡時，高志航的雙手還緊緊握著飛機的操縱杆。

高志航壯烈成仁後，國民政府和軍委會追授高志航少將軍階，在漢口商務會大禮堂舉行追悼，蔣介石親自為高志航主持追悼會，並敬獻花圈致哀，花圈上寫著：「高志航英雄殉國，死之偉大，生之有威，永垂千古」。中共周恩來也參加追悼會，稱讚高志航「是中華民族的英雄，為抗日犧牲的，為民族犧牲的。」一九九三年七月，高志航之子高耀漢託請作家吳東權撰寫《高志航傳》，當時九十二歲高齡的張學良也為這位東北同鄉、當年的部下親自題詞：「東北飛鷹，空軍戰魂」，登載在該書上。

高志航精神持續流傳

依據吳東權撰《高志航傳》的描寫，高志航在生活上有其獨特性格，家人和部下都知道他是：睡得晚，起得早，吃得快；走得匆，做得多，說得少。另外，長官和同僚們給他的評語是：脾氣暴躁，剛正不阿，嫉惡如仇；忠黨愛國，勇敢堅強，不甘落後。吳東權如此評述：「標準的東北漢子，一切心情都表現在行動上。」

我國空軍飛行員在抗戰時耗損至鉅，陣亡率近五成，年輕飛行員一飛沖天，可能再也回不來。描述抗戰四十位飛行員及其眷屬故事的紀錄片《沖天》，於二〇一五年八月在台北舉行首映，高志航的女兒高友良出席首映會時說，高志航於一九三七年底陣亡，「爸爸沒了，家就碎了」；她真希望成長過程能有一個完整的家，但在那個時代沒有辦法，為了國家只能承受。

沈珮君在〈你真的懂我的痛嗎？〉文中，對高志航的死，另有這樣的深刻描寫：

> 高志航在抗戰不久即殉國，但直到八年後抗戰勝利才公布他的死訊，他的兒女回憶他的秘密葬禮，棺木很怪，比別人高一截，因為他被燒得黏在飛機駕駛座上，始終

維持坐姿，這樣的英姿，除了「永恆」兩字，無以名之。

高志航殉國後，中國空軍健兒雖痛失領航人物，不但不氣餒，反而在他感召下視死如歸，締造了許許多多的「八一四」。

高志航的精神持續流傳下來，他生前的壯語：「身為空軍，怎可讓敵人的飛機飛在頭上!?」也成了中國空軍的精神信仰，直至今日。（方鵬程）

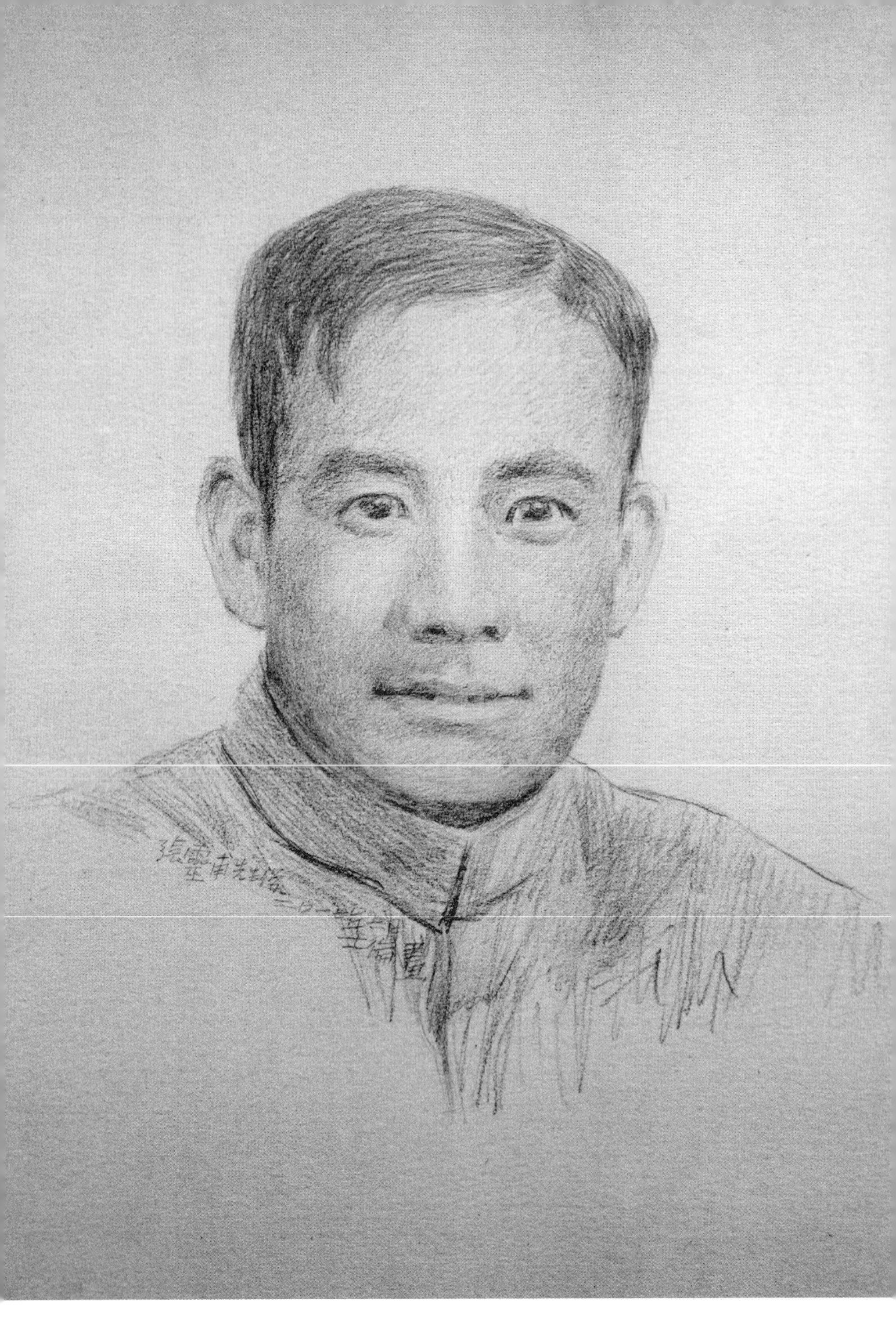

張靈甫（1903-1947）

張靈甫：跛腿猛先鋒

張靈甫（一九〇三—一九四七年），名鍾麟，字靈甫，陝西西安人。黃埔軍校第四期畢業，曾經四次參與圍剿中共工農紅軍，參與對日抗戰中的淞滬會戰、南昌會戰、常德會戰及第二次國共內戰等大小戰役。

由大導演吳宇森執導，二〇一四年底上映的《太平輪》上集，以黃曉明飾演的國軍將領這個角色最為搶戲。影評家幾乎一致認為該角色就是在影射徐蚌會戰中殉難的國軍師長張靈甫，甚至以為《太平輪》上集就是一部「張靈甫傳」。

從張靈甫留下來的照片看，儀表俊俏，英挺高大，比男明星有過之而無不及。他從基層軍官幹起，每次打仗總當先鋒，全身傷痕累累，其中一次對日作戰中因腿部中彈，從此走路要拿枴杖。

在國民政府將領中，張靈甫有「張瘸子」或「跛腿將軍」的稱號，有人也稱他為「拐公」，他則自號「跛叟」。他的將士知道他的傷來自親臨火線，對他懷有敬意。

位列先鋒，屢傷屢戰

張靈甫出生於陝西西安南郊一個農民家庭，幼年在私塾啟蒙，讀《四書》、《五經》。十歲那年，進長安縣高小念書，後考入長安中學。一九二三年畢業於陝西省第一師範學校，回家鄉擔任一段時間的小學教師。次年入北京大學歷史系就讀一年，因無力負擔學費，辦理休學後，先到河南開封加入胡景翼的軍官訓練團，後在陝西同鄉、同盟會會員于右任推薦下投考黃埔軍校，順利進入黃埔軍校第四期就讀，修步兵官科。

軍校畢業後，張靈甫從步兵排見習官做起，旋任排長，參加北伐。進攻德安馬回嶺時，張建議夜戰偷襲，被營長採納，帶領全排當尖兵，夜襲敵人獲勝，在戰鬥中右腿負傷，升為連長。一九三〇年，參與中原大戰等戰役，在進攻河南唐生智戰鬥中，右臂負傷，次年升營長。一九三二年，在對鄂豫皖紅軍根據地第三次圍剿中，率部於六安、蘇家埠突破紅軍防線，迫使紅軍撤退，是此次圍剿中的罕有勝仗。紅軍長征陝北後，張靈甫率部追擊紅一方面軍至甘肅岷縣，從馬上摔下來跌傷腿。

一九三四年的麻城、黃陂戰鬥中，張靈甫充當先鋒，猛攻紅七師與紅二十師陣地，使紅軍傷亡慘重，師長胡宗南讚之為「黃埔奇才、革命猛將」，升為獨立旅第一團中校團長。不久，又以一團之眾突破紅軍主力對衛立煌軍部的包圍，救衛立煌於艱危之地。

高安戰役打成「跛腿將軍」

一九三七年盧溝橋事變後，中央組建第七十四軍，張靈甫出任第三〇五團團長，率部奔赴淞滬戰場。在著名的羅店、嘉定戰役中，張靈甫多次帶領全團官兵抵抗，並擊退日軍攻勢。

淞滬戰役後，張靈甫隨第七十四軍守衛南京，率團阻擊日軍第十八師團，戰鬥中負傷仍堅持指揮，並奉令堅守雨花台、華嚴村一線。日軍又再調集部隊強襲猛攻，張靈甫率全團官兵拚死抵抗，使日軍的進攻一次次受挫，因而被晉升為副旅長兼三〇五團團長。

隨後在一九三八年十月的武漢保衛戰中，七十四軍參加著名的萬家嶺戰役，張靈甫力排眾議，率突襲部隊偷渡崎嶇峽谷，配合正面進攻，奪取張古山。日軍頑強反抗，在飛機、重砲掩護下反撲，張靈甫身中七塊彈片，仍率部死戰，人稱為「猛張飛」。經五晝夜激戰，終與友軍合殲松浦淳六郎所率領日軍第一〇六師團，七十四軍一戰成名，從此成為國軍主力之一，張靈甫也晉任一五三旅旅長。

同年底，第七十四軍駐紮長沙，在慘烈的長沙大火中，張靈甫親自率領部隊官兵幫助百姓，在滿目瘡痍中重建家園，並以軍紀嚴明受到好評。一九三九年三月，日軍發起南昌會戰，國軍抽調七十四軍緊急馳援，以確保高安要點，屏障南昌左翼，張靈甫的一五三旅在祥符觀與日軍激戰，戰鬥中張靈甫右膝蓋中彈受傷，裹傷後繼續指揮作戰。戰後遠赴香港瑪麗醫院就醫，經醫師診療必須住院修養，但張將軍心繫軍情，仍立即出院返防，導致從此不良於行，走起路一跛一拐，被稱為「跛腿將軍」。後來他說：「吾張某人腿雖廢，然中華民族得以站立，不為倭賊所欺，吾之腿值也。」

七十四軍改編為第七十四師，為「國軍模範」

一九四〇年，張靈甫升五十八師副師長，翌年升師長。一九四三年冬，參加常德會戰，親率突擊隊救援常德，以作戰兇猛逼使日軍佔領常德當日即退出。一九四四年秋長衡會戰結束，升任七十四軍副軍長。

一九四五年四月湖南芷江保衛戰，日軍企圖打通湘黔公路，扭轉整個中國戰場頹勢；五月十五日，雪峰山戰役爆發，經一番慘烈戰鬥，日軍共被各路國軍斃傷達八萬多人，張靈甫被稱為「常勝將軍」，獲盟邦美國贈予金質自由獎章，升任七十四軍中將軍長。

抗戰勝利後，七十四軍獲極高榮譽，進駐南京，衛戍京畿，張靈甫兼任南京警備司令。嗣因國民政府財政困難，大力裁撤部隊，降編軍團為師團，第七十四軍改編為第七十四師，仍有三萬多人，被視為「國軍模範」。

次年八月，張靈甫奉令率領整編後的第七十四師剿共，進攻蘇北共區，連克淮安、淮陰等重鎮和泗陽、宿遷等縣城十餘座。十二月，強攻中共軍事要地漣水，擊破其堅固防禦，僅共軍第六縱隊即傷亡五千餘人。收復蘇北後繼續北進山東，攻克沛陽、新安、郯城各要點，直取臨沂與蒙陰。

非戰不力，孟良崮劃句點

七十四師擁有火力強大的美式機械化裝備，可以說是全國最精銳的王牌之師；身經百戰的張靈甫率領天下第一師七十四師，依命令由孟良崮渡汶河攻取坦埠。當時連共軍都稱：「七十四師一日存在，新四軍一日不得安枕。」然而孟良崮之役，卻為他們的戰史劃下最悲壯的句點。

孟良崮在山東中部沂蒙山區，地勢險峻，群山連綿，溝壑縱橫，行動困難，根本不適於七十四師重裝備部隊投入。第一兵團司令湯恩伯發現第七十四師上孟良崮是個錯誤計畫，於是向國防部作戰次長劉斐要求緊急更改，然而劉斐卻藉故阻撓。而國防部作戰次長劉斐和作戰廳長郭汝瑰則是潛伏於國軍中的共諜，早已將進攻山東的作戰計畫與兵力部署狀況密告中共。

在孤軍深入的不利形勢下，張靈甫決定將部隊拉上孟良崮山麓，主動讓共軍來包圍自己，企圖吸引共軍，再與外面的國軍合力夾擊共軍主力。但因友軍行動遲緩，策應不力，共軍採取圍點打援與人海戰術，以消滅七十四師為首要目標。

中共華東野戰軍調集五個縱隊十六個師的兵力，擔任對孟良崮的主攻兵團，另以四個縱隊十一個師的兵力作為阻援兵團，同時又動員民兵、民工九十萬人支援前線。司令員陳毅指示所屬：「要不顧一切代價拿下孟良崮，哪怕一、四、六縱隊打光了，也在所不惜。」

在十倍以上的共軍圍困及猛烈砲火轟擊下，七十四師官兵篤信張靈甫之言：「做戰需步步求生，而存心必時時可死！蓋有光榮戰死之決心，乃能作絕處逢生之奮鬥！」浴血苦戰四晝夜，許多官兵因不眠不休、飢渴難忍而昏厥倒地。張靈甫見戰局已無法挽回，乃發最後一電呈蔣介石，陳述友軍未能救援，以致由勝轉敗之戰況。

殉國時幼子才出生

張靈甫的死因存在爭議，一說張靈甫在最後自殺，一說是被華東野戰軍擊斃，亦有張靈甫被華野俘虜後擊斃的說法。戰役結束後，陳毅指示：「戰死沙場的將軍，應該得到一個軍人的榮譽。」一時任華東野戰軍六縱副司令員皮定均下令，將其遺體裹以新白布、用四寸厚的楸木棺材厚葬於孟良崮以北十五公里處的山東省沂水縣野竹旺村。

蔣介石接張電文後感傷落淚，手書「碧血千秋」，以作悼念。為褒揚忠烈，追晉張靈甫、蔡仁傑各升一級，明令以山東蒙陰為靈甫縣，以驅逐艦一艘命名為靈甫號，並查辦救援不力之將領李天霞等人。

張靈甫寫有遺書向愛妻王玉玲告別：「十餘萬之匪向我猛撲，今日戰況更惡化，彈盡援絕，水糧俱無，我與仁傑（副師長蔡仁傑）決戰至最後，以一彈飲訣成仁，上報國家與領袖，下答人民與部屬。老父來京未見，痛極，望善待之，幼子望養育之，玉玲吾妻，今永訣矣！」

張靈甫殉國時，王玉玲才十九歲，他們的幼子才出生廿一天。張靈甫揮師北上後再也沒有回來，兒子張道宇也一直未見過自己的父親。她先來了台灣，最後又去了美國，牢記丈夫臨死

囑託，以堅強意志撫育孤兒，一生沒有再嫁。（方鵬程）

謝晉元（1905-1941）

謝晉元：上海守護神

謝晉元（一九〇五—一九四一年），字中民，廣東鎮平（今蕉嶺）人。畢業於黃埔軍校第四期，歷任國軍排長、連長、營長、團附、師部參謀、旅部參謀主任等職。在一九三七年中日淞滬會戰中，奉命率孤軍死守上海四行倉庫，名震中外，國人感奮。

「中國不會亡，中國不會亡，你看那民族英雄謝團長；中國不會亡，中國不會亡，你看那八百壯士孤軍奮守東戰場……。」這首歌中的「謝團長」就是謝晉元。

日本妄想征服中國，繼一九三一年發動「九一八事變」，強佔我國東北後，又於一九三七年挑起「七七盧溝橋事變」及「八一三淞滬戰役」。當時全世界都在看：中國如何應對？會和日本進行全面戰爭？

我國固知淞滬陣地不應久守，然為鼓舞全國士氣，顧及國際視聽，不得不作堅強的抵抗，以致有「八二二」日軍海陸增援達三十萬人，我軍參戰者達五十餘師。其後，中國統帥部決作戰略上轉移，於十月二十六日下命國軍退出上海戰場時，謝晉元率領孤軍四百多人，奉命留守閘北繼續作戰。

此一以寡擊眾的故事震驚中外，且名留青史，讚之曰：「八百壯士」。

從「文狀元」學校轉讀「武狀元」學校

謝晉元生於廣東蕉嶺的一個貧苦農民家庭，在育民小學畢業後，入三圳公學（現為晉元中學），以全校第一名成績畢業，後考入梅縣省立第五中學（現梅州中學）。十七歲畢業後，他隻身前往廣州，考入國立高等師範（後改為廣東大學，再改為中山大學）預科三年，就讀了一年多。

孫中山常以廣東大學所培養的人才是「文狀元」（黃埔軍校則是學生心目中培養「武狀元」的學校），並在此一學校演講發表三民主義。黨國元老廖仲愷、戴傳賢、胡漢民、邵元沖也經常到校演講，但謝晉元來到廣州時，孫中山已應段祺瑞、馮玉祥之請離粵北上，其後逝世於北平。

謝晉元在廣東大學沒有畢業，便毅然棄文從武，轉入黃埔軍校第四期。一方面是受孫中山革命思想的影響，另一方面據謝繼民撰《我的父親謝晉元將軍》記載，是和「沙基慘案」有關。一九二五年五月，英日鎮壓上海遊行工人，引發「五卅慘案」。六月二十三日，廣州和香港工人為聲援上海，工人發動省港大罷工，英國士兵開槍鎮壓廣州沙基西橋口的遊行隊伍，又造成嚴重傷亡的事件，當時謝晉元也在遊行行列中。

次年十月，謝晉元自黃埔軍校畢業後，分發在國民革命軍第一軍第二十一師任排長，參加北伐戰爭。北伐成功後，被調到七十八師補充團任營長；一九三〇年，調到第十九路軍蔡廷鍇部任營長，隨軍進駐上海閘北，保衛上海；一九三二年，「一二八」淞滬戰爭爆發時，謝晉元即身先士卒，參與此一保衛戰的戰鬥行列。一九三五年，七十八師補充團改編為八十八師補充團，移駐四川實施整訓，謝晉元因成績卓著，被擢升為中校團附（當時部隊編制沒有副團長，團附等於是副團長），隨後部隊再改編，謝晉元再調八十八師司令部中校參謀。一九三六年，再升任八十八師二六二旅中校參謀主任，兼任第五二四團中校團附，移駐江蘇無錫。

上海淪陷區的抗日精神象徵

繼一九三七年七月七日盧溝橋戰起，八月十三日展開了中日首場大型會戰——「淞滬會戰」。當時的上海是東亞最大港埠，又是我國經濟交通第一要地，租界林立，華洋雜處，中國最高統帥蔣介石決定在上海向國際顯示中國抗戰到底的決心。

淞滬會戰的主戰場方圓不過幾十公里，日軍先後增援三十萬兵力，雙方三個月的血戰，一寸山河一寸血的慘烈程度，被國際媒體形容為「血肉磨坊」。由於中國部隊戰志高昂，見死不退，著實出乎日軍意料之外。僅此一役，就已經打破日本「三月亡華」的迷夢。

戰爭相持至十月下旬，日軍登陸杭州灣，大上海全部陷於敵火包圍之中，中國統帥部以拖延時間的戰略目的已達，為從長遠計，決作戰略上轉移，於二十六日下令國軍退出上海戰場。同時，謝晉元所率領第五二四團第一營四百多人，則奉命留守閘北繼續作戰，負起掩護大軍撤退的艱巨任務，並壯大國際視聽。

謝晉元堅守四晝夜之後，撤退至蘇州河南岸的公共租借區，被譽為「八百壯士」。英國駐中國司令員史摩萊如此形容「八百壯士」的英勇：「我們都是經歷過歐戰的軍人，但我從來沒有看到過比中國『敢死隊員』最後保衛閘北更英勇、更壯烈的事了。」

之後，公共租借區迫於日軍的威脅，而令謝晉元的部隊繳械，並限制其行動於一軍營中，上海市民稱其為「孤軍營」，一時成為上海淪陷區的抗日精神象徵。

一九四一年四月二十四日，謝晉元在孤軍營中突遭郝鼎誠、張文清、尤耀亮及張國順等人以刀刺殺身亡，政府於五月八日通令嘉獎，追贈謝晉元為陸軍步兵少將，上海六萬民眾前往瞻仰遺容。

誓死奮守，「為國當不能顧家」

四行倉庫即是金城、鹽業、中南、大陸等四個銀行的聯合棧庫，位於蘇州河北岸，倉庫樓高六層，建築堅固，為閘北一帶最高、最大的一座建築物。謝晉元臨危受命，誓死奮守，率兵死守蘇州河北岸，並選定四行倉庫為據點實施單線作戰。孤軍為了表明決心，大家都預立遺囑，交人帶出，以明心志。至今謝家仍保存著淞滬會戰前謝晉元發給妻子凌維誠的一封家書：

巧英吾妻愛鑑：日內即將率部進入滬淞參戰，特修寸箋以慰遠念。我神州半壁河山，日遭蠶食，亡國滅種之禍，發之他人，操之在我，一不留心，子孫無噍類矣。為國殺敵，是革命軍人素志也；而軍人不宜有家室，我今既有之，且復門哀祚薄，親老丁稀，我心非鐵石，能無眷然！但職責所在，為國當不能顧家也。老親之慰奉，兒女之教養，家務一切之措施，勞卿擔負全責，庶免征人之分心也……。

孤軍完成掩護五十萬國軍撤退任務

十月二十七日清晨，日軍發覺我軍全線撤退，立即跟蹤追擊。

日軍在閘北正向前搜索之際，不料被四行倉庫屋頂的彈雨掃射，日軍一時人仰馬翻，亂成一片，此時日軍尚不知彈雨從何而來。之後發現四行倉庫內留有國軍，於是對倉庫實行三面夾攻，雙方衝鋒肉搏，戰況激烈。謝晉元親率下屬於四行倉庫外布陣迎戰，痛殲日軍，殺敵無數。

一時全閘北各地之敵軍，分路向四行倉庫集中圍攻，其中有敵軍二十餘人，在蘇州河畔夾攻，這時有一位在六樓守望的壯士看見，立即全身縛滿手榴彈，突由六樓平台對準敵人躍下，一個大炸彈自天而降轟然爆炸，二十餘敵兵瞬間化為泥灰肉醬，而我壯士亦血肉橫飛，忠勇殉國。隔岸民眾看到這一幕，一方面固然鼓掌稱快，但也為這個英勇壯士痛哭流涕。

十月三十日，敵軍又大舉進攻，用小鋼砲及機關槍向四行倉庫密集射擊。並有敵機數架在上空助戰。上海公共租界英軍司令少將，因見我軍英勇作戰，深受感動，除了購贈糧食送給八百壯士充饑外，他更親自進入四行倉庫拜會謝晉元，建議孤軍自租界撤出，英國駐上海領事願給予最大協助，但謝團長答道：「我們軍人以服從命令為天職，即使撤走，也得要有我們蔣委員長的命令，否則我們寧願戰死。」

後來，各國使節團透過外交關係，正式提出照會，要求我政府下令撤離孤軍，以免日軍重砲射入公共租界，危及各國僑民。經最高當局再三考慮，以八百壯士已完成掩護國軍主力撤退的任務，決定電令倉庫守軍撤出並轉進租界，四行倉庫守軍只得服從命令，揮淚撤離。

三十一日凌晨，謝晉元率部冒死突圍，日軍水陸射擊，八百壯士且戰且走，英軍司令在橋頭接應，數萬市民隔岸聲援，情緒沸騰，幸而謝晉元沉著應變，於密集砲火中迅速搶越橋頭，雖有傷亡，但安抵英租界者尚有三百七十多人。孤軍們成功奮守四行倉庫，完成了掩護五十萬國軍撤退的任務，至此暫告段落。

「八百壯士」究竟多少人？

「八百壯士」的實際人數，有三百人、四百五十二人、五百人、八百人等多種說法。

中央社上海分社記者在撰寫電訊時，寫了「四行孤軍五百餘人」一句，時任中央社上海分社主任馮有貞在審稿時，認為既由團附指揮，便提筆改為「八百人」，這應就是「八百孤軍」、「八百壯士」一詞的由來。

中央社最早報導此事的「二十七日上海電」指出：「蓋我八八師之一營以上忠勇將士八百

餘人，由團長謝晉元、營長楊瑞符率領……。」

據謝繼民撰《我的父親謝晉元將軍》記述：「全體壯士實為四百二十人，其中十餘名殉難，餘受傷入醫院治療，撤退時為三百七十七人。」

楊惠敏護旗成壯士

「八百壯士」死守四行倉庫的第二天，上海女童子軍楊惠敏在蘇州河畔眼見對岸日旗遍布，獨四行倉庫屋頂未豎國旗，便決心要將青天白日旗送進四行倉庫去。二十九日天未破曉，謝晉元率領所屬肅立天台升旗，上海市民於一片煙塵火海中，爭睹巨幅國旗迎風招展，無不喜極而泣，感奮萬狀。

八百壯士撤退入孤軍營後，初期對外接見民眾受到限制，但英勇獻旗的女童子軍楊惠敏卻有比較多的機會進營慰問，她經常為孤軍士兵縫洗衣被，並代寫家信帶出營外，經過香港轉寄內地。由於她獻旗的事蹟給大家很大的鼓舞，有人也稱她為「第八百零一名壯士」。

兩戰淞滬留聲名

上海抗戰三月，日軍投入的兵力由開始時的一萬多人，逐次增加到二十八萬人，戰役後期更達到三十三萬人。出動戰車三百三十輛，大砲三百餘門，飛機四百二十架，艦艇百餘艘。雖然日寇最後侵佔了上海，但是卻付出了兵員傷亡六萬餘人的代價，「三月亡華」徹底破滅。

在死守四行倉庫時，戰地記者曹聚仁曾經進入採訪謝晉元和楊瑞符，臨別時拿出手冊，請簽名留作紀念，謝晉元題字是：「餘一槍一彈決與倭寇周旋到底」，楊瑞符題字是：「剩一兵一卒勢為中華民族求生存」。

謝晉元生於廣東，受革命感召而投筆從戎，征戰於全國各陣地，卻死戰於上海，亦在上海以身殉國，誠可謂完人矣！

謝晉元於一九三二年參加過「一二八」淞滬抗戰，五年後，他的部隊又一次打響「八一三」淞滬會戰的聲名，亦可說是「上海守護神」！（**方鵬程**）

張自忠（1891-1940）

張自忠：活關公

張自忠（一八九一—一九四〇年），字藎臣，後改為藎忱，山東臨清人。原隸屬馮玉祥部第十六混成旅，後至國民革命軍陸軍中將，一九四〇年五月十六日在湖北宜城南瓜店與日軍作戰中陣亡，後被政府追晉上將。

在湖北宜城縣新街鄉有個人人都叫得很響的地方：南瓜店。這也是一代抗日英雄張自忠壯烈殉國之所，敵人早於此設下重兵。被日本人稱為「中國第一位男子漢」的張自忠，生前不只一次讓他的敵人哭泣，死時同樣讓他的敵人敬畏三分。

張自忠究竟是為敵人所逼，抑或是有意走進這死亡的谷地？這得從那個時代悲劇裡去找尋答案……

棄文從武，隸屬馮玉祥部混成旅

張自忠生於清光緒十七年，自幼隨父母在贛榆縣讀書，一九一一年考入天津法政專門學校讀書，在校參加同盟會。一九一二年，轉入濟南法政專科學校讀書。一九一四年至奉天，棄文從武，入陸軍第二十師隨營學校為學兵。

一九一六年，轉隸馮玉祥部第十六混成旅，歷任排、連、營及學兵團長，治軍以嚴明著稱。一九二七年，馮玉祥部國民軍改編為國民革命軍第二集團軍，張自忠任該集團軍軍官學校校長。一九二八年，任第二十五師師長。一九三〇年，參加中原戰爭，失敗後為中央收編，任第二十九軍三十八師師長，始隸宋哲元麾下。一九三二年八月，率部入察哈爾省。

率千人大刀敢死隊，打下喜峰口大捷

「九一八事變」後，中、日兩國實際已處於戰爭狀態，先有東北義勇軍馬佔山奮起抗日，再有「一二八淞滬之戰」，復有一九三三年長城各口之戰，都是「七七」全面抗日前的序幕戰。在這幾場序幕戰中，戰果最突出、最輝煌的，首推長城喜峰口大捷。

同年三月初至五月中，為時七十日間，敵我在長城冷口、喜峰口、馬蘭峪、古北口沿線大小數十戰，我軍浴血抗敵，尤以喜峰口、古北口激戰最烈。這是自「九一八」以來，日軍所遭遇到最嚴重的打擊，敵人自己也承認，是侵華以來所遭遇到的最大失敗和恥辱；日猶哀嘆：「明治大帝造兵以來，皇軍榮譽盡喪於喜峰口！」

當時二十九軍第三十三師在師長張自忠率領下，千人大刀敢死隊（由於西北軍的傳統，第二十九軍士兵均配一副大刀，因此敢死隊又稱為大刀隊）以急行軍兼程趕赴喜峰口，於月黑風高之夜，用手榴彈、大刀為武器，乘敵不備，發起突襲，經激戰四十餘日，殲滅日軍步兵兩個聯隊和騎兵一個大隊，造成空前大捷，震驚中外，舉國振奮，〈大刀進行曲〉由此誕生，唱徹華夏。張自忠等獲中央頒授青天白日勳章，於是抗日英雄的威名，傳遍全國，婦孺皆知。

代宋哲元訪日，被視為親日派

一九三五年六月，由於何梅協定，國民政府中央軍退出河北省。十二月，成立冀察政務委員會，宋哲元任委員長，張自忠任委員。張自忠並兼察哈爾省省主席與第三十八師師長，晉級中將。一九三六年五月，張自忠調任天津市市長，其部隊亦由察省移駐平津線一帶。時日人圖華北甚急，天津市首當其衝，張自忠居間因應，遂遭人詆譭，但為了國家，未作辯解。

一九三七年三月，日軍突邀宋哲元訪日。為減輕日方壓力，宋哲元遂命張自忠率「冀察平津國外旅行團」訪日。從四月二十三日至五月二十九日，張自忠訪問了東京、大阪、神戶、奈良、名古屋等地，但日方宣傳為「代表團在日期間受到各方面熱烈招待，滿載而歸，每個人都滿臉喜氣，親日氣氛已收到相當效果」。雖然張自忠發表聲明，稱僅考察日本工業，但國內輿論並不相信，自此張自忠被視為親日派，甚至是漢奸。

「張逆自忠」掩護二十九軍撤退

一九三七年「七七事變」爆發後，宋哲元與張自忠均認為日本還不至於對中國發動全面戰爭，但七月十七日軍事委員會委員長蔣介石在廬山發表談話，已拒絕對日方做任何讓步。七月十八日，日本成立最高司令部於豐台，三路並進，以攻取北平。二十八日，敵軍陷南苑，二十九軍副軍長佟麟閣與一三二師師長趙登禹力戰殉國；三十日，天津失守。於是宋哲元決定將第二十九軍撤到保定，命張自忠為「冀察政務委員會代理委員長」、「冀察綏靖代主任」、「北平市代理市長」等職，留平十日，率兩個旅與敵周旋，以掩護第二十九軍撤退。

如此一來，張自忠就成為眾矢之的，全國各大報刊紛紛痛斥張自忠，報界一度凡提及張自忠，必稱「張逆自忠」。待第二十九軍撤出平津之後，張自忠試圖逃離北平，但一直到九月三日才成功抵達天津，十月十日才到南京市晉見蔣介石，之後張自忠以軍政部中將部附的身分留在南京。中央政府於十二月遷至武漢後，才發表張自忠升任第五十九軍軍長，編入第一戰區戰鬥序列。返回部隊當天，張自忠對部眾痛哭誓言：「今日回軍，除共同殺敵報國外，是和大家一同尋找死的地方。」

連創三次大捷

一九三八年初，號稱日寇「鐵軍」的板垣師團在山東半島登陸，三月上旬進至魯南軍事要地臨沂城下，以優勢兵力圍攻守軍龐炳勳第四十軍的五個團，第五戰區司令長官李宗仁急調第五十九軍增援臨沂。張自忠率部星夜兼程，趕到臨沂北郊，兵分三路，發起猛烈進攻，臨沂守軍也開城出擊，板垣師團在兩面夾攻下倉惶後撤。張自忠率部急追，在沙子嶺再創板垣師團，取得抗戰史上有名的「臨沂大捷」，史稱「台兒莊大捷」。張自忠以戰功升任第二十七軍團軍團長，仍兼第五十九軍軍長；九月，參加武漢保衛戰，以孤軍堅守潢川，力挫敵鋒；十月，升任第三十三集團軍總司令，兼第五戰區左翼兵團總司令。

一九三九年五月，日寇十萬大舉進犯鄂北的隨縣、棗陽地區。張自忠一面命正面部隊死守，一面火速派兩個師迂迴到敵後方，兩面夾擊包抄日軍。他則親自率兩個團渡過襄河向敵猛攻，粉碎日軍圍殲第三十三集團軍的企圖。隨後第五戰區左右兵團全線反攻，一舉收復棗陽、桐柏等地區，史稱「鄂北大捷」。

同年十二月，日軍集中大量兵力猛攻駐守長壽店地區的第三十三集團軍所屬第一三二師，雙方激戰七天七夜，一三二師陣地多次被突破。張自忠調第一三二師的第三五九團另配一個營，夜間潛行三十里路，繞道偷襲日軍設在鍾祥縣的總指揮部。張自忠指揮部隊趁勢猛烈反攻，打得日軍狂退六十里，此役稱「襄東大捷」。蔣介石通電嘉獎，稱張部為「最優部隊」，其防區為「模範戰場」，老百姓則稱張自忠為「活關公」。

日軍敬佩英雄氣魄

一九四〇年五月，日軍又集結重兵再犯襄樊。當時敵眾我寡，但張自忠不顧一切，立下遺囑後即揮軍渡河，兩軍晝夜激戰九天，敵人傷亡慘重，起初不明白這支中國部隊何以這樣難打。後來才得知我方領軍是張自忠，立即增援反撲，誓要追剿張自忠以復前仇。

最後張自忠率部被圍於湖北宜城南瓜店的十里長山，日軍還以飛機大砲配合轟擊。五月十六日，張自忠衛士傷亡殆盡，自己身中六彈，屢次爬起衝殺，左右部屬請他突圍逃生，張自忠堅持不允，到了彌留時向左右衛士說道：「我今天戰死，自問對國家對領袖可告無愧，你們應當努力殺敵，不能辜負我的志向。」一代陸軍戰神終於戰死南瓜店。

日本人十分敬佩張自忠的英雄氣魄，在他戰死後，把遺體裝殮好埋葬起來，墳上還插著木牌，上面寫著：「華軍第三十三集團軍司令官張自忠被皇軍擊斃之墓」。遺體下葬時，日本官兵集合起來向張自忠行致敬禮。

蔣介石驚聞張自忠殉國，立即下令第五戰區不惜任何代價，奪回張自忠遺骸。繼張自忠任第五十九軍軍長的黃維綱率部再渡襄河，與敵激戰兩晝夜，付出了二百多人的傷亡，終於在方家集尋得墳墓，開棺將忠骸起出重殮。當靈柩經過宜昌時，全市下半旗，民眾前往弔祭者超過十萬人。靈柩運抵重慶時，蔣介石親臨迎靈致祭，並手書「英烈千秋」輓匾，以資褒獎。

張自忠殉國時，年僅五十歲，他的夫人李敏慧聞耗悲痛，絕食七日而死，夫妻二人合葬於重慶梅花山麓。

國家如此，唯有一死

張自忠身為中將軍銜的集團軍總司令，本可不必親自出擊作戰，但他不顧部眾再三勸阻，堅持由副總司令馮治安留守襄河西岸，僅親率三個團加總司令部直屬特務營，不足三千人渡河作戰。渡河前的五月一日，他曾以毛筆親書諭告所部各將領，可見其抱定為國犧牲決心之堅定：

看最近情況，敵人或要再來碰一下釘子。只要敵來犯，兄即到河東與弟等共同去犧牲。國家到了如此地步，除我等為其死，毫無其他辦法。更相信，只要我等能本此決心，我們的國家及我五千年歷史之民族，絕不致於亡於區區三島倭奴之手。為國家民族死之決心，海不清，石不爛，絕不半點改變！

喜峰口戰役前夕，張自忠就勉勵所屬將士說：「人生在世總是要死的，打日寇為國犧牲是最光榮的。」自潛出北平，返回部隊時即誓言：「和大家一同尋找死的地方！」前引五月一日誓師之言，更是「為國家民族死之決心，海不清，石不爛，絕不半點改變！」這類為國捐軀的話，張自忠不光是嘴上說，而且親身去做到。

張自忠老提「死」字，並非對抗戰前途沒有信心，而是認為身為軍人，為保家衛國，萬不能有任何僥倖想法。《梅花上將張自忠傳奇》曾記載張自忠這段話：「我堅信中國抗日戰爭一定能夠取得勝利，但這種勝利，絕不會輕易得來，而且必須用熱血和生命去爭取。最後勝利必須用鮮血和頭顱去換取，空喊勝利，坐待勝利，是永遠不會勝利的。」（方鵬程）

戴　笠（1897-1946）

戴笠：忠義血性的豪傑之士

戴笠（一八九七－一九四六年），浙江省江山縣保安鄉人，原名春風，字雨農，後改雨濃（因五行缺水）。黃埔軍官學校第六期畢業，長期從事特工與間諜工作，創立國民政府軍事委員會調查統計局（簡稱軍統局），並擔任副局長、代理局長（但為實際領導人）與中美特種技術所主任。

晉．周處《風土記》有言：「卿雖乘車我戴笠，後日相逢下車揖；我步行，君乘馬，後日相逢君當下。」這是成語「乘車戴笠」的出處，比喻不因為富貴而改變貧賤之交。

戴笠在年三十時，才以此姓名行世。十年之後，這個名字非常響亮，曾使許多人愛慕，也曾使許多人畏懼。

希聖、希賢、希豪傑

「三十而立」，戴笠的早年，讀書無成，流浪多年，三十歲以前無事蹟，三十歲以後才開始。

戴笠四歲喪父，六歲讀私塾，十四歲入江山縣立文溪高等小學，十七歲考入浙江省立第一中學，三個月後就被學校開除。很快他以第二名考入聯合師範，但不知為何未入學，亦無所事事。四年後投效浙軍第一師模範營充學兵，後部隊作戰失敗，浪跡杭州與上海。有不少傳聞說他參加幫會組織，甚至和杜月笙結為兄弟，但均乏具體事實可考。

較可信者，據良雄撰《戴笠傳》，投考省立第一中學時，國文試題是：「試各言其志」，戴笠發抒懷抱，結語是：「希聖希賢希豪傑而已」，意謂若做不到聖賢，亦當作一豪傑之士，可說自負不凡。

從小就懷有「希聖、希賢、希豪傑」的他，一九二六年，快三十歲時，聽說「革命朝氣在黃埔」，才自改其名為戴笠，考入黃埔軍校第六期騎兵科，當時黃埔軍校的校長蔣介石只比戴笠大十歲。

據戴笠自己說：「我在黃埔，只受過十個月訓練。」以後軍校遷南京，並未報到，第六期畢業典禮亦未參加，但軍校仍保有他的學籍，承認他是騎兵科畢業。

從力行社踏出事業開端

戴笠畢生從事情報工作，受黃埔二期胡靖安影響至大，從額外情報員，到情報參謀、組長，約經四年時間努力。其後胡靖安奉派德國留學，推薦戴笠接替，任總司令部上尉參謀，直接向蔣介石提供情報。

「九一八事變」後，國內出現一個革命性組織，即是由蔣介石直接指導的力行社。依據良雄的說法和滕傑的憶述，都提到戴笠和力行社有極為密切關係，力行社可說是戴笠終身事業的開端，戴笠也讓力行社有扎實的發展。

滕傑等人發起力行社後，成立其中一個部門是「特務處」，先由桂永清擔任處長，一星期後即堅辭。當時在蔣介石身邊負責情報工作主要有蔡勁軍和戴笠，當滕傑為繼任人選傷腦筋時，蔣介石主動指名戴笠繼任。

由於得到戴笠的協助，力行社立即整合黨部、軍令部、軍政部和全省各地情報，建立全國性黨政軍民情報網，甚至超越了陳立夫所領導的「中統」。滕傑說：「長於計畫者常短於執行，擅於執行者多弱於計畫。戴笠兩者兼得，實屬難能可貴。」

策反敉平閩變和兩廣事變

北伐之後，國內仍有變相的武裝割據，甚或叛服無常。掃除革命障礙，協促國家統一，成為力行社特務處基本任務之一。戴笠在敉平閩變和兩廣事變過程中，有令人驚異的表現。

一九三三年，原本在「一二八事變」中英勇抗敵的第十九路軍軍長蔡廷鍇、蔣光鼐等人，於剿共戰爭中屢遭挫敗，且與中共、蘇共秘簽協定，假借抗日之名宣布福建省獨立，史稱「閩變」。

戴笠得悉十九路軍有異，立即派人策反其將領，力行社亦派員赴閩協助，不到三個月蔡宣布下野出國流亡。鬩牆之爭，國人痛心，假如當時未能及時阻止，軍閥割據加上日本乘虛而入，後果不堪想像。

到了一九三六年，粵漢鐵路即將接通，這對中央勢力進入廣東提供莫大便利。是時胡漢民突然因腦溢血逝世，使得兩廣失去重要政治支柱。粵桂實力派領袖陳濟棠、李宗仁、白崇禧以西南政務委員會及西南執行部名義，打著反對日本增兵華北，要求政府立即出兵抗日的旗號，是為「兩廣事變」，或稱「六一事變」。

不過戴笠早已從海、陸、空三方面暗中部署，多名將領被他策反，兩個多月兵不血刃地結束叛變。七月，粵空軍司令黃光銳率飛機七十餘架叛陳投蔣，接著粵軍第一軍軍長余漢謀通電擁護中央，陳濟棠不戰自敗，通電下野赴港。九月中旬，蔣介石、李宗仁在廣州會晤，廣西問題遂和平解決，從而結束兩廣與南京政權對峙的狀態。

至於西安事變，戴笠一再向蔣介石匯報「西北軍心不穩」，蔣依然前往。待事變發生後，戴笠冒死陪同宋美齡赴西安救蔣。他在日記中寫著：「自昨日下午到此，即被監禁，默察情形，離死不遠。來此殉難，固志所願也，惟未見領袖，死不甘心。」事後他自請處分，反而獲得蔣的信任。

以「不欺」之心統領軍統局

一九三七年抗戰軍興，舉國沸騰，次年初國共達成合作抗日，國民黨臨時全國代表大會決定將原有的國民政府軍事委員會調查統計局改組，擴大成為三個公開的特務組織，一為隸屬中央黨部祕書處的國民黨中央執行委員會調查統計局（簡稱中統或中統局），二為隸屬軍事委員會辦公廳的軍事委員會調查統計局（簡稱軍統或軍統局），三為隸屬軍事委員會辦公廳的特檢處（主管郵電檢查）。

世所共知，軍統局因戴笠而著名，局長（官階定為中將）一職，當由戴笠升任，但他一再陳情，願就副局長職務，因而局長一直由軍委會辦公廳主任兼任。直到一九四三年以後，戴笠無法再辭，才就任代理局長，官階仍為少將。

戴笠主持軍統局的各種業務，概分秘密的、公開的與半公開的三大類，任務範疇涵蓋情報、行動（各行動隊、爆破隊）、電訊、安全警衛、游擊武力、檢察、治安、交通、財經、保防、國際合作、民運及抗敵工作及訓練等，約相當於美國政府的戰略局、中情局、聯邦調查局、聯邦員警、防止滲透委員會及財政偵緝處之全部或一部分業務，可謂包羅萬象。

以游擊武力來說，戴笠視之為總體戰的一環，綜合運用以打擊、牽制並困擾敵人。創立於一九三七年八月的別動總隊，即是由戴笠倉促組合上海市民而成，起初並無把握，不料在淞滬會戰表現英勇，傷亡亦十分慘重，這令戴笠甚為感動，因而於一九三八年五月改組為忠義救國軍時，即由戴笠兼任總指揮。繼而成立的混城隊、別動隊、行動隊等，愈加擴充活動地域，遍布珠江、閩江、長江、黃河流域，遠及內蒙，皆有組織。

要駕馭這麼一個龐雜多端的機構，戴笠何以致之？

戴笠曾言：「以情感相結納，以理智來運用，以紀律來維繫」，更認為他所領導的組織是革命團體，而非一般的情治機構而已。

良雄則指出，這包括選拔、繩教、任使、獎率、賞罰、撫循、培育與統馭等方面才能在內，亦與「個人志量」攸關；戴笠先有「不欺」之心，既洞曉人之情偽，又肯在用人上下工夫，才有這些超人幾等的用人本領。

協助美軍取得中途島勝利

珍珠港事件爆發後，美國主動向中國提出情報合作。一九四三年四月在羅斯福和蔣介石的共同批准下，中美簽訂《中美特種技術合作協定》。協議中明確規定中方是主要負責人，中方派出戴笠、美方派出海軍中校梅樂斯（Mary Miles，電機水雷專家）負責。

該協定第一條為：為中美兩國共同對日作戰，組織中美特種技術合作所（簡稱中美所），交換日軍海陸空軍事情報和搜集中國大陸氣象情報，訓練游擊隊，挺進日軍後方，協助美軍在中國沿海登陸作戰，共同迅速殲滅日寇。

在中美合作所裡，美軍人員很快成為「戴笠將軍忠義救國軍的一部分」。這些勇敢加入打游擊的美國軍人常被稱作「稻田將軍」，他們廣泛地分布在中國各處十個大隊中，據梅樂斯透露，至少有七萬一千人日軍是被中美合作所的武力所殲滅。

另一方面，戴笠把破譯日軍密碼的技術毫無保留地傳授給美軍，協助美軍取得中途島勝利，並炸死日本海軍司令山本五十六。二戰後，美國的一份報告評價中美合作所提供的軍事及氣象資訊，「成為美國太平洋艦隊和在中國沿海的美潛艇攻擊敵海軍的唯一情報來源」。

唯至誠足以感人

一九四六年三月十七日，戴笠從青島乘專機赴滬轉渝，飛機在雷雨中撞上南京附近板橋鎮的岱山（又稱戴山），年僅四十九歲。

戴笠稱他的一生所做，都是為了繼續「孫中山和革命烈士未竟的事業」，在軍統訓練班裡，學員要學習射擊、爆破、下毒、電訊等多種技術，還必須接受三民主義等思想。

他也一直要求自己和部屬要「忠於國民革命的理想，不計個人名利得失」。在重慶軍統局山坡上有塊無字碑，戴笠經常要求部下「清除一切私心雜念，甘當無名英雄。」

無論多忙，戴笠都會當每個培訓班「班主任」，就像蔣介石對於黃埔軍校那樣。戴笠時常告誡部下：「軍統的歷史是用同志們的血汗和淚水寫成的。重要的是，死亡臨頭之時，要甘為事業獻出自己的生命。」

在中國大陸出版諸多有關戴笠傳記書籍中，常將他描寫成「五好」（好轎車、好豪宅、好洗澡、好酒、好色）之人，要不就是殺人、越貨、販毒的「劊子手」，或「惡魔」（例如馬馳，《戴笠秘傳》），或奸雄（例如李章，《蔣介石的超級特工》）但史學家黎東方為良雄撰《戴笠傳》作序寫道：

在我所接觸到的戴部屬與朋友之中，竟然沒有一人，絕對沒有一人，在他生前，在他死後，說過一句對戴怨望或吹毛求疵的話。這簡直是唐朝以來，中國歷史上的奇蹟。

又說：

十萬以上的男女志士，因他的感召而對國家效忠至死，赴湯蹈火，前僕後繼。這就證明瞭古人「唯至誠足以感人」的寶訓。（**方鵬程**）

湯恩伯（1899-1954）

湯恩伯：抗日游擊鐵漢

湯恩伯（一八九九—一九五四年），原名克勤，字恩伯（後易字為名），浙江金華武義人。湯恩伯早年留日，累遷軍團長、兵團總司令、集團軍總司令、盟軍中國陸軍協力第三方軍司令官，以及兼任陸軍副總司令，並曾代理總司令、總統府戰略顧問等職。

抗戰時期，國民政府中央軍有「陳、胡、湯」之稱，陳、胡分別為陳誠和胡宗南，湯即湯恩伯。此三人，統兵常至百萬，戍地往往千里，而湯恩伯尤以善打游擊戰，屢奏捷功。湯恩伯轄精銳勁旅，在與日軍決戰各大會戰中，幾乎只有勝，沒有顯著敗績。南口、台兒莊、中原會戰、黔南湘西、桂林柳州諸役，均予侵華日軍沉重打擊。華北日軍對湯氏銜恨至深，以湯恩伯部為天字第一號大敵。

湯恩伯一生視陳儀、張治中和蔣介石為「三大恩公」，後來陳儀變節，湯遂行大義滅親，此事議論紛歧，卻關係往後台灣之命運大矣！

一生「三大恩公」

湯恩伯生於浙江武義湯村一戶農家，幼承庭訓，讀經史並有大志。年十五入壺山高等學堂，十七歲入浙江第七中學，十八歲轉入浙江體育專門學校。畢業後隻身赴粵，考入援閩浙軍講武堂，分發任排長，旋東渡入日本明治大學攻政治經濟，但這非他的興趣所在。

一九二四年三月，湯恩伯返國奔走於北京、上海、杭州等地，尋求推薦者和籌集學費，以求報考日本陸軍士官學校，先後求見軍閥孫傳芳、浙江前督軍呂公望等，均沒有結果。後經父親友人引介，謁見浙江第一師師長陳儀，經陳儀等保送並用官費資助每月五十元，得入日本陸軍士官學校中國隊第十八期步科學習。從此視陳儀為恩師為義父，一直敬稱陳儀為「先生」，是為湯恩伯心目中三大恩公之一。

一九二六年，正值北伐軍會師長江流域時，湯恩伯畢業歸國，被陳儀任命為學兵連連長，繼之升任少校參謀。為了感激恩師陳儀，從此改字恩伯為名。

次年，北伐開始，陳儀策動浙軍起義，任國民革命軍第十九軍軍長，湯恩伯隨陳儀起義升任中校副團長。其後由陳儀再推薦到南京蔣介石總司令部參謀部任中校參謀，後又升任作戰科長，參加北伐。

一九二八年四月到南京陸軍軍官學校，經張治中推薦任職軍事教官，隨後上任軍校第六期步兵第一大隊上校大隊長。業餘撰寫《步兵中隊（連）操練之研究》，且曾呈手本給蔣介石，頗獲賞識。

一九二九年初，升任軍校教育處副處長，授陸軍少將軍銜。五月，張治中接任何應欽為軍校教育長；六月間，軍校設立軍官教育連，張治中兼任連長，湯兼任副連長；九月，湯任連長。大約此年開始，視張治中為師，乃其心目中三大恩公之一。十二月，軍校成立軍官教育團，湯恩伯任該團步兵營長，嗣升副團長。

一九三〇年春，張治中極力推薦湯恩伯升教導第二師第一旅旅長，晉升之速，遠在彭孟緝、余伯泉、孫立人之上。從此尤視蔣介石為「君」，乃其心目中三大恩公之一。

南口大捷，被稱為「抗日鐵漢」

湯恩伯嶄露頭角，始自中原大戰光復歸德，敉平閩變時則是底定福州的先鋒；抗戰初期，南口、台兒莊戰役戰績輝煌，抗戰後期光復南丹，反攻桂林柳州，皆載於史冊。

抗戰初期，華北前線守軍吃緊。蔣介石急令湯恩伯第十三軍等部馳援。一九三七年八月初，湯軍突然出現在八達嶺、南口一帶，對正欲從北平地區南下作戰的日軍主力形成背後威脅。

湯恩伯指揮該軍各師在南口喋血應戰，給敵以沉重打擊。此役戰果輝煌，南口彈丸之地，因而名傳，湯恩伯亦以南口戰役被稱為「抗日鐵漢」，升任第二十軍團軍團長，轄第十三軍與第八十五軍。

台兒莊戰績輝煌，授青天白日勳章

台兒莊大捷是抗戰初期的傳奇故事，湯軍團功不可沒。一九三八年三月，第二十軍團急開臨城，參與魯南會戰，並指揮第五十二軍等，成為魯南會戰中堅。湯恩伯在此役顯露其戰略素養，第二十軍團到臨城後猛攻棗莊嶧縣，日軍以一個旅團進援台兒莊，湯恩伯繞敵側背，將日軍第十師團圈入包圍圈，再沿台棗公路猛烈衝殺，貫穿日軍陣線四公里。第二集團軍則在台兒莊正面堅拒，使日軍在兩面夾攻前大潰。國府以其功殊，頒授湯恩伯青天白日勳章。

之後，湯兼任第九戰區第一兵團總指揮，主持平漢路東地區戰局，又調任第三十一集團軍總司令，移駐南陽，中央並指定為中原機動兵團，隨時策應第一及第五兩戰區，被日軍稱為「湯恩伯部」。一九三八年冬，中央以抗戰進入長期階段，決定在敵後展開全面性游擊戰，乃設游擊幹訓班於南嶽，調湯恩伯主其事。當時中共尚未公開叛亂，葉劍英亦出任副教育長。

一九四四年，日軍全面進攻河南，地方勢力與中共以「地方自治」為由，對湯恩伯等部隊繳械，擊退國軍。第一戰區全面崩潰，湯部主力撤出華中，湯調任黔湘桂邊區總司令。十二月，獨山陷落，陪都震動，蔣介石急調湯部孫元良第二十九軍由四川入貴州解圍。至一九四五年七月，湯恩伯在廣西發動華南大反攻。

保衛大上海，搶運重要物資來台

國共內戰爆發，湯指揮進攻山東解放軍控制區未能克敵，手下國軍主力張靈甫的整編七十四師在孟良崮戰役中被解放軍殲滅，湯因而被撤職，後轉任首都（南京市）衛戍司令。不過隨後因黃泛區大會戰，有其戰功，因而又於一九四七年六月底兼任陸軍副司令，並曾一度代理總司令，此為湯恩伯軍旅生涯最高職位。

戡亂後期，湯恩伯於滬寧豎起鮮明的反共旗幟，並設立短期軍幹訓練班，在北起吳淞，南至虹橋的二十多公里戰線上，修築鋼骨水泥雕堡三千八百個、半永久性掩體碉堡一萬多座，對鼓勵士氣、維持治安、防治共諜滲透大有裨益，被蔣經國譽為「東方的史達林格勒」。

保衛大上海一役，湯集中所部十五萬人力抗，擊斃共軍七千六百多人、傷兩萬四千六百人。其間爭取搶運重要物資來台，隨後轉戰廈門及金門。一九四九年十月，和胡璉分別在金門古寧頭合力大敗共軍。

出賣恩公，賣師求榮？

一九四九年初，浙江省主席陳儀已與中共達成協議，密謀反蔣。陳儀覺得，浙江只有幾個保安團，單獨舉事不可能成功，最好是策動湯恩伯學習傅作義，以「北平方式」讓京滬杭地區接受和平改編，遂先後派他的外甥丁名楠（陳儀膝下無子女）與舊屬胡邦憲持函去勸京滬杭警備總司令湯恩伯，策動他同時投共。

接陳儀密信後，湯恩伯既未拒絕，也未上報，帶在身上也不安全，便鎖進辦公桌抽屜裡。但他未料到，京滬杭警備總司令部第二處處長毛森的妻子胡德珍名為部祕書，實為監視他的特務，偷看了這封密信。湯恩伯發現暗記動過，便知密信被人竊看，這足可引來殺身之禍。於是向蔣介石舉報，但仍懇求免陳儀一死。其後，陳儀被押解來台受軍法審訊，並於台北馬場町處決。

湯恩伯此舉，自然引來海峽兩岸兩極評價，有人罵以「賣師求榮」，但在台灣則多予肯定。和湯有交往的谷正綱在〈痛悼湯恩伯將軍〉說：「以他與陳儀的私人情誼來說，可說親如父子，但一旦發覺陳儀奸謀，即以國家為重，斷然處理，這真是大義凜然！」

當時蔣介石下野，擇居浙江奉化故鄉，倘若陳儀煽惑湯共同投共得逞，那蔣介石或許難逃再次西安事變的劫難，接下來歷史改寫，就再無建設台灣另圖恢復之事，由此亦可見湯恩伯之功。

打運動戰的高手

湯恩伯精於戰術，且有驚人的統御天賦，遂成為日軍最畏懼的中國將領之一。湯恩伯所領導第十三軍則是抗戰部隊中一支著名的軍隊，以迂迴側擊戰術見長。白崇禧曾經稱譽抗戰時期三個軍人：「打陣地戰只有孫連仲，能攻能守的是張自忠，但打彈性最大的運動戰，便只有湯恩伯。」

劉道平在〈敬悼湯恩伯將軍〉指出，上述評語就是對台兒莊大捷中湯恩伯打一個大運動戰下的。劉認為，湯恩伯主張打運動戰，是有中心理論的，因為對日作戰的地面太廣，戰線又長，湯恩伯特別善於抓準時幾，集中兵力，打擊一點，最後又能迅速脫離戰場，是攻擊防禦的上乘戰法。

關於運動戰，湯恩伯曾於一九三九年九月，在西安對西北游擊幹訓班演講〈游擊戰術〉，指出游擊戰絕不是「游而不擊」，而是具有積極性、自主性的攻擊戰術，其作戰方法主要是秘密、輕快、果決、聲東擊西、旋磨打圈、化整為零、集零為整。

湯恩伯強調，游擊戰是革命的戰術，也是整個國軍系統和戰術思想中的一部分；要打贏對日抗戰，游擊戰和正規戰同等重要，而且必定要發動游擊戰，「不用正常的方法，而用革命的手段。」（方鵬程）

胡　璉（1907-1977）

胡璉：金門現代恩主公

胡璉（一九〇七—一九七七年），字伯玉，陝西華縣人。一九四九年、一九五七年兩度主持金門軍政，帶領軍民先後締造「古寧頭」大捷、「八二三」砲戰的勝利，並以勤政愛民，努力建設金門成為三民主義模範縣，而受民眾感念尊為「金門現代恩主公」。

金門人對胡璉應該都不陌生，這位金門的現代「恩主公」，先後於一九四九年、一九五七年兩度負責金門軍政，帶領金門軍民締造古寧頭大捷、八二三砲戰勝利，粉碎中共赤化台灣的企圖，奠定日後台海安定建設的基石。今日金門的許多學校、湖庫、道路都在胡璉規劃和推動下完成，連被喻為「金雞母」的金門酒廠亦肇建胡璉手中。

根據胡璉《金門憶舊》所載，籌建金門酒廠之發想，係源於想一勞永逸解決當時金門的民食、燃料及向台灣買酒的問題。於是有了一斤高粱換一斤大米，仿冀魯以高粱稈充燃料，同時免了每月至少得向台灣買酒十萬瓶的財政支出。

如今金門高粱酒香醇濃郁，甚有「酒國之王」的美譽。胡璉之於金門的貢獻，不只在於軍事與軍政而已！

好男要當兵：「這是個好苗子」

一九〇七年春天，胡璉誕生於陝西華縣（早稱華州）一個貧寒農家。小學畢業時，在同州（今大荔縣）舉行會試，名列前茅。老師劉淼對胡璉父親說：「這是個好苗子，要好好培養，將來一定大有前途！」

胡璉母親最初希望他去教書，胡璉不以為然，據說曾以「家有五斗糧，不做猴兒王」違逆；想讓他經商學做生意，胡璉卻說天生不是做生意的料；父母又想讓胡璉投奔有錢人家做個管家，胡璉則更不願做供人差使的奴僕。頗好讀史的胡璉早懷遠大志向，就是師法兩位同鄉先賢，一為漢朝班超投筆從戎，另一為郭子儀平定安史之亂。

一九二五年秋節前後，胡璉與其同鄉同學劉志丹、張靈甫一道赴廣州報考黃埔軍校。胡璉進黃埔軍校後，先在入伍生團訓練數月，再分配到第四期步兵科第七連學習，並加入了中國國民黨和孫文主義學會，朝夕研讀三民主義理論，豁然貫通之餘，曾自語曰：「胸懷此冊，雖千萬人，吾往矣！」

一九二六年十月，胡璉畢業黃埔軍校第四期，追隨蔣介石北伐，次年任連長，一九二八年升營長，一九三三年累功至團長，先後參加山東濟南及襄樊北伐，與江西贛州剿共諸役，同年十二月梨川作戰建功，晉升少將，一九三六年參與敉平兩廣。

一九三七年，日軍發動上海八一三事變，胡璉奉命馳援，攻佔羅店，使日軍重創，晉升旅長；一九三八年及一九三九年戰於皖南及常州宜興間，累建奇功。一九四〇年參加宜當會戰後，調升預備第九師師長；一九四一年底，由贛馳閩增援福州，使閩局底定；一九四二年調十八軍十一師師長。

石牌保衛戰

一九四三年五月，日軍發動鄂西攻勢，妄圖奪取四川門戶石牌要塞，溯江而上，進窺巴蜀。日軍集中第三、五、十三、三十四、三十九、四十等六個師團，約十萬之眾，向石牌陣地猛攻，胡璉據險雄鬥，並立下遺書與陣地共存亡。由於各線友軍失利轉進，敵軍逐漸逼近，第十一師處於孤軍奮戰境地，從五月二十六日起，一直打到五月三十一日。

五月三十日，日軍在空軍低空掩護下，以密集隊形結合若干小股猛攻國軍石牌要塞主陣地，日軍一波波的連續衝鋒，戰鬥異常激烈，在形勢最危急時，第六戰區司令長官陳誠打電話給胡璉，問守住要塞有無把握，胡璉當即回答：「成功雖無把握，成仁確有決心！」五月三十一日晚，日軍付出了七千多人重大傷亡後紛紛撤退，石牌大戰遂告結束。

石牌要塞是長江三峽的門戶，也是陪都重慶的大門，當時被稱為中國的「史達林格勒」。石牌要塞的勝利，保住了長江三峽，也保住了重慶，胡璉的英勇禦敵被稱為「中國的崔可夫」（蘇聯史達林格勒保衛戰的俄軍指揮官），獲頒青天白日勳章。蔣介石並手諭胡璉為十八軍副

軍長，調任軍事委員會委員長侍從室參謀，入渝（重慶）服務。八月，胡璉又授命出任第四方面軍第十八軍軍長，時年三十七歲。

山東南麻戰役

在國共內戰中，胡璉指揮的第十八軍以整編第十一師（約十一萬人）縱橫中原戰場，被解放軍稱為國軍五大主力之一，劉伯承、陳毅等解放軍皆未能佔胡任何上風。

一九四六年十月初，胡璉在魯西鉅野、金鄉、城武、荷澤四縣邊區，與劉伯承親率陳錫聯、楊勇、韋傑等三個縱隊二十七個團（約五十九萬人），整整打了十天，解放軍傷亡兩萬餘人，被俘三千人，脫離戰場而去。

一九四七年孟良崮戰役中，整編第十一師試圖救援張靈甫部不成，張靈甫部被解放軍全殲。在山東南麻戰役，陳毅華東野戰軍沒有達成作戰目標，鎩羽而去，此役被我國防部列為二十四個經典戰役之一。第十八軍新編第二十一旅旅長范任在解放軍豫鄂邊區司令員魏鳳樓的老巢中蒐獲檔，其中有一份毛澤東親筆發下的通告，這麼寫著：「十八軍胡璉，狡如狐，猛如虎，宜趨避之，以保實力，待機取勝。」

在國共主力決戰前，整編第十一師恢復為第十八軍，再擴編為第十二兵團。之後黃維擔任兵團司令官，胡璉為副司令官。徐蚌會戰爆發前，胡因父喪丁憂，暫離軍職；黃維在關鍵時刻遭其下屬第一一〇師師長廖運周（係中共臥底間諜）誤導，造成第十二兵團覆滅。除胡璉、尹俊、王靖之等少數人外，兵團司令官黃維、第十八軍軍長楊伯濤被俘。

兩任金門司令

徐蚌會戰結束後，共軍趁勢渡過長江，並直撲東南各省而來，企圖一舉橫渡台灣海峽，奪取台灣。一九四九年九月，福州、贛州相繼失守，十月下旬廈門棄守，東南長官公署陳誠轉達命令指示胡璉以第十二兵團司令官兼福建省政府主席，率領所部第十八軍、第十九軍，在戰鬥中接任金門防務。

解放軍葉飛將屬下第三十二軍船隻分發給第二十八軍，決定集中船隻進攻大金門，但鑒於船隻數量不足，日期一再延後。十月二十四日晚，終於在決定下令渡海，進攻大金門，結果登島解放軍在島上戰鬥三晝夜，全軍覆沒，此即為著名的古寧頭大捷。十一月六日，胡璉所部第六十七軍又將進攻登步島的解放軍七千多人全部圍殲。湊巧的是，這些解放軍恰是在徐蚌會戰中使胡璉蒙冤的罪魁禍首。

十二月一日，第十二兵團就地改為金門防衛司令部，胡璉接任司令。一九五二年十月，胡璉晉升陸軍二級上將。一九五四年六月，奉調台灣任陸軍第一軍團司令，金門防衛司令部司令由劉玉章接任。一九五七年七月，胡璉回任金門防衛司令部司令，這是第二次到金門主持防務。

一九五八年八月二十三日，福建前線人民解放軍砲轟金門，次日胡璉命令所部向大磴島進行砲擊。此一馳名中外的金門砲戰持續了四十六天，九月胡璉任金門防衛司令部司令兼金門戰地政務委員會主任。砲戰後，胡璉青光眼發病，赴德國醫病治癒。是年冬，金門防衛司令由劉安棋接任，胡璉擢升為陸軍總司令部副總司令。一九六四年，胡璉出任駐南越大使，在職八年，至一九七七年調回台北，任總統府戰略顧問，並晉升為一級陸軍上將。一九七七年六月，胡璉因患心臟病在台北逝世。

對金門三大貢獻

國軍取得古寧頭大捷，局勢漸趨穩定之後，胡璉即致力建設金門成為三民主義模範縣，積極從事地方文教與經濟等建設，著手培植地方人才，改善民眾生活。其一貫為民的施政重點為「宏教」與「厚生」，迄今仍為金門人再三感念的善舉有三：

一、推動教育，培植地方人才：由政府補助經費，鼓勵駐軍指揮官興建學校，於是有尹殿甲將軍興建金湖國小，郝柏村將軍興建柏村國小，王多年將軍興建多年國小，馬安瀾將軍興建安瀾國小，雷開瑄將軍興建開瑄國小等學校，留下諸多將軍建校的美談。此外，胡璉亦令金中、金東兩校併為福建省立金門高中，招收全縣初中與高中學生就讀，並附設簡師班，培養小學教師。八二三砲戰期間，為使學生就學不中斷，下令遷台寄讀台灣各省立中學，為金門培養各種人才。

二、栽樹積水，改善生活環境：胡璉承中央之命，師法清朝左宗棠「遍栽楊柳三千里」，曾遍訪各界學者專家協助，將金門全島種植木麻黃，俾使水土得以保持。且在開闢中央公路（今改名為伯玉路）、環島東、西、南、北路兩旁也都種植木麻黃，不但交通四通八達，景觀也更加美化。同時為了蓄水，還下令逢溝築壩，挖掘水塘，截住雨水，藉以保留珍貴的水量。

三、釀高粱酒，創造金門財富：金門過去土壤貧瘠，只能以番薯為主食，每月尚需向台灣買酒十萬瓶以上。胡璉因此想方設法，將這筆買酒錢改買大米，以大米換回高粱來釀酒，這樣飲高粱酒，吃大米飯，燃高粱稈，豈不是一舉三得！於是從一九五一年底，便利用舊金城寶月甘泉開始生產金門高粱酒，並推行「一斤高粱換一斤米」政策，同時提出荒地要納田賦，種高粱可以免稅的要求，開拓了金門爾後的財政泉源，始成各項建設與福利政策的主要經費來源。

一輩子幹兩件事：打仗和讀書

投考黃埔之前，胡璉讀書並不多。但看過他晚年著述者都認為，從其文洋溢才智，涵學淵博，在國軍老一代將領中，堪稱皎皎，出類拔萃。胡璉的「多識」，獲益於「勤學」。

胡璉戎馬一生，足不離蹬，手不釋卷，行萬里路，讀萬卷書。他自己說：「我這輩子就幹了兩件事，打仗和讀書。」胡璉讀書相容並蓄，涉獵寬廣，但又愛好專一，以史為主。胡璉讀史，注重「以史為鑒，匡正謬弊，歸本人心。」並著有《古寧頭作戰經過》、《泛述古寧頭之戰》、《金門憶舊》和《越南見聞》等書傳世。（方鵬程）

王　昇（1915-2006）

王昇：特殊年代的「政工教父」

王昇（一九一五—二〇〇六年），號化行，江西龍南人。一生追隨蔣經國，從贛南、上海等地到台北。曾任政工幹校校長、總政治作戰部主任、駐巴拉圭大使等職，素有「情報頭子」、「政工教父」之稱。

對現在的大多數人來說，「王昇」已是個陌生的名字，或比較會令人聯想到什麼「情報頭子」、「政工教父」之類的字眼，可是在 Thomas A. Marks 所著《王昇與國民黨：反革命運動在中國》（*Counterrevolution in China: Wang Sheng & the Kuomintang*）一書中，曾以其姓名「王昇」的意涵，特意解釋他為「崛起中的國王（Rising King）」。

的確，在蔣經國主政下的台灣，王昇確曾權傾一時，甚至被認為是「第二號人物」，但事情發展往往「物極必反」。依據 Marks 的記載，一九八三年五月間，王昇接到一通蔣經國約見的電話，隨即這兩位國民黨內分屬「頭號與二號人物」進行了約五分鐘的會面與簡單交談。當王昇步出蔣經國辦公室時，新的任命是調到國防部聯合作戰訓練司令部，隨後外放出使友邦巴拉圭，Marks 形容這位「崛起中的國王」就這樣立刻並徹底地垮台了。

Marks 的 Rising King 論點，應係參酌美國《時代》雜誌和《新聞週刊》而來，在王昇於一九八三年三月應邀訪美時，這兩本世界性週刊權威刊物均以「台灣接班人」稱呼王，以致帶動一股國內外媒體的「王昇效應」。王昇心裡十分明白，這對他絕非好事。

當時《新新聞》週刊社長司馬文武在該刊第二七六期做了評論：「王昇權勢最高時，海內外稱他為軍事強人，如果他不下台，後來的郝柏村一定當不上軍事強人，更登不上行政院長的寶座。」

生於江西一戶極為貧窮農家

王昇一九一五年生於江西一戶極為貧窮農家，種田織布，母親過世時連棺材都買不起。日軍肆行侵華時，先入保安團，並考取中央軍官學校第三分校第十六期，畢業後分發江西青年幹部訓練班受訓三個月，班主任為蔣經國；因成績特優，派任專員公署擔任視察，參與剛剛完成剿共的「建設新贛南」治理工作。其後又考取中央幹部學校研究部，再度成為蔣經國的學生，接著參加青年遠征軍，復原後又到上海執行發行法幣的經濟物價管制工作，這項被外界稱為「打老虎」任務雖以失敗收場，但更進一步確立王昇和蔣經國之間的長官部屬關係。

一九五〇年初抵台灣，王昇不過三十五歲，卻已經歷過許多人得花一輩子也學習不來的世態。該年三月間，蔣經國指示王昇就任國防部政治部第五處（即政五）上校副處長，從此展開他和政工密不可分的關係。政治部於一九六四年改組為「總政治作戰部」（GPWD），直接隸屬國防部參謀總長，下設六個處，政一管組織、訓練與人事，政二管心戰、宣傳與情報，政三管監察，政四管反情報，政五管軍民計畫、福利與服務，政六管政治教育。

此時王昇的政五特定任務，在為中華青年反共聯盟，亦即後來的中華民國青年反共救國團建立扎根基礎，性質傾向於動員與發展青年工作而非黨的組織與任務。王昇在短時間內達成工作目標，因而又於一九五〇年九月調到政一處擔任副處長，這是一項極其重要的任命，因為蔣經國此時肩任軍民兩方面改造國民黨機構的重責大任。

從復興崗到總政治作戰部

如何讓潰敗到台灣的國軍重整旗鼓，重建政工體系是當時的重要工作之一。最早是由王昇在今天的淡水沙崙海濱，成立「淡水訓練班」，有計畫地訓練政工人員。最奇特的是王昇還曾經在一九五〇年七月開辦「石牌訓練班」，整合中統、軍統等不同系統情報機構，先後舉辦八期，有一千多人受訓，王昇也因此一直被外界當成是「情報頭子」。

從「淡水訓練班」的基礎出發，一九五一年在北投跑馬場（即現在的復興崗）正式成立「政工幹部學校」，也就是後來的政治作戰學校（現為國防大學政治作戰學院），王昇出任訓導處長、教育長，後來擔任校長，前後在這裡待了十年。當時王昇對深造教育與分科教育各班次的學員，都極力倡導政治作戰，即「思想、組織、謀略、情報、心理、群眾」等「六大戰」。對基礎教育學生班次則要求「四大技能」，即「能想、能講、能寫、能查」。

一九六〇年五月，王昇奉調國防部總政治作戰部副主任，次年元月一日晉升中將，同年九月十六日升任兼執行官。一九七〇年七月一日，晉升陸軍二級上將。一九七五年四月四日，榮升總政戰部主任。一九七七年，爆發「中壢事件」，國民黨組工會主任李煥下台，且有所謂「李換（煥）王升（昇）」的說法。

這段時間正是「反共抗俄」的顛峰期，兩岸劍拔弩張，中共誓言「血洗台灣」，台灣高倡也秘密策畫「反攻大陸」。王昇在總政治作戰部任職長達十六年，努力建立政治作戰理論體系與制度，積極推行官兵思想教育，加強對敵心戰，倡導軍中文藝運動，設立軍中福利總處，大力改建老舊眷舍，興建國軍英雄館，籌建五指山公墓，推行愛民助民，創建中華電視台，成立黎明文化公司，嚴格整飭軍紀，防止部隊腐化，積極加強保防，凝聚官兵士氣，加強部隊團結，亦曾經多次前往美國、日本和南非訪問，在政戰學校開辦「遠朋班」，為友邦訓練政戰幹部，還曾經應越南之邀，九次前往替南越政府建立政工制度。

當時還未有一些現代新興的名詞或概念，可對王昇所從事的種種政戰作為做貼切形容，但他在蔣經國指導之下，實可謂在軍隊軍事武力的「硬實力」與「有形戰力」之外，另建立起強大的「軟實力（soft power）」與「無形戰力」，同時亦可說是實實在在履行實踐傳統治國治軍「得民者昌」、「得道多助」的不變道理上用盡心思與工夫。

創立遠朋班，協助友邦反共

俄國共產黨創立者、蘇聯第一位最高領導人列寧曾說：「從莫斯科通往巴黎最近的路，是由北京經過加爾各答。」二戰後全世界更陷入蘇聯遂行「世界革命」的赤化恐慌中，各友邦政府在面對共黨威脅時，因鑒於我國反共最久，受害最深，陸續派人前來我國參觀訪問會談，希望能深入瞭解共產黨的本質，學習反共作戰的有效方法。王昇乃奉准在復興崗設立遠朋研究班，負責接訓各友邦的軍政幹部。

遠朋研究班於一九七一年四月成立，當時只是由總政戰部撥款支援，設備相當簡陋，直到行政院孫運璿院長於一九七七年前往中南美洲訪問，聽到許多遠朋班畢業學員的稱讚，才知道復興崗有這麼一個班。回國後在一個正式場合加以讚賞：「遠朋班的效果非常好。」國防部方核准編制，撥款興建營舍。

遠朋研究班的教育期限為八至十二週，每週上課五天，主要在講授政治作戰的理論與六大戰法。該班自開班以來，約有三十多個國家，派遣中上級軍官前來受訓，也有文職官員、員警首長、國會議員與教育界人士。他們回國後有的晉升將軍，榮任總司令、參謀總長、國防部長；文職人員也有晉升次長、部長或榮任大學校長等職位，對國際反共工作具有重大貢獻與影響。

奉命設立劉少康辦公室

在王昇出任總政戰部上將主任後，最讓外界好奇也爭議最大的一事，莫過於成立「劉少康辦公室」，這亦是王昇一生際遇的顛峰與最大轉折點。

一九七八年底，美國與我國斷交，與中共「關係正常化」。次年元旦，中共即由人代會發表〈告台灣同胞書〉，並在中共黨中央與國務院下，一直到各省、市、縣、自治區，普遍成立「對台辦公室」，全力發動對台和平統戰，執政的國民黨立即在中央宣傳指導小組下設「固國小組」予以反制。

因應中共統戰動用十萬名以上專業幹部的越演越兇狀況，蔣經國在一九八〇年一月廿九日召見王昇，要求擴大「固國小組」的規模與功能，技術上作為國民黨中央祕書長蔣彥士特業幕僚任務編組的「劉少康辦公室」，在信義路黎明文化公司大樓正式成立。

「劉少康辦公室」人員來自國安局、外交部、新聞局、文工會等單位，雖然不是正式機構，但是所提各種重要議案及建議，都是經過三次以上的會報反覆研議後，經由國民黨蔣彥士祕書長轉呈經國主席核定，再由蔣祕書長協調黨政相關單位落實執行。然而，這個體制外小組的影響力遍及各個角落，爭議因此出現，有人就認為「劉少康辦公室」根本是「太上中常會」，王昇權力之大，已出現「功高震主」跡象，間接埋下「劉少康辦公室」在一九八三年無預警結束，王昇突然調職的種子。

同年三月，王昇在蔣經國裁示下第四次訪美，其間《時代》雜誌和《新聞週刊》突顯王昇是蔣經國「接班人」，繼而引起台北、香港一些雜誌抨擊「劉少康辦公室」，遂於王昇訪美歸來一個多月後的五月四日，經國總統面告王昇：「劉少康辦公室解散！」五月九日，總統發布命令，特任陸軍二級上將王昇為「國防部聯合作戰訓練部」主任；八月十六日，行政院長孫運璿約見王昇，告知被特任駐巴拉圭大使。

王昇外放巴拉圭，雖然被認為是遭到流放，但他依然致力維護邦交，和巴國總統史托斯納爾將軍建立深厚友誼，即使史托斯納爾後來因為政變遭到罷黜，兩國邦交依然穩固。王昇出使巴拉圭八年，直到一九九一年才卸下公職。晚年時，王昇與其好友梅可望號召成立「促進中國現代化學術研究基金會」，以「中國現代化」為目標、以「學術研究」為方法，結合海內、海外，特別是大陸學者專家意見交流，建構兩岸和平發展的方向。

特殊年代的特殊代表性人物

回首王昇的軍、公職生涯，各方評價不一，甚或趨於兩極。但嚴謹來說，應可視作面對一個特殊年代與特殊環境，承擔著一起特殊任務與特殊職責，因而存在著一種特殊類型人們的特殊代表性人物。國民黨黨國大老張群時年九十六歲，在王昇出使巴拉圭前，親筆寫了三句話給王昇：「是非審之於己，毀譽聽之於人，得失安之於心」，或許允為王昇一生行事的斷語。

對於誼屬師生或長官與部屬，卻大半輩子一起奮鬥且出生入死的蔣、王關係，王昇曾於日記中做了這般反省：「半世紀追隨蔣經國，無論他交付任何工作，我都全力以赴，無論工作大小，我都認為是一種責任，從沒有想到過自己有什麼權力，有什麼地位。五十年來，自己感覺到從沒有得意的時候，也從沒有失意的時候，對於個人的進退得失，不但缺乏警覺，簡直可以說是麻木不仁。」這段話道盡了傳統中國軍隊「師徒制」的精髓與箇中三昧，卻也不失為蔣、王兩人一生關係的真實寫照。（**方鵬程**）

黎玉璽（1914-2003）

黎玉璽：玉璽在，則國運不墜

黎玉璽（一九一四—二〇〇三年），字薪傳，四川達縣人。曾任中華民國海軍總司令、國防部參謀總長、總統府參軍長、駐土耳其大使、全國體協理事長、總統府戰略顧問等職。

如果一個人的名字和官運亨通與否有關，黎玉璽可說是其中的前幾名，但黎玉璽本人不以為然。

「玉璽」，是為中國皇帝的信物，相傳由和氏璧所雕成（一說是藍田玉），黎玉璽則只視為父母親賜予的名字而已。

黎玉璽個人心中的指針和行事的最高指導原則是：「吾心信其可行，雖移山填海之難，終有成功之日。」這句是孫中山的名言，《黎玉璽訪問記錄》就收錄于右任寫給他的這一幅書法。

國軍早期將領中飽讀詩書者

黎玉璽生於書香門第，曾祖極有文名，晚年卻因吸食鴉片致家道中落。他五歲時就入私塾啟蒙，受過《論語》、《孟子》、《史記》、《孝經》、《春秋》、《左傳》、《國語》和唐詩等完整的古書教育。十四歲時，開始接受新式教育，畢業於石橋縣立高級小學、南壩縣立初級中學，接著念了一年的安徽省立鳳陽五中師範科。在早期國軍將領中，黎玉璽可說是飽讀詩書者。

一九三三年，黎報考軍政部雷電學校，開始其海軍生涯。這是政府有鑑於一九三二年「一二八」松滬戰爭海防之重要所設立的一所新學校，主要課程都是英文教材，校長由軍事委員會委員長蔣介石兼任。

一九三五年元月畢業，旋登伏龍輪見習，並分發到海靜佈雷艦上當槍砲副。次年八月，赴德國海軍學校進修，對日抗戰前夕隨同我國購買的艦艇返國。一九三七年「八一三」松滬戰爭時，任海軍總部快艇大隊嶽飛中隊艇長，正式參與中日戰爭。其後任廣東江防司令部快艇大隊嶽飛中隊艇長、桂林行營江防處水雷第一隊少校隊長。

接艦參戰

一九四四年三月至隔年三月，黎赴美國邁阿密海軍訓練團受訓一年，這是中美共同對日作戰「接艦參戰」計畫中的一部分；一九四五年八月，受訓官兵移駐艦上，黎玉璽任太康艦副艦長。一九四六年元月二日，以太康艦為旗艦的太平、永勝、永寧、永定、永順、永泰、永興等八艦駛離邁阿密，先向美軍太平洋艦隊司令部報到，再於七月二十一日返抵南京下關，向我國艦隊司令部報到，完成接艦任務。

二次大戰後期，美軍太平洋總司令尼米茲將軍（Adm. Chester W, Nimitz）所領導對日作戰主要有兩個系統，一是麥克阿瑟將軍（Gen. Douglas MacArthur）指揮由南往北的「逐島戰爭」，另一是由美國海軍第三、第七兩個艦隊進行海上作戰。早期美國沒有重型轟炸機，就利用陸軍的飛機自航空母艦上起飛，轟炸日本後再飛往中國內陸著陸。黎玉璽等原本在接艦訓練後，準備向美軍太平洋艦隊司令部報到，歸其指揮，但向美軍太平洋艦隊司令部報到時，二戰就已結束，遂行返國。

一九四六年八月，黎任永泰軍艦艦長，參加海軍膠東、遼東沿海作戰。於一九四七年九月，先後截獲共輪海康號、擊毀共軍武裝汽艇三艘於南長山島，並捕獲往返於煙台、大連間之共輪海燕號，切斷共軍的海上交通，以及參與收復煙台、威海衛，支援營口各戰役。同年十一月，黎任海軍總部第五署第一處代處長，之後兼第三署作戰處代處長。

擔任太康艦艦長

黎玉璽敬仰英國海軍名將納爾遜（Horatio Nelson），這是英雄惜英雄，若以戰績來論，似乎也不比納爾遜差。

一九四八年，黎先後任海軍總部第三署第二處處長、太和軍艦艦長、海軍海防第一艦隊司令部參謀長、太康軍艦艦長等職。此一期間，黎執行封鎖長江、閩、浙、粵沿海港口，並參加戰役七次，大小戰鬥二十五次。

尤以太康艦長任內多次達成重大任務，有收復薛家島、莫邪島擊沉敵輪、砲擊裡島共軍基地船舶、支援秦皇島作戰、協助瀋錦會戰東進兵團作戰，並完成掩護營口及葫蘆島陸上友軍撤退任務。在黎艦長指揮下，太康艦的三座三吋主砲大顯神威，並為蔣介石下野時的座艦。

一九四九年五月，調任海軍第二艦隊司令，先後負責運輸護航平潭島之友軍、參加廈門戰役、金門古寧頭戰役等，均著戰績。

台山列島大捷與「九二」海戰

據一九九一年六月中央研究院近代史研究所出版《黎玉璽訪問記錄》所載，一九五五年二月十八日，黎在海軍副總司令兼艦隊指揮官任內締造台山列島海戰大捷。黎率太昭、太湖、太倉三艦，深入共軍佔領水域，計擊沉共軍大型砲艇五艘、登陸艦八艘、武裝機帆船八艘。一九五八年六月十九日至二十二日，在閩江口又擊沉共軍魚雷艇六艘。

一九五八年金門「八二三」砲戰期間，中共對金門實施灘岸、水際及海外三重封鎖，但經「八二四」、「八二七」、「九二」與「九一九」四次海戰之後，中共海軍軍艦再也不敢出擾。「八二四」海戰，擊沉共軍魚雷艇十艘、擊傷五艘。「九二」海戰，擊沉共軍魚雷快艇三艘、大型砲艇八艘，擊傷敵砲艇二艘。

黎玉璽對「九二」海戰締造海軍有史以來「十一比〇」的輝煌戰果十分看重，認為是繼台山列島大捷後的又一次空前勝利，特稱之為「九二台海精神」。

執行「轟雷計畫」運輸作業

尤值記述的，對金門構成最大威脅的是共軍岸砲，必須予以有效壓制，但以當時我國海軍的三吋及五吋砲，實力有未逮，於是有「轟雷計畫」的執行。

國軍和美軍在「八二三」砲戰期間合力運作「閃電計畫」及「轟雷計畫」。前者是我運補船團由美國海軍護航，後者則是我國海軍運送美軍關島陸戰隊支援之八吋巨砲，加入金門砲戰行列，改變敵我局勢，厥功至偉。

九月十二日，為借用美軍船塢艦（LSD一萬噸）裝運八吋榴彈砲，黎玉璽先向總統蔣介石報告，奉示商請史慕德將軍協助，並幾經磋商確立以小艇乘大艦運送，且獲得美軍第七艦隊司令畢克萊（Wallace M. Beakley）中將同意，黎玉璽於是選派登陸艦隊司令林溥少將負責執行。

八吋砲的運輸，是將每一門砲及其彈藥與附屬裝備裝入合字型登陸艇（LCU）上，然後將合字型登陸艇三艘裝入船塢登陸艦（LSD）中，開到料羅灣後讓合字型登陸艇泛水自力航往灘頭搶灘下卸。其間總統蔣介石時刻關心計畫進行，奔馳於高雄左營和澎湖之間，對各項細節措施無不詳細垂詢，對於運送重砲的裝卸操作及搶灘演習（在澎湖士里海灘舉行），也都親臨灘頭察看。

「轟雷計畫」自著手研擬，到十八日、二十日、二十七日分三梯次執行完成，全期僅十六天。由於執行成功，多門巨砲陸續運抵金門，反擊並癱瘓福建廈門車站的共軍補運單位。十月初，共軍宣布放棄封鎖，改為「單打雙停（逢單日砲擊，雙日不砲擊；單打雙不打）」，逐漸減少攻勢。至此，中華民國成功守衛金門。

「玉璽在，則國運不墜」

數年間經無數次大小規模交戰，黎玉璽建立起赫赫戰功，於一九五九年二月，升任海軍總司令；同年七月，晉升海軍二級上將。一九六五年元月，調任國防部副參謀總長兼執行官。同年七月，升任國防部參謀總長。一九六七年二月，兼國安會國家建設委員會委員；同年七月，任總統府一級上將參軍長。一九七〇年六月，派任駐土耳其大使。一九七三年七月，回任總統府參軍長。一九七八年五月，任總統府戰略顧問。二〇〇三年病逝台北，享年九十二歲。

黎玉璽日後可謂官運亨通，據說和「玉璽在」這段故事有關。那時，國府軍隊兵敗如山倒，蔣介石撤台前，曾經搭乘太康艦在上海附近指揮作戰，艦長正是黎玉璽。在艦上期間，蔣介石每次有事相詢，黎艦長都會回答：「玉璽在。」當時蔣介石正是下野之身，聞聽此言，自然覺得吉利心喜。

廣播名人黎明柔在接受媒體專訪時，曾談到祖父黎玉璽的名字「很有意思」。其中提到蔣介石曾經讚道：「玉璽在，則國運不墜。」不過黎玉璽否認有蔣介石稱讚他一事的說法，反而謙說：「只是名字與國寶相同罷了，我不認為這句話是在說我。」黎明柔亦指：「祖父每次只要有人提起這句話，幾乎都會臉紅，並阻止別人說下去。」

黎玉璽當這句「玉璽在」，只是一個傳聞的「玩笑話」。對此比較正式的回應見於《黎玉璽訪問記錄》：

我擔任太康艦長，蔣介石蒞臨本艦，我必須保護其安全，有時他召喚我詢問事情，我也應趕緊回答，至於他心中是否有『玉璽在即國運不墜』的想法，我怎麼會知道呢？不過卅八年四月二十八日太康艦在吳淞江內之復興島附近下碇，我曾向蔣介石報告，蔣介石聽說艦旁為復興島，意頗高興。（方鵬程）

賴名湯（1911-1984）

賴名湯：軍事外交的能手

賴名湯（一九一一—一九八四年），字曉庵，江西省石城縣人。歷任空軍總部情報署長、國防部第二廳廳長、參謀次長、副參謀總長、聯勤總司令、空軍總司令、參謀總長、總統府戰略顧問等職。

賴名湯是我國政府遷台後致力空軍重建的關鍵人物，也是國家處境艱難時刻跑遍全球的軍事外交家。

他自進入航校當學生，畢業後成為飛行員，由副隊長而隊長，因負傷未能實現當大隊長的願望，從而轉入空軍航校任教官、主任教官，此後走上一條迂迴曲折的道路，才回任空軍總司令。

由於語文能力強和歷練完整，賴名湯深受蔣介石青睞，並自韓戰戰場接返反共義士後開始嶄露頭角，多次銜命穿梭訪問數十個國家，允為襄助中樞增進實質外交關係的能手。

筧橋上空擊落日本飛機

賴名湯生於一九一一年農曆五月五日（端午節），七歲入屏山書院，十二歲入江西省寧都縣蓮峰中學，十三歲轉入江西省立第九中學。一九三〇年在南昌讀省立工專土木系時，因故鄉石城為中共紅軍所陷，失去經濟支援，乃考入中央軍官學校第八期；一九三二年九月又轉入中央航空學校，畢業於第二期。

賴名湯加入空軍之初，曾擔任驅逐第一隊少尉見習官、第六大隊飛行員，高志航時任上尉隊長。一九三六年十二月，張學良發動西安事變，賴名湯奉命進駐洛陽，執行赴西安低飛示警及轟炸潼關附近車站等任務。

我國對日抗戰開始，賴名湯已是空軍第四驅逐大隊二十二中隊副中隊長，曾在舉世聞名「八一四」空戰的次日清晨八時許，於筧橋上空經空中纏鬥，擊落日本空軍木更津聯隊飛機一架。八月下旬，又執行我國空軍史上首次夜間轟炸任務，突襲上海虹口日本兵營。但在升任二十三中隊長後，奉派由河南周家口駕蘇俄製 I-16 型飛機返南京時，遭日機擊中負傷，迫降南京大校場，腦震盪昏迷送醫，住院數月後，改任教職。

隨後，賴名湯銳意進取，考入美國指揮參謀大學進修，畢業後奉派我空軍在美受訓官兵學生總領隊；返國後，先調任空軍官校教官、主任教官，再調任空軍第三路司令部參謀長。抗戰結束後，賴名湯於一九四六年二月出任駐英武官，與英國空軍聯繫密切，致力兩國空軍人才交流。

接返韓戰反共義士，展現外交才能

一九四九、一九五〇年間，可說是我國處境最危急時刻，但一九五〇年六月韓戰爆發，中共參加韓戰，成為美國敵人後，美國又重新考慮支援我國。而在一九五四年初分批接返反共義士，則又是一場國家在國際上與政治上的大勝利，執行是項任務者即是時任國防部第二廳廳長賴名湯。

一九五三年六月，歷時近三年的韓戰有重大突破，韓國釜山戰俘營反共戰俘上書，請求釋放並准其到台灣，參加中華民國國軍行列。七月二十七日，簽署停戰協定後，盟軍開始處理戰俘，原屬共軍部隊的一萬四千二百餘名官兵表達投奔民主、唾棄共產主義的意願，我政府遂安排反共義士來台安置。

當時有關反共義士的業務，一向由外交部和國防部總政治部處理，可是蔣介石屬意賴名湯前往。當參謀總長周至柔轉達命令時，賴名湯頓感無從著手，只得先去總政治部，拜會時任主任的蔣經國。蔣經國亦說是蔣介石之意，且認為他英文比較好，遂即準備妥當飛東京聯軍統帥部。

賴名湯當時只是一名少將，卻能遊刃有餘在盟國軍政人士之間周旋，美軍第八軍部軍長泰勒四星上將且以隆重閱兵典禮歡迎，順利於一九五四年一月二十三日起分批將反共義士接返國門，投入民主自由國度懷抱。從漢城（即首爾）返回台北松山機場，蔣介石已命一名武官，立即接到士林官邸聽取報告。賴名湯在《賴名湯訪談錄》表示：「此後我能蒙總統調任各種工作，我想與此次接運一萬四千多名反共義士回國的表現，自亦不無關聯。」

興建清泉崗機場

台中清泉崗機場（已轉型為軍民合用機場，民用稱為台中航空站）周邊古名公館，其前身為日治時期興建的台中飛行場（或稱公館飛行場）。依據《中美共同防禦條約》，我國政府負責徵收土地，美國政府撥款二千五百萬美元，機場完成後供兩國共同使用。

當時蔣介石非常重視這項工程，認為是美國決心支持中華民國又一具體表現。國防部隨即設立籌劃協調小組，指定賴名湯為組長，小組成員包括美軍顧問團團長史密斯少將、安全總署署長伯蘭特、美軍協防台灣司令部參謀總長格蘭德將軍等。一九五七年機場竣工揭幕，國防部長俞大維在典禮上讚揚：「以賴次長貢獻為最大。」

清泉崗空軍基地是冷戰時期美國空軍重要的支援設施，美軍戰鬥單位正式使用始於一九五八年。當時正值八二三砲戰爆發，美軍第八十三戰鬥機攔截中隊（83rd Fighter Interceptor Squadron）十二架 F-104 星式戰鬥機進駐清泉崗，機場亦部署鬥牛士飛彈。美國支援越戰時，曾與我國協商，B52 型重轟炸機與 KC135 型空中加油機皆駐在此，美軍人員高達七、八千人。

越戰初期，賴名湯率團赴越考察後勤業務，親眼見到金蘭灣港口和許多地方機場正在興建，美軍補給品堆積如山，當場感嘆：「打仗真是在打物資！」隨行美軍高級官員應聲道：「如果胡志明看到我們戰備如此充實，應該會重新考慮這場戰爭。」賴名湯不得不趕緊補充他剛剛所說的那句話，特別提醒：「物資固然是決定戰爭勝負的重要因素，然而部隊的士氣與鬥志遠比物資更為重要。」後來美軍在越戰徹底失敗，真應了賴名湯之言。

籌畫自製飛機，為國軍航空工業扎基礎

一九六七年七月，賴名湯升任空軍總司令，積極建設新空軍，除培育優秀飛行員，飛行線上的安全與台海巡弋能量維持也是施政重點。其間，賴名湯兩度訪美，在爭取合作製造飛機、撥購新飛機與改進雷達設備等都獲具體績效。基於國防自主，賴名湯一手打造航空研究發展中心，隸屬空軍總司令部，並增設介壽一廠（飛機製造廠），不論籌畫自製各式飛機或與盟邦合作生產，均比預定進度圓滿，為國軍現代航空工業扎下穩固基礎。

一九七〇年七月，獲蔣介石賞識的賴名湯升任參謀總長，同時晉任一級上將，兩年任期屆滿後，還特准連任兩次，足見其功績卓著。六年總長任內，賴名湯以厚植戰力和精練戰技為兩大方針，持續強化兵棋推演、各種測驗與中美聯合演習，加強國防工業工程，並爭取與美國合作生產一百五十架 F-5 型戰機。

走遍第一線小島，和官兵過年過節

在二千一百餘日總長任內，賴名湯用於視察部隊及其演習活動高達一千八百餘次，平均每月二十五次以上，走遍第一線小島和偏遠的國防前哨，對於駐軍防務、官兵生活環境、士氣狀態等瞭如指掌。

有次巡視官兵住所時，發現一位士兵寫了一副對聯貼在寢室門框上，聯語是「年年難過年年過，處處無家處處家」，他不以為忤，反而視為士兵戍守艱困地區的心境寫照。因此，他每回常這樣慰問：「我們的情誼，是如兄和弟，如手如足。今天在國軍來說，我是你們的大哥，過年和過節時，因為你們在外島或本島各軍事場所擔任勤務，既不能回家，父母也不能來看你，可是我代表你們的父母，前來看你們，這是我的責任。」

端午節本來是賴名湯農曆生日，但他每逢佳節，如端午、中秋、春節，大都在前線和官兵一起過。每遇國際局勢變化，如我國被迫退出聯合國、尼克森訪問北平、日本與中共建交等，必定遍訪前線，代表總統宣達訓示要旨與慰問之意，藉以激勵士氣和穩定軍心。

跑遍全世界會晤各國元首，建立國家友誼

在擔任總長之際，適逢美國對我政策轉為不利，對我軍援減少幾至中斷，而且外交情勢趨於低潮震盪，蔣介石以賴名湯和一些盟國軍事首長多有交誼，先後指派或適時應邀往訪，六年

間先後奔馳訪問大洋洲（紐、澳）、歐洲（比、盧）、美國、韓國、泰國、中南美洲（巴西、巴拉圭、阿根廷）、菲律賓、新加波、中美洲（洪都拉斯、尼加拉瓜、薩爾瓦多、瓜地馬拉）與中東（沙烏地阿拉伯、約旦）等各友邦盟國。總長任滿之後，又奉派十九個國家（諸多為無邦交國家，如泰國、印尼、西班牙、西德、法國、英國等）進行非正式訪問，考察世局變化。

一九七八年十二月十六日清晨，美國卡特政府通知與我斷交，國家情勢益形艱困。為加強鞏固中南美洲國家邦交，當時中南美洲十二個邦交國，其中七國由軍人執政，政府立即決定由賴名湯，以總統蔣經國特使的身分前去訪問，其餘五國則另擇人前往。

為闡揚國策，爭取支援，增進合作，賴名湯與當代友邦元首、軍政領袖有過多次交換意見機會。例如，與美國總統甘迺迪、副總統詹森面談，贏得美方對我空軍更多援助；應他儂元帥邀訪，四次同泰王蒲美蓬商談中南半島情勢；同菲律賓總統馬可仕、韓國總統朴正熙、沙烏地國王卡利、約旦國王胡笙等，面談兩國共同有關問題；訪中南美洲時，同宏都拉斯總統羅培茲、尼加拉瓜總統蘇慕薩、薩爾瓦多總統莫里杜、瓜地馬拉總統加西亞、玻利維亞總統巴拉迪、巴拉圭總統史托斯納爾等，皆獲親切面談，建立國家友誼。

在二戰以後，隨著冷戰到來的國際形勢變化，軍事外交是政治外交的重要分支，也是完成國家任務的一種特殊手段，具卓越能力的賴名湯躬逢其盛，亦實實在在為國家使命盡了最大的努力與貢獻。**（方鵬程）**

主要參考書目

【專著】

布萊恩・克羅澤（Brian Crozier）著，《蔣介石傳》，北京：國際文化出版公司，二〇一三年。

理查・伊文思（Richard Evans）著，《鄧小平傳》，北京：國際文化出版公司，二〇一三年。

金沖及著，《周恩來傳》，北京：中央文獻出版社，一九九八年。

金沖及著，《劉少奇傳》，北京：中央文獻出版社，一九九八年。

金沖及著，《朱德傳》，北京：中央文獻出版社，二〇〇〇年。

閻錫山著，《閻錫山日記》，太原：三晉出版社，二〇一二年。

王振華著，《閻錫山傳》，太原：山西人民出版社，二〇〇四年。

李茂盛著，《閻錫山大傳》，太原：山西人民出版社，二〇一〇年。

許有成、徐曉彬著，《宦海浮沉：吳國楨》，蘭州：蘭州大學出版社，一九九七年。

裴裴、韋慕庭訪問整理，《從上海市長到「台灣省主席」：吳國楨口述回憶》，上海：上海人民出版社，一九九九年。

鄒景雯著，《李登輝執政告白實錄》，台北：印刻出版社，二〇〇一年。

李登輝著，《為主做見證：李登輝的信仰告白》，台北：遠流出版社，二〇一三年。

李建榮著，《藍天再現：連戰與國民黨重新出發》，台北：天下文化，二〇〇四年。

吳敦義著，《台大人的十字架》，台北：志文出版社，一九七二年。

曾一豪著，《吳敦義前傳》，台北：大村文化，一九九四年。
聞少華著，《從烈士到漢奸：汪精衛傳》，台北：中華出版，二〇一三年。
王克文著，《汪精衛．國民黨．南京政權》，台北：國史館，二〇〇二年。
《汪精衛講演集》，愛知社發行
吳相湘著，〈何應欽大將才能福將命運〉，《民國百人傳》第四冊。台北：傳記文學，一九七九年。
黃埔建國文集編纂委員會著，《黃埔軍魂》。台北：實踐出版社，一九八五年。
何應欽將軍九五紀事長編編輯委員會著，《何應欽將軍九五紀事長編》上、下冊。台北：黎明，一九九四年。
熊宗仁著，《何應欽的宦海浮沉》。鄭州：河南人民出版社，一九九四年。
熊宗仁著，《何應欽：漩渦中的歷史》。貴陽：貴州人民出版社二〇〇一年。
李元平著，《俞大維傳》。台中：台灣日報社，一九九二年。
李元平著，《一代國士：俞大維》。台北：銘閎實業，二〇一五年。
國防部史政編譯局著，《俞大維年譜資料初編》。台北：國防部史政編譯局，一九九六年。
曉沖著，《毛澤東欽點的一百零八名戰犯的歸宿》。香港：夏菲爾，二〇〇三年。
郝柏村著，《無愧：郝柏村的政治之旅》。台北：天下文化，一九九四年。
郝柏村著，《不懼》。台北：五四書店，一九九五年。
郝柏村著，《郝總長日記中的經國晚年》。台北：天下文化，一九九五年。
郝柏村著，《教戰記》。台北：軍事迷，一九九八年。
郝柏村著，《郝柏村重返抗日戰場》。台北：遠見天下文化，二〇一五年。
白先勇著，《白崇禧將軍身影集》。桂林：廣西師範大學出版部，二〇一三年。

白先勇、廖彥博著，《止痛療傷：白崇禧將軍與二二八》。台北：時報文化，二〇一四年。
陳三井等著，《白崇禧口述自傳》。北京：中國大百科全書出版社，二〇〇八年。
曉沖著，《毛澤東欽點的一百零八名戰犯的歸宿》。香港：夏菲爾，二〇〇三年。
段彩華著，《轉戰十萬里：胡宗南傳》。台北：近代中國雜誌社，一九八五年。
黃埔建國文集編纂委員會著，《黃埔軍魂》。台北：實踐出版社，一九八五年。
滕傑著，《從抗日到反獨：滕傑口述歷史》。桃園：淨名文化中心，二〇一四年。
楊鳳如著，《他們站在歷史的拐點》。北京：團結出版社，二〇一五年。
黃杰著，〈我與胡宗南將軍〉，收錄於徐枕著《一代名將胡宗南》，頁xi-xiv。台北：商務印書館，二〇一四年。
徐枕著，《一代名將胡宗南》。台北：商務印書館，二〇一四年。
孔令晟著，〈胡宗南將軍傳略〉，胡故上將宗南編輯委員會（編）《令人懷念的胡宗南將軍》，頁1-7。台北：商務印書館，二〇一四。
張其昀著，〈追念胡宗南〉，胡故上將宗南編輯委員會（編）《令人懷念的胡宗南將軍》，頁42-46。台北：商務印書館，二〇一四。
郝柏村著，〈黃埔精神的典範：胡宗南上將〉，胡故上將宗南編輯委員會（編）《令人懷念的胡宗南將軍》，頁iii-vi。台北：商務印書館，二〇一四年。
諸葛文武著，《孫立人事件始末記》。台北：「薪火」叢書第一號，一九八五年。
沈克勤著，《孫立人傳》。台北：學生書局，一九九八年。
周宏濤口述、汪士淳撰寫著，《蔣介石與我：見證中華民國關鍵變局》。台北：天下遠見，二〇〇三年。
孫立人講述，沈敬庸編輯，《中國軍魂：孫立人將軍鳳山練軍實錄》。台北：學生書局，二〇一三年。

許逖著，《百戰軍魂：孫立人將軍》。台北：聯懋文化基金，一九八九年。
艾思明著，《名將孫立人》。台北：群倫，一九八八年。
丁川著，《蔣介石的五虎將》。北京：團結出版社，二〇一五年。
魏偉琦著，《鐵翼雄風：高志航傳》。台北：近代中國出版社，一九八一年。
吳東權著，《高志航傳》。台北：希代，一九九三年。
鍾子麟著，《蔣介石王牌悍將：張靈甫傳》。北京：團結出版社，二〇〇八年。
周之儀著，〈慷慨赴義壯烈成仁的張靈甫將軍〉，《奮鬥》，六六七期：十八至十九頁，二〇〇九年。
姚曉天著，《上海的守護神：謝晉元傳》。台北：近代中國雜誌社，一九八二年。
謝繼民著，《我的父親謝晉元將軍：八百壯士浴血奮戰記》。北京：團結出版社，二〇一〇年。
曹伯一著，《中國現代史綱》。台北：國立政治大學東亞研究所，一九七七年。
上官百成著，《八百戰士與謝晉元日記》。台北：華欣文化，一九七六年。
李萱華、陳嘉祥著，《梅花上將張自忠傳奇》。重慶：重慶出版社，二〇〇五年。
仁雨、陳亞軍、王鵬著，《魂撼天地：張自忠將軍》。北京：中共中央黨校出版社，二〇〇五年。
良雄著，《戴笠傳》上、下冊。台北：傳記文學，一九九〇年。
良雄著，《戴笠：蔣介石的特務頭子》。新北市：傳記文學，二〇一四年。
張霈芝著，《戴笠與抗戰》。台北：國史館，一九九九年。
黃埔建國文集編纂委員會著，《黃埔軍魂》，台北：實踐出版社，一九八五年。
費雲文著，《戴笠新傳》。台北：聖文書局，一九八五年。
馬馳著，《戴笠秘傳：中國最刁辣的軍統魔頭》。北京：中國文史出版社，二〇〇四年。
李章著，《蔣介石的超級特工》。北京：團結出版社，二〇〇八年。

曉沖著，《毛澤東欽點的一百零八名戰犯的歸宿》。香港：夏菲爾，二〇〇三年。
丁川著，《蔣介石的五虎將》，北京：團結出版社，二〇一五年。
鄒偉平、章瑞年著，《湯恩伯傳》。北京：人民日報，二〇一二年。
湯恩伯著，〈游擊戰術〉，湯故上將恩伯逝世十週年紀念籌備委員會（編）《湯恩伯紀念集》，頁丙七—丙二十七。台北：湯故上將恩伯逝世十週年紀念籌備委員會，一九六四年。
劉道平著，〈敬悼湯恩伯將軍〉，湯故上將恩伯逝世十週年紀念籌備委員會（編）《湯恩伯紀念集》，頁丁三十六—丁三十九。台北：湯故上將恩伯逝世十週年紀念籌備委員會，一九六四年。
谷正綱著，〈痛悼湯恩伯將軍〉，湯故上將恩伯逝世十週年紀念籌備委員會（編）《湯恩伯紀念集》，頁丁二—丁六。台北：湯故上將恩伯逝世十週年紀念籌備委員會，一九六四年。
黃埔建國文集編纂委員會著，《黃埔軍魂》。台北：實踐出版社，一九八五年。
黃埔建國文集編纂委員會著，《黃埔軍魂》。台北：實踐出版社，一九八五年。
溫仕忠著，《胡璉將軍與金門》。金門：金門縣文化局，二〇〇九年。
楊加順著，《胡璉將軍紀念專輯》。金門：金門縣文化局，二〇一〇年。
尼洛著，《王昇：險夷原不滯胸中》。台北：世界文物，一九九五年。
陳祖耀著，《王昇的一生》。台北：三民，二〇〇八年。
李厚壯、張聯祺譯，《王昇與國民黨：反革命運動在中國》。台北：時英，二〇〇三年。（原書Marks, T. A.〔一九九八〕. *Counterrevolution in China: Wang heng & the Kuomintang*）
張力著，《黎玉璽訪問記錄》，台北：中央研究院近代史研究所，一九九一年。
賴暋著，《賴名湯訪談錄》上、下冊。台北：國史館，二〇一一年。

【期刊雜誌】

《中外雜誌》：〈俞大維買軍火不拿回扣〉，雷穎，二〇〇三年，七十三卷第五期：頁十三至十六。

陳克煒著，〈百戰猛將張靈甫〉，《勝利之光》，六四五期：五十二至五十三頁二〇〇八年。

歐世華（一九九九），〈吳國楨與台灣政局（1949-1954）〉，台北：國立台灣師範大學碩士論文。

台灣省參議會．臨時省議會暨省議會時期口述歷史訪談計畫—吳伯雄訪談錄，第五章「沉潛的階段」之二「中央黨部祕書處主任」。

台灣省參議會．臨時省議會暨省議會時期口述歷史訪談計畫—吳伯雄訪談錄，第七章「數度轉任政務官」之三「從政務委員回鍋內政部長」。

台灣省參議會．臨時省議會暨省議會時期口述歷史訪談計畫—吳伯雄訪談錄，第七章「數度轉任政務官」之四「競選省長」。

感恩的心—吳伯雄七十留影，第五章從副主席、主席、二〇〇八年立委、總統連捷，重新執政。

【報紙、網路媒體】

《太平洋日報》（日本）：〈連戰的內心世界〉，一九九〇年五月十八日。

《聯合報》：〈八年抗戰與第二次世界大戰〉，郝柏村，第A14版（台北），二〇一五年九月一日。

《聯合報》：〈還原抗戰真相連接兩岸樞紐〉，郭岱君，第A15版（台北），二〇一五年九月三日。

《聯合報》：〈新桂系信史：黃旭初回憶錄的重要性〉，白先勇，第D3版（台北），二〇一五年八月八日。

《聯合報》：〈軍神孫立人戰場球場皆得意〉，賴錦宏、林上祚，第A12版（台北），二〇一五年十一月二十九日。

《旺報》：〈抗日戰神孫因間諜案沉冤三十三年〉，陳君碩，第A2版（台北），二〇一五年九月五日。
《聯合報》：〈你真的懂我的痛嗎？〉，沈珮君，第A十四版（台北），二〇一五年十二月二十二日。
〈「八一四空戰」大捷與「空軍戰神」高志航」〉，李貴發接受中央廣播電台專訪談播音稿，二〇一五年六月二十六日。
《青年日報》：〈賴名湯：卓越的軍事與外交家〉，楊宇安，二〇一四年二月七日。
世界晉商網，〈真實的閻錫山〉，http://www.wsxm.net/article-14398-1.html
CCTV〈天涯共此時台海記憶：吳國楨與蔣氏父子反目謎〉。
維基百科吳國楨、江南案條目
中國大百科全書孫中山條目。
中國大百科全書林彪條目。

總策劃兼總編輯

鄭貞銘

被譽為「新聞教父」、「現代司馬遷」，歷任文化大學新聞系所教授、主任、所長，社會科學院院長，國立金門大學講座教授，上海交大、南京大學、北師大、湖南大學、中南大學（長沙）、福建師大等校客座教授。並任中央社常駐監察人、《香港時報》董事長等職。

- 曾獲台北扶輪社「新聞教育特殊貢獻獎」（曾虛白、成舍我、馬星野、徐佳士共五位）
- 新聞教育終身成就獎（紐約世界中文傳媒協會）
- 五四文藝散文獎（台北，中國文藝協會）
- 兩岸交流特殊貢獻獎（香港傳播文教聯會）
- 新聞教育終身成就獎（北美華人記者協會）
- 新聞教育特殊貢獻獎（美國紐約聖若望大學）
- 中國文化大學名譽文學博士
- 銘軒工作室創辦人

特別助理

丁士軒

一九八〇年代出生，先後畢業於中國傳媒大學、中國人民大學新聞學院；現居北京，致力於口述歷史研究和媒介批評等。

汪士倫（雨）

先後進修於湖南理工學院、湖南師範大學，曾就讀湖南工藝美院、江西師範大學。多年來致力於空間藝術教研與設計實踐，擅長鋼筆水彩畫，曾寫生考察歐洲、俄羅斯、台灣等地，尤其關注世界各地民居建築與環境。致力於「空間道」藝術設計哲學探索。

主要榮譽：

・曾獲「希望杯」全國師生書畫印大獎賽一等獎
・曾獲創新才能一等獎（江西師範大學）
・曾獲中國國際空間環境藝術設計大賽手繪設計銅獎（中國建築裝飾協會）
・曾獲國際園林景觀規劃設計大賽「年度優秀設計獎」及「年度十佳設計獎」（中國建築學會景觀生態學術委員會等）

「大師工程」系列

（鄭貞銘總策畫兼總編輯、作者）

2000年百年報人
（已絕版）

2015年百年大師
（長銷中）

容閎、嚴復、陳獨秀、胡適、傅斯年、錢玄同、劉半農、蔣百里、顧維鈞、聞一多、朱自清、錢穆、林語堂、陳寅恪、朱光潛、張其昀、王雲五、吳大猷、錢學森、楊振寧、李政道、丁肇中、梁實秋、張愛玲、李叔同、張大千、徐悲鴻……，
共101位思想泰斗

2018年即將推出

百年追夢：鄭貞銘教授的傳奇人生

鄭教授經歷新聞傳播、黨政、教育三種不同生涯，一再爬昇人生高峰，在兩岸交流、著述、學術、文學各方面均獲各種中外榮譽與授獎；蔣經國總統親頒勳章、文化大學破五十四年建校先例，頒予本校教授以名譽文學博士學位第一人，更獲美國聖若望大學、台北扶輪社頒「新聞教育終身成就獎」。本書作者丁士軒君，為極優秀青年作家，三年前與鄭教授合著《百年大師》闖起文壇，以感人筆觸轟動兩岸。本書除鄭教授之人生追憶，珍貴照片逾數百幀外。並可隨機獲得附冊《人生情緣》、《鄭貞銘自選集》任一；前者為與鄭教授一生結緣之至情好友撰文，後者則為鄭教授之自選集，極為珍貴。

百年風骨：曾虛白、蕭同茲、余夢燕、徐佳士、謝然之、成舍我、陳大齊、田長霖、劉真、曾約濃、錢思亮、吳健雄、鄭彥棻、陶百川、翟宗泉、姜必寧、許倬雲、南懷瑾、金耀基、孫震、薩孟武、聖嚴法師、星雲法師、證嚴法師、紀政、楊朝陽、賴東明、吳清源、孫越等……，傲然挺立的風骨。

百年風華：陳立夫、謝冰瑩、穆旦、金庸、齊邦媛、聶華苓、余英時、黃友棣、許常惠、李雲迪、凌波、呂麗莉、簡文秀、賴聲川、馬友友、李安、林青霞、張曼娟、貝聿銘、黃賓虹、潘天壽、朱銘、郎靜山、吳冠中、漢寶德、楊英風、王俠軍、蔣勳、孟兆禎等……，感動世界的絕代風華。

行為平庸，是因為思想空白；
思想空白，是因為典範太少。
一個人缺乏大師精神的滋養，靈魂是貧瘠的。
大師如望文山，如瞻大河；大師讓我們感悟人生，將生命洞穿；唯有真理才能直指人心，唯有經典才能超越。

現代司馬遷
鄭貞銘

國家圖書館出版品預行編目 (CIP) 資料

百年風雲 / 陳先元等作 .
-- 初版 . -- 台北市：銘軒工作室、遠流，民 106.12
冊； 公分
ISBN 978-957-32-8165-8（第 1 冊：平裝）. --
ISBN 978-957-32-8166-5（第 2 冊：平裝）. --
ISBN 978-957-32-8167-2（全套：平裝）

1. 世界傳記

781 106020575

百年風雲・二之 1

出　　版：銘軒工作室
總策劃兼總編輯：鄭貞銘
作　　者：陳先元、丁士軒、方鵬程、潘家鑫、黃群仁等
編繪、封面設計：汪士倫（雨）
執行編輯：王怡之

發 行 人：鄭貞銘
特別顧問：虞煥榮

地　　址：基隆市 20652 麗景二街 24 號
電　　話：(02)2452-2687
傳　　真：(02)2451-4539
E-mail Address：cheng.jim.ming@gmail.com
Facebook 粉絲專頁：https://www.facebook.com/cheng.jim.ming/

總 經 銷：遠流出版事業股份有限公司
地　　址：台北市 100 南昌路二段 81 號 6 樓
電　　話：(02) 2392-6899
傳　　真：(02) 2392-6658
郵　　撥：0189456-1
遠流博識網：http://www.ylib.com/
E-mail：ylib@ylib.com

排　　版：菩薩蠻數位文化有限公司
印　　刷：祥新印刷股份有限公司

分類號碼：781
ISBN：978-957-32-8165-8
出版日期：中華民國 106 年 12 月初版 一刷

定　　價◎二之 1 輯 600 元　◎二之 2 輯 600 元　◎全套二冊 1,200 元
（若有缺頁破損，請寄回更換）